사회
구성체론과
사회과학
방법론

(증보판) 사회구성체론과 사회과학방법론

초판1쇄 펴냄 1987년 2월 10일
증보판1쇄 펴냄 2008년 10월 20일
증보판4쇄 펴냄 2023년 2월 20일

지은이 이진경
펴낸이 유재건
펴낸곳 (주)그린비출판사
주소 서울시 마포구 와우산로 180, 4층
대표전화 02-702-2717 | **팩스** 02-703-0272
홈페이지 www.greenbee.co.kr
원고투고 및 문의 editor@greenbee.co.kr

편집 이진희, 구세주, 송예진, 김아영 | **디자인** 권희원, 이은솔
마케팅 육소연 | **물류유통** 유재영 | **경영관리** 유수진

ISBN 978-89-7682-714-2 04300

學問思辨行: 배우고 묻고 생각하고 판단하고 행동하고

독자의 학문사변행을 돕는 든든한 가이드 _그린비 출판그룹

그린비 철학, 예술, 고전, 인문교양 브랜드
엑스북스 책읽기, 글쓰기에 대한 거의 모든 것
곰세마리 책으로 크는 아이들, 온가족이 함께 읽는 책

그린비 크리티컬 컬렉션 08

증보판

사회구성체론과 사회과학 방법론

이진경 지음

그린비

차례

증보판 서문

먼 우주에서 떨어진 꿈에는
언제나 무수한 구멍이 뚫려 있지
— 진은영, 「나의 친구」中에서

20년 전의 원고를 책으로 출판하는 것이었다면, 분명 불가능했을 것이다. 20년 전의 책이었기에, 그리고 이미 '역사'라고 불리는 창고 속에 들어간 물건이기에, 손을 댈 수 없는 물건이기에, 지금 이렇게 다시 출판하는 것이 가능했을 것이다. 그래도 20년의 시간이, 그것도 이 책을 쓰게 했던 조건이 완전히 달라지고 이 책을 쓰는 데 사용되었던 개념이나 '이념'이 모두 와해되어 버린, 100년만큼이나 긴 20년의 시간이 지나간 지금, 이 책을 위해 다시 서문을 쓰는 심정은 적이 곤혹스럽다.

얼마 전 연구실(연구공간 '수유+너머')에서 이 책을 읽고 있는 한 후배가 있었다. 요약까지 하며 끝까지 열심히 읽는 게 나보선 놀라워서, 운동을 했다고는 해도 80년대와는 거리가 아주 먼 시기를 살았던 그 후배에게 물었다. 왜 읽느냐고. 말로만 많이 듣던 책인데 무슨 내용인지 궁금해서 한번 읽어 보고 싶었다고 한다. 그래서 다시 물었다. 어떻더냐고. 그 책 전체를 관통하는 보편성에 대한 확신이 놀라웠다고 한다.-.-;; 들뢰즈와 푸코의 철학과 뒤섞인 나를 아는, 그런 걸 배워 보겠다고 다니던 대학원을 걷어치우고 상경했던 그로서는 필경 그러했을 것이다. 그것만은 아니었다. 신랄하고 논쟁적인 문체의 생소함 또한 피할 수 없었다고 한다.

그래도 위로가 되었던 것은, 너무나도 다른 관점, 너무도 다른 개념과 글이었지만, 그때의 문제의식이 지금까지도 이어지고 있는 것 같다는 말이었다. 그래서 더 물어보지 않았다. 좋을 때 끝내는 게 좋은 경우도 있는 법 아닌가!^.^

　잘 알다시피 맑스주의는 혁명의 꿈으로 시작한다. 맑스는 혁명의 순간은 허황된 약속의 순간이라고 했다지만, 그게 어디 혁명의 순간뿐일까? 혁명의 꿈, 거기엔 무수히 많은 구멍이 뚫려 있다. 아마도 그래서 그 꿈은 가볍게 날아오르고, 가볍게 자신이 태어난 세계를 넘어서 다른 곳으로 넘나드는 게 아닐까? 무거운 꿈이 대개 악몽이기 마련인 반면, 가벼운 꿈은 꿈이란 걸 알아도 좋은 꿈이고, 삶의 무게를 덜어 주거나 삶을 즐겁게 해주는 즐거운 꿈이기 십상이다. 그런 점에서 진지한 현실 이상으로 구멍은 혁명이 살아 숨쉴 수 있는 조건, 혁명 자체의 생존조건인지도 모른다. 그 구멍들로 인해 우리는 언제나 혁명을 다시 꿈꾸고 고쳐 꿈꾸어야 한다. 어떤 혁명도 완성품이 없는 것은 그 때문이고, 어떤 혁명에도 안주할 수 없는 것은 그 때문이다. 혁명 자체가 언제나 혁명의 대상인 것이다. 혁명 없는 혁명, 그것은 자가당착이고 형용모순이다.

　1990년대 후반쯤이었을까? 모 일간지였는지 어딘지 정확히 기억이 나진 않지만, 출판을 하는 어느 평론가가 1980년대에 쓰여진 책들이 얼마나 불모적이었던가 쓴 것을 본 적이 있다. 단적으로 말해 그 시대에 쓰여진 책 가운데 지금 읽을 만한 책이 한 권도 없지 않느냐는 것이었다. 자신의 시간을 뛰어넘어 읽히는 '고전'이 없다는 말이었을 것이다. 평론가다운 말이었다. 하지만 혁명에 대한 글이 자신의 시간을 뛰어넘어 고전이 된다는 것 역시 형용모순 아닐까? 혁명은 자기에게 주어진 조건, 그 주어진 시간에 전적으로 충실할 때에만 제대로 사유될 수 있기 때문이다. 그래서 나는 그 말을 80년대에 쓰여진 책들이 대부분 운동이나 혁명에 관한 것이었기에, 비록 전부라고 할 순 없겠지만 대부분 제대로 쓰여졌다는 걸 뜻한다고 이해했다. 누구도 '시간을 뛰어넘는 고전'에 대한 허황된 욕망 없이, 자신의 시간에 몰두하여, 자신의 조건에 충실하게 썼음을 뜻하기 때문이다. 나 자신이 쓴 이 책 역시 그가 발언한 시기에 누구도 읽을 생각을 하지 않는다는 사실은 자신의 시간, 자신이 사유해야 할 것에 충실했음을 뜻한다고 생각했다.

약간 반복되는 느낌이 있지만, 좀더 덧붙이고 싶다. 혁명에 대해 사유하고 자신이 사는 세계의 혁명에 대해 쓴다는 것은, 철저하게 그것이 발딛고 선 조건에 대해, 자신이 사는 '지금 여기'의 시간과 공간 속에서 이루어진다. 아니, 정확하게 말하면 그것이 쓰여진 조건, 그것이 사유된 시간을 떠나면 무효화된다. 그것은 시공을 초월한 어떤 영원성을, 조건을 초월한 어떤 보편성을 꿈꾸지 않는다. 혁명에 관한 저작 가운데 시공을 초월해 읽히는 글이 있다면, 그것은 이처럼 시공을 초월한 어떤 보편성도 꿈꾸지 않는 경우뿐이다. 혁명에 관해 쓰여진 '고전'들이 있음은 분명 사실이지만, 그 어떤 '고전'도 고전적 작품에 대한 욕망과는 전혀 거리가 멀다. 오랜 시간이 지나도 타당성을 갖는 '고전'이 되길 원하는 혁명적 저작처럼 터무니없는 허구가 또 있을 수 있을까?

자신이 처한 '지금 여기'의 소선에서 다시 넌셔셔야 할 어떤 실문, 자신의 조건 속에서 다시 작동시켜야 할 어떤 문제설정이 어떤 글 속에 담겨 있다면, 그것이 담고 있는 시간이나 공간, 구체적인 조건이나 내용이 아무리 자신의 세계에 속하지 않는 것임에도 불구하고 그런 글들은 다시 불러내지고 다시 읽히게 될 것이다. 그것이 자신의 시간·공간에 충실한 책들이 전혀 다른 시간·공간 속에서 반복하여 다시 출현하는 이유다. '영원성'이란 게 있다면, 그것은 시간을 초월한 어떤 것이 아니라, 이처럼 다른 시간 속에서 반복하여 불러내지고 반복하여 출현하는 것을 뜻할 뿐이라고 나는 믿는다.

　오해할까 싶어 말하는 것인데, 이런 식의 말로 이 책이 무슨 '고전'이
되기라도 하는 듯 암시하고픈 생각은 추호도 없다. 오히려 여기서 말하고
싶었던 것은, 다시 그 책을 보면서 새삼 느끼게 된 곤혹스런 위화감의 이
유 같은 것이다. 그 후배 말대로 보편성에 대한 확신, 모든 이들과 싸우려
는 듯이 신랄하게 날이 선 문체 모두에서 나 또한 불편한 위화감을 피하
기 어려웠다. 그러나 그것은 그것대로 자신의 조건이 있었고, 자신의 시
간 속에 있었던 것이다. 사회주의가 착취와 억압, 폭력이 횡행하는 세계
에서 새로운 삶의 모델이 되어 주었고, '정통성'이 올바른 맑스주의의 척
도가 되었던 시간, 죽은 자들의 유령이 산 자들과 함께 싸우고 산 자들에
게 목숨을 걸 것을 유혹하던 시간, 원칙도 전략도 근본적인 방향도 없이
그저 달리던 운동에 '올바른' 원칙을 수립하고, '올바른' 방향을 부여하고
올바른 전략을 수립해야 한다는 요구에 모든 걸 던져넣어야 했던 시간,
그 모든 시간의 흔적이 지금 다시 읽는 그 책 속에 있었고, 그 책에서 느
끼는 위화감 속에 있었음을 말하고 싶었던 것이다. 혁명을 꿈꾸는 사람이
라면 자신이 이전에 쓴 모든 책에서 그와 유사한 어떤 위화감을 느낄 수
밖에 없는 거라는 말로 그 위화감을 설명하고 싶었던 것이다. 시대착오처
럼 다가오는 그 위화감 속에서 그저 지나간 시간만을 보기보다는 '때 아
닌 시간'을 보아 주길 부탁하고 싶었던 것이다. 그리고 혹시라도 그럴 요
소가 있다면, 그 '때 아닌 시간' 속에서 읽어 주길, 그럼으로써 이 책을 다
른 책으로 만들어 주길 부탁하고 싶었기 때문이다.

　애초에 이 책이 직접적 주제로 삼고 있었던 것은 사회과학방법론으
로서의 사회구성체론이다. 사회를 보고 연구하는 방법으로서 사회구성체
론. 사회구성체란 말은 맑스가 사용했던 독일어 Gesellschaftsformation

의 번역어고, 영어로는 social formation으로 번역된다. 사회를 구성되는 것, 형성되어 가는 과정 중에 있는 것으로 보겠다는 관점이 표현되어 있는 말이다. 사회를 구성되어 가는 것으로 본다는 것은 두 가지 상반되는 측면을 함축한다. 하나는 사회란 완성된 어떤 형태form를 향해 나아간다는 것이다. 이런저런 다양한 변화의 양상을 통과하겠지만, 결국은 어떤 하나의 형태로 나아가는 경향을 갖는다는 말이다.

어떤 사회가 하나의 형태로 구성되어 가는 과정 속에 있다 함은 다른 한편 그 형태로 귀속될 수 없는 이질적인 지대들이 여전히 뒤섞여 공존하고 있음을 뜻한다. 사회를 하나의 구성체formation로 본다는 것은 어떤 형태form로 환원될 수 없는 이 이질성을 본다는 것을 뜻한다. 이 이질성의 지대로 인해 심지어 단일한 보편법칙을 상정하는 경우에도 각각의 사회는 그 보편성으로 환원되지 않는 '특수성'을 갖게 된다. 사회구성체론에서 해명하고자 하는 것은 바로 이 '특수성'이다. 이런 이유에서 이 책에서는 사회구성체론의 중심범주가 '특수성'이라고 주장한다. 왜냐하면 어떤 '보편성'을 갖는 구성체로 편입되었다고 해도, 대부분의 사회에서 중요한 것은 완성된 형태로 환원불가능한 이질성이 여전히 광범위하게 존속하고 있다는 사실이며, 형태적 보편성으로 환원되지 않는 그 이질성이야말로 이론적 분석이 해명해야 할 중심적인 과제기 때문이다.

요컨대 사회구성체론은 어떤 사회에 광범하게 존재하는 이질적 요소들이 하나의 완성된 형태를 향해 나아가는 '경향'을 갖는다고 본다. 가령 식민지 조선과 제국주의 일본, 혹은 동양인 한국과 서양인 미국은 결코 등가화할 수 없는 이질성을 갖고 있지만, 그 세 사회가 '자본주의사회구성체'라고 말한다는 것은, 시간이 지남에 따라 그 이질성들이 축소되면서 모두 '자본주의'라는 형태로 점차 수렴될 것임을 뜻한다. 이는 두 개의 시점을 비교해 보면 쉽게 드러난다. 1930년대 혹은 1960년대의 서울과 동경, 뉴욕은 아주 다른 도시였겠지만, 지금은 형태나 작동방식, 나아가 도시인들의 생활방식마저도 매우 근접한 양상을 보여 준다. 사회주의 중국의 북경도 중국이 시장개방을 통해 자본주의화의 길을 가기 시작한 이래 급속하게 앞의 도시들과 비슷한 형태로 변형되어 가고 있다. 이후 30년이 지난 뒤라면 더욱더 형태적 유사성이 강화될 것이라고 말해도 좋을 것이다.

완성된 형태는 그 사회의 '미래'이지만, 현재 속에서 작동하는 미래다. 미래의 시제를 갖는 어떤 형태를 향해 변화해 가는 과정을 역사가들은 흔히 '발전'이라고 부른다. 발전이란 '좋아지는 것'이 아니라, 완성태로 가정되는 어떤 '형태'에 좀더 근접하게 되는 것을 뜻한다. 시간이 지날수록 형태적 근접성은 더욱 커질 가능성이 크다. 그것은 한 사회의 여러 부분들이 하나의 이름으로 불리는 어떤 동질성에 가까이 간다는 것을, 구성요소들의 동질성이 확대된다는 것을 뜻한다. 같은 말이지만, '발전'이란 그 이질성의 지대들이 해체되고 이질성의 폭이 축소되어 가는 과정을 뜻한다.

이러한 문제는 지금이라면 동질성과 이질성의 개념을 통해 다시 말할 수 있을 것이다. 사회에 다양한 방식으로 뒤섞여 공존하는 이질성들 혹은 차이들이 존재하지만, 어떤 사회든 그러한 이질성을 동질화하는 프로세스를 진행시킨다. 즉 차이와 이질성을 축소시키고 제거하는 방향으로 사회를 바꾸어 간다. 이는 '자연발생적' 과정에 그치지 않는다. 특히 국가와 정치, 법은 이러한 동질화의 과정을 촉진하고 가속화하고자 한다. '개발주의'나 '발전국가'라는 말로 요약되는 정책이나 조치들의 집합이 대표적인 사례일 것이다. 박정희 정권의 '개발주의'가 단지 경제적인 '성장'에 그치지 않았음은, 가령 농촌에 광범하게 존재하고 있는 '전前근대적 요소'를 제거하기 위한 '새마을 운동'을 떠올리는 것으로 충분할 것이다.

이로써 없어진 것은 초가집과 풍습, 동제洞祭와 '미신'만이 아니다. 계산 없이 선물하고 서로 부조하는 관계는 모든 영역에서 계산하고 교환하는 관계로 대체되었다. 나아가 '농촌'으로 표상되는 공간 자체가 와해되어 공장으로 표상되는 도시로 아주 빠르게 흡수되었고, 전국이 도시화되었다. 남녀관계와 아이–어른의 관계, 가족관계, 감각이나 감성 모두가 근대 내지 자본주의라고 불리는 하나의 형태를 향해 동질화되어 갔다.

이런 점에서 사회구성체론은 단지 생산관계나 경제적 생산양식에 국한된 이론이 아니다. 그것은 사회 전반에서 발생하게 마련인 어떤 경향성을 통해 그 사회의 현재와 미래를 동시에 포착하려는 문제설정이다. 특히 '발전'이라는 이름으로 차이와 이질성들을 축소하거나 제거하는 전 사회적 메커니즘에 대한 이론이고, 그것을 통해 구성되어 가는 어떤 단일한 미래에 대한 비판이며, 그 동질화 과정과 대결하기 위한 이론적 입지점이다. 동질화 프로세스가 너무 쉽게 '자본주의'라는 생산양식으로 국한되어 이해되었음은 사실이지만, 모든 동질화 메커니즘에 대한 좀더 넓은 포괄성을 갖는 것이 무조건 좋은 이론이라고는 할 수 없을 것이다. 오히려 사회구성체론이란 자본주의 생산양식의 동질화 메커니즘에 대한 이론으로, 따라서 사회의 전반적 동질화와 대결하기 위해선 자본주의 생산양식과 대결해야 한다는 것을 명확하게 보여 주는 이론이라고 말해야 할 것이다.

그러나 이러한 이론적 변용을 위해선 기존의 맑스주의에서 가정하고 있던 하나의 통념적 가정에 의문부호를 붙여야 한다. 그것은 자본주의적 동질화('전일화'), 아니 자본주의화가 역사의 '발전'을 뜻하기에 '진보적'이라는 가정이다. 전근대적인 사회에 비해 자본주의가 역사적으로 나중에 온다는 게 사실이라고 해도, 나중에 오는 것이 '진보적'인 것이고, '더 좋은 것'이라는 관념은 부당하다. 이는 '근대화'에 기여했기에 일본 제국주의의 식민지 지배마저도 '진보적'인 것이었고 '좋은 것'이었다고 하는 이른바 '식민지 근대화론자'들의 주장이 일종의 반어적인 방식으로 잘 보여 주는 것이기도 하다. 그들이 지금 자칭 '새로운 우익'의 첨병이 되었으며, 그들의 일차적인 관심사가 역사교과서를 고쳐 쓰는 것이란 점은 이런 맥락에서 아주 의미심장한 징표로 보인다.

여기서 '진보'라는 관념의 이유를 대기 위해 가장 흔히 끌어들이는 것이 '생산력 발전'이라는 잣대다. 그러나 이 책에서 이미 분명하게 부각시키고자 한 것이기도 한데, 생산력이 "노동을 매개로 자연과 인간이 맺는 관계"라면, 따라서 생산력이란 투입량 분의 산출량으로 표시되는 공리주의적 지표('생산성')가 아니라 노동이나 삶과 결부하여 형성되는 '자연과 인간 간의 관계'라고 한다면, 그리하여 이미 분업을 비롯한 다양한 '생산관계'가 이미 그 안에 포함되어 있다고 한다면, '생산성'의 양적 비교로 '진보'와 '퇴보'를 정의할 수 있으리라는 생각처럼 부적절한 게 또 어디 있을까? 봉건제에서의 생산력과 자본주의에서 생산력, 혹은 자본주의에서의 생산력과 '공산주의'에서의 생산력이 단지 생산성의 양적 차이 말고는 없다고 할 수 있을까?(이에 대해서는 이진경, 「맑스주의에서 생산력 개념의 문제」, 『마르크스주의 연구』 3권 2호〔통권 6호〕, 2006 참조) 정말 비교하려고 한다면, 봉건제나 전근대의 공동체적 생산에서 자연과 인간 간의 관계에 비해 자본주의에서의 자연과 인간 간의 관계가 정말 '진보된' 것인지, 정말 '좋아진' 것인지를 판단할 수 있는 다른 기준으로 비교해 보아야 하지 않을까? 자연에 대한 일방적 착취와 지배, 정복으로 생물들의 거대한 멸종을 야기하고 지구 전체의 항상성마저 위협하게 된 자본주의적 자연-인간 관계가 정말 더 '좋아진' 것이고 더 '진보된' 것이라고 할 수 있을까?

저 끔찍한 동질화 메커니즘과 대결하기 위해선 좀더 나아가 동질화의 양상으로 관철되는 '보편성'의 개념 자체에 대해 다시 사유해야 한다. 이 책에서도 모면하지 못한 것이지만, 기존의 사회구성체론에서 보편성이란 원시공산주의에서 노예제, 봉건제, 자본주의를 거쳐 다시 공산주의로 이르는 하나의 보편적 역사법칙을 뜻했다. 그러나 이는 맑스가 역사유물론적 관점에서 인간의 역사에 등장했던 몇몇 사회에 대한 개괄적 분석을 통해 도출한 몇 개의 사회 '형태'form를 직선적 시간 속에서 연결하여 모든 인간사회에 적용가능한 '필연적 법칙'으로 승격시켜 일반화한 것이라고 해야 할 것이다. 자본주의로 급속히 전환되던 시기, 그 자본주의가 식민주의적 형태로 전세계로 확산되어 가던 시기, 그리고 그러한 자본주의에서 벗어나기 위한 전략을 연구해야 했던 조건에서, 하나의 사회구성체에서 다른 사회구성체로의 이행문제를 사유하려던 맑스나 레닌 등의 시도들이, 그들의 이론에 '시대를 뛰어넘는 고전'의 지위를 부여하고자 했던 사람들에 의해, 보편적 법칙의 발견을 최고의 성과라고 간주하는 과학주의적 관념 속에서, 시공을 초월해 전세계에 적용할 수 있는 보편적 이론으로 '발전'했던 것이라고 해야 할 것이다. 여기에 자본주의 이전의 사회보다 자본주의 사회가 더 나은 사회임을 주장하는 것으로, 자본주의 이후에 도래한 사회인 사회주의가 자본주의보다 '진보된' 사회임을 입증할 수 있으리라는 생각이 추가되었을 것이나. 그러나 과학을 다시 빌려 말한다 해도, 뒤에 온 것이 앞에 있던 것보다 더 진화된 것이라는 19세기 진화론의 통념이 와해되고 "진화란 진보를 뜻하지 않는다"는 것이 분명해진 지금, 그런 진보의 관념을 고집하는 것은 더욱더 난감해졌다고 해야 할 것이다.

그렇다면 '보편성에 대한 확신'을 갖고 쓰여진 이 책 역시 무효화되어야 하는 것 아닐까? 물론 이런 식의 역사법칙에 대한 확신은 무효화되어야 한다. 그러나 적어도 자본주의와 관련된 보편성의 문제는 이와 다른 이유에서 무효화되지 않는다고 나는 믿는다. '자연적 법칙'의 지위에 오른 것만이 '보편성'을 갖는 것은 아니기 때문이다. 자본주의는 다른 이유에서 보편성을 갖는다. 그것은 자신의 모습을 두 가지 방향에서 '보편적'으로(!)확대하고 강제하며 관철시킬 수 있는 '힘'을 갖고 있기 때문이다.

첫째, 사회구성체의 내부. 잘 알겠지만 증여와 호의, 배려가 존재하던 관계 속에 돈이 끼어들어 오고 계산하는 사람이 나타나면 다른 사람 역시 그게 미워서라도 계산하게 되고 손해보지 않으려 하게 된다. 더구나 사람들이 서로 의존해 살던 공유지나 공동체적 관계들이 해체되고 파괴된 이후라면, 살아남기 위해선 공장에라도 가야 하고 자본주의적 관계 속에 들어가게 된다. 이런 이유에서 자본주의는 공동체를 파괴하는 것으로 시작한다. 정치경제학자들이 '본원적 축적'이라고 불렀던 과정은 사실 생산자를 토지로부터 쫓아내고 공동체의 소유지를 개인이 사취하여 공동체적 삶의 기반을 파괴하는 과정이었음은 이미 맑스가 잘 보여 주었다. 공동체적 관계가 이렇게 파괴되고 나면, 살아남기 위해선 돈을 벌어야 하게 되고, 화폐가 지배하는 계산적 관계 속으로 들어가게 된다. 이로써 자본주의적 관계는 전 사회로 확장되어 갈 기반을 확보하게 된다.

물론 여전히 거기에 편입되지 않는 영역이 있게 마련이고, 아직 살아남은 공동체적 요소도 있게 마련이지만, "돈이 되는 것은 살아남고 그렇지 않은 것은 죽는다"는 것을 원리로 하는 시장이 지배하게 된 사회에서, 특별히 목적의식적으로 보호하고 유지하지 않는 한 그것은 화폐의 거대한 권력에 의해 쓰러지고 자본관계 속으로 흡수되게 된다. 자본주의화되는 경향이 관철되는 것은 이런 이유에서다. 사회 전체가 자본주의화되는 방향으로 변화해 간다. 이는 어떤 이유, 어떤 방식으로든 자본주의가 침투한 곳에서는 필연적으로 발생하는 일이다. 즉 자본주의는 자신이 손을 댄 모든 곳을 자본주의화한다. 이런 점에서 자본주의는 '보편적'이다. 자연적 법칙 같은 필연성을 역사법칙이 갖고 있기 때문에 보편적인 게 아니라, 자신과 다른 모든 것을 파괴하고 해체하여 자본관계 안으로 끌어들이는 화폐와 자본의 권력이 자본주의를 '보편화'하는 것이다. 이런 점에서 '보편성'이란 정말 권력의 문제다. 사회를 동질화하는 하나의 경향으로서 보편성, 이질적인 모든 것을 해체하고 축소시키며 진행되는 '발전'이란 이러한 권력의 작동과정이다. 동질화하는 과정과의 대결이 자본주의와 대결하지 않으면 안 되는 것은 이런 이유에서다. '보편성에 대한 확신'은 자신과 다른 모든 것을 해체하며 관철되는 자본주의의 '보편성', 그 권력의 '보편성'에 대한 것으로, 지금 존재하는 이질적인 요소들 뒤에서 그것을 해체하며 흡수해 가는 저 강력한 권력의 객관적 필연성을 놓쳐선 안 된다는 점을 강조하기 위한 것으로 다시 읽어 주길 바란다.

둘째, 자본주의는 자신이 장악한 사회 안에 멈추지 않는다. 세계체제론자들이 반복해서 밝혀 주었듯이, 자본주의는 태어나면서부터 외부를 향한 침략을 멈추지 않는다. 아니 식민주의적 침략이 자본주의의 발생조건이었고 자본주의가 확장될 수 있는 조건이었다. 제국주의는 이러한 조건이 물리적 한계에 도달한 상황에서 식민지의 재분할과 식민주의의 새로운 전략을 통해 정의된다. 즉 식민지의 외연적 확장이 불가능한 상황에서 나른 나라의 식민지를 빼앗고자 하는 시도, 그리고 식민지에 자본을 수출함으로써 자본주의적 증식의 공간을 본국 외부로 확장하려는 시도가 바로 제국주의를 정의해 준다. 이 경우 아직 자본주의화(이는 '근대화'라는 이름으로 불렸다)되지 않은 나라의 입장에선 오직 두 가지 선택지만이 가능하게 된다. 하나는 식민지화되어 자본주의화 내지 근대화 하는 길이다. 다른 하나는 식민지화를 피하기 위해 자신이 나서서 자본주의와 근대를 받아들이고 추진하는 길이다. 전자가 서구의 침략을 받은 모든 식민지가 걸었던 길이라면, 후자는 일본 등의 몇 안 되는 예외적인 경우에서 발견되는 길이다.

　여기서 선택지는 두 가지라고 하지만, 사실은 '자본주의화' 내지 '근대화'라는 오직 하나의 선택지만이 있을 뿐이다. 이런 점에서 자본주의 내지 근대는 '보편적'이다. 피할 수 없는 단일한 선택지, 그것이 역사적 보편성으로 나타나는 것이고, 그 선택의 불가피성이 법칙으로 표상되는 '필연성'의 형태로 개념화된 것이다. 여기서도 보편성이란 피할 수 없는 권력과 결부된 것임을 이해하는 것은 결코 어려운 일이 아니다. 여기서 보편적인 것이 진보적이라고 믿는 것은, 자본주의가 보편적이고 필연적이기에 먼저 그 길을 걸어간 쪽이 앞선 것이고 진보된 것이라고 믿는 것처럼 어이없는 것이다. 그것은 적과 아我를 거꾸로 보는 것이고, 넘어야 할 것(대상)과 넘어서 가야 할 곳(목표)을 구별하지 못하는 것이다.

　그렇다면 특수성이란 무엇인가? 이 책에서 나는 특수성을 헤겔적인 방식으로 '보편과 개별의 통일'로, 혹은 '보편의 특수화'로 정의했다. 그러나 보편성의 개념이 법칙이나 일반성에서 벗어나 권력과 강제에 의해 정의된다면, 이런 식의 특수성 개념 또한 다시 정의되어야 한다. 보편의 특수화로서 특수성을 정의할 경우, 특수성은 사실 보편성의 다른 이름에 불과한 것이 된다. 그러나 보편성의 관철이 자연법칙적인 것이 아니라 권력의 효과라고 한다면, 자연법칙과 달리 권력에 대한 다양한 양상의 저항이 그 포섭의 다양성만큼이나 있으리라고 보아야 한다. 혹은 투쟁이나 항쟁의 형상으로 표상되는 것으로 저항의 양상이 제한되지 않는다면, 가령 의도적 거리나 탈주선, 거부의 형상으로 자본주의적 포섭에 저항하는 것을 상상할 수 있다면, 권력 내지 동일자로서의 보편성에 대한 저항으로서, 그 저항을 통해 유지되는 거리로서 특수성이 정의되어야 한다. 좀더 정확하게 말한다면, 이질적인 요소를 향해 확장되는 보편성의 권력과, 그 이전에 존재하는 어떤 조건의 지속을 통해서, 아니면 새로이 출현한 저항이나 투쟁의 양상으로 존재하는 특이성 사이의 거리, 탈주선과 권력, 혹은 권력과 저항의 동적 긴장 속에서 만들어지는 거리를 특수성이라고 정의해야 한다. 보편이 개별화되는 보편화의 과정으로서가 아니라, 보편화하려는 권력이 탈주나 저항, 투쟁에 의해 빗겨나고 미끄러지며 만들어지는 이탈의 각도를 통해 특수성이 사유되어야 한다. 보편성이 관철되는 방식이 아니라, 권력이 '보편화'되기 위해서 통과해야 할 이질성의 폭을 통해 특수성이 정의되어야 한다.

이 책에서 나는 방법론으로서 사회구성체론에 대한 개념적 사유를 통해, 그리고 일제시대의 사회구성체논쟁('식민지사회성격논쟁')을 사후적으로 해석하는 방식으로, 이른바 '식민지반봉건사회론'과 관련된 80년대의 사회구성체논쟁에 개입하고자 했다. 앞서 말한 사회구성체론의 기본적인 관점에서 식민지 조선에서의 반봉건적 지주-소작관계를 자본주의적 '보편성'과의 관계 속에서 출현한 특수성으로 이해하고자 했다. 좀 더 구체적으로 말하면, 반봉건적 지주-소작관계 자체가 자본파의 주장처럼 자본주의적인 것이라고 할 수는 없지만, 따라서 자본-임노동 관계로 해석되어선 안 되지만, 그것이 봉건파의 주장처럼 봉건적 본질을 갖는 것이라고 보아서도 안 된다는, 다시 말해 봉건적 지주-소작관계와 농일시해선 안 된다는 것이다. 그것은 식민지 국가권력에 의해 봉건적 소유관계나 신분적 관계가 해체된 이후, 토지에 대한 점유권 형태로 표현되는 토지에의 '긴박'에서 '벗어났지만', 자본-임노동 관계 속에 포섭되지 못한 채, 혹은 그러기를 거부한 채 여전히 경작자를 필요로 하고 있는 토지 주변에 머물러 있는 관계를 뜻한다. 토지조사사업이나 임야조사사업 등을 계기로 본원적 생산수단인 토지로부터 생산자가 분리되었지만, 흡수되지 못했거나 공장으로 가기보다는 여전히 농사 짓는 길을 택한 존재란 점에서 일종의 반⁺프롤레타리아로서 소작농을 이해하고자 했다. 이런 의미에서, 그리고 이런 의미에서만, 반봉건적 지주-소작관계의 본질이 봉건적인 게 아니라 자본주의적인 것임을 주장했다. 그리고 이를 '보편의 특수화'라는 헤겔적인 개념을 빌려 이해하고자 했다.

하지만 이는 자본-임노동 관계를 뜻하는 자본주의적 관계가 관철되는 방식이라고 할 수는 없다는 점에서 '보편(자본주의)의 특수화'라고 하는 것은 적절치 않은 표현 같다. 그보다는 오히려 토지조사사업 등의 '본원적 축적'의 계기를 확보하면서 침투의 발판을 마련한 자본주의적 권력에 의해 토지에 대한 권리를 잃고 토지로부터 분리되었다는 점에서 이미 자본과 권력의 효과 아래 있지만, 아직은 자본주의적 관계에 포섭되지 않은 영역에서 발생한 생산관계라는 점에서 자본이나 권력이 '보편화'되려면 통과해야 할 지대라고 해야 한다. 즉 자본이나 권력으로부터 일정한 거리를 두고 있는 지대고, 보편이 관철되는 양상이 아니라 보편이 관철되기 위해 통과해야 할 이질성의 지대인 것이다. 다시 말해 자본과 권력이 작동시키는 '보편화'의 효과 아래 이미 들어갔지만, 자본의 권력의 취약함과 이전의 생활방식이나 노동방식의 지속을 통해 여전히 자본의 권력에 대해 충분한 거리를 두고 있는 지점에서 출현한 것이 반봉건적 지주-소작관계고, 이런 점에서 '보편'과의 거리로서, '보편성'으로부터 이탈한 지점, '보편성'이 미끄러지며 출현한 것이라고 해야 한다는 것이다. 따라서 이 책에서 이해하고 있는 반봉건적 지주-소작관계란 보편의 특수화가 아니라 보편으로부터의 거리라고 해야 적절할 것 같다. 이런 점에서 특수성을 이런 식으로 재정의하는 것이 여기서 서술하고 있는 해석에 더 부합한다고 할 수 있지 않을까?

특수성이란 개념이 이렇게 재정의될 수 있다면, 이는 여전히 '보편성'의 권력을 행사하며 전체를 동질화하는 자본주의적 권력과 관련하여 진행되는 사회과학적 분석에서 중심범주로서 여전히 유의미하리라고 믿는다. 이는 지금의 경우에도 유효하게 사용될 수 있다고 보인다. 예컨대 '제국'에 대한 네그리와 하트의 주장(『제국』)은 제국은 전지구적 단일성을 확보하여 제국에는 외부가 없다고 말하지만, 이는 제국이란 개념에 앞서 말한 것과 유사하다고 보이는 권력으로서의 '보편성'의 지위만을 일방적으로 부여하는 것은 아닌가 의구심이 든다. 이 경우 사회과학에 남는 것은 오직 '제국'의 기획이나 제국의 주권, 제국의 군사가 움직이고 작동하는 논리일 것이다. 제국이라는 '보편자'의 외부가 없는 한, 그러한 제국적 단일체제에서 이탈하려는 시도나 그로부터 거리를 두려는 시도는 별다른 의미가 없게 되기 때문이다.

반면 우리가 보기에는 베네수엘라처럼 미국적 체제에서 이탈하려고 하는 시도나, 이란이나 쿠바, 혹은 북한처럼 그로부터 확실히 분리되어 있는 지대, 나아가 중국이나 러시아처럼 이미 재자본주의화하면서 제국적 체제에 일부 편입되었음이 분명하지만 여전히 일정한 정치적 거리를 유지하고 있는 지대조차도 단일한 제국체제로부터 이탈한 거리를 보여주며, 제국의 단일한 작동을 미끄러지게 하는 요인으로 존재한다고 보인다. 심지어 유럽이나 다른 자본주의 국가들 역시 이라크전에서처럼 미국적 '보편'으로부터 석지 않은 거리를 확보하려 하는 경우노 있다. 유럽연합이 출범하고 유로라는 통합통화체제가 성공적으로 자리잡은 것은 제국적 단일성/보편성으로부터의 이 거리가 일시적이라고 할 수 없는 또 다른 이유라고 보인다. 이러한 거리는 제국적 '보편'이 특수화하며 관철되는 양상이 아니라, 제국적 '보편'이 충분히 관통하지 못하고 있는 지대고, 그 '보편자'가 관철되기 위해서 건너가야 할 황야며, 대개는 그 '보편자'로 하여금 애초에 겨냥한 방향에서 미끄러지게 만드는 이탈의 성분이다. 이런 점에서 그것은 보편자로부터의 거리다.

다시 말하고 다시 쓰고 싶은 것이 이것만은 아니다. '객관성'에 대한 서술이야 보편성에 대한 내용과 많은 부분 겹친다고 해도, 가령 계급성과 전체성 등의 개념에 대해서도 지금이라면 '외부성'의 개념을 통해 다시 정의하고 싶다. 그러나 그것이 단지 이 책을 억지로 살려 내려는 어떤 구실을 만들려는 게 아닌 한, 이미 지나치게 길어진 이 책의 「서문」을 한없이 늘이며 무리를 할 필요는 없다는 생각이다. 아마도 그것은 근자에 쓰여진 다른 글이나 이후 쓰여질 다른 글들에서 반복하여 진행될 작업이 될 것이다. 다만 과거의 책에 다른 글을 몇 개 추가해서 출판하는 것에 대해서는 약간의 설명이 필요할 것 같아 간단히 덧붙이고 싶다.

먼저, 보편성을 앞서와 같이 재정의한다면, 우리는 사회구성체를 오직 다섯 개의 고전적인 형태로 제한할 이유가 없을 것이며, 나아가 자본주의사회구성체의 경우 그 안에서 진행되는 작동방식의 변환이 '자유경쟁자본주의', '독점자본주의', '국가독점자본주의' 식의 고전적 단계 개념에 머물 이유도 없다고 생각한다. 그런 개념들을 통해 부각시키고 새로이 포착할 수 있는 자본주의의 작동양상이 있었다면, 그와 다른 방식으로 접근할 때 적절하게 포착하거나 부각시킬 수 있는 작동양상이 있을 것이다. 예를 들어 정보통신혁명 이후 진행된 자본주의의 새로운 양상은 앞서의 세 가지 단계 개념으로는 제대로 포착될 수 없다. 이를 위해서는 흐름을 사유하는 새로운 개념과 흐름의 영유 및 통제방식을 다룰 새로운 이론적 사유가 필요하다고 믿는다. 이런 이유에서 나는 현재의 자본주의 경제를 '흐름의 경제'라고 명명했는데, 이런 관점에서 보면 이전의 것들은 '공간의 경제', '코드의 경제'라는 새로운 개념을 필요로 한다고 보인다. 새로 추가한 글 가운데 가장 길고 중요한 것은 이 글(「자본주의와 흐름의 경제」)이다. 이러한 개념들은 80년대 이후 현대 자본주의를 분석하기 위해 사용되었는데, '유연성의 축적체제와 시뮬라크르 자본주의'를 다룬 논문(「부커진 R』2호, 그린비, 2008)이 이 글에 직접적으로 이어지는 것이라고 할 수 있다. 그리고 「촛불시위와 대중의 흐름」은 방금 말한 '흐름의 경제'에 대한 글과 더불어 읽는다면, 2002년 이후 한국사회에서 급속하게 새로 부상하여 최근의 촛불시위로 그 중요성을 전면적으로 부각시킨 '대중의 흐름'을 이해하는 데 유용하리라고 믿는다(이에 대해서는 「흐름의 경제와 대중의 흐름」, 『탈경계인문학』 1호 참조). 한편 「제국주의와 제국 사이」라는 제목의 글은 '제국'의 개념에 대한 비판적 입장에서 쓰여진 것인데, 이러한 입장은 『부커진 R』 2호에 실린 「전지구적 자본주의와 과잉제국주의」에서 좀더 충분히 밀고 나갈 수 있었다. 이러한 주제에 관심이 있다면, 이 책에 실린 글 이외에도, '사회구성체론'이란 주제를 다시 전면에 걸고 만든 『부커진 R』 2호 전체를 함께 읽어 주시길 부탁한다.

그리고 가장 앞에 추가된 글(「87년 이후 한국사회와 사상의 변화」)은 1987년에 쓰여진 책과 그로부터 20년 뒤에 쓰여진 글 사이의 시간에 대해, 그 시간 동안 진행된 한국사회의 변화에 대해, 그리고 그와 결부하여 진행된 사상적 모색의 과정에 대해 '질문의 역사'로서 이해하면서 정리하고자 한 글이다. 적지 않은 길이를 갖는, 아니 단절적 사건들로 인해 그 길이 이상으로 훨씬 길다고 말해야 할 두 개의 시간대를 거칠게나마 연결해 주는 하나의 끈이 되었으면 하는 생각에서 추가한 것이다. 그 이질적인 두 시간이 만나며 발생하는 우발적인 사건을 기대해도 좋겠지만, 여기에 굳이 이 글을 싣고자 한 것은, 충분한 무게를 갖지 못한 책이나 글에 그런 걸 기대한다는 것은 지나친 교만일지도 모른다는 우려, 그리고 과거의 그 시간을 알지 못하는 많은 사람들에겐 그것이 과거를 그저 이해할 수 없는 과거에 묻어 두는 것이 될지도 모른다는 노파심 때문일 것이다.

2008년 9월 24일

이진경

초판 서문

지난 몇 년 사이에 한국사회의 제 영역에서 진행된 변화는 대하소설에 비견되는 풍부하고 장장한 파노라마를 이루고 있다. 이는 무엇보다도 주된 실천의 장에서 비롯된 것이었으며, 그것의 변화는 학문과 이론의 영역에도 전례 없는 영향력을 행사하였다. 이제 이론은 더 이상 아카데미즘의 평온한 햇살에 만족할 수 없게 되었으며, 스스로의 자태 변환을 요구받고 있다. 사회는 이론에 대해 하나의 수단이 될 것을 요구하고 있다.

그러한 변화는 이론의 영역에서 소위 '한국사회구성체논쟁'이라는 이름하에 만인의 관심 속에 진행된 일련의 논쟁으로 반영되었다. 이 논쟁은 한동안 치열하게 전개되었으며, 이럼으로써 한국의 학계에서는 실로 오랜만에 본격적인 논쟁의 불이 붙었던 것으로 평가되었다. 그리고 그 속에서 우리의 논의에 무엇이 부족한가, 무엇이 요구되고 있는가가 비로소 드러나게 되었고, 또 한편으로는 우리의 논점이 무엇에 맞춰져야 하는가, 해결되지 않으면 안 되는 문제가 무엇인가가 선명해지기 시작했다.

그런데 과학에 대해서 '구체적' 분석을 요구하던 사람들은 이러한 논의 방향이 거꾸로 된 것은 아닌가 하는 문제를 제기할 수도 있을 것이다. 즉 '구체적 분석'을 향해 '상승'Ansteigung하고 있는 것이 아니라, 반대로 '추상적 개념'을 향해 '하강'하고 있지 않은가라는 것이다. 이러한 문제의식 속에서 '사회구성체 논쟁'이 대체 무엇을 가져다 주고 있는가 하는 회의가 발생했던 것은, 논의가 공허하고 추상적이라는 사실에 대한 지적이라는 의미에서 보면 어느 정도 수긍할 수 있는 것이기도 하다. 그러나 이러한 회의가 이제까지의 논쟁 및 그것의 의미에 대한 전면적 부정으로 귀결된다면 그것은 논의의 지양이라는 변증법적 발전 대신에 다른 어떤 것으로의 '대체'로 나아가게 될 것이며, 그 '어떤 것' 또한 한계가 드러나게 되면 또 다른 어떤 것으로 '대체'된다고 하는 악무한적 진동 속에 빠져들 수밖에 없을 것이다.

과거 ──그것이 아무리 보잘것없어 보인다고 해도── 는 그저 소멸될 뿐인 어떤 것이 아니다. 오히려 이러한 과거는 축적됨으로써 현재를 구성하며, 그것은 또한 앞으로의 변혁의 객관적이고 주체적인 기초를 이룬다. 그런 의미에서 과거는 '지양 Aufhebung되어야 한다. 그리고 하나의 새로운 '절충'으로 빠져들지 않기 위해서는 과거의 것에 대한 냉정하고도 생산적인 비판에서 출발해야 한다.

앞에서 이제까지의 논쟁이 분명하게 해준 것에 대해 나름대로의 생각을 비춘 바 있다. 물론 이것은 지극히 추상적이고 일면적인 것이었다. 그리고 그것이 '과거'에 대한 평가가 될 수 없음 또한 분명하다. 이는 오히려 이제부터 전개될 논의에서 다뤄져야 할 문제이다. 그러나 그것은 일정한 시사점을 내포한다. 즉 우리는 "논의가 어째서 의노와는 반대로 추상화의 길을 걷게 되었는가?"라는 질문을 던져 보아야 한다. 이러한 질문은 실제로 던져지고 있으며, 그에 대한 대답 또한 어느 정도 분명해졌다. 그것은 논쟁하는 각 사람의 세계관과 철학이 상이하기 때문이며, 구체적으로 방법론과 개념의 차이로 나타났다. '논쟁'은 이러한 차이를 분명하게 해주었고, 그것은 단지 개념상의 차이가 아니라 세계관과 사상의 대립임을 보여 주었다. 따라서 이제는 올바른 출발점으로, 즉 올바른 추상으로 거슬러 올라가지 않을 수 없으며, 그릇된 출발점과 방법론을 배제해야만 한다. 그릇된 추상에서 시작한 구체적 분석은 '사이비구체성'을 양산하게 할 뿐이다.

이러한 의미에서 이제까지의 논의에 대한 검토는 '최소한' 방법론적 영역에서 수행되어야 한다. 왜냐하면 방법론은 하나의 세계관 혹은 사상이 과학적 이론의 제 영역에 관철되어 가는 방식을 의미하며, 또한 이론의 근저에 깔린 세계관을 확인할 수 있는 영역이기 때문이다. 다시 말해 철학은 과학과 통일될 수밖에 없으며, 그런 의미에서 철학을 배제한 과학도, 과학을 배제한 철학도 있을 수 없다. 즉 철학은 한가할 때나 소강상태 속에서 여유 있게 쌓아 놓는 교양의 돌멩이가 아니라는 것이다. 반대로 모든 영역에서 항상 확인되며 관철되어야 할 어떤 것이다. 따라서 여기에서의 논의는 철학적 원칙의 정립에서 출발하여 그것의 확인에 초점을 맞추어 진행될 것이다.

그리고 여기에서 미리 양해를 구해야 할 것이 있다. 첫째는 인용에 대한 것이다. 필자는 훈고학적 인용으로써 문제가 해결되리라고는 생각하지 않는다. 그러나 그렇다고 '고전적' 논의나 이론적 성과가 그저 '옛날 얘기'로 간주될 수는 없다. 오히려 현재의 논의를 발전시키기 위한 풍부한 내용과 선명한 시각들은 이후 논의를 풀어가는 데 하나의 디딤돌이 될 수 있으리라고 생각된다. 그리고 논의가 대타적으로 앙상해지기 쉽다는 것을 고려할 때, 읽는 데 어려움이 있음에도 불구하고 가능한 한 풍부하게 하나의 입장을 체계적으로 제시하고자 한다. 이는 인용된 주를 찾아보는 수고를 덜기 위한 의미도 있다고 생각된다.

둘째는 문체에 대한 것이다. 이에 관해서 필자는 한참을 망설여야 했다. 각각의 논지가 갖는 의미나 문제점을 분명히 하기 위해서 선택된 문체가, 그에 해당하는 필자들의 문제의식이나 견해를 지나치게 무시하게 되고 쓸데없는 장광설로 나타나게 되지나 않을까 하는 우려를 해야 했기 때문이다. 그러나 지금 중요한 것은 서로의 한계를 분명히 하는 것이라 할 때, 이상의 우려는 부차적인 것이라고 생각되었고, 또 여러 필자들 및 독자들이 이해해 주리라고 생각되었다. 그리고 필자 역시 이러한 날카로운 비판에서 면제될 수 있다고는 생각하지 않으며, 독자 제현들의 질정에서 도망칠 수 없으리라고 생각한다.

셋째는 이 논문의 한계에 대한 것이다. 이 논문은 그 제목에서도 분명하듯이 사회과학방법론으로서의 사회구성체론에 그 논의를 제한하고 있으며, 따라서 현재의 논쟁 전체를 포괄할 수 있는 것이 아니다. 그 한계는 보다 구체화되겠지만, 여기서 양해를 구하고 싶은 것은 그러한 한계를 노정하는 것이 불가피했다는 것이다. 이것이 좀더 확장된 영역에서 더욱 심도 깊은 논의를 전개하는 데 일조하게 된다면, 이러한 한계 설정도 의미를 찾으리라고 생각한다.

끝으로 이 논문이 나오는 데 도움을 주신 모든 분들에게 이 자리를 빌려 감사드리며, 어려운 사정에도 불구하고 출판을 허락해 주신 아침출판사 사장님과 난삽한 원고를 정리해 주신 편집부 여러분께 감사드린다.

1987년 2월

사회구성체론
과
사회과학방법론

| 일러두기 |

1 이 책은 1987년 아침출판사에서 나온 『사회구성체론과 사회과학방법론』의 증보판이다.

2 이 책에서 인용된 맑스, 엥겔스의 저작들은 대부분 Karl Marx-Friedrich Engels-Werke, Dietz Verlag, Berlin/DDR 판본이다. 본문에서 이 저작들은 글제목, MEW, 권수, 페이지의 형태로 표기되어 있다. 예)"Das Elend der Philosophie", MEW, Bd.4, SS.63~182. MEW 이외의 판본에서 인용된 맑스와 엥겔스의 저작들은 출판사 명과 출간연도를 따로 기재했다.

3 이 책에서 인용된 레닌의 저작들은 대부분 Lenin's Collected Works, Progress Publishers, 1964 판본이다. 본문에서 이 저작들은 글제목, CW, 권수, 페이지의 형태로 표기되어 있다. 예)Lenin, "The Development of Capitalism in Russia", CW, Vol.3, pp.21~608. CW 이외의 판본에서 인용된 레닌의 저작들은 출판사 명과 출간연도를 따로 기재했다.

4 단행본·전집·정기간행물·무크지 등에는 겹낫표(『 』)를, 논문·기사 등에는 낫표(「 」)를 사용했다. 또 외국 인명이나 지명, 작품명은 2002년에 〈국립국어원〉에서 펴낸 '외래어 표기법'을 따라 표기했다.

I

서 론

우리의 논의는 이론과 실천의 관계에 대한 문제에서 출발해야 한다. "이론과 실천은 서로 배치되는가?"라는 질문에 대해서 그렇다고 대답할 사람은 별로 없을 것이다. 이런 식의 상투적인 질문으로는 상투적인 대답을 끌어낼 수밖에 없으며, 이런 논의를 지금 논급할 필요는 없다. 그런데도 군이 이 문제에서 출발하겠다고 함은 무엇 때문인가 하고, 의아해 할지도 모른다. 그러나 이는 매우 중요한 문제이고, **현재에도** 문제가 되고 있다. 이것을 더욱 적절하게 평가하기 위해서 우리는 위의 질문을 다음과 같이 변화시킬 필요가 있다. 즉 "과학성과 실천은 서로 배치되는가?"

이 문제라면 상투적인 대답으로 끝나지는 않을 것이다. 특히 최근에 있어서 이론적 논의가 가졌던 추상성과 그에 대한 회의는 과학 혹은 이론 전반에 대한 실용주의적 견해로 나아가게 되는 계기가 되고 있다. 이에 따라 과학적 논의는 무용한 것으로 간주되거나, 일단 내려진 결론에 배치되는 것이 대두하게 되었을 때 결단적 선택으로써 설득을 대신하는 칸트적 독단론에 의거해 실천의 방해물로 간주하기도 했다. 예를 들어 특정한 문제의식을 촉발시키기 위한 논리에 배치되는 것이라면 과학이나 이론은 2차적인 것이나 별로 도움이 되지 않는 아카데미즘으로 간주하기도 했

다. 더 나아가 과학의 기치하에 수행된 분석도 감정적 분개나 선전적 목표에 머물고 말았다.[1]

흔히 빠지는 딜레마는 실천적 목표나 의도에 반하는 이론적 분석이 제시되었을 때 나타난다. 그런데 이러한 대립은 필연적인 것인가? 그렇지 않다면 이론과 실천 혹은 과학성과 실천적 목적은 어떤 관계에 서 있는가? 오히려 실천적 목적에 부합되는 것이 과학이 아닌가? 이론의 진리성은 **실천에 의해서만** 담보되는 것인가? 이렇게 되면 실용주의가 과학적 이론을 대신하게 되는 것은 아닌가?

이처럼 혼돈된 질문이 터져 나오는 것은 이론과 실천의 문제가 상투적인 남의 얘기가 아님을 보여 준다. 과학이나 이론을 결단론적 '찬반 거수'와는 무관한 '철없는 것'으로서 실천에 대립시키는 것은, 운동의 관점에서 보면 1970년대의 자세론적이고 양심주의적인 운동의 단계로 복귀하는 것을 의미하며, 이것은 이론 및 실천에 대한 편협한 관점에서 야기된다. 과학적 이론은 그 자체가 세계에 대한 변혁과정에서 산출된 것이고, 제반 형태의 역사적 실천과정에서 증명된 객관적 사실이며 축적된 경험이다. 그런 의미에서 이론은 대상세계에 대한 인식일 뿐만 아니라, "모든 나라에서의 (노동)운동의 경험을 보편적 형태로 파악한 것"이며, 따라서 "이론만이 …… 확신 및 방향을 결정하는 힘, 그리고 주위의 제 사건의 내적 연관을 이해하는 힘을 운동에 제공한다". 이러한 의미에서 "혁명적 이론 없이 혁명적 실천은 있을 수 없다"는 것이고, "선진적 이론으로

---

1) 예를 들어 '원조'나 '차관'에 대한 분석에서 대부분의 경우, 그것이 산업구조의 파행성을 심화시키고, '한국 관료독점자본'의 물적 기반이 되고, 대외종속성의 심화로 귀결되었다는 결론을 내린다. 물론 이것이 관변학자들의 개방의 논리에 대한 반박에서 비롯된 것이며, 일정 정도 사실을 반영하고 있다고 해도, 그것이 실재의 전체상은 아니다. 1950년대 및 1960년대에 있어서 원조나 차관이 한국에서의 자본축적에 어떤 역할을 하였으며 전체적인 자본주의 발전에 어떤 영향을 끼쳤는가, 그리고 그 원조나 차관 형태의 자본이 생산자본으로 전화되는 정도나 양태는 어떠한가 등의 문제는 '제국주의 미화론'의 우려에서 벗어나 더욱 적극적으로 연구되어야 할 문제일 것이다.

지도되는 조직만이 선진투사의 역할을 할 수 있다"는 것이다.[2]

그렇기 때문에 어느 논자의 지적처럼 '사상적 논쟁' 과정이 곧 올바른 주체의 형성과정이다. 문제는 이러한 사상적·이론적 논쟁이 쉽사리 통일된 형태로 정리될 수 없다는 것이고, 특정 이론에 대한 찬반 거수로 될 수 있는 것도 아니라는 것이다. 또한 '통일'을 기치로 내건다고 해서 통일이 되는 것도 아니다. 통일은 분명히 원칙에 입각한 통일이어야 하며, 그를 위해서는 서로가 각자의 입장을 분명히 정립해야 한다. 통일을 위한 분리가 분파주의일 수는 없으며, 오히려 무원칙한 통일론자야말로 분파주의의 일 분지分枝인 것이다.

이와 함께 거론되어야 할 것은 실용주의를 향한 의식적·무의식적 경향이다. 성공적으로(?) 끝난 모든 것은 그 과정에서 출현한 이론(?)의 진리성 또는 정통성을 담보로 한다는 견해가 그 대표적인 경우일 것이다. 이는 실천이 모든 것의 진리성을 담보하며, 따라서 실천에 유용한 모든 것은 진리이며 과학의 기준이 된다고 한다.[3] 그것의 내용이 얼마나 타당하며 문제점이 무엇인지는 본 논문의 내용을 이루는 중요한 일부분이 될 것이다.

모씨某氏는 맑스주의의 정통적 전통이 갖는 중요한 특징에 대해 다음과 같이 언급하고 있다. 그것은 "혁명적 이론의 역할을 비하시키려는 시도에 대한 지치지 않는 투쟁의 전통이며, 활동의 근본문제에 접근하는 데 있어서 나타나는 실용주의와 실무주의에 대한 투쟁의 전통"이다.[4] 그는 이것이 아직도 계속되어야 한다고 하면서 실용주의에 대한 레닌의 비판을 인용하고 있다. 레닌은 "현실운동의 일보일보는 한 문장의 강령보다

2) Lenin. "What Is To Be Done?", CW. Vol.5, pp.347~530.

3) 이에 대해서는 장시원, 「일제하의 사회구성에 대하여」, 『부대신문』, 1985년 11월 25일자를 참조하라.

4) 「資本主義の緊要な諸問題」, 『世界經濟と國際關係』 제67집, p.61.

중요하다"라는 맑스의 말이[5] 실용주의의 맑스적 슬로건으로 되고 있음에 대해, 이는 맑스의 사상과는 무관하게 "혁명적 이론의 후퇴를 기도하고 이론적 혁신이라는 미명하에 절충주의와 무원칙성을 심으려는 기도"에 불과하며, 이러한 "고전적 맑스주의에 대한 '수정'의 애호자들에 대해 투쟁해야 한다"고 역설하고 있다는 것이다.[6]

최근 수년간에 제기된 과학적 이론에 대한 요구는 그 자체가 지난 20여 년의 사회적 변화와 변혁운동 속에서 필연적으로 제기된 합법칙적 요구이며, 이러한 요구는 또한 변혁운동의 현단계를 부분적으로 보여 준다. 이제는 '변혁'이라는 추상적인 말이나 모호한 방향 속에서의 즉자적인 대립·투쟁이 문제 되지 않는다. 변혁의 대상이 **무엇이며** 그것을 **어떻게** 변혁시켜야 하는가가 문제인 것이다. 그러나 이러한 질문이 일정한 정도의 답을 얻고 있지 못하다는 현금의 사실은 현재 수준의 제약성을 또한 보여 준다. 현재 나타나는 논쟁의 일시적 소강상태는 문제제기와 논쟁 그 자체의 저급성을 보여 주는 것이기도 하다. 논쟁, 특히 '사회구성체논쟁'에서 획기를 그었다고 평가되는 중요한 논문조차, 전체 속에서 올바른 위상 설정을 통해 문제를 제기한 것처럼 보이지 않으며, 때로는 문제의 의미나 대립점에 대한 구체적 이해가 결여되어 있는 것은 아닌가 하는 의심조차 자아내기도 했다. 이리하여 제기된 제 논점들은 아직 해결되지 않고 있으며, 이와 더불어 고전에 대한 '전반적인' 이해의 부족은 그 해결을 더욱 지연시키고 있다.

이러한 '소강상태'는 다른 한편, 근거 없고 무책임한 주장들이 나타

5) "Brief an Wilhelm Bracke", *MEW*, Bd.19, SS.13~14. 이러한 실용주의적 견해는 현재의 논쟁에서도 매우 광범하게 만연하고 있다. 예를 들면 장시원, 앞의 글 및 「식민지반봉건사회론」, 이대근·정운영 편, 『한국 자본주의론』, 까치, 1984 ; 한신학보기획부, 「올바른 변혁이론의 정립을 위하여」, 『한신학보』 87호, 1986년 11월 3일.
6) Lenin, ibid.

날 수 없게 됐다는 의미도 갖는다. 그릇된 틀이나(무지 혹은 몰이해에 근거하는) 조악한 주장은 이제 누구의 눈이나 귀도 자극할 수 없게 되었다는 것이다. 그렇기 때문에 소강상태는 논의능력의 수준이 논쟁이나 문제의식의 발전에 못 미치는 불균등성의 소산이며, 이는 논의능력의 발전에 따라 극복되어야 하고, 또 극복할 수 있는 '일시적' 소강상태일 뿐이다.

그간 한국사회에 대한 논의에서 그 공통된 중심으로서 자리 잡아 온 것은 무엇보다도 민족해방과 민주주의적 변혁의 내용이라는 문제의식이었으며, 이에 따라 제국주의의 (신)식민지로서의 한국과[7] 자본주의적 사회구성체(물론 이를 부정하는 논자도 있긴 하지만 이에 대해서는 뒤에 논평한다)로서의 한국사회를 어떻게 통일적으로 이해해야 할 것인가라는 문제였다. 이는 다른 측면에서 보면 계급투쟁과 민족해방투쟁을 어떻게 '통일적으로' 이해할 수 있을 것인가의 문제이다. 이에 대한 일면적 이해는 한편으로는 계급지상주의적 견해로 나타난 바 있으며,[8] 다른 한편으로는 민족(해방)지상주의적 견해(이는 흔히 민족모순으로의 환원론이라는 형태를 취한다)로 나타나기도 했다.[9] 그런 의미에서도 이에 대한 '통일적 이

---

7) 여기서 한국이 식민지인가 신식민지인가 하는 논쟁을 벌일 생각은 없다. 혹자는 정치적 독립 —그것이 아무리 형식적인 것이라 할지라도 —이라는 것을 근거로 한국을 구식민지와 구별되는 바의 '신식민지'에 포함시키나, 또 한편에서는 그것을 비판하며 한 나라의 군사작전권이라는 생사여탈권이 남의 손에 있는데 어떻게 '식민지'가 아니라고 할 수 있는가 반문한다. 그런데 필자의 생각으로는 식민지와 신식민지라는 범주가 본질적인 차이를 내포한다고는 생각지 않으며 그런 의미에서 식민지라 해도, 신식민지라 해도 좋을 것 같다. 물론 이를 절충주의라고 비난할지도 모르나, 여기에서 얘기하고 싶은 것은 이러한 논의가 다분히 식민지라는 용어에 대한 스콜라적 집착을 갖고 있다는 사실이며, 각각의 논거가 일면적이라는 것이다. 예를 들면 앞의 경우에는 한국에서의 정치적 독립을 과대평가하여 실제로 제국주의 지배하에 있다는 사실을 부정하고 있으며(대표적인 것으로는 윤소영, 「한국사회성격 해명에 있어서 올바른 이론적 입장의 확정을 위하여」, 『한신경제학토론』, 제8611호, 1986, 49쪽), 뒤의 논지를 따르게 되면 서독과 일본도 미국의 식민지인 것으로 되는데, 그렇게 되면 식민지라는 고집스런 규정이 대체 무엇을 의미하게 되겠는가? 최소한 분명한 것은 한국이 제국주의의 지배하에 있다는 것이고 그런 의미에서 (신)식민지라고 할 수 있으며, 여기에서 '신' '구'에 대한 논평의 분류는 제국주의가 한국을 지배하는 방식에 대한 이해가 진전된다면 메워질 수 있을 것이다.
8) 예를 들면 양우진, 「한국 자본주의 성격구명을 위한 일 시론 : 70년대 중반~80년대 초반의 축적과정과 위기의 분석을 중심으로」, 서울대학교 경제학과 석사학위논문, 1986.
9) 이는 사회구성체론의 무용성을 주장하고 한국의 식민지적 성격에서 모든 것을 도출해 내는 교조적(?) 식민지반봉건사회론자('식반론자'라고 약칭하겠다)들에게서 발견된다.

해'는 앞으로도 논의의 중심이 되는 문제의식으로서 그 자리를 더욱 굳혀 갈 듯하며, 현재의 논문도 거기서 벗어날 수는 없는 것 같다.

그러나 이는 상이한 추상 수준에서 조명되어야 할 상이한 측면을 반영하는 것인데, 이런 상이함을 분명히 하지 않은 채 조급하게 '통일'시키려 함으로써 이제까지의 수많은 '절충론'들이 탄생하게 되었다. 그리하여 일국 내에서의 단계규정과 세계체제 속에서의 (신)식민지적 위상이 서로 동등한 수준에서 대립하기도 했으며, 양자를 한데 묶어 '부름으로써' 통일성(?)을 과시하기도 했다. 그러나 절충의 길을 피하기 위해서는 우선 상이한 측면을 상이한 측면으로서, 또 상이한 수준의 문제로서 분명히 해야 한다. 그리고 양자가 갖는 **관계**가 분명하게 되어야 한다. 예를 들어 '식민지' '자본주의' 사회라고 할 때 '식민지'와 '자본주의'는 **어떠한 관계**에 있는가, 또는 '예속적' '국가독점자본주의'라고 할 때 '예속적' 성격과 '국가독점자본주의'는 **어떠한 관계**에 있기에 결합될 수 있는가 등의 문제가 분명해지지 않는 한, 양자의 결합은 서로 외면적인 것을 자의적으로 결합한 절충주의에서 벗어날 수 없는 것이다.

따라서 현재 한국사회의 성격을 분명히 하기 위해서는 일국이라는 영역에서의 문제와 세계체제 속에서의 문제를 일단 분리할 필요가 있다.[10] 그리고 양 측면은 그 내적 관계 및 통일의 계기가 분명히 제시되는 가운데 필연성으로서 논해져야 하며, 이는 구체적으로 제국주의론에 대한 연

---

10) 이는 형이상학적인 분리는 아니다. 흔히 지적되듯이 "인식한다는 것은 하나를 둘로 나누는 것이다."(코지크, 『구체성의 변증법』, 박정호 역, 거름, 1984, 18쪽) 이것은 사물을 전체적 연관 속에서 변증법적으로 파악하기 위한 전제이다. 이렇게 분리해 놓고 그것이 하나를 이루는 것임을 망각한 채 각 측면에 몰두하는 데 머물 때 형이상학적 분석으로 빠지는 것이지, 분리하는 것 자체가 형이상학적인 것은 아니다. 변증법적 추상화는 구체적 연관 속에서 핵심되는 계기(Moment)를 찾아 분리해 내는 것이다. 이는 맑스가 상품 분석에서 출발하는 데서도 분명히 제시된 방법이다. 올바른 추상화는 구체적이고 변증법적인 인식을 위한 전제이다(*Das Kapital*, Bd.1의 '제2판 후기'를 보라. "Die Entwicklung des Sozialismus von der Utopie zur Wissenschaft"의 제2장은 형이상학적 방법이 발생하게 되는 이유와 극복의 필요성이 설득력 있게 제시되고 있다. *MEW*, Bd.19, SS.202~209).

구를 요구한다. 그리고 세계체제 수준에서의 분석 역시 제국주의에 대한 연구를 전제하는바, 여기에서는 '일단' 일국 수준에서의 합법칙적인 변화를 연구하는 과학적인 방법으로서 사회구성체론에 국한하여 논의하기로 한다. 이는 본 논문의 근본적인 한계인데, 그럼에도 불구하고 이것에서 출발하는 것은 제국주의에 대한 연구 역시 이러한 토대 위에서만 생산적으로 논의될 수 있으리라고 생각하기 때문이다.

이상은 본고를 포함하는 현재 논의의 문제의식으로서 요약될 수 있을 것이다. 그런데 이러한 문제의식이 구체적 생산물로서 결실하게 되는 것은 한두 사람의 논문 몇 편으로는 불가능하다. 이는 이론과 실천으로 '구분'될 뿐인 총체적인 사회적 활동의 결과로서 완성될 수 있을 뿐이며, 바꿔 말하자면 전 사회적인 생산물, 역사적인 생산물일 수 있을 뿐이다. 그렇기 때문에 여기에서는 오히려 본고의 목적의식을 제한하고 분명히 함으로써만 문제의식이 요구하는 공백을 하나씩 메워 갈 수 있을 것이다.

이 논문을 쓰는 필자의 목적의식은 일단 두 가지로 요약될 수 있을 것이다. 첫째는 논쟁의 철학적 기반 및 방법적 원칙이다. 앞서 실용주의와 과학적 유물론자를 비교한 데서도 분명하듯이 서로 진리관이 상이한 두 입장의 논쟁이란 것은 지극히 비생산적이며, 거기서 '지양 Aufhebung' (말 그대로 핵심의 보존과 오류의 폐기라는 의미에서)이란 상상할 수도 없는 것이다. 오히려 서로에게 자신의 입장을 설명하기 위해 서로의 개념을 붙들고 늘어지게 될 것이며, 결국은 서로 다른 세계관을 확인하는 데서 논의에 종지부를 찍게 될 것이다. 관념론자와 유물론자의 논쟁 혹은 유신론자와 무신론자 간의 논쟁을 생각해 보라. 이 논쟁은 서로 아귀가 맞지 않는(혹은 그렇다고 생각하는) '주장'의 거듭 속에서 종국에는 어느 한편의 전제적 명제, 즉 의식이 일차적이라든가 존재가 일차적이라는 결론으로 귀착하거나(이는 사실 거의 불가능한 경우이며, 그렇게 된다면 그것은 엄청난 성과가 될 것이지만, 현재의 논쟁이 그것을 위해 진행되는 것은 아니다), 그렇지 않으면 서로에게 욕설을 퍼부으면서 헤어지는 것으로 막을 내리게 될 것이다. 이처럼 철학적 대전제 및 그에 따른 방법론의 통일 없이 논쟁이 발전할 수는 없다. 서로 생각하는 방법이 다를 때, 그리고 서로 옳다고 생각하는 전제들이 다를 때, 논쟁은 '구체화'와는 반대의 길을 걸을 것이며, 대부분의 경우 그것은 '논의의 극대화와 성과의 극소화'로 귀착될 것이다. 그리하여 원칙에 입각한 통일이라는 논의의 목적은 그 대립물인 종파적 분립으로 귀결될 것이다.

이렇다고 할 때 구체적 분석을 향한 논의에 앞서, 서로가 딛고 서 있는 제 원칙 및 기반을 논지 속에서 확인하고, 그것을 과학적 세계관의 원칙 및 방법론에 비추어 검토하는 데에서 출발해야 하며, 이럼으로써 공통의 지반을 점차 넓혀 갈 수 있을 것이고, 이에 따라 원칙적 통일성에 입각한 구체적 분석과 견해의 통일로 나아갈 수 있을 것이다.

두번째의 목적의식은 이상과 같은 과정을 통해서 사적 유물론의 제 원칙과 주요개념을 정리하는 것이다. 원칙의 불일치뿐만 아니라 기본적인 제 개념에 대한 '나름대로의' 해석은 서로의 입지점을 흐리게 하고 문제점과 대립점의 정확한 포착을 곤란하게 함으로써 무익한 논쟁에 일조하며, 또한 대립점이 분명해질 때조차도 개념에 대한 시비로 번질 수 있기 때문에 '구체화'로의 길은 또다시 난관에 부딪히게 된다.

흔히 개념이나 원칙에 대한 논의에서 출발하려는 시도는 그저 추상적인 것으로서 이해되고 극복의 대상으로 간주되기도 했다. 그리고 한국사회에 대한 구체적 분석의 기치 아래 나름대로의 '론'을 전개하기도 하고, 그것의 정당성을 주장하기도 했다.[11] 그러나 우리는 이들이 과연 얼마나 타당하고 설득력 있는 논지를 제시하였는가라는 물음을 당연히 던져야 한다. 실제로 이들이 제시하고 있는 것은 대부분 현상추수적 기술記述

과 독단적 명제의 자의적 '주장'으로서, 전혀 비체계적이며 혼돈된 개념이 마구 엉켜 있음을 볼 수 있다. 이는 한마디로 '조급한 구체성'의 소산으로서 대부분 다양한 '현상 분석'의 절충주의적 잡탕으로 귀결되고 있다. 이들은 개념이나 법칙이 실재의 반영이라는 것, 그리고 올바른 구체성이 올바른 추상을 전제한다는 것을 이해하지 못하고 있다. 올바른 추상과 개념을 정립한다는 것이 그저 인텔리의 현학이나 구체적 분석의 유보로 간주될 수는 없다. 왜냐하면 그릇된 개념이나 추상에서 출발했을 때는 필연적으로 사이비구체성에 이르게 되고 말 것이기 때문이다. 실재에 대한 그릇된 반영이나 피상적 반영에 머무는 구체적 분석이란 실제로 전혀 구체적이지 못한 사이비구체성에 불과하며, 이는 주관주의적 실천을 결과하게 된다.

이상의 논의에서도 어느 정도 분명해진 것이지만 여기서 '방법론'이 갖는 의미와 그 중요성에 대해서 다시 생각해 볼 필요가 있다. 이것은 철학적·사상적 원칙이 과학적 이론 속에서 어떻게 관철되는가의 문제이며, 또한 특정 이론 속에서 그것을 확인하는 문제이기도 하다. 현상을 그 자체로서 보는 것이 아니라 **본질적 관계 속에서** 보아야 한다는 것은 이미 주지하는 바로서 모든 과학적 분석의 전제이다. 그런데 이를 위해서는 과학이 과학이기 위한 철학적 선제를 명확히 할 것이 요구되며, 또한 그것이 본질적 관계를 포착하는 구체적 분석 속에 관철되어야 한다. 그런데 이것은 이와 같은 선언과 승인으로 끝나는 문제는 분명히 아니다. 그것이 공소한 문구가 아니기 위해서는 과학적 분석과 논의에 있어서 반드시 관철되어야 하는 철학적 원칙들이 방법론적 기준으로서 정립되고 체계화되어야

---

11) 이런 경우로서 두드러진 것은 김재훈, 「한국사회성격분서 시론」과 장상환, 「한국 자본주의의 구조와 성격」, 『현단계』, 1집 ; 조민, 「한국 자본주의의 성격규정 : 식민지 반봉건성 규정의 방법론을 중심으로, (1)(2)」, 『한신학보』, 85, 86호, 1986 등을 들 수 있을 것이다.

한다. 이때에만 철학이나 사상은 과학이나 이론과 통일될 수 있으며, 논의 또한 생산적일 수 있게 될 것이다.

이러한 관점에서 필자는 사회과학적 분석에서 가장 과학적인 방법론은 사회구성체론임을 보이고자 한다. 그런데 이제까지 전개된 소위 '사회구성체논쟁'을 돌이켜볼 때 과연 사회구성체론에 대해 올바르게 이해하고 있었던가 하는 의문이 든다. 과연 사회구성체라는 개념이 무엇을 의미하며 어떠한 맥락 속에서 나온 것인가, 그리고 사회구성체론에 입각해 한 사회를 파악한다는 것은 무엇을 의미하는가라는 질문을 던지지 않을 수 없는 것이 논쟁의 현 수준인 듯하다.[12] 논쟁의 제목이 '한국사회구성체논쟁'이라는 것이 오히려 희화적인 함축을 담고 있다. 이는 사회 = 사회구성체라는 지극히 자의적이고 평면적인 도식에[13] 기초하여, '한국사회성격논쟁'의 '사회' 대신 '사회구성체'가 들어간 것에 불과하다.

원래 본고를 처음 쓰려고 했을 때에는 '식민지반봉건사회론'이 광범

---

12) 혹자는 다음과 같은 견해를 제시하는데, 이는 사회구성체론에 대한 전적인 몰이해와 자랑스런 실용주의를 잘 보여 준다. "…… 자본주의사회구성체라는 것을 강조하다 보면 자연히 실천도 반자본주의 운동으로 귀결되고 개개 나라의 특수한 모순구조와 상관없이 일단계 변혁 이론에 빠진다. 한 사회에서 생산력의 발달을 저지하고 민중생활의 진보를 억압하는 것을 척결하는 것이 변혁운동의 기본적 임무라고 할 때, 한국사회가 자본주의 경제제도가 전일화된 사회라는 점보다는 그 자본주의가 식민성과 반봉건성을 가진다(고 하는) 점이 실천적으로 더욱 유의미할 것이다."(한신학보기획부, 「올바른 변혁이론의 정립을 위하여」, 『한신학보』 제87호, 1986년 11월 3일)
대체 자본주의사회구성체를 강조하는 것이 반자본주의라는 변혁의 방향으로 귀결된다는 것은 무슨 말인가? 반봉건의 부르주아혁명은 전자본주의적 사회구성체에서 일어나는가? 이는 부르주아 없는 부르주아혁명, 반봉건의 주체가 없는 반봉건혁명을 제시하고 있는 것은 아닌가? 17·18세기, 19세기 유럽에서의 혁명은 봉건적 사회구성이 지배적이던 나라에서 일어났는가? 러시아에서의 반봉건민주주의혁명은 봉건시대의 소산인가? 근대적 프롤레타리아트는 자본주의사회구성체의 성립 이전에도 존재하는가? 러시아에서 나로드니즘에 대해 행해졌던 사회민주주의자들의 비판, 즉 러시아는 이미 자본주의사회구성체라고 하는 비판은 일단계 변혁 이론에 빠졌던 것이었던가?
후반부의 논지는 현재 변혁대상이 객관적으로 어떻게 존재하는가라는 문제가 실천적·실용적(선전적? 이것이 과연 옳은 선전일까?) 목적과 **대립되어** 뒤로 밀려나 버리고 있음을 보여 준다. 이 글의 필자는 과학성과 계급성을 분명하게 대립시키고 있다.
13) 이 도식이 틀렸다는 것은 특별히 따로 언급할 필요가 없을 것 같다. 그것은 이 논문의 일부만으로도 충분히 입증될 것이기 때문이다. 참고로 덧붙이자면 이 도식은 알튀세르와 그의 추종자들로 이뤄진 프랑스 구조주의자의 도식인데, 이들에 대해서는 후에 기회 있는 대로 논평하겠다. Althusser & Balibar, *Reading Capital*, NLB, 1970(이 중 일부는 발리바르, 『역사과학의 기초범주』, 김윤자 역, 한울, 1984로 번역되어 나왔다)이나 글룩스만, 『구조주의와 현대 마르크시즘』, 정수복 역, 한울, 1982 ; 파인&해리스, 『현대 정치경제학 입문』, 김수행 역, 한울, 1985를 참조(특히 용어해제를 보라).

하게 운위되고 있었고, 본고도 또한 그에 대한 검토에 초점을 맞추려고 했었다. 그러나 그러기 위해서는 소위 '식민지성'에 대한 해명이 전제되어야 하는바, 이는 제국주의에 대한 언급 없이는 불가능한 것이었으며, 따라서 본고의 직접적인 제한 밖에 서 있는 것이었다. 이러한 조건 속에서 식민지반봉건사회론에 대한 조급한 검토는 오히려 그것이 담고 있던 문제의식이나 기타 긍정적 제 계기에 대한 객관적 판단을 흐릴 수도 있을 것으로 생각되었으며, 또한 검토의 객관성에 미숙함과 비약이 개재될 것으로 생각되었다. 그러한 판단에서 본고의 한 장을 빼버릴 수밖에 없었던바, 이는 본고 이후 사회구성체론은 물론 제국주의론 및 한국의 현대사에 대한 연구의 발전과 함께 정리되어야 할 문제로 남게 될 것이다.

다만 여기서 잠시 언급하고 싶은 것은 문제의식이 옳다는 사실이 그것이 담고 있는 내용의 정당성을 담보해 주지는 못한다는 것이다. 오히려 문제의식이 옳아도 그것이 담고 있는 내용이나 제시하는 방향이 설득력 없고 과학적 기반을 결여하고 있다면, 그것으로 인해 그 문제의식마저도 평가절하되는 것이다. 그렇다면 문제의식의 정당성만을 언제까지나 외치고 있을 것이 아니라 그에 상응하는 과학적 내용을 제시하려고 해야 할 것이다. 이런 맥락에서 우선 다음과 같은 질문을 던지는 것도 타당하며 또한 필요한 것이나.

식민지반봉건사회는 하나의 사회구성체인가? 만약 아니라면 그것은 사회구성체와, 특히 자본제적 사회구성체와 어떠한 관계를 맺고 있는가? 다시 말해 식반사회이자 동시에 자본주의사회구성체라고 하는 것은 무슨 의미를 가지며, 이때 양자 간의 관계는 어떻게 파악되어야 하는가? 식반은 자본주의사회구성체의 특수한 단계인가? 그렇지 않으면 봉건제와 자본주의사회구성체의 과도적 시기인가? 과도적 시기를 그처럼 설정한다면 식민지반봉건사회는 사회구성체를 의미하게 되는 것은 아닌가? 만약 자본주의사회구성체의 한 단계라면 일제하 조선과 '60, '70년대 및 '80년대의 한국 간에는 어떠한 질적 차이도 존재하지 않는가?(동일한 단계로 파악되는가?) 또한 반봉건은 어떤 관계를 지칭하며 현재에는 어떠한 형태로 존속하고 있는가? 그것은 자본제적 관계와는 무관하게 존재하는가? 그렇지 않다면 그것과 자본제 간의 관계는 어떠한가? 또 한국에서 이미 양적으로나 질적으로나 지배적인 관계로 되고 있는 노-자勞資의 관계가 포함되지 않은 식반을 군이 고집하는 이유는 무엇인가? 또 그렇다고 해도 식민성과 반봉건성은 어떻게 결합되는가? 만약 '토대와 상부구조의 조응'이라는 법칙을 낡은 것으로서 폐기하고 새로운 토대와 상부구조로서 반봉건성과 식민성을 제시한다면 그 자체가 하나의 새로운 사회구성체를 의미하는 것은 아닌가? 이는 식반사회구성체라는 사회구성체의 '신이론'과 어떻게 다른 것인가?

과학적 세계관은 무조건적인 선택을 강요해선 안 되며 강요하지도 않는다. 그것은 타인을 설득시켜야 하며 또 이제까지 설득해 왔다. "공식적으로 채택되었기 때문에 옳은 것이 아니라, 반대로 옳기 때문에 (공식적으로) 채택된다는 것"이 과학적 세계관이 요구하는 근본적 입장이며, 그것은 설득함으로써 가능하다. 그리고 과학적 세계관이 갖는 가장 큰 장점은 그것이 세계를 올바르게 반영하고 있는 진리이기에 무한한 설득력을 갖는다는 것이다. 일찍이 저명한 맑스주의자인 레닌은 다음과 같이 말한 바 있다. "맑스주의적 가르침doctrine이 전능한 힘을 갖고 있는 것은 그것이 진리이기 때문이다."[14]

이러한 관점에서 과학적 세계관의 방법론에 대해 사회구성체론을 중심으로 정리해 보고자 한다.

---

14) Lenin, "Three Sources and Three Component-Parts of Marxism", *CW*, Vol.19, p.20.

II

사회과학의 철학적 제 원칙 : 기본범주

과학적 이론은 "구체적 상황에 대한 구체적 분석"을 목표로 한다.[1] 이는 "구체적이고 역사적인 정세에 대한 계급적 분석"을 의미하며, 또한 특정한 구체적 시기와 구체적 정세하에서 어떠한 계급의 운동이 다가오는 진보의 주요한 원동력이 될 것인가를 이해하는 것이다. 혹자처럼 구체적 정세는 무한한 변인들로 이뤄져 있기 때문에 과학적으로 분석될 수 없다고 한다면 —— 이는 과학 그 자체에 대한 포기이다 —— 이야기는 다른 방식으로 진행되어야 할 것이나, 과학을 포기하지 않는 한, 과학적 분석의 목표는 분명 "구체적 상황에 대한 구체적 분석"으로 요약될 수 있을 것이다.

그렇다면 구체적 상황은 어떻게 구체적으로 분석될 수 있는가? 이세까지 수년 동안 한국에서는 이러한 기치하에 수많은 논쟁이 진행되어 왔다. 그러는 와중에서 우리는 다양한 관점과 방법론들을 발견해야 했다. 고전적인 것과 현대적인 것, 공식적인 것과 실용적인 것, 경직된 것과 유연함이 지나친 것, 교조적인 것과 독창적인 것[2]이 선명치 못한 콘트라스

1] 저자 미상, 「マオイストの '三個の世界論' 批判」, 『世界經濟と國際關係』 제45집에서 재인용.
2] 여기서 잠시 '지나친 독창성'의 일례에 대해 살펴보기로 하자. 여기서 이것을 느닷없이 거론하는 것은, 뒤에 이에 대해 언급할 여유가 없을 것 같기 때문이다. 그것은 무엇보다 박승구 씨의 저서 『변증법적 지평의 확대』(백산서당, 1986)일 것

트contrast를 이루며 충돌해 왔다. 몇몇 독특한 견해와 수많은 절충안들이 나름의 간판을 내걸고 스스로 정립되었음을 선언했으며, 변혁이라는 '유령'은 이들 사이를 헤매고 있는 것처럼 보였다.

한편으로는 이러한 논의의 공허함에 지쳐 사회구성체론 무용론이 그 기치를 높이기도 했다. 즉 한국사회는 사회구성체로서 파악될 수 없으며, 따라서 사회구성체론으로써 한국사회의 성격을 해명할 수는 없다는 것이다. 현재 한국사회가 자본주의사회구성체라는 것이 과연 어떤 실천적 유용성이 있느냐는 것이다. 그러나 그렇다면 한국사회의 **성격은** 어떠한 방법으로 파악되어야 하며, 어떠한 측면이 포함되어야 하는가라는 문제가 생긴다. 그것은 모든 사물이 그렇듯이 한국사회라는 분석 대상의 성질이나 속성은 무한히 다양하기 때문에 그처럼 무한히 다양한 여러 속성들 중에서 대체 어떤 것이 한국사회의 성격을 표현하는 것으로서 도출되어야 하는가라는 문제이다. 그리고 각각의 논자들이 주장하는 성격·성질은 대체 무엇을 기준으로 검토되어야 하는가? 그 기준의 객관성은 어떻

이다. 이 책의 제목은 '변증법'에 대한 것인데, 내용은 '확대'로 특징지어질 듯하다. 즉 지나치게 확대(?)된 탓인지 변증법의 영역을 넘어서 버리고 있는 것이다. 이 책에서 사용되는 용어는 무척이나 화려한 변증법적 표현을 빌리고 있지만, 실제로 그것은 이 책 전체의 내용과 마찬가지로 맑스주의적 철학이나 과학과는 너무나도 거리가 멀다. 여기서 우리는 변증법적 '용어'들이 사용되는 것과 변증법적으로 사고하는 것과는 '완전히' 별개일 수도 있다는 사실을 발견한다. 그것은 접어두고라도 내용에서 다른 저작을 소개하거나 인용하는 데에나 나타나는 '지나친 독창성'은 독자를 오해의 길로 인도한다. 예를 들면 '계급론'이란 장(章)에 보면, "……루카치(G. Lukács)나 톰슨(E. P. Thompson) 등의 계급론……은 일반적으로 계급의식을 계급 구분의 기준으로 삼고 있다"(위의 책, 104쪽)고 하며, 그것이 "물적 토대를 기계론적으로 반영하는 계급의식을 계급 구분의 기준으로 삼는다"(106쪽)고 하면서 이것을 비과학적이라고 비난한다(106~107쪽). 그는 이것이 개인의 의식에 대한 기계적 결정론이라고 파악하고 있다. 그러나 이는 루카치 저작이 갖는 문제의식과 핵심을 전혀 파악하지 못한 것으로, 과연 이 논지의 소개자가 루카치의 저서를 제대로 읽어 보았는지를 의심하게 한다. 도대체 계급의식으로써 계급 구분을 하려 하다니 루카치의 계급의식론이 제시하려고 하는 바는 그가 논문의 서두에서 인용하고 있는 맑스의 말을 보기만 했어도 짐작할 수 있었을 것이다. 이에 대해서는 루카치, 『역사와 계급의식』, 박정호·조만영 역, 거름, 1986, 107쪽을 보라. 그리고 최소한 그 논문을 읽어 보라. 또, 종종 보이는 '도덕적 설교'는 '도덕적 비판과 비판적 도덕'이라는 말을 떠올리게 하며, 그의 '독창적인' 모순론은 '부정적 측면'과 '긍정적 측면'이라는 프루동식 변증법을 다시 생각하게 한다("Das Elend der Philosophie", *MEW*, Bd.4, SS.131~133, 〈Die Methode: vierte Bemerkung〉, S.144ff, 158ff를 보라). 필자는 개인적으로 이 책에서 인용되고 있는 그 화려한 참고문헌이 과연 얼마나 참고가 되었는지에 대해 커다란 의문을 갖고 있다.

게 인정될 수 있는가?[3]

　또한 이러한 주장에서 확인되는 오해는 사회구성체론적 파악이란 것이 한국사회의 성격이란 논제에 '자본주의사회구성체' 란 결론을 내리는 것으로 끝난다고 보는 것이다. 그러나 실제로 한국사회에 '자본주의사회구성체' 란 딱지를 붙이는 것이 논쟁의 결론이 될 수는 없다. 오히려 이것은 한국사회를 과학적으로 분석하기 위한 **출발점**이다. 이런 의미에서 이제까지의 논쟁은 올바른 출발점에 서기 위한 것이었다고도 볼 수 있다. 즉 제반 현상의 근저에 있는 본질을 분명히 함으로써 다양한 제 현상을 전체적 연관 속에서 합법칙적으로 파악할 수 있는 것이다. 한 사회의 근저에 깔려 있는 기본모순이 명확하지 않은 상태에서 그 사회의 지배적인 운동법칙이 밝혀질 수는 없으며, 나아가 그 사회에서 특수하게 나타나는 제반 현상들이 올바로 인식될 수 없다. 엉터리 추상과 잘못 파악된 법칙을 지팡이로 삼았을 때 나아가게 되는 길은, 반복하지만 '사이비구체성' 으로의 길이다.

　그렇기 때문에 오히려 논의는 그 뿌리까지 거슬러 올라가야 한다. 즉 그것은 철학적인 원칙을 공고히 하면서 존재론적이고 인식론적인 데서 **출발**해야 한다.[4] 그리고 그 위에서 어떤 것은 취하고 어떤 것은 버리는 데

---

3) 이에 대하여 레닌은 다음과 같이 지적한다. "이제까지의 사회학자들은 복잡하게 얽혀 있는 제 현상 속에서 중요한 것과 중요하지 않은 것을 구분하는 데 곤란을 느꼈고(이것이 사회학에 있어서 주관주의의 근원이다), 이러한 구분을 행하기 위한 객관적인 이론을 찾아낼 수가 없었다."(Lenin, "What the 'Friends of the People' Are and How They Fight the Social Democrats", *CW*, Vol.1, p.140) 이것은 유물론에 의해서만 극복되는데, 이에 대해서는 이 책 III장 2절을 보라.
4) 물론 여기서 존재론과 인식론이 별개의 영역이라고 주장할 생각은 전혀 없다. 이러한 구분(분리에까지 이르는)은 헤겔 이전의 것이다. 오히려 이러한 구분은 엥겔스가 말하듯이 철학의 근본문제가 갖는 두 측면으로서 이해되어야 할 것이다. 그 중 하나는 **존재와 사유의 관계**에 대한 문제이며, 그것은 한편으로는 **세계의 본질**에 대한 문제——여기서 유물론과 관념론으로 나뉜다——이다. 다른 하나는 그것의 **인식 가능성**에 대한 문제——이는 인식주관과 인식대상이 통일될 수 있는 가라는 문제이다——이다. "Ludwiq Feuerbach und der Ausgang der klassischen deutschen Philosophie". *MEW*. Bd.21, SS.274~276. 또한 Lenin, *Materialism and Empirio-Criticism*, *CW*, Vol.14 전체는 이 문제에 그 초점을 맞추고 있다. 특히 제2장이 그러하다.

필요한 공통의 **객관적** 기준이나 근거를 세워야 한다. 그리고 한 걸음 더 나아가 그러한 기준 및 원칙들을 사회과학방법론의 원칙으로 발전시켜야 하며, 또한 그것들을 구체적 분석과 논의 속에서 관철시키고 확인해야 한다. 그럼으로써만 논의나 연구의 성과물들이 원칙의 견고함 위에서 실천적 이론의 성과로서 남게 될 것이다. 반대로 철학적 원칙 없는 논의나 이론은──사실 이는 과학이 아니다!──한없이 '절충'이라는 사생아를 낳을 것이다. 칸트의 표현을 도용하자면 "과학 없는 철학은 공허하고, 철학 없는 과학은 맹목이다".

따라서 철학에 기초한 이론 즉 엄밀한 의미에서의 과학을 정초하기 위해, 여기서는 일단 과학성의 전제이며 동시에 과학성 그 자체를 구성하는 제 범주들에 대해 검토하겠다.

과학적 이론은 다양한 사물이나 현상들의 본질적 연관을 분명히 하고 그 속에서 구체적 제 현상 등을 합법칙적으로 설명함으로써 실천의 근거를 명백히 한다. "만약에 사물의 현상형태와 본질이 직접적으로 일치한다면 모든 과학은 쓸모없게 될 것이다"[5]라는 맑스의 말처럼, 현상은 본질을 드러내지만 동시에 은폐한다.[6] 방법론적 제 전제들은 이러한 은폐된 본질을 발견하고 그것의 함의를 구체적으로 파악하기 위해 필요불가결한 것인바, 그 중 핵심적인 범주를 지적한다면 다음과 같이 요약할 수 있을 것이다.

5) *Das Kapital*, Bd.3, *MEW*, Bd.25, S.825.
6) 코지크, 「구체성의 변증법」, 박정호 역, 거름, 1984, 15쪽. "현상은 본질을 드러내 줌에도 불구하고 또한 본질을 은폐한다. 본질은 그 자신이 현상 속에서 드러내지만 그것은 부분적이며 어느 정도까지일 뿐이고, 어떤 측면과 양상 속에서일 뿐이다. 현상은 자기 자신이 아닌 어떤 것을 지시해 주고 있으며, 오직 자신의 대립물(법칙-인용자)에 의해서만 존재한다. 본질은 직접적으로 주어지지 않는다. 그것은 현상에 의해서 매개되며, 따라서 그 자신이 아닌 다른 어떤 것을 통하여 자기 자신을 보여 준다. 본질은 현상 속에서 자기 자신을 드러낸다. 본질이 현상 속에서 드러난다는 것은 그것이 운동한다는 것을 의미하며, 따라서 본질은 고정되고 수동적인 것이 아님을 입증하는 것이다. 그러나 마찬가지로 현상은 본질을 드러내 준다. 본질을 드러내는 것은 현상의 활동이다." 여기서 코지크(K. Kosík)의 저서를 인용한다는 것이 그의 견해 전체를 용인하는 것은 아님을 분명히 해두고 싶다. 또 이러한 것이 코지크에게만 제한되는 것은 아니다.

그 첫번째는, 그간 수없이 많은 사람들이 지적해 온 것처럼, 하나의 철학이란 무엇보다도 먼저 특정계급의 세계관이라는 것이고, 따라서 사상이나 이론은 그 자체가 계급적 존재의 반영Spiegelung이라는 것이다.[7] 이는 곧 **계급성**Klassengeist이란 범주가 기본적인 범주로서 정립됨을 의미한다. 맑스는 『자본론』 1권 제2판의 후기Nachwort에서 고전경제학의 성격이 계급관계 및 계급투쟁 속에서, 특히 프롤레타리아트의 계급적 발전에 따라서 어떻게 변화되어 가는가, 또 그에 따라 그 내용은 어떻게 변화되어 가는가를 요약하면서 다음과 같이 쓰고 있다.

그것[정치경제학]이 부르주아적인 한, 즉 그것이 자본주의적인 질서를 역사적으로 일시적인 발전단계로서가 아니라 거꾸로 사회적 생산의 절대적이고 궁극적인 형상Gestalt으로서 파악하는 한, 정치경제학이 과학일 수 있는 것은 단지 계급투쟁이 잠재적인 상태에 머물러 있거나 개별화된 현상vereinzelten Erscheinungen으로 나타나는 동안뿐이었다.[8]

즉 영국에서의 정치경제학, 특히 리카도의 경제학은 근대적인 계급 간의 투쟁이 아직 발달하기 이전의 것이며, "1830년에 이르면서 매우 결정적인 위기가 정치경제학에서도 시작된다". 그리고 1848년 대륙에서의 혁명은 J. S. 밀의 절충주의적 경제학을 끝으로 "부르주아 고전경제학의 파산을 선고한다"는 것이다.[9]

7) 이는 맑스주의 계급의식론의 가장 기초이며, 레닌에 의해 발전되었다. 그것의 핵심은 루카치가 「계급의식」이란 논문의 서두에 인용하는 부분에 잘 나타나 있다. 즉 "이러저러한 프롤레타리아트나 심지어는 전 프롤레타리아트가 일시적으로 무엇을 목적으로 **생각하는가**가 문제되는 것은 아니다. [오히려] 문제되는 것은 **그들이 무엇인가**, 그리고 이 **존재**에 걸맞게 그들이 역사적으로 하지 않으면 안 되는 것이 무엇인가 하는 것이다." [맑스, 『신성가족』(루카치, 「역사와 계급의식」, 107쪽에서 재인용). 강조는 원문. 이하에서 특별한 언급이 없는 것은 모두 원래의 강조]
8) *Das Kapital*, Bd.1, *MEW*, Bd.23, SS.11~12.
9) ibid., SS.12~13.

반대로 독일에서의 노동자 정당의 출현은 맑스에 의한 경제학의 혁명과 밀접히 연관되어 있으며, 맑스 자신도 『자본론』을 저작하는 목적이 "될 수 있는 대로 당party을 높이고, 서술방법 그 자체로 속물들을 무장해제시키는 데 있다"고 쓰고 있다.[10] 그에 의하면 부르주아 경제학의 비판── 이는 『자본론』의 부제이기도 하다── 은 "자본주의적 생산양식의 변혁과 궁극적 철폐를 자신의 역사적 사명으로 하는 계급인 프롤레타리아트의 편에 섬으로써만 가능했다."[11]

여기서 분명하게 되는 것은 세계에 대한 인식은 그 자체가 계급적이라는 것이며, '어떤 한 계급'의 입장에 서서 변혁의 목적의식하에서 대상세계를 일관되게 분석할 때에만 과학적 분석도 가능해진다는 것이다. 클라우스Georg Klaus와 부어Manfred Buhr는 계급성을 당파성Parteilichkeit의 객관적인 형식으로 이해하면서, 그 위에서만 모든 인식은 그 자신의 관점이 갖는 연관성을 파악할 수 있는 객관적 토대를 발견한다고 한다. 그런 의미에서 계급성은 "계급사회에서의 사회적 의식이 취하는 모든 형식의 본질적 특성이고, 그것이 갖는 계급적 성격과 계급적 연관성의 표현"이라고 한다.[12] 좀더 구체적으로 얘기한다면 '어떤 한 계급'의 입장에 선다는 것은 변혁의 목적의식 속에서 대상을 과학적으로 분석하고, 그 계급의 입장에서 변혁의 방향을 제시하는 것이다. 예컨대 프롤레타리아트의 관점에

---

10) "Marx to Kugelman", 1868. 7. 11.

11) Das Kapital, Bd.1, S.22.

12) Klaus & Buhr, Philosophisches Wörterbuch, Bd.2, 1970, S.819. (메처, 「미적 인식과 리얼리즘 예술」, 이춘길 편, 『리얼리즘 美學의 기초이론』, 한길사, 1985, 192쪽에서 재인용.) 이것은 원래 당파성(Parteilichkeit)에 대한 규정성의 해설이며, 위의 사전에서는 그것이 갖는 두 가지 함의를 구별하고 있다. 즉 여기서 인용한 것처럼 "객관적 형식으로서의 당파성(이는 실제로 '계급성'과 동일하다)"과 "의식적으로 사용되는 '이론적·방법적' 원리로서의 당파성"의 구별이 그것이다. 흔히 계급성과 구별되는 의미에서 사용되는 당파성은 후자를 지칭한다(이에 대해서는 Lenin, "Party Organisation and Party Literature", CW, Vol.10를 참조하라). 이때 후자는 명백히 전자에 기초한다. 여기서 언급되는 계급성은 양자 중 전자의 의미이며, 이것은 그 자체가 객관적 존재의 반영으로서 **객관성**을 그 본질적 특징으로 한다. 이 양자의 관계에 대한 올바른 이해는 본고의 서론에서 제기한 문제의 해명에 접근하게 해줄 것이다.

서 농업문제를 연구한다는 것은 그것을 단지 농업**문제**로서가 아니라, 그 계급과 함께할 농업 내부에서의 계급 및 계층과 그 동맹을 매개하는 프로그램Programm을 정립하는 문제라는 것이다. 농민이 받는 피해나 그들이 처한 제 문제상황을 폭로하고 나열하는 데 멈춘다면 그것은 결국에는 ——이제까지도 그랬지만—— '농민이라는 계급'(?)의 관점에 서게 됨을 의미한다(이것이 농민 일반의 이해를 대변한다는 의미는 아니다).

루카치는 레닌을 인용하여 다음과 같이 쓰고 있다. 유물론은 "소위 당파성이라는 요소를 그 자체 내에 포함한다. 왜냐하면 그것은 어떠한 사건에 대한 평가에서, 직접적으로 그리고 명백하게 특정한 사회적 집단의 관점에 서야 하기 때문이다."[13]

두번째의 기본범주는 **객관성**Objektivität이다. 앞서 잠시 언급하였지만 철학의 근본문제는 존재와 의식의 관계에 대한 문제이고, 여기서는 관념론과 유물론의 구분만이 있을 수 있다. 유물론은 의식에 대한 존재의 일차성을 인정하며 물질적 존재를 실재實在로 인정한다. 그리고 인식은 이러한 물질적 존재로서의 실재의 반영Spiegelung이며 개념이나 이론 역시 그러하다고 한다. 맑스의 말처럼 "**의식**은 **의식된 존재**에 다름 아니다Das Bewußtsein Kanne nie etwas Andres sein als das bewußte Sein."[14] 또는 "관념적인 것은 인간의 머릿속에서 전화되고 해독된 물질적인 것에 다름 아니다."[15] 따라서 인식은 항상 '우리 외부의' 즉 인식과정의 외부에 존재하는 제 과정과 관계를 맺고 있으며, 객관적 현실성을 보여 주는 가장 보편적인 범주는 물질이라는 개념이다.[16] 그것은 "인간의 감각에 주어져 우리의 감각이

13) 루카치, 「예술과 객관적 진리」, 이춘길 편, 앞의 책, 47쪽.
14) *Die deutsche Ideologie*, MEW, Bd.3, S. 26.
15) *Das Kapital*, Bd.1, MEW, Bd.23, S.27.
16) 메처, 「반영이론으로서의 미학」, 이춘길 편, 앞의 책, 81쪽.

모사하고 반영하며, 감각과 독립하여 존재하는 객관적 실재성을 가리키는 철학적 범주이다.[17] 그것은 보다 구체적으로 말하면 인간의 의식에서 독립하여 존재하는 자연과 사회를 의미한다.

이렇게 볼 때 유물론적 사회과학은 객관적 실재로서의 물질적 제 관계에서 출발하며, 그것을 유일한 판단 근거로 삼는다. 그런 맥락에서 얘기되는 개념은 그 자체가 "물질의 최고 산물인 뇌수의 최고 산물"이며,[18] 그것이 진리로서 존재하기 위해서는 실재와 통일되어야 한다. "개념은 아직 최고의 개념이 아니다. 보다 높은 차원의 것은 이념[이는 뒤에서 '인식'이라고 고쳐 쓴다], 즉 **개념과 실재의 통일**이다."[19] 이것은 주관주의나 실용주의에 대한 분명하고도 직접적인 반대다. 이후 상술할 것이지만 사회과학에서, 나아가 한국의 사회과학에 있어서 주관주의와 실용주의는 현재에도 아직 그 위세를 떨치고 있다. 따라서 이러한 관점 및 원칙은 현재의 논의에 있어서 매우 중요한 의미를 갖고 있으며 확고히 정초되어야 한다.

한편 실용주의에 대한 가장 근본적인 비판은 『유물론과 경험비판론』에서 행해지고 있다. "사상은 대상의 반영이고 물物은 우리의 외부에 실재實在한다"[20]는 엥겔스의 명제에 대한 바자로프Bazarov의 수정에 반박하여 레닌은 다음과 같이 쓰고 있다.

"그러면 당신은 대체 무엇이 '옳다'correct는 것인가?"라고 엥겔스는 반박한다. [이에 대해 그들은 다음과 같이 말한다.] **옳은 것이란 우리의 실천**

17) Lenin, *Materialism and Empirio-Criticism*, CW, Vol.14, p.167[『유물론과 경험비판론』(상), 전원배 역, 대성출판사, 1948, 174쪽].

18) Lenin, "Conspectus of Hegel's Book *the Science of Logic*", *Philosophical Notebooks*, CW, Vol.38, p.167 ; 「ヘーゲルの著書『論理學』の摘要」, レーニン全集刊行委員會 譯, 『哲學ノート』(上), 大月書店, 國民文庫版, 1964, p.137.

19) Lenin, ibid., p.170.

20) Lenin, *Materialism and Empirio-Criticism*, p.110.

을 통하여 입증된 것이다. 우리의 감각기관은 경험이 증명하는 한 '주관적'이지 않다. 다시 말해 자의적이거나 환상적인 것이 아니라 옳은 것, 실재적實在的인 것이다. ……

바자로프 동지, 당신은 문제를 터무니없이 혼동시키고 있다. 당신은 **우리의 감각이나 지각, 표상의 외부에 있는 존재의 문제**[세계의 물질성에 대한 문제 — 인용자]를 **물자체에 대한 우리 표상**[감각]**의 진부 여하를 판단하는**[실천이라는 — 인용자] **기준의 문제**로 슬쩍 바꿔 놓았다. 아니 좀더 정확하게 말하면 당신은 두번째 문제로써 첫번째 문제를 덮어 버렸다.[21]

다시 말해 '실천'이 진리의 기준이라는 실용주의의 명제는 **존재와 사유 간의 관계에 대한 문제, 즉 세계의 (물질적) 본질에 대한 문제를 주관(적 의식)과 객관(적 세계)의 동일성에 대한 검증기준의 문제로서 '덮어 버린다'**는 것이다. 유물론에서 **진리의 기준**은 물질적 실재인 객관세계이며, 그것에 대한 인식의 객관성·진리성(이는 주관적 인식이 객관적 세계를 올바르게 반영하고 있는가의 문제이다)을 확인하는 **진리의 검증기준**이 곧 실천이다. 맑스가 포이어바흐L. Feuerbach에 관한 테제에서 말하고 있는 것은 바로 이러한 사실이었다(이에 대한 수많은 실용주의적이고 경험주의적인 왜곡을 생각해 보라! 바자로프는 단지 옛날 러시아의 한 인물에 머무는 것이 아니다!). 실용주의는 한마디로 말해 '진리의 기준'과 '진리의 검증기준'이라는 유물론적 인식론을 단지 직접적인 '진리의 검증기준'이라는 문제로 대체해 버린다. 이것이 실용주의와 유물론 간의 가장 근본적이고도 결정적인 차이이다.[22]

21) Lenin, *Materialism and Empirio-Criticism*, CW, Vol 14, p 113. (강조는 인용자)
22) 이 문제에 대한 마오쩌둥(毛澤東)의 견해를 비교해 볼 필요도 있다. 마오의 「실천론」(및 「모순론」)을 보라. 브루노 쇼 편, 『중국혁명과 모택동사상』, 편집부 역, 석탑, 1986.

세번째의 기본범주는 **총체성**Totalität(혹은 **전체성**)이다. 객관적 실재로서의 세계가 하나의 전체Ganze인 이상, 그것의 반영으로서의 인식 또한 총체적(혹은 전체적)이지 않으면 안 된다. 헤겔은 그의 『정신현상학』 서설에서 다음과 같이 말한다. "진리는 전체이다Das Wahre ist das Ganze. 그러나 전체는 오직 스스로의 전개과정을 통해서 자기완성을 기할 수 있는 바로 그러한 본질이다."[23] 어떤 대상이나 사실에 대한 인식이 **현실**에 대한 올바른 인식이 되기 위해서는 그것을 **전체 속에서, 전체의 한 계기**Moment로서 파악하여야 하며 **여타 관련 대상과의 연관 속에서** 고찰하여야 한다.

현상은 총체적이다. 그러나 그것이 총체적인 것은 법칙 ── 본질적 관계 ──을 자체 내에 포함하고 있기 때문이고, 또 그런 한에서만이다. 반대로 본질적 관계에서 벗어나고 법칙으로부터 '해방'된 채 인식된 현상은 파편적이며, 그 자체가 이미 현상이 아닌 것으로 된다. 왜냐하면 현상은 본질이 현상화Erscheinung한 것에 다름 아니기 때문이며, 법칙이란 이러한 현상의 법칙das Gesetz der Erscheinung일 뿐이기 때문이다.[24] 그런 한에서는 "법칙 자체가 바로 전체를 이루게 된다".[25]

이는 사회과학에서 매우 결정적인 중요성을 갖는다. 전체 사회의 본질적 관계와 거기서 확인되는 보편적 법칙으로부터 분리된 채 수행되는 소위 '현상분석'은 이미 총체성을 상실한 것일 수밖에 없으며, 대상세계의 본질을 보여 줄 수 없다는 것이 지극히 분명함에도 불구하고, 소위 '원론'이나 '원리론'과 분리된 분석이 수없이 행해지고 있다는 사실이 이것을 보여 준다. 그리고 이제까지의 수많은 작업이 별 성과 없이 공허하게 소진되어 간 것도 이 때문이다. 대표적인 것은 소위 '원론'을 먼 옛날의

23) 헤겔, 『정신현상학 I』, 임석진 역, 분도출판사, 1980, 74쪽.
24) 헤겔, 『대논리학 II』(본질론), 임석진 역, 지학사, 1982, 204~216쪽.
25) 같은 책, 217쪽.

것, 다른 나라의 것이라고 경험주의적으로 치부하면서 무원칙한 '실용성'으로 과학을 대체하려는 시도들일 것이다. 예컨대 '전체로서의' 생산관계의 변화·발전과 **분리된 채** 그저 농업 **내부**에서의 소작형태에만 집착하고 있는 반봉건제의 이론이 그러하고, 그 밖에도 소위 '비공식 부문론' 등으로 나타났던 제반 '부문론'이 그러하다.

사회의 변화·발전의 근저에 있는 본질적 관계와 법칙을 객관적으로 파악할 수 있는 올바른 방법이 사회구성체론이라 할 때, 사회구성체론은 역사를 **현실적으로**wirklich, 즉 본질과 현상의 통일로서 파악할 수 있는 출발점이 되며, 대상을 총체적으로 분석할 수 있는 유일한 방법론이 된다.

그런데 헤겔의 말을 빌려 표현하자면 현실은 스스로의 자기전개과정을 통해 자기완성을 기할 수 있는 본질이고, 다르게 표현하자면 "구조화되고 발전하며 형성과정Formationsprozeß에 있는 전체로서의 현실" 그 자체이다.[26] 따라서 한 사회를 총체적으로 본다는 것은 동시에 그것을 전체의 **형성과정·발전과정** 속에서 본다는 것을 의미한다. 이는 사회구성체Gesellschaftsformation의 개념과 관련해서 매우 중요한 함의를 담고 있는 것으로서 여기서 네번째의 기본범주가 도출된다.

네번째의 기본범주는 세번째 범주에 대한 논의에서 필연적으로 도출되는바, **특수성**Besonderheit이 그것이다. 이것은 사회과학방법론에서 가장 중심이 되는 범주일 뿐만 아니라, 구체적인 사회과학적 연구는 그 자체가 특수성으로서 나타난다. 여기서 특수성이라 함은 '보편성과 개별성의 통일'을 의미하며, '객관적 논리학'의 개념으로 표현한다면 '본질과 현상의 통일', '본질적 관계 속에서 포착된 구체적이고 총체적인 현상으로서의 현실성Wirklichkeit'이다. 이에 대해서는 이후 특히 자세하게 논의하겠

---

26) 코지크, 『구체성의 변증법』, 39, 45쪽.

거니와, 특히 특수성에 대한 오해와 자의적 해석은 무수히 많은 수정의 애호가들에게 '특수성'의 권위를 넘겨주어야 할 듯한 상황을 초래하였다. 최근의 논쟁에서만 보아도 특수성의 기치를 들지 않은 논자가 거의 없었다는 것은 이를 단적으로 보여 준다. 따라서 이에 대한 올바른 이해 및 올바른 방법론적 틀로의 발전은 수많은 '수정'의 선언자들의 손에서 나부끼는 깃발이 터무니없는 것임을 입증할 것이며, 또한 그들에 대한 비판이 새로운 적극적 틀로까지 나아가게 되는 데 있어서 지극히 중요한 역할을 할 것이다.

또한 변증법적인 특수성은 여타의 어떠한 방법론에서도 극복하지 못한 문제를 해결해 줄 수 있다. 다시 말해 보편과 개별, 혹은 보편과 특수의 악무한적 대립이 그것인데, 그로 인해 대개 보편은 여러 개별자가 갖는 독특한 특성을 비교해 보는 추상적이고 관념적인 구성물로서만 위치지어졌고, 그 특성을 다시 묶고 '분류'하기 위해 정태적이고 자의적인 이념형이나 유형들을 생산해 내는 것이 사회과학자의 일상사처럼 되기도 했다.[27]

그것들을 다시 반복하지 않기 위해서 이제는 이런 범주들이 사회구성체론이라는 방법론으로 어떻게 구체화되는가를 검토해야만 할 것이다.

---

27) 소위 '○○형'의 목록표가 난무하는 사회발전의 제 유형이 그러한데, 이는 개별적인 나라들에서 보이는 제 특성을 보편과의 통일 속에서 볼 수 없음을 자백하는 것이다. 또 보편과 특수를 **요소**로 분해하여 어떤 개별자가 보편적 **요소**와 특수적 **요소**를 갖는다고 하는 논지 역시 변증법과는 거리가 멀다. 이들은 흔히 보편과 특수의 통일로서 개별이라는 그럴듯한 외피를 쓰기도 하는데, 실제로는 이 역시 어떤 개별자가 갖는 고유한 속성을 개별이라는 요소로, 공통된 속성을 보편이라는 속성으로 표현하는 데 쓰일 뿐이며, 여기서 나오는 것은 어떤 대상이 다른 것과 공통된 속성을 얼마나 갖고, 다른 속성을 얼마나 갖는가라는 것 이상은 아니며, 이는 필연적으로 '비교'와 정태적 유형화라는 방법을 취할 수밖에 없게 된다. 이후 보겠지만, 이것은 보편과 특수를 동일성과 차이라는 수준으로 비하하는 것을 의미한다. 이에 대해서는 '특수성'의 절을 보라. 이러한 베버적 방법은 변증법적 사회과학과는 전혀 인연이 없다. 이러한 논지가 쉽게 힘을 뻗칠 수 있었던 것은, 아마도 맑스의 개념 및 이론체계를 분해하여 단순한 용어로 바꾸고 그것을 베버적 틀로 끼워맞춘 일본의 경제사학, 특히 오쓰카 히사오(大塚久雄)를 통해 사회과학을 잘못 수입했기 때문일 것이다. 이에 대해서는 추후에 계속 비판하고자 한다.

III

사회구성체론과 사회과학방법론

1. 사회구성체론의 의미

최근에 있어서 논쟁의 제목이 보여 주는 것처럼 '사회구성체'라는 개념은
무척이나 자주, 그리고 쉽게 운위되어 왔다. 그 개념을 사용하는 것은 의
당 당연시되어 왔으며, 그에 대해서는 별로 왈가왈부할 것이 없는 것처럼
보이기도 했다. 그러나 사회구성체라는 개념이 무엇을 의미하며 그것을
통해 한 사회를 본다는 것은 또 어떤 함축을 갖고 있는가, 그리고 무엇 때
문에 사회구성체론으로써 현재의 한국사회를 보아야 하는가에 대한 논의
는 별로 없었던 듯하나. 한마디로 말해 **사회구성체론의 의미**에 내한 질문
이나 대답은 별로 없었다는 것이다. 그리하여 '한국사회구성체'라는 말이
어떤 의심도 없이 사용되기도 했다.[1] 그렇다면 '미국사회구성체', '일본사
회구성체', '중국사회구성체', '우간다사회구성체'라는 용어에 대해서 우
리는 어떤 이의도 제기할 수 없게 된다.

1] 예를 들면 이대근, 「한국 자본주의이 성격에 관하여」, 『창작과 비평』 57호, 1985, 346쪽; 주민, 「한국사회구성체논쟁의
  현황과 그 평가」, 『국가독점자본주의론』, 한울, 1986, 240쪽; Fine&Harris, *Rereading Capital*, McMillan Press,
  1981[『현대 정치경제학입문』, 김수행 역, 한울, 1985, 31~33쪽]을 참조하라. 이러한 경우는 이밖에도 무수히 많다.

그러나 이러한 사태는 필자나 독자들에 있어서 상당한 당혹감을 안겨 주게 될 것인바, 사회 수만큼 많은 사회구성체 개념은 사람 수만큼 많은 계급 개념처럼 과학적으로 무의미하며 무용하다는 것이 분명하기 때문이다. 이런 의미에서 '사회구성체론'뿐만 아니라 '사회구성체'라는 개념에 대한 몰이해가 지배적이었음을 확인할 수 있다. 따라서 사회구성체론의 의미에 대해 정리하기 위해서는 사회구성체 개념에 대한 오해를 분명히 불식시키는 데서 출발해야 한다.[2]

위에서 예를 든 것처럼 '한국 사회구성체'라는 말이 통용되는 것이나 "한국이 사회구성체인가, 아닌가?"라는 질문이 흔히 던져질 수 있는 것은 그 근저에 '사회=사회구성체'라고 하는 도식이 깔려 있기 때문이다. 다시 말해 지배적인 경제적 기초와 그 상부구조를 갖는 '사회'를 사회구성체라고 **부르는** 것이다. 이렇기 때문에 "한국이 사회구성체인가, 아닌가?"──이는 한국에 독자적인 국가권력이 있는가라는 질문의 좀더 현학적인 표현이다──라는 질문이 나올 수 있는 것이고, "한국에 사회구성체론이 적용될 수 있는가?"라는 질문도 나올 수 있게 된다.

이는 사회구성체라는 **개념**이 경험주의적으로 사용됨으로써 뒤에 보는 바의 제반 '특수주의', '개별주의'의 **용어**로 전락하고 있음을 의미한다. 이 같은 사태의 뿌리는 알튀세르와 발리바르에게서 발견된다. 알튀세르는 그의 저서 영역본에 그 자신이 붙인 용어해제Glossary에서 사회구성체라는 말에 "이는 소위 '사회'를 지칭하는 개념이다"라고 쓰고 있다.[3] 영국의 알튀세리언인 벤 파인과 로렌스 해리스는 그들의 저서에서 생산양

---

2) 사회구성체 개념이 구체적으로 정리되는 것은 그것의 의미가 또한 분명해지는 것을 수반할 것이다. 이는 이 논문 전체에서 수행될 작업의 중요한 내용이다.

3) Louis Althusser, *For Marx*, tr. by Ben Brewster, Allen Lane, 1969, p.251 ; 글룩스만, 『구조주의와 현대 마르크시즘』, 정수복 역, 한울, 1983, 296쪽을 보라.

식과 사회구성체를 대비하면서 다음과 같이 쓰고 있다.

> 개념의 광협을 막론하고 중요한 것은 맑스가 그 개념〔생산양식〕을 고도
> 의 추상적인 개념으로 창조하였다는 점이다. 우리가 살고 있는 사회 그
> 자체가 생산양식은 아니며, 사회의 모든 복잡성은 생산양식이라는 개
> 념에 의하여 재생되지 않는다. 우리가 실제로 살고 있는 사회는 '1978
> 년의 영국'과 같이 특정한 사회구성체의 개념으로 나타낼 수 있는 반
> 면, 자본주의 생산양식은 보다 일반적이고 보다 추상적인 개념이다.[4]

이리하여 사회구성체라는 개념은 그것이 갖는 이론적·방법론적 및
실천적 의미를 포함하는 보편성 전체를 상실한 채 단지 경험적이고 개별
적인 한 대상을 지칭하는, 그리하여 무한히 '다양할' 수 있는 용어로 '발
전'(이런!)한 것으로 된다.[5] 이는 알튀세르가 인정한 것처럼 '사회'라는
두 음절의 말을 그보다 2.5배나 길고 난해한 '사회구성체'라는 말로 '대

---

4) 파인 & 해리스, 앞의 책, 31쪽. 만약 이렇게 된다면 1979년의 영국사회구성체, 1980년의 영국사회구성체처럼, 무한한
시간을 사회구성체라는 용어로 메워 놓아야 할 것이다. 이리하여 우리의 모든 공간과 시간은 사회구성체로 가득 차게 되
는데, 여기서 우리는 스피노자(Spinoza)적인 신(神)으로 충만한 세계를 보게 된다.
   또 이 인용문에서 우리는 **추상과 구체**가 **서로 분리**되어 있음을 알 수 있는데, 이는 명백히 실증주의적인 인식론과 형이상
학적 방법을 그 근저에 깔고 있다. 여기서 추상적 개념인 생산양식은 구체적 사회(=사회구성체)와 분리되고 독립된 **관념
적 구성물**로 창조된다. 그러나 변증법적 유물론에서는 추상적 개념 역시 구체적 실재의 반영이고, 그것이 추상적인 것은
전체 연관에서 고립된 것이기 때문이며, 반대로 구체적인 것은 **보다** 세밀한 연관 속에서 파악되는 것이기 때문이다. 따
라서 절대적으로 추상적인 개념이나 구체적인 것은 있을 수 없다. 보다 추상적인 것과 보다 구체적인 것이 있을 뿐이다.
예를 들어 화폐는 상품보다는 구체적 개념이나 자본보다는 추상적 개념이고, 생산양식은 생산력보다는 구체적 개념이
나 사회구성체보다는 추상적 개념이다(이를 변증법에서는 '대립물의 상호전화' Ineinander-Umschlagen라고 한다. 이에 대해
서는 슈틸러, 『모순의 변증법』, 양운덕·김재용 역, 중원문화, 1985, 55쪽 이하 참조). 그리고 또한 중요한 것은 이들 모두가 구
체적 실재의 반영이지 자의적이고 관념적인 구성물이 아니라는 것이다.
5) 가지무라 히데키(梶村秀樹)는 맑스의 『경제학 비판』, 서문을 근거로 하는 '정통 맑스주의'의 공인학설의 전제인 '고정관
념'을 비판하면서 "여기〔서문 ─ 인용재에서의 '사회구성체'는 **고도로 추상적인 개념**"이라고 한다. 그러면서 아민(S.
Amin)의 '주변부사회구성' 등의 개념(이는 전술한 알튀세르의 용어를 그대로 차용한 것이다)에 있어서 그가 '정통파'와는
달리 생산양식과 사회구성체를 '분명히'(!) 구분하는 방법을 취함으로써 '정통파적' 사회구성체론의 불모성을 벗어났다
고 하면서, '유연성의 발전'에 극구 찬사를 보내고 있다. 가지무라 히데키, 「구식민지사회구성체론」, 장시원 편역, 『식민
지반봉건사회론』, 한울, 1984, 428~434쪽.

체'한 것에 지나지 않으며, 아카데미스트의 '현학성의 발전'에 불과하다. 그런데 그 결과 무수히 많은 사회구성체의 '성격'을 운위하게 되고, 또 새로운 '성격'의 '창조적인' 사회구성체도 탄생을 알리고 있는 실정이어서, 이들을 정확히 확인하고 비교하기 위해서는 발리바르의 '형태 비교 도표'로는[6] 감당할 수 없을 것이다. 사회구성체의 '호적대장'이라도 만들어야 될 것이며, '산아제한'을 외치게 될지도 모르는 일이다.

반면 사회구성체라는 개념을 고전적으로 사용할 것을 주장하면서도 다른 한편으로 사회구성체는 사회성질과 다르다고 하여 사회성질을 사회구성체론에서 '해방'시켜 주는 논리도 있다. 예컨대 박현채 선생은, 식민지시대의 조선을 자본주의사회구성체라고 보는 것은 그 사회의 '성질'을 논한 것이 아니며, 그 '성질'은 식민지반봉건사회로 표현된다고 한다.[7] 그러나 그렇다면 사회구성체는 무엇이고 무엇 때문에 사회구성체론을 원용하는가? 양자의 구체적 관련은 어떠하기에 동시에 운위될 수 있는가? 이러한 제 문제에 대한 구체적 해명이 없는 한 자본주의사회구성체는 단지 장식적이고 공허한 문구에 지나지 않게 될 것이다. 그 결과 한국사회에 대한 사회구성체론의 '적용'은 "30년대 조선이나 현재의 한국사회는 자본주의적 사회구성체이다"라는 **선언**에서 크게 진전되지 못한다. 즉 구체적인 제 현상을 자본주의적 사회구성체의 **보편적 발전법칙에 입각해 통**일적으로 설명하지 못하고 있으며, 단지 "크게 보아 자본주의적 **요소가**

---

6) Étienne Balibar, "The Basic Concepts of Historical Materialism", *Reading Capital*, NLB, 1970.[『역사과학의 기초범주』, 김윤자 역, 한울, 1984, 18쪽.]

7) 박현채, 「한국 자본주의 전개의 제 단계와 그 구조적 특징」, 『한국경제구조론』, 일월서각, 1986, 20쪽 이하. 물론 여기서 자본주의사회구성체와 식민지반봉건사회가 양립할 수 없다는 형식논리를 펴려고 하는 것은 아니다. 그리고 박 선생이 양자의 연관에 대해 '언급'하지 않는다는 것도 아니다. 그런데 문제는 이 연관이 '연관'이라는 추상적인 말에 머물고 있으며, 실제로 양자는 병치되고 있을 뿐이라는 것이다. 자본의 운동법칙이 (식민성 내지) 반봉건성이라는 구체적 형태로 나타나는 메커니즘은 전혀 설명되지 않으며, 오히려 반봉건제의 온존·강화가 쉽게 나열되고, 자본제 부문과 반봉건제 부문의 이원론적 병치는 물론, 수많은 경제제도론의 분할·병렬이 '성질분석'을 대체하고 있다. 이에 대해서는 이 책 3장 4절의 끝부분 「보론 : 박현채 선생의 사회구성체론 비판」에서 후술한다.

지배적이다"는 수준을 벗어나지 못함으로써 사회구성체론은 '비판의 무기' 는커녕 추상적 개념의 '선언' Manifest에 머물고 있는 것이다. 자본주의 사회구성체의 보편법칙과 잘 안 맞는 구체적 현상의 분석에서는 '사회성질'을 표현한다는 식민지반봉건사회론으로 돌아가며, 그리하여 자본주의 사회구성체라는 개념은 '정통'의 선언(및 '수정'에의 비난에 대한 방패) 이후 곧 망실되어 버린다. 앞서 든 박 선생의 경우 '정통 사회구성체론' (?)의 입장에서 식민지 조선을 자본주의사회구성체라고 하지만 실제 분석이나 해석은 식민지반봉건사회(구성체)론자들의 방법과 틀에 입각해 있으며, (자본주의의) 사회구성체론과 모순 되는 논지 —— 예를 들면 반봉건제의 온존·강화 명제 —— 도 식민지반봉건사회(구성체)론 **덕택에** '무리 없이' 전개되고 있다. 정말로 사회구성체론은 '사회성질' 분석의 수단이 될수 없는 것 같다! 실제로 식민지 조선에서 소위 '전前자본주의적 우클라드'의 현상적인 광범한 잔존을 자본주의사회구성체의 일반 이론으로 설명하지 않으며,[8] 이를 식민지반봉건사회(구성체)론이라는 **별도의** '특수이론'으로 설명하고 있다. 이는 보통 '절충주의' 라고 비판받아 마땅한 교묘한 결합임이 분명하다.

그렇다면 대체 사회구성체란 무엇이고 사회구성체론적 분석은 어떠한 것인가? 이를 한마디로 요약하는 것은 이제 더 이상 노움이 뇌지 않는다. 오히려 이를 명확하게 하기 위해서는 사회구성체론의 문제의식과 그것이 담고 있는 함의에 접근해야 하며, 그것을 더욱 구체화하기 위해서는 올바른 사회구성체의 개념 및 사회구성체론을 철학적 원칙에 입각해서

---

8) 가지무라(梶村)는 이것을 지적하여 다음과 같이 말한다. "정통파의 '식민지사회구성체론' ['식민지사회론' 으로 읽어야 할 듯하다—인용자]은 일반 이론으로는 해명되지 않는 식민지사회의 복잡함을 주로 토착 전자본주의 우클라드('아시아적 생산양식' 내지 '아시아적 봉건제')이 **잔존**이라는 측면에서 설명하면서 [전통 사회구성체론과의 관계 속에서—인용자] **정확한 설명을 회피했다.**"(가지무라, 앞의 책, 430쪽. 강조는 인용자) 이 말에 전적으로 찬동하지는 않으나 '설명의 회피' 가 지금 **현재** 무엇을 지적하고 있는가는 분명하다.

정립시키고 그것의 '무기 됨'을 확인해야 한다.

사회구성체로서 한 사회를 인식한다 함은 무한의 구체적 제 현상 속에서 자의적으로 선택된 제 사실에 대한 주관적 이해나 현상나열적인 **기계적 종합화**와는 구별되어야 하며, 또 한편으론 '나름대로의' 어떤 성질을 갖는 것으로 인식된 어떤 사회에 대해 "○○ 또는 ××적 사회구성체"라는, 맑스가 서명한 딱지를 붙이는 것이 되어서도 안 된다.[9] 사회구성체라는 개념이 어떤 것인가는 다음과 같은 말에서 시사적으로 드러난다.

경제적 사회구성체라는 과학적인 개념은 한 사회를 **동질적인 여러 현상과 과정들의 기계적 총합이 아니라 하나의 일관된 사회적 유기체로 고찰**할 수 있게 해주며, 역사적으로 구성된 생산양식의 토대 위에서 **사회적인 여러 현상들을 유기적 통일과 상호작용 속에서** 볼 수 있도록 해준다.[10]

사회구성체로서 한 사회를 인식한다는 것은 개개의 특정 사회를 지배하는 **보편적이고 본질적인 관계 속에서 그 사회의 제 변화를 합법칙적으로 파악**하는 것을 의미한다. 즉 변화 및 발전 속에서 한 대상의 본질을 구체적 현상과의 통일 속에서 파악하고, 그 위에서 필연화하는 변화의 '현실성' Wirklichkeit을 포착함으로써, 그러한 '현실성의 담지자Träger'와 변혁대상의 본질 및 발전경향을 분명히 하는 것이다.[11]

사회구성체론의 의미가 이렇다고 할 때 그것은 다음과 같은 함의 및

---

9) 현재의 한국사회를 식민지반봉건사회이면서 동시에 자본주의사회구성체라고 하는 주장 역시, 일제시대 조선에 대한 박현채 선생의 논지와 함께 이런 비판의 대상이 된다. 왜냐하면 여기서도 마찬가지로 '자본주의사회구성체'는 사회분석과 헤어져 있으며, 단지 "그럼에도 불구하고 한국이 자본주의사회구성체임을 부정하는 것은 아니다"라는 **말만이** 사후적으로 덧붙여질 뿐이기 때문이다. 이는 '설명의 회피'일 뿐만 아니라 '비판으로부터의 도피'에 지나지 않는다.

10) 포포브, 『정치경제학 에세이 : 발전도상국과 제국주의』, 김현수 편역, 아침, 1985, 63쪽. (강조는 인용자)

11) 이는 사회구성체론이 갖는 계급성을 의미하기도 한다.

원칙을 근거로 현실적인 사회분석방법으로 구체화된다.

첫째로 그것은 개념이나 이론을 물질적 실재의 반영으로 보면서 한 사회의 발전과정을 자연사적 과정naturgeschichtlichen Prozeß으로서, 즉 객관적이고 필연적이며 합법칙적인 과정으로서 고찰할 것을 요구한다. 두번째로 그것은 한 사회를 전체로서 연구함을 의미하며 그러한 전체 속에서 부분을 연구할 것을 요구한다. 세번째로 그것은 개별사회를 보편법칙과의 통일 속에서, 그 자체를 발전과정으로서, 그리고 특수성으로서 포착할 것을 요구한다.

이것은 어떤 내용을 갖는가? 그것은 또 사회구성체, 엄밀하게 말해서는 경제적 사회구성체ökonomische Gesellschaftsformation의 개념과 어떤 관계가 있는가? 이하에서는 이를 사회구성체라는 개념이 갖는 두 가지 의미와 함께 정리해 보기로 한다.

2. 객관성과 사회구성체 : 사회구성체의 객관성Objektivität der Gesellschaftsformation

이미 앞 장에서 논한 것처럼 철학의 근본문제는 존재와 의식의 관계에 대한 것이다. 이 중 어떤 것이 일차적인가에 대한 견해에서 존재의 일차성을 인정하는 데서 출발하는 것이 유물론이라고 했다.[12] 그런데 사회과학의 영역에서 이 문제는 **그보다는** 구체적인 형태로 제기된다. 즉 **사회적** 존재와 **사회적** 의식의 관계가 바로 그것이다. 유물론은 이 영역에서 (역)사적 유물론historischer Materialismus으로 구체화된다.

---

12) 물론 이것이 의식의 중요성이나 적극적 역할을 부정하는 것은 절대로 아니다. 엥겔스도 지적하지만 유물론과 관념론은 무엇이 더 적극적이고 강력한가라는 식의 문제와는 관계가 없으며, 단지 무엇이 일차적인가의 문제와만 관계되어 있다. 이에 대해서는 "Ludwig Feuerbach und der Ausgang der klassischen deutschen Philosophie", *MEW*, Bd.21를 참조하라.

사회과학은 무엇보다도 객관적인 실재로서의 사회적 제 관계를 연구대상으로 하며, 더욱이 그것이 과학이기 위해서는 '객관적으로' 확인될 수 있는 기준에 의해 진위의 판단이 행해져야 한다. 따라서 그것은 의식적 관계나 이데올로기적 관계 등을 연구함에 있어서도 연구자나 고찰하는 사람의 자의성을 배제하지 않으면 안 되며, 또한 연구대상의 의식이나 이데올로기도 그 자체로——이는 필연적으로 자의성에 근거하게 된다——설명되는 것이 아니라, 그것이 무엇에 의해 어떻게 발생하게 되었고 그것은 또한 여타 영역에 대해 어떠한 영향을 끼치는가를 봄으로써만 '객관적으로' 설명될 수 있다. 이런 의미에서 사회과학은 자연과학과 마찬가지로 유물론적 입장에 설 수밖에 없다. 맑스는 『자본론』 제2판의 후기에서 자신이 구체화한 사회과학의 방법론에 대해 다음과 같은 전제를 분명히 하고 있다.

물론 서술방법Darstellungsweise은 연구방법Forschungsweise과 형식적으로 구별되어야 한다. 연구는 그 소재Stoff를 세부적인 것까지 자기화Aneignung하고 그것의 다양한 제 발전형태를 분석하여 그것의 내적인 연관deren inners Band을 찾아내야만 한다. **이러한 작업이 완성되고 난 후에야 비로소** 그것에 상응하는 현실적 운동wirkliche Bewegung이 서술될 수 있다. 이것이 성공하여 **이제 소재의 현실이 관념으로 반영되면**gelingt dies und spiegelt sich nun das Leben des Stoffs ideell wider 우리는 선험적 구성Konstruktion a priori에 관계하는 것처럼 보일 것이다.

나의 변증법적 방법은 그 기초에 있어서der Grundlage nach 헤겔의 그것과 구별될 뿐만 아니라 오히려 그것과 정반대되는 것이기도 하다. 헤겔의 경우 그가 이념Idee이라는 명칭하에 자립적 주체로까지 전화시킨 사유과정Denkprozeß은 그 자신의 외적 현상을 만들어 낼 뿐인 현실적인 것의 창조자der Demiurg des wirklichen이다. 나의 경우에는 그와 반대인 바, **이념적인 것**das Ideelle**은 인간의 머릿속에 이식되고 번역된 물질적인 것** Materielle **이외에 어떤 것도 아니다.**[13]

맑스는 이 인용문 전체를 자신의 방법론에 대한 서술을 정리하면서 제시하고 있는데, 여기서 분명한 것은 관념적인 것, 이념적인 것은 물질적인 것의 **반영**Spiegelung이라는 것이고, 또한 그러한 반영문제로서의 개념이나 이론은 현실을 객관적으로 반영하기 위한 구체적 연구Forschung의 결과라는 것이다. 이는 개념이나 이론을 주관적인 관념적 구성물로 간주하는 베버적 방법[소위 '이념형'Ideal Typus]과는 물론, 개념의 객관적 근거를 무시한 채 실용적 유용성이라는 기준에 따라 이론을 '창조'하는 실용주의와 구별되며, 또한 서로의 합의에 의한 용어의 발명과 사용을 주장하는 제 주장에 대해 유물론의 쐐기를 박는다.[14]

이러한 인식론적 전제 위에 선 과학 역시 인간의 의식이나 의지에서 독립된 물질적 제 관계를 그 대상으로 하며, 그 위에서 여타의 제 관계를 파악한다. 맑스는 그에 대해 다음과 같이 쓰고 있다. "인간은 자신의 생활의 사회적 생산에 있어서 그들의 의지로부터 독립된von ihrem Willen unabhängige 특정의 필연적인notwendige 제 관계 속으로, 즉 그들의 물질적 생산력의 특정한 발전단계에 조응하는 생산관계 속으로 들어선다."[15]

---

13) *Das Kapital*, Bd.1, *MEW*, Bd.23, S.27. (강조는 인용자)
14) 이러한 주장들은 서로 섞여 있는 경우가 대부분인데, 이는 모두 주관주의 내지 주관적 관념론이라는 공통의 지반 위에 서 있다. 이밖에도 '사유적 구체성'(concrete in thought)과 '현실적 구체성'을 '분리'시킴으로써 인식의 대상을 현실 대상에서 분리시키는 알튀세르적 구조주의자 또한 마찬가지의 지반 위에 기초하고 있다. 단지 이들은 주관주의 그 자체에서 유래하는 극단적인 유아론(唯我論)에서 도망치기 위해 버클리(G. Berkeley)적 신(神) 대신에 '구조'와 '구조의 효과'(effect of the structure)를 도입할 뿐이다. 이런 의미에서 『유물론과 경험비판론』은 현재에 있어서도 지극히 중요한 의미를 지니고 있다. 버클리에 대한 비판은 위의 책 서론을 참고하라. Lenin, *Materialism and Empirio-Criticism*, *CW*, Vol.14, pp.22~39. 본고의 74쪽 이하를 참조할 것.
15) "Vorwort", *Zur Kritik der politischen Ökonomie*, *MEW*, Bd.13, SS.7~11.

이것은 사회과학의 **대상**에 대한 유물론적 입장을 분명히 해주고 있다. 다시 말해 그것은 무엇보다도 우선 어떠한 주관적 의도나 의지로부터 독립적인 **객관적 실재**로서, 필연적이고 물질적인 사회적 제 관계 특히 사회적 생산관계를 의미한다. 이에 대해 맑스는 다음과 같이 부언한다.

> 이러한 변혁을 고려함에 있어서 경제적인 생산조건에 있어서의 **물질적**
> **이고 자연과학적으로 정밀하게 확인되는 변혁**과 인간의 **이데올로기적 형**
> **태, 즉 인간이 이 충돌을 의식하고 극복하는 바의 법률적, 정치적, 종교적,**
> **예술적, 혹은 철학적인 형태**를 구별해야 한다.
> …… 이러한 변혁시대를 그 시대의 의식으로부터 판단할 수는 없으며
> 오히려 **이 의식은 물질적 생활의 제 모순 속에서 사회적 생산력과 생산관계**
> **사이에 현존하는 충돌로부터 설명해야 한다.**[16]

여기서 우리는 사회과학의 대상 및 대상 간의 관계를 보는 입장이 정식화되어 있음을 확인할 수 있다. 첫째로 사회과학의 대상은 **물질적 관계**와 **이데올로기적 관계**로 '개념적으로' 구별된다. 레닌은 이 두 가지 관계를 물질적 사회관계와 이데올로기적 사회관계로 구별하여 그 구별이 갖는 의미를 다음과 같이 정리한다.

> 그들(사회과학자들―인용자)이 **이데올로기적 사회관계(즉 그것이 형성되**
> **기 전에 인간의 의식을 통과하는 것들)**로 스스로를 제한하는 한, 그들은 다
> 양한 여러 나라들의 사회적 제 현상에 있어서 반복성과 규칙성을 볼 수
> 없으며, 그들의 과학이란 것은 기껏해야 이러한 제 현상에 대한 서술이

16) ibid. (강조는 인용자)

나 원자료의 집적에 머물게 된다. **물질적 사회관계(즉 인간의 의식을 통과하지 않고 형성되는 것들** : 생산물을 교환함에 있어 인간은 여기에 하나의 사회적 관계가 존재한다는 것을 의식하지도 못한 채 사회적 관계 속으로 들어간다)의 분석은 반복성과 규칙성을 포착할 수 있도록 해주며, 다양한 여러 나라의 제반 체제를 **사회구성체**social formation : Gesellschaftsformation 라는 단일한 기초개념 속에서 일반화할 수 있게 해준다.[17]

이 인용문에서는 사회과학의 대상에 대한 명확한 구분과 함께 앞서의 두번째 요점인 이 양자의 관계를 보는 과학적인 입장에 대한 심화된 인식이 나타난다. 즉 사회적 의식은 그 기초를 이루는 물질적 생산관계에 대한 이해 위에서 설명될 수 있다는 것이고, 더 나아가 물질적 관계, 생산관계와 구별되는 사회적 관계를 '이데올로기적 사회관계'라고 개념화하여 사회과학의 대상으로 정립하는 한편, 그것이 과학적으로 분석되기 위한 전제를 분명히 하고 그 기초 위에서 사회구성체론적 분석의 기초를 정립한다. 즉 과학적인 분석은 물질적인 사회관계에 대한 분석에서 출발할 때에만 가능하며, 그것이 곧 사회구성체론적 파악의 전제라는 것이다.

이제 이데올로기적 사회관계는 이데올로기와 구별되게 되며 사회과학의 대상이 된다. 캄마리는 이에 대해 다음과 같이 쓰고 있다.

이데올로기와 이데올로기적 [사회]관계는 동일한 것이 아니다. 이데올로기는 인간의 의식 속에서만, 사회집단이나 계급의 의식 속에서만 존재하는 것이며, 한편 이데올로기적 [사회]관계는 인간의 의식을 통과하

17] Lenin, "What 'the Friends of People' Are and How They Fight the Social-Democrat"(이하 *PF*로 약함), *CW*, Vol.1, p.140. (강조는 인용자, 맨뒤의 강조[사회구성체]는 원저자의 것.)

여 의식의 속에서뿐만 아니라 **의식의 바깥에서도 사회적 제 관계의 특수한 형태로 존재**하는 것이다.[18]

그런데 여기에서도 망각되어선 안 될 것은 이데올로기적 사회관계역시 인간의 주관적 의지나 의도, 자의성에 의해 좌우되는 것으로 분석되어서는 안 되며, 이는 앞서 반복한 것처럼 물질적 사회관계의 반영으로서, 그것의 변화에 대한 객관적이고 합법칙적인 파악 위에서 분석되어야한다는 것이다. 이에 관해 레닌은 다음과 같이 쓰고 있다.

유물론은 인간의 사회적 의식 그 자체의 기원에까지 그 분석을 심화시킴으로써 이 모순[사회계약론 같은 관념론적 파악과 개별 의지와는 무관하게 존재하는 (착취)관계의 존재 등과 같은 모순―인용자]을 제거한다. 관념idea의 경로가 사물의 그것에 의존한다고 하는 그[유물론적―인용자] 결론만이 과학적 심리학과 유일하게 양립한다. 나아가 다른 측면에서 보면 이 가설은 사회학을 과학의 수준으로 끌어올리는 최소의 것이다. 이제까지 사회학자들은 복잡하게 얽혀 있는 제 현상 속에서 **중요한것과 중요하지 않은 것**을 구분하는 데 곤란을 느꼈고(이것이 사회학에 있어서 주관주의의 뿌리이다), **이러한 구분을 행하기 위한 객관적인 기준**을 찾아낼 수 없었다. 유물론은 '생산관계'를 사회의 구조로서 도출singling out함으로써, 그리고 주관주의자들이 그 적용 가능성을 부정한 바의 반복성이라는 일반적인 과학적 기준을 이 관계(생산관계)에 적용할 수 있게 함으로써 완전히 객관적인 규준을 부여했다.[19]

---

18) 캄마리, 「토대와 상부구조에 관한 이론상의 문제」, 콘스탄티노프 외, 『토대/상부구조론 입문』, 편집실 편역, 학민사, 1986, 32쪽. (강조는 인용자)

……이 가설이 최초로 **과학적인** 사회학을 가능하게 했던 또 다른 이유는 사회적 제 관계를 생산관계로 소급하는 것만이, 그리고 후자는 사회적 생산력의 수준으로 소급하는 것만이 사회적 형성물〔사회구성체〕의 발전the development of formations of society이 자연사적 과정이라고 하는 인식conception에 확고한 기초를 제공했다는 사실에 있다.[20]

이 인용문은 앞서 맑스가 그의 『정치경제학 비판』 서문에서 정식화한 관점과 일치하며, 유물론적 사회과학이 경제적 구조에 대한 연구에서 출발하는 이론적 근거가 된다. 그럼으로써 사회적 제 현상에 대해 자연과학적 정밀성을 갖는 분석을 수행할 수 있으며, 이처럼 물질적이고 객관적인 실재와 자연필연적인natur-notwendig 법칙에 의해 사회의 발전법칙을 탐구하는 사회과학의 방법을 맑스는 '자연사적 과정'naturgeschichtlichen Prozeß이라고 불렀던바, 이러한 방법에 입각했을 때에는 앞서 레닌이 말한 것처럼 다양한 여러 사회의 사회적 제 현상이 경제적 사회구성체ökonomischen Gesellschaftsformation라는 기초개념에 의해 파악되는 것은 필연적이다.

경제적 사회구성체의 발전을 하나의 자연사적 과정으로 파악하는 나의 관점

mein Standpunkt, der die Entwicklung der ökonomischen Gesellschaftsformation als einen naturgeschichtlichen Prozeß auffaßt은 다른 누구의 관점보다도 각각의 개인에게 제 관계, 즉 그가 주관적으로는 그것을 훨씬 초월해서 존재하고 있을지는 몰라도 사회적으로는 엄연히 그것의 산물로서 머물러 있는 바의 제 관계에 대한 책임을 지우지 않는다.[21]

19) *PF*, pp 139~140 (강조는 인용자)
20) *PF*, pp.140~141.
21) *Das Kapital*, Bd.1, *MEW*, Bd.23, S.16. (강조는 인용자)

그러면 맑스는 대체 어떤 의미에서 사회의 경제적 운동법칙을 운위하며 더욱이 이 법칙을 자연법칙이라고까지 말하는가? ……이제 우리는 **주관주의적 철학자들이 그토록 교묘하게 피해 달아나려고 하는 저작인『자본론』**[22]의 기본적인 사상에 대해서 검토해 보아야 한다. 말 그대로 경제적 사회구성체의 개념은 대체 무엇으로 구성되는가? 그리고 그 같은 경제적 사회구성체의 발전을 자연사적 과정으로 간주한다는 것은 무슨 의미인가? 이러한 문제가 바로 우리가 직면하고 있는 바의 것이다.[23]

여기서 우선 문제가 되고 있는 것은 주관주의에 반대되는 바의 자연법칙적 이해, 즉 역사에 대한 자연사적 과정으로서의 사회구성체론이다. 맑스가 말하고 있지만 한 개인이나 집단의 주관적 의도나 그것의 결과에 초점을 맞추게 되면 거기서 도출되는 방법은 해석자의 주관적 결론밖에는 없다. 오히려 한 개인의 행위나 의도가 어떠한 사회적 규정성을 갖는 것이며 그것을 야기하는 관계는 어떠한 것인가가 문제인 것이고, 그럼으로써 상이한 제 개인의 의도나 행위를 통해 관철되는 공통적이고 반복적

---

22) 이 말은 지금 현재에도 쉽게 확인할 수 있을 것이다. 혹자는 '시대의 변화'와 '역사적 조건의 변화'를 들어 이제는 이런 '원리론'으로는 현재 한국사회를 분석할 수 없다면서 '아직도'(이런!)『자본론』의 개념과 틀에 매여 있는 사람들을 게으른 'Capitalist'라고 비판하면서 떳떳하게 그것을 피해 간다! 이는 조건변화에 의한 원칙의 수정과 별로 다를 바 없다. 이것이 갖는 철학적 문제—이는 주관적 관념론의 일종이다—는 본절에서 계속 다룰 것인데, 이런 발상의 기조를 한 마디로 요약한다면 일단은 '원론'에 대한 무지 및 이해의 결여와 그에 입각한 구체적 분석능력의 결여에 다름 아니다.

23) PF, pp.136~137. 우리는 이러한 '자연사적 과정'에 대한 터무니없는 몰이해를 자랑스럽게 제시하고 있는 것으로서 최근 다음의 글을 접할 수 있었다. "여기서는 맑스의 제 개념이, 자연사적 과정으로 사회발전을 화석화하여 해석한 결과로서 나타나는 경제주의적 혹은 객관주의적 경향과는 무관한 것임을 보이려고 한다."(민정우,「식민지사회의 성격 구명을 위한 일 시론 (1)」, 김남 외,『녹두서평』1호, 녹두, 1987, 275쪽) 민정우 씨의 '논증'이 처음부터 빗나갈 수밖에 없으리라는 것은 명약관화하다. 그가 자연사적 과정으로서 역사를, 사회의 발전을 이해한다는 말의 의미를 제대로 이해하고 있는지는 극히 의심스럽지만, 한걸음 더 나아가 맑스의 이론을 그것과 무관하다고 하는 데에는 맑스 자신도 놀라지 않을 수 없을 것이다. 자연사적 과정의 '화석'과 경제주의를 등치하는 것은 그 역시 경제주의적이고 소위 '객관주의적'인 세계관을 가지고 있음을 보여 준다. 필연을 강조하는 것이 '필연에 기초한 자유의 획득'에 전제되는 것임을 그는 전혀 이해하지 못하며, 그리하여 '필연의 부정'으로 맑스주의를 몰아넣는다. 주관주의와 소위 '객관주의'는 같은 아버지의 배다른 자식에 불과하다. 이 글에 대한 논평을 체계적으로 하지 못함은 안타까운 일이다.

이며 또한 필연적인 법칙성을 발견할 수 있으며, 그 위에서 상이하게 보이는 제 행위나 의도에서 공통된 어떤 것을 포착하고 그것의 출현을 예견할 수 있게 된다. 예를 들어 **한 개별** 자본가가 아무리 선한 의도를 갖고 있다 해도 그의 행동이 자본의 논리에서 벗어날 수는 없는 것이며, 만약 그렇게 된다면 그는 더 이상 자본가로서 행동하는 것이 아니게 된다.[24] 그렇기 때문에 맑스는 이렇게 쓸 수 있었다. "여기에서 제 개인Personen이 문제로 되는 것은 단지 그들이 경제적 제 범주의 인격화인 한에서만이고soweit sie die Personifikation ökonomischer Kategorien sind, 일정한 제 계급관계 및 이해관계의 담지자Träger인 한에서만이다."[25]

여기에서 또다시 주의하지 않으면 안 될 것은 '자연사적 과정'으로 역사를 이해한다는 것이 물질적 제 관계의 분석으로 전 사회적·역사적 분석을 대체한다는 것을 의미하지는 않으며, 또는 전 역사를 그것으로 환

---

24) 자본제적 경쟁은 그로 하여금 그렇게 할 수 있는 모든 여지를 빼앗아 버린다. 그가 그 경우 자본가일 수 없게 된다는 것은 '파산'이라는 형태로, 그리고 그 반대편에서는 자본의 집중이라는 형태로 나타난다.

25) *Das Kapital*, Bd.1, *MEW*, Bd.23, S.16. 이러지 않는 한 어떠한 형태의 사회과학도 불가능하다. 사회과학의 대상은 이런 의미에서 '인간'이나 '개인'과 같은 추상적 범주일 수 없다. 왜냐하면 한 개인인 K씨는 한 가정의 가장일 수도 있고, 한 회사의 자본가일 수도 있으며, 한 사람의 친구일 수도 있고 남편일 수도 있기 때문이다. 오히려 문제가 되는 것은 K씨가 '무엇으로서'(예를 들면 자본가로서) 행동하는가이고, 그런 의미에서 일정한 규정성(Bestimmtheit)을 갖는 현존재(Dasein)로서의 K씨가 문제인 것이며, 따라서 실제로는 그러한 규정성과 그 자체의 운동이 문제인 것이다.

알튀세르나 발리바르는 이를 극단화시켜 '기능'으로서 설명한다(발리바르, 「역사과학의 기초범주」, 32쪽. 또 12쪽도 참조). 그러나 관계 속에서 필연화되는 규정성은 '기능'을 자체 내에 포함하나 이는 별로 중요한 측면이 아니고 단지 '사후적으로만' 확인될 수 있는 문제이어서 규정성을 기능으로 '대체'하는 것은 그릇된 것이며, 정치경제학을 '기능주의'화하게 된다. 예를 들어 임노동자(Lohnarbeiter)라는 규정성은 자본가와의 상호관계의 표현이며, 이때 인간은 그 규정하에 있다는 의미에서 객체로서의 측면과 동시에 그 관계를 만들어 가는 **주체로서의 측면**을 또한 갖는다(기능으로 보게 되면 주체의 측면은 상실된 채 일면화된다). 즉 임노동자는 한편으로는 자본을 생산하며 자본의 운동과 전체로서의 자본주의 재생산에 '기능하지만', 다른 한편 자본가계급을 묘지에 묻고 자본주의의 종언을 선포하는 역할도 한다(이는 '사후적으로' 확인된다). 따라서 임노동자라는 규정성을 (자본이나 자본주의의 재생산을 위한) 기능으로 환원하는 것은 명백히 변증법적인 과학과는 거리가 멀다. 여기서 우리는 프루동(P.-J. Proudhon)에 대한 맑스의 비판을 참고할 수 있다. "경제학자인 프루동 씨는 인간이 특정한 생산관계하에서 옷이나 린넨, 비단 등을 생산한다는 것을 매우 잘 알고 있다. 그러나 그는 이러한 특정한 사회적 관계 또한 그와 마찬가지로 인간에 의해 만들어진 것이라는 사실에 대해서는 전혀 이해하지 못하고 있다."("Das Elend der Philosophie", *MEW*. Bd.4. S.130.) 구조주의가 기능주의를 그 자체 내에 내포하고 있음은 여기서도 확인된다. 1960년대 및 70년대에 유럽을 어슬렁대던 기능주의의 유령이 아직도 채 사라지지 않고 있음은(이를 우리는 '알튀세르[발리바르]의 족쇄'라고 불러도 좋을 것이다) 무척이나 안타까운 일이다.

원시키는 것을 의미하지도 않는다는 점이다. 오히려 그것은 다양한 제 영역에서의 다양한 제 현상을 과학적으로 설명하기 위한 출발점으로서 그것을 입지시키며, 그것에 의해 구조화된 전체 속에서 다양한 제 현상을 이해할 것을 요구한다. 예를 들어 계급투쟁이나 사회운동을 축으로 역사를 연구하는 것이 자연사적 과정으로서 역사를 연구하는 것과 배타적인 것은 아니라는 것이다.[26] 오히려 전자는 후자를 전제하며 그 위에서만 과학적으로 연구될 수 있다는 것이다. 다시 말해 한 사회의 사회구성체적 발전단계와 그에 따른 계급구조 및 제 계급 간의 관계에 대한 이해는 그 자체가 계급투쟁 및 운동의 역사를 의미하는 것은 아니나, 그것 없이는 어떠한 참신한 견해도 객관적이고 과학적인 운동사가 될 수 없으며, 전자에 확고히 기반할 때에만 그것이 가능하다는 것이다.[27]

이러한 유물론적 견해는 모든 형태의 주관주의에 반대하여 **객관성** Objektivität을 그 방법의 기초로 삼는다. 특히 앞서 인용한 레닌의 논문은 당시의 주관주의자들을 직접적으로 반박하여 쓰여진 것이다. 그는 자연사적 과정이라는 사상의 의미에 대해 다음과 같이 쓴다.

명백한 것은 경제적 사회구성체의 발전은 자연사적 과정이라는 맑스의 사상이 사회학이라는 이름하에 소리 높이 주장되던 이러한 유치한 도덕주의childish morality의 근원을 뿌리째 뽑아 버렸다는 것이다.[28]

---

26) 이를 대립시키는 경우는 하니 고로(羽仁五郎) 등이 소위 '사회구성사'에 대립시켜 '인민투쟁사'를 대체한 것이 있으며 (羽仁五郎, 『東洋における資本主義の形成』), 이에 대한 임영태의 논평 또한 그것을 명시적으로 보여 주는 예가 될 것이다 (임영태 편, 『식민지시대 한국사회와 운동』, 사계절, 1986, 236~237쪽). '사회구성사 (?)를 '극복한 '인민투쟁사'라는 것은 '계급' 및 '계급구조'와 무관하게 진행되는 '계급투쟁' 만큼이나 황당한 것이다.

27) 이에 관해서는 포르시네프의 계급투쟁사에 대한 코스민스키(E. A. Kosminsky)의 비판을 참고하라. 山岡亮一 編譯, 『封建社會の基本法則』, 有斐閣, 1957.

28) PF, p.138.

그에 따르면 당시 나로드니키들로 대표되던 주관주의자들은 주관적 의도나 도덕적 문제의식 —— 예컨대 자본주의의 비인간성, 착취 등에 대한 혐오의 감정 —— 을 객관적 실재 그 자체와 혼동하였으며, 이러한 의도와는 무관하게 객관적으로 전개되던 '농민' 내부의 계급적 분화와 분해 및 그로 인해 필연화되는 '농민' 내부의 적대성을 보지 못한 채 "자본주의 없는 상품경제"라는 프티부르주아적 목가牧歌에 젖어 있었다는 것이다. "그들은 자본주의 없는 상품경제를 원한다. 즉 착취와 수탈이 없으며, 단지 프티부르주아지가 인격적인 지주들과 자유주의적인 통치자들의 날개 아래에서 평화롭게 채소를 재배하는 자본주의를 그리고 있는 것이다."[29]

이와 같이 주관적 원망願望이나 의도로써 제 현상 및 본질(?)을 설명하는 것을 레닌은 도덕주의morality에 입각한 "주관주의적 방법"subjective method이라고 비판하며,[30] 이에 대립해 객관성을 담보하는 방법으로서 '자연사적 과정으로서 경제적 사회구성체의 발전을 보는 방법'을 처음부터 제시하고 있는 것이다.

이러한 논지가 먼 옛날의 얘기만은 아니다. 구체적으로 제국주의가 식민지에 끼치는 영향을 논하면서 가장 흔히 제기되는 논리는 "제국주의는 식민지의 자본주의발전을 저지하고자 (의도)한다"는 것이고, 따라서 제국주의 지배하에서 자본주의는 발전하지 않는다는 것이다.[31] 예컨대 가지무라 히데키梶村秀樹는 다음과 같이 주장한다. "한편 식민지 권력에 의해 강제적으로 개편된 토착 제 우클라드도 **식민지 권력이 의도적으로 존속**

29) ibid., p.240.
30) ibid., p.243.
31) 이는 중국에서의 사회성질논쟁 및 일제하 조선에서의 그것에서 많이 거론되었던 것이며, 현재 식민지반봉건사회(구성체)론에서 제시하는 가장 중요한 명제이기도 하다(그 중 일부는 아직도 한국이 식민지**반봉건**사회라고 주장한다). 요시다 고이치(吉田浩一), 「중국사회성질논쟁」, 임영태 편, 『식민지시대 한국사회와 운동』, 사계절, 1986, 236~253쪽.

시키는 것으로 전화함에 따라 일종의 조응관계가 발생한다."[32] 이러한 논지의 근저에는 제국주의에 대한 혐오감이 깔려 있으며, 이러한 감정은 제국주의가 식민지에서 자본주의를 '발전'시키는 '진보적' 역할을 한다는 식의 견해를 용납하지 않는다. 물론 수많은 형태의 제국주의 이데올로기의 침략 '의도'가 진보적이었음을 보여 주고자 하던[33] 데 대한 반대라는 의미에서 그 동기 자체의 진지함을 이해하지 못하는 것은 아니며, 일방적으로 '유치함'의 딱지를 붙일 생각도 없다. 그러나 이러한 논지는 제국주의 이데올로기의 반사적 대립물에 불과하다. 즉 그것은 자본주의 이식을 **진보적 의도**라고 하는 주장에 반대하기 위해 '자본주의 이식'을 부정하고, 따라서 전체적인 틀은 마찬가지의 주관주의가 되고 있으며, 이렇게 되면 그들은 자본주의 발전의 예만 들면 부정될 수밖에 없는 논리에 머물고 있는 것이다.

오히려 제국주의 이데올로기에 대한 반격은 유물론적 방법을 취함으로써 성공적일 수 있다. 즉 그들이 식민지에서 자본주의를 발전시키는 것은 그들이 식민지에 대해 갖는 개척자적 자임自任과는 전혀 관계가 없으며, 오히려 식민지를 자본주의적인 방식, 나아가 제국주의적인 방식으로 착취하기 위한 것이다. 식민지에의 자본수출이 그러하며[34] 그를 위해 수행하는 본원적 축적 또한 그러하다.[35] 그러나 우리가 식민지의 내부구성의 변화를 이해하기 위해서는 그러한 제국주의자들의 행위 ── 이는 착

---

32) 가지무라 히데키, 「구식민지 사회구성체론」, 장시원 편역, 『식민지반봉건사회론』, 한울, 1984, 436쪽.
33) 이를 레닌은 '제국주의적 경제주의'라고 비판하는데, 당시의 쿠노(Cunow) 등으로 대변되던 우익 사회민주주의자를 겨냥하여 쓰여졌다[Lenin, "Imperialism, the Highest Stage of Capitalism", CW, Vol.22, 제7, 8장을 보라]. 현재 종속이론에 대한 '서구적' 비판의 일부는 이와 같은 입장에서 행해지기도 한다. 그 대표적인 예는 Bill Warren, Imperialism : Pioneer of Capitalism, Verso, 1980인데, 이 책의 6장은 이런 관점에서 식민주의에 보내는 찬사로 일관되어 있다.
34) 이는 주로 본국에서의 저하하는 이윤율 때문이다. 즉 이들은 보다 높은 이윤율을 확보하기 위해 자본을 수출하는 것이지 식민지에서 자본주의를 발전시키기 위해서 그러는 것은 아니다. 이에 대해서는 Lenin, "Imperialism, the Highest Stage of Capitalism"의 4장 '자본수출'을 보라.

취를 위해서는 필연적이었다——가 식민지 내부에서의 사회적 관계를 어떻게 변화시켰는가를 객관적으로 포착해야 한다. 그리고 그것이 자본주의적 관계의 발전을 촉진시켰다면 그것은 인정해야 한다. 그러나 이것이 제국주의자에게 감사해야 한다는 말은 결코 아니다. 왜냐하면 그것이 아무리 전체 역사 속에서 보면 '발전'이라 해도 그것은 하나의 착취양식에서 다른 착취양식으로의 변형일 뿐이기 때문이다. 예컨대 자본가가 임노동자들에게 "너희를 봉건적 족쇄에서, 인신적 제 속박과 토지의 부속물로부터 해방시켰으니 너희는 우리에게 감사해야 한다"고 하는 말처럼 우스운 것도 없을 것이다.

따라서 "식민지사회에서의 본원적 축적과정은 '본원적 축적과 같은 측면'을 갖고 있었던 것이 아니라 어디까지나 제국주의자들을 위한 과정이었다"[36]는 식의 강변은 객관적 인식에 방해가 된다. 오히려 제국주의자 스스로를 위한 과정이었기에 "제국주의자들의 원망에 반하는 불가피한 결과"[37]를 야기할 수도 있는 본원적 축적이 강행됐던 것이고, 이리하여 제국주의자들은 자신에 대한 철저한 반대자를 키워 내는 것이다. 자신이 갖는 '뜻하지 않았던 진보성'으로 인해 제국주의의 반동성이 필연화된다.[38]

이제까지 우리는 주관주의적 방법과의 대비를 통해서 객관적인 사회과학의 전제를 분명히 했다. 이상에서 말한 것처럼 유물론적 방법을 통한 '완전히 객관적인 기준'의 수립은 과학을 가능하게 했다는 의미에서

---

35) 이는 제국주의 단계 이전에도 가능한데 『자본론』 1권의 마지막 장인 「근대적 식민화 이론」에는 이 경우에도 식민주의는 자신의 착취방식에 따라 착취하기 위해 본원적 축적을 조만간 이루게 될 것임을 보여 주고 있다. Das Kaital, Bd.1, MEW, Bd.23, SS.792~802.

36) 장시원, 「식민지반봉건사회론」, 이대근·정운영 편, 『한국 자본주의론』, 까치, 1984, 39쪽.

37) 같은 글, 40쪽.

38) 이는 「제국주의론」의 핵심 중 하나이며 제국주의에 대한 변증법적 인식의 기초이다. 이와 관련된 종속이론 및 워런(R. Warren)에 대한 비판은 박민, 「역자후기: '제국주의론'과 한국사회분석의 몇 가지 문제」, 마키 사네히코(眞木實彦) 외, 『제국주의론』, 박민 역, 한울, 1986, 301~306쪽을 참조하라.

뿐만 아니라, 더 나아가 현실적인 구체적 분석의 전제로서의 보편성 혹은 추상의 정립을 가능하게 했다는 의미에서 "구체적 정세의 구체적 분석"을 위한 **출발점**이 된다.

> 사회적 제 현상에 대한 기술description에서부터 그것들에 대한 엄밀하게 과학적인 분석에까지 발전하는 것은 이러한 **일반화**, 예컨대 한 자본주의 나라를 다른 자본주의 나라로부터 구별짓는 것들을 추상하고isolate, **그들 모두에 공통으로 존재하고 있는 것을 탐구하는 이러한 일반화를 통해서만** 가능한 것이다.[39]

여기에서는 유물론적인 일반화가 의미하는 것이 매우 함축적으로 요약되어 있다. 이것은 소위 '추상화'라고 하는 것이 무엇인가, 또 추상적 개념이란 무엇인가라는 문제에 일정한 답을 준다. 이 문제 또한 현재의 논쟁에서 나타나는 어떤 견해에 대한 비판을 의미한다. 이는 마찬가지로 주관주의의 일종인데, 그것은 한마디로 '새로운'(?) 현상 앞에서는 어떠한 개념이나 법칙도 수정할 자세가 되어 있으며, '유용한' 신용어에 '합의'하기 위해서 어떠한 원리론이나 개념, 원칙도 수정될 수 있어야 한다고 하는 견해다. 이들에게 있어서 '추상적인 것'은 곧 비현실적인 것이요, 보편적인 것은 특수에 반대되는 것이다. 그렇다면 추상과 보편, 일반 등은 어떻게 파악되어야 하는가? 과학의 '원리론'은 무엇인가? 이들의 위상을 분명히 하는 것은 방법론에 있어서 극히 중요한 점이다.

유물론적 입장에서는 한 개념이나 법칙, 이론은 분명 실재의 반영으로 파악되며, 따라서 그것은 객관성을 그 생명으로 한다. "**자연의 객관적**

---

39) *PF*, p.140. (강조는 인용자)

합법칙성을 승인하고 이 같은 **자연의 법칙성이 인간의 두뇌 중에 점차적으로 바르게 반영되어 간다는 것**을 인정하는 것이 유물론이다."[40]

반면 개념이나 법칙, 이론의 객관성(실재성)을 부정하는 경우 그것은 첫째, 인간 내지 신의 의지나 의식으로부터 독립적인 객관적 실재 및 자연의 합법칙성을 인정하지 않는 경우이거나 둘째, 그것이 인간의 두뇌에 점차적으로 바르게 반영되어 간다는 것을 인정하지 않는 경우이다. 두 경우 모두 개념 및 이론은 합의된 용어 및 그것에 의한 관념적(자의적) 구성물로 간주된다. 그러나 이들 모두에게 또한 공통된 것은 이러한 합의의 기반은 무엇이고 어째서 합의가 가능한가라는 질문에 대답하지 못한다는 것이다. 전자와 같은 극단의 주관적 관념론에 대해 여기서 논박할 여유는 없다. 그런데 후자——이는 칸트 등에 의해 체계화되었다——는 유물론적 추상의 의미를 분명히 해주는 하나의 논점을 포함한다. 레닌은 칸트와 포이어바흐의 '물자체' Ding an sich를 다음과 같이 비교한다.

> 세계 자체는 우리를 떠나서 존재하는 세계다. 포이어바흐의 유물론이나 (버클리 주교가 공박한) 18세기의 유물론은 우리의 의식 밖에 존재하는 '객관 자체' 를 승인하였다. 포이어바흐의 자체an sich는 칸트의 자체 an sich와 정반대되는 것이나. 칸트의 소위 '물자체' 는 **실재성이 없는 하나의 추상**이라고 하는, 전술한 포이어바흐의 칸트 비판을 상기해 보자. 포이어바흐의 소위 '물자체' 는 **실재성을 가진 추상**으로서 우리의 외부에 존재하는 세계, 완전히 승인할 수 있고 '현상' 과 원리적 차이점이 없는 세계다.[41]

---

40) Lenin, *Materialism and Empirio-Criticism, CW*, Vol.14, p.155. (강조는 인용자)
41) ibid., p.118. (강조는 인용자)

이런 의미에서 "현상과 물자체 사이에 신비하고 교묘하게 그려 놓은 모든 차별상差別相은 모두 철학적 망상이다. '물자체'가 현상으로, '우리에 대한 물' Ding für uns로 전화하는 [것]……이 바로 인식이다."[42] 따라서 인식 및 그것의 개념적 반영에 있어서 어떠한 절대적 제한도 없으며, 칸트적 물자체는 '실재성이 없는 추상'으로서 거부된다. 반대로 유물론적 입장에서의 추상은 '실재성을 가진 추상'이다. 따라서 추상적 개념이나 이론은 실재에서 분리된 자의적 구성물이 아니다.

맑스는 프루동의 '정치경제학의 형이상학' Die Metaphysik der politischen Ökonomie의 방법론에 대해 비판하는 초두Erste Bemerkung : 첫번째 고찰에서 경제학적 제 범주를 단지 이념이나 관념의 소산으로 간주하는 견해를 비판하면서 다음과 같이 쓰고 있다.

우리가 생산관계 ── [경제학의] 제 범주는 단지 **그것 자체의 이론적 표현**에 불과하다 ── 의 역사적 발전을 더 이상 추구하지 않게 되자마자, 또 우리가 이러한 제 범주를 단지 스스로 발생한 이념Ideen이나 **현실적 제 관계에 의존하지 않는**unabhängige **관념**Gedanken**일 뿐이라고 생각하게 되자마자**, 우리는 좋든 싫든 간에 이러한 관념의 발생을 순수이성의 운동 속으로 이전시키게 된다.[43]

이상에서 분명한 것처럼, 맑스주의에서 말하는 소위 '추상적' 개념이나 일반적 개념은 그것이 객관적 실재와 유리되어 있어서 추상적인 것

42) ibid., p.120.
43) "Das Elend der Philosophie", *MEW*, Bd.4, S.126. 이것은 이전에 경제학자들이 경제학의 제 범주를 불변의 것으로 간주하게 되던 철학적 근저이기도 하다. 즉 "경제학자들은 주어진 이 관계 속에서 어떻게 생산이 이루어지는가를 설명한다. 그러나 그들은 이러한 관계를 자체가 어떻게 생산되는가에 관해서는, 즉 그와 같은 관계들을 발생시키는 역사적 운동에 대해서는 아무것도 설명하지 않는다"(ibid., S.126.).

이 아니라, 여러 가지의 다양한 사물 및 사상事象 : Sache에 포함되어 있는 다양한 차이를 '추상'하고 그것들에 공통된 —— 본질적인 것으로서, 그러한 다양성의 근저에서 그것을 하나의 통일체로 만드는 바의 —— 것을 부각시켜 내기 때문에 추상적인 것이다. 따라서 추상적 개념은 비록 그것이 정적靜的 : ruhig이라고는 해도, **실재로서 존재하는 것을 반영**하는 것이다. 『철학 유고』에서 레닌은 칸트적 추상에 대한 헤겔의 비판을 언급하면서 다음과 같이 쓰고 있다.

> 사유는 구체적인 것에서 추상적인 것으로 상승하면서 —— 만약 그 사유가 **올바르다**고 한다면(……) —— **진리로부터** 멀어지는 것이 아니라, 오히려 진리에 가까이 가는 것이다. 물질, 자연**법칙**이라는 추상, **가치**라고 하는 추상 등, 한마디로 말해 **모든** 과학적인(올바른, 중요한, 무의미하지 않은) 추상은 자연을 더욱 깊고 더욱 정확하게, 또한 더욱 **완전하게** 반영한다.[44]

여기에서는 과학적인 추상의 의미가 매우 간결하고 정확하게 요약되고 있다. 그것은 부차적인 제 요인들을 추상함으로써 진리에로 한걸음 다가가는 것이며, 그것은 또한 객관적 실재의 본질적 측면을 한층 완전하게 반영하는 것이다. 다음의 부연설명은 이를 한층 더 분명하게 해준다. "가치는 entbehrt des Stoffes der Sinnlichkeit〔감성적 소재를 결여하고 있는—영문 편집자의 번역〕카테고리이지만 수요공급의 법칙보다도 훨씬 더 진리에 가깝다."[45]

---

44) Lenin, *Philosophical Notebook*[이하 *PN*], *CW*, Vol.38, p.171.
45) ibid., pp.172~173.

여기서 우리는 '반영' Spiegelung이라는 개념이 의미하는 것이 무엇인가를 이해할 수 있는 중요한 단초를 발견한다. 그것은 직접적 대상이나 현상의 반영만을 의미하지 않는다. 자연에, 또 사회 속에 법칙성과 그것의 근간이 되는 본질적 관계가 존재한다고 할 때 그것 역시 인간의 인식과정 속에서 반영되는 것이고, 이러한 반영은 현상의 이면에 숨은 본질을 발견해 내는 과학적 작업을 통해서 이루어진다. 가치Wert는 자본주의시대의 정치경제학에서 '가장 추상적인' 범주이다. 그러나 동시에 그것은 자본주의시대에 있어서 '가장 본질적인' 관계를 **반영**하고 있으며,[46] 그런 의미에서 여타의 현상을 이해하는 근간이 된다. 예를 들어 가치법칙으로부터 '해방된' 공황이론이 어떻게 파탄에 이르게 되는가는 1950년대 말에 실천적으로 입증되었다.

이러한 일반화 작업, 혹은 추상화 작업을 통해서 일정한 발전단계, 예컨대 자본주의의 **모든** 사회에 적용되는 개념으로서 정립된 것에는 '(자본주의)사회구성체' 도 포함되며, 이는 자본주의사회구성체라는 개념이 모든 자본주의 나라에서 지배적 본질로 되고 있으며, 반복적이고 규칙적으로 나타나는 사실 및 법칙을 포함한다는 것을 의미한다. 다시 인용하자면 "물질적 사회관계의 분석은 반복성과 규칙성을 포착할 수 있게 해주며, 다양한 여러 나라의 제반 체제를 사회구성체라는 단일한 기초개념 속

---

46) 맑스는 『자본론』 1권 제1장에서 가치라는 범주에 대해 다음과 같이 쓰고 있다. "사람들은 그들의 상이한 종류의 생산물을 서로 교환함에 있어서 가치로 등치함으로써, 그들은 그들의 상이한 노동을 서로 인간적 노동으로 등치한다. 그들은 **그것을 의식하지 않으나 그럼에도 불구하고 그렇게 하는 것이다**."
그리고 여기에 주를 달아 다음과 같이 쓰고 있다. "그러므로 갈리아니가 '가치는 **사람과 사람 사이의 관계**이다' 라고 말했을 때 그는 다음과 같은 말을 첨가했어야 했다. 즉 '그것은 **물적 외피 속에 은폐된 관계**(unter dinglicher Hülle versrecktes Verhältnis)이다' 라고." (*Das Kapital*, Bd.1, SS.88~89. 강조는 인용자)
여기서 우리가 재차 확인할 수 있는 것은 가치라는 범주 역시 **객관적** 범주라는 것과 그것이 다른 모든 범주와 마찬가지로 **관계**(Verhältnis)를 나타낸다는 것, 그리고 그것이 은폐되어 있을 수 있으나 결국은 과학적 분석에 의해 드러나며 인간의 의식에 반영된다는 것이다.

에서 일반화할 수 있게 해준다"는 것이다. 그렇기 때문에 맑스는 "각 사회의 생산관계는 하나의 전체를 형성한다"[47]는 명제로써 각 개별 사회의 제 관계를 보편적 법칙과 개별 역사의 통일 속에서 고찰하는 출발점을 삼고 있는 것이다.

이처럼 추상적 법칙의 진리성을 옹호하기 위한 노력은 1919년 러시아에서 제2차 당강령을 채택하는 과정에서도 확인된다. 당시 8차 대회에서 레닌은 제1차 강령 전체, 특히 강령의 총론 부분을 수정하자는 부하린 Bukharin과 소콜리뉴코프Sokolinyukov 등의 주장에 대해서 다음과 같이 비판한다.

> 내 생각에는 강령의 총론 부분 전체를 고쳐 쓸 필요는 없다. …… 현재의 구문構文에서 강령의 총론 부분은 사회경제제도로서의 자본주의의 **가장 중요하고 본질적인 특징**에 대한 서술과 분석을 담고 있다. **이러한 특질은 제국주의 및 금융자본의 시대가 되어도 기본적으로는 변화되지 않는다.** …… 강령은 자본주의의 단순한 현상에서 출발하여 더욱 복잡하고 더욱 높은 정도의 현상으로 …… 상승해 가며 또 상승해 가지 않으면 안 된다. 그리하여 최후에는 지금 선진제국에서 점차 성장해 가고 또 성장해 갈 수밖에 없는 최고단계로서의 제국주의에 도달한다. **실생활에서는 바로 이렇게 되어가고 있다.** …… (그 이외의 방식은) 역사적으로도 올바르지 않으며, 이론적으로도 올바르지 않다. …… 상품경제와 자본주의의 기초에 관해 서술하고 있지 않은 강령은 맑스주의적인 국제적 강령이 아닐 것이다.[48]

47) "Das Elend der Philosophie", *MEW*, Bd.4, SS.130~131.
48) 「黨綱領改正資料」, 『世界經濟と國際關係』 67輯, 1984, p.59에서 재인용. (뒤의 강조는 인용자)

현상은 본질을 드러내지만 동시에 은폐한다. 뿐만 아니라 그것은 본질을 전도顚倒된 형태로 표현한다. 본질이 현상의 이면에 은폐될 뿐만 아니라 오히려 전도된 형태로 표현되는 것의 예는 『자본론』에서 무수히 많이 찾아볼 수 있다. 예를 들어 인간들이 맺는 사회적 관계가 상품의 관계로 나타난다고 하는 '상품의 물신적 성격' der Fetischcharakter der Ware이 그것이다.[49] 또 『자본론』 1권 4편(상대적 잉여가치의 생산)에서, 그 중 특히 '협업' Kooperation에 대한 장에서, 맑스는 협업에 의한 **노동의** 사회적 생산력의 발전에 대해 논급하면서 이것이 어떻게 하여 **자본의** 생산력으로 발현하게 되는가를 명확하게 보여 주고 있다.[50] 또 임금에 대한 논의는 임금이 갖는 가상적 형태에 대한 논급에서 시작된다. "부르주아 사회의 표면에서 임금der Lohn des Arbeiters은 노동의 가격으로, 즉 일정 분량의 노동에 대해 지불되는 일정 분량의 화폐로 현상한다."[51] 이에 연이어서 이와 같은 가상에 매몰되고, '직접성'의 포로가 된 결과가 어떻게 되는가를 보여 준다. "사람들은 이 경우에 **노동의 가치**를 운위하고 그것의 화폐적 표현을 노동의 필요가격 내지 자연가격이라 부른다. 다른 한편 또한 사람들은 노동의 시장가격, 즉 노동의 필요가격의 상하를 동요하는 가격에 대해서 이야기한다."[52] 이러한 **노동의** 가치와 가격이라는 현상형태의 직접성에서 벗어나지 못한 것이 리카도 정치경제학 체계의 근본적인 딜레마였다.

"이러한 가상은 그 자체 역시 단순한 직접성에 길들여져 있는 우리의 사고습관, 감각습관으로 말미암은 것이었다. 이러한 상황 아래에서는 직접적으로 주어져 있는 대상들의 사물형식들, 대상들의 직접적인 현존

49) *Das Kapital*, Bd.1, SS.85~98.
50) ibid., SS.348~349.
51) ibid., S.557.
52) ibid., S.557.

재는 그 양상이 일차적인 것으로 나타나는 데 반해, 실재하는 것이나 객관적인 것, 대상들의 연관은 이차적인 것으로, 단순히 주관적인 것으로 현상한다. 따라서 직접성의 입장에 서 있는 한 모든 현실적 변화는 개념적으로 파악할 수 없는 것으로 나타난다."[53] 이와 관련해서 진정한 의미의 과학적 인식의 가능성은 프롤레타리아트라는 계급 속에서 발견된다. 이에 대해 루카치는 다음과 같이 쓰고 있다.

> 자본주의사회에서 사회적 존재는, 부르주아지에게나 프롤레타리아트에게나——직접적으로——동일한 것이라는 명제는 아직 변함이 없다. 그러나 이제 이 동일한 존재가 계급이해라는 동력을 통해서 부르주아지를 직접성에 붙박여 있도록 사로잡는 한편, 프롤레타리아트를 이 직접성을 초월하도록 추동한다는 사정이 덧보태져야 하겠다. 왜냐하면 프롤레타리아트의 사회적 존재 안에는 역사과정의 변증법적 성격이, 따라서 어느 계기이든 모두가 자신의 진리, 자신의 진정한 대상성을 오직 매개된 총체성에서만 비로소 확보한다고 하는 각 계기의 매개적 성격이 거부할 여지 없이 분명하게 노정되기 때문이다.[54]

이러할 수밖에 없는 근거를 맑스는 1840년대에 이미 분명히 제시하고 있었다.

> 소유계급과 프롤레타리아트는 동일하게 인간의 자기소외dieselbe menschliche Selbstentfremdung를 드러낸다. 그러나 전자의 계급은 바로 이

---

53) 루카치, 『역사와 계급의식』, 박정호·조만영 역, 거름, 1986, 244쪽.
54) 같은 책, 257쪽.

자기소외에서 행복과 자기확인을 맛보며, 소외를 **자기 고유의 힘**으로 인식하거니와 소외 속에서 **허구적인** 인간적 실존in ihr den Schein einer menschlichen Existenz을 소유한다. 반면 후자의 계급은 소외 속에서 자신이 부정됨을 맛보며, 소외에서 자신의 무력성과 비인간적 실존의 현실을 통찰한다.[55]

이처럼 맑스주의적 방법에서 말하는 추상화는 곧 현상들의 이면에 은폐된 채 가현(假現 : Scheinen)하는 본질적 관계 및 일반적(보편적) 운동법칙의 발견을 의미한다. 이것은 세계 속에 실재 및 그 법칙성, 필연성이 '객관적으로' 존재한다는 사실의 승인일 뿐만 아니라 **개념**이나 **이론**의 '객관성'에 대한 승인을 포함한다. 맑스는 『자본론』의 제2판 후기에서 자신이 적용한 방법론에 대해 언급하면서 다음과 같은 카우프만I. I. Kaufman의 논평을 타당한 것으로서 그대로 인용한다.

맑스에게는 오직 하나만이 중요하다. 즉 그가 연구에 종사하고 있는 제 현상의 법칙을 발견하는 것이다. 그리고 그에게는 제 현상이 완성된 일 형태를 가지며, 또 이 형태가 주어진 시기에 관찰된다는 것과 같은 관련이 있는 한에 있어서 제 현상을 지배하고 있는 법칙만이 중요한 것은 아니다. 그에게 아직 무엇보다도 중요한 것은 제 현상의 변동의 법칙, 제 현상의 발전의 법칙, 즉 일 형태로부터 타 형태로, 관련의 일 질서로부터 관련의 타 질서로의 이행의 법칙이다. 그는 일단 이 법칙을 발견하자 이 법칙이 사회생활에 있어서 표시되는 제 결과를 상세히 연구한다. …… 따라서 맑스는 오직 한 가지에만 노력한다. 즉 정확한 과학적

---

55) "Die heilige Familie", *MEW*, Bd.2, S.37. (강조는 인용자)

연구를 통하여 사회적 제 관계의 일정한 질서의 **필연성**을 논증하는 것, 그리고 그에게는 출발점이며 동시에 지탱점이 되는 제 사실을 될 수 있는 한 완전히 확인하는 것이다. 더욱이 그는 금일의 질서의 필연성과 동시에 일반이 그것을 믿든지 말든지 간에, 또 그것을 의식하고 있든지 말든지 간에, 이 질서가 불가피하게 이행하지 않으면 안 되는 타 질서의 필연성을 논증하면 완전히 그만이다. 맑스는 사회적 운동을 다만 인간의 의사·의식 및 의도와는 독립적일 뿐만 아니라 오히려 반대로 인간의 의사·의식 및 의도를 결정하는 제 법칙이 지배하는 자연사적 과정으로서 관찰하였다.[56]

이제 여기서 분명히 해야 할 것은 제 현상을 지배하는 '추상적' 법칙을 '실재적' '경험적' 현실에서 분리시키는 것은 과학의 역사를, 그리고 그와 더불어 역사 일반을 발전시키려는 주관주의자들의 터무니없는 주장이라는 것이다. 반복해 부언하건대 유물변증법에서 말하는 추상은 **구체적 현실 속에서 보편적으로 관철되는 보다 중요하고 본질적인 계기**Moment**나 법칙**을 의미한다. 실제로 맑스 등이 제시한 '고전적' 개념이나 '보편적' 법칙은 구체적 현실에 대한 정밀하고 철저한 분석의 결과이다.

1840년대에 이러한〔사적 유물론의 원리적—인용자〕가설을 제시한 바 있는 맑스는 실제적factual(nota bene : 주의하라! —이는 이 글을 쓴 레닌 자신의 말이다) 자료에 대한 연구에서 출발했던 것이다. 그는 하나의 경제적 사회구성체 ——상품경제체제—— 를 선정하여 엄청나게 많은 양의 자료(이것을 그는 25년 이상 연구했다)에 기초하여 이러한 구성체의 기

---

56) *Das Kapital*, Bd.1, SS.25~26. (강조는 인용자)

능 및 발전을 지배하는 법칙에 대한 가장 세밀한 분석을 행했다.[57]

이 말은 앞서 인용한 연구방법Forschungsmethod에 대한 맑스의 언급이 담고 있는 것이기도 하며, 이러한 구체적이고 세밀한 연구의 결과가 '추상적' 개념이요 법칙인 것이다. 슈틸러의 말을 빌리면, "이론적 분석의 결과로서의 추상적인 것은 특수자의 구체성을 받아들인 것이기 때문에 추상적인 것이 단순한 사변의 결과는 아니라는 점이다. 많은 특수한 것들은 직접적으로(그대로) 대상화될 수 없기 때문에, (실행의 목표정립을 명확하게 하려는 목적을 지닌) 전형적 실례實例들을 통해서 보편적인 명제들을 설명하는 것이 필요한 것이다".[58]

따라서 유물론적 사회과학의 제 범주들은 모든 형태의 주관주의적 유형론이나 이념형적 구성물과 구별되어야 하고, 보편적 문제나 개념은 원칙으로서 다른 세부적 문제보다 먼저 해결되어야 하며, 확립된 원칙은 전체 분석 속에 관철되어야 한다. 이에 대해서 우리는 다음과 같은 레닌의 말을 염두에 두어야 한다.

먼저 보편적인 문제를 해결하지 않은 채 국부적 문제에 매달리는 사람은, 그 자신은 깨닫지 못하지만 그러한 보편적 문제들에 불가피하게 매 순간 '부딪히게' 될 것이다. 각각의 경우마다 그러한 문제들에 맹목적으로 부딪히게 되면 그의 정치학은 최악의 동요와 무원칙 속에 매몰되게 될 것이다.[59]

57) *PF*, p.141.
58) 슈틸러, 『모순의 변증법』, 양운덕·김재용 역, 중원문화, 1985, 4쪽.

이제 이와 관계된 편향들에 대한 검토로 논의를 옮겨 보자. 이들은 현금의 한국사회성격에 대한 논쟁과 관계해서 무수히 나타나고 있는데, 대부분 '추상'을 '비현실(반구체)'로 간주하며, '고전'이나 '원리론'을 '신이론'으로 대체시키고 있다. 이들은 또한 한결같이 공식적·추상적 법칙을 경직된 것으로 간주하며, 이를 다양한 역사적 경험에 대립시키고 '실용적인' 목적에서(이들은 이를 자랑스럽게 외치고 있다!) '새로운 법칙'과 '유형'을 만들어 내고자 애쓰고 있다. 즉 공식적 견해에 대해 조종을 울리라고 종용하면서 새로이 내건 실용주의의 깃발 아래 모일 것을 외치고 있다. 그 대표적인 견해만 논급하기로 하자. 가지무라梶村는 그의 '독자적인' 사회구성체론을 정립하는 논문에서, 기존의 '정통 맑스주의'의 공인학설이 갖는 고정관념을 비판하면서 다음과 같이 쓰고 있다.

첫째는 『경제학비판』 서문의 '대체로 아시아적·고대적·봉건적·근대 부르주아적 생산양식을 경제적 사회구성체의 계기적 제 시기progressive Epochen로서 들 수 있다'고 하는 짧은 문장의 고정적·교조적 해석이다. 전 세계적으로 인류사의 전 시대를 통해서 앞의 문장에 생략되어 있는 원시공산제사회와 공산주의사회를 첨가하더라도 사회구성체는 기본적으로 이 여섯 종류밖에 없다고 간주된다. 여기에서의 '사회구성체'는 고도로 추상적인 개념이다. 앞에서 말한 '식민지·반봉건'이라는 특수성이 있기는 하지만 사회구성체로서는 자본주의라는 식의 논리도 이러한 사고방식의 테두리 내에서 어느 범주에 속하는가만을 결정하고자 하는 발상에서 나온 것이다.[60]

59) Lenin, "The Attitude Towards Bourgeois Parties", *CW*, Vol.12, p.489.
60) 가지무라 히데키(梶村秀樹), 「구식민지사회구성체론」, 장시원 편역, 『식민지반봉건사회론』, 한울, 1984, 428쪽.

여기에서는 소위 '공식적·교조적' 사회구성체론으로써 한 사회를 분석한다는 것이 구체적으로 어떤 의미를 지니며 또한 어떠한 문제점을 갖는가에 대해서 거의 언급이 없다. 단지 이상과 같은 전제 위에서 '경직된 사회구성체' 개념,[61] 추상적 사회구성체 개념을 '공식적이고' '교조적으로' 적용하는 것이 문제가 되고 있을 뿐이다. 여기에서는 사회구성체론이 갖는 이론적·실천적 의미에 대한 몰이해가 표현되고 있으며(이에 대해서는 계속 서술될 수 있을 것이다), 본절에서 고찰한 것처럼 그것의 객관적 근거에 대한 전면적 부정을 포함하고 있다. 더욱이 그의 비판은 단지 '공식적·교조적 견해'에 대한 반발만으로 완결되어 있으며, 그리하여 이후의 논지에서 가지무라는 **탈**공식주의(이는 탈원칙화를 의미한다)의 신이론을 전개하고 있다. 예를 들면 한 사회(여기서 염두에 두고 있는 것은 1930년대 식민지 조선이다)가 식민지반봉건사회라는 특수성을 갖는 자본주의사회구성체라고 하는 것이 왜 틀렸는지, 어떤 문제가 있는지에 대해서, 그것이 '공식적'이라는 것 이외에 어떤 근거도 제시하지 않고 있는 것이다. 그 결과 가지무라의 이 논문은 '공식적' 사회구성체론을 대체할 '새로운' 사회구성체론의 '발명'에 바쳐지고 있다.

그는 아민S. Amin의 유형학을 비판하고, 그가 자신이 나아가려고 하던 방향으로 전진하는 데 지나치게 소심했다고 비판하면서 그 '새로운' 방향으로 과감하게 나아간다. "아민의 유형학적 특징이 갖는 직접적 원인은 프랑스 문화유형학의 영향과 주변자본주의에는 **독자적 발전법칙이 있을 수 없다고 하는 착각**(이런!) 때문이라고 생각된다. …… 우리들은 아민의 이론에서 출발하여 그것을 더욱 구체적인 개별 국가 분석의 도구로 만들기 위해 주변자본주의사회구성체론의 동태화를 추구해야 할 것이다."[62]

61] 『韓國資本主義と民族運動』에 대한 가지무라의 서평(1985). [박현채, 『한국경제구조론』, 일월서각, 1986, 5쪽에서 재인용.]

그리고 이후 새로이 발명된 '주변자본주의사회구성체의 동태적(?) 법칙'을 국제분업론을 이용해 정립시킨다. 이젠 너무 멀리까지 가서 돌아올 길도 보이지 않는다. 그러나 법칙의 동태화를 추구해도 그럴 수 있는 보편적이고 객관적인 근거가 없는 한 동태적 법칙이 만들어질 리가 없다. 그리하여 가지무라는 주변-중심관계 유형을 3개 연이어 늘어 놓는 정도의 동태화(凍太化?)에 성공하고는——이는 실제로 아민이 했던 바이기도 하다——그것을 '발전법칙'이라 부르고 있다. 게다가 그것을 '개별 국가'의 분석을 위해 사용하려 하면 법칙 자체도 수정되는 것이 불가피하게 된다.[63] 예컨대 **그 법칙을 변형시키지 않는 한**, 이 국제분업론은 아프리카의 어떤 나라나 아시아의 어떤 나라(예를 들면 태국, 파키스탄 내지 이란……)에 적용될 수 없기 때문이다.[64] 그리하여 가지무라 자신의 말대로 "구체적으로는 민족의 수만큼이나 많은" 독자적 발전법칙을 만드는 것이 소위 '보편화' 작업이 될 것이다.

가지무라와 거의 동일한 입장에서 식민지반봉건사회구성체의 연구에 종사하고 있는 장시원 교수 역시 거의 비슷한 기치를 내걸고 '공식 견해'에 도전하고 있다.——우리는 아쉽게도 이들이 도전하는 바의 공식 견해에 대해서는 너무나도 모르고 있(었)으며, 오히려 이들의 사회구성체론이 한국에서는 '공식 견해'인 것처럼 보인다.—— 이하에 인용되는 논자의 글은 소위 '식민지반봉건사회구성체론'의 입장에 대해 한국적 조건 속에서 상당히 정리를 하려 하였고, 그 특징을 잘 보여 주기 때문에 자주 인용될 것이다.

62) 가지무라 히데키, 앞의 책, 434쪽.
63) 가지무라는 이에 대해 별로 걱정하지 않을지도 모른다. 그는 '유연한' 개념과 '유연한' 법칙을 추구하기 때문이다.
64) 이병천 교수에 따르면, 가지무라가 제시하는 국제분업의 구체적 시기두 실제와 맞지 않는다고 한다. 이병천, 「'식민지반봉건사회구성체론'의 이론적 제 문제: 고타니 히로유키, 가지무라 히데키의 이론을 중심으로」, 『산업사회연구』, 2집, 1987, 21~47쪽.

장 교수는 식민지 조선을 자본주의사회구성체로 보는 견해에 대해 세 가지 논점을 들어 비판하면서, 이것이 식민지반봉건사회구성체론을 주장할 수 있는 근거이기도 하다고 한다. 여기서는 우선 제1의 논거만을 보고 2, 3의 것은 이후 해당되는 부분에서 논하겠다.

인류사의 5단계 발전설은 세계사적 차원에서 설정된 고도로 추상적인 개념규정에 기초한 것이며, 따라서 이것은 모든 나라, 모든 지역이 구체적으로 이러한 사회구성의 계기적 이행을 경험한다는 의미는 아니라는 점에 유의할 필요가 있다. 그러므로 1930~1945년 사이의 한국사회를 '자본주의사회구성체'로 파악하려는 주장은 주로 서구 사회의 역사적 경험에서 성립·발전한 고도로 추상적인 역사이론을 그 역사적 경험을 달리하는 사회에도 그대로 적용하려는, 다시 말하면 5단계 발전설의 공식주의적 해석의 범위를 벗어나지 않으려는 고집에서 나온 견해이다. 그러나 자본주의가 형성하는 근대세계는 결코 자본주의라는 단일의 구조로 일원화될 수 없는, 즉 식민지·반식민지사회를 포괄하는 복합적 구조를 띠었으며, 이러한 식민지·반식민지사회의 내재적 발전법칙을 해명하기 위해서는 '식민지반봉건사회'라는 인류사적으로는 부차적인 종속적 사회구성체를 설정하는 것이 오히려 실용적이다.[65]

여기에서도 마찬가지로 '고도의 추상적 개념'이라는 상투적 종소리가 울리고 있는데, 오히려 가지무라의 경우보다 더욱더 솔직하게 주관주의적인 실용주의의 깃발을 내걸고 있다. 사회구성체는 **추상**적 개념이고, **따라서** 모든 지역이 이것을 구체적으로 경험하지는 않는다는 것이다. 즉

65] 장시원, 「식민지반봉건사회론」, 이대근·정운영 편, 『한국 자본주의론』, 까치, 1984, 38쪽.

추상적 개념과 구체적 경험은 '따라서'라는 논리적 연결어를 매개로 '당연히' 분리되고, 따라서 보편법칙은 개별적인 제 나라의 '역사적' 경험과는 무관한 구상물構想物로서 지구상의 **여기저기에** 그저 **가끔씩** 비를 뿌리는 구름이 된다. 이 글의 논자는 자신의 왼손에는 보편법칙 —— 공식적·교조적 보편법칙을 가두어 두고, 다른 한 손을 들어 '비서구적인' 역사적 경험으로써 식민지·반식민지의 '내재적 발전법칙'이라는 새 구름을 빚는다. 그러나 이런 구름 하나로 만족할 수는 없는 일이고, 결국에는 만국의 국기를 그린 무수한 구름이 하늘을 덮는다. 이제 태양은 구름이 겹침으로써 생긴 약간의 공간을 통과해 비칠 뿐이다. "추상적 개념과 공식주의·교조주의를 극복했다"고 하는 오만한 외침만이 천둥소리 대신에 육지와 구름 사이를 공허하게 맴돌고 있을 뿐이다. 추상적 역사이론과 역사적 경험을 달리하는 사회의 '괴리', '비조응'이라는 주장은 식민지반봉건사회구성체론이나 주변부사회구성체론에 있어서 마찬가지로 나타나며, 더욱이 이 견해에서는 이러한 '괴리', '비조응'을 원칙이나 추상적 개념을 폐기처분하는 '현대적' 기계로 공인하고 있다. 또 아프리카나 라틴아메리카의 식민지적 경험은 동아시아의 그것과 상이하며, 나아가 영국의 식민지였던 아메리카나 오스트레일리아 등의 경험은 더욱 다르기 때문에, 식민지반봉건사회구성체론은 중국이나 조선이 아닌 식민시 나라가 그 분석대상이 되었을 때는 또한 대폭 수정 내지 폐기될 수밖에 없다고 한다. 그리고 이렇듯 논리를 점점 '구체화'(?)할수록 그 나라 각각의 역사적 경험에 알맞은 '실용적 개념'이 양산되어야 한다. 왜냐하면 이들이 빚어내는 구름이라는 것은 이처럼 **개별적 차이들로** 충만한 경험을 자의적으로 끌어모아 사회구성체를 만들고, 그것을 현상에 맞게 끊임없이 **변형시키면서** 그것이 '독자적 발전법칙'에 입각한 보편적 개념(이런!)이라고 선언하기 때문이다.

더욱더 이상한 것은 자본주의와 식민지가 서로 배타적인 것으로 묘사되어 있는 부분이다. 다시 인용한다면 "자본주의가 형성하는 근대세계는 **자본주의라는 단일의 구조로 일원화될 수 없는, 즉 식민지·반식민지사회를 포괄하는 복합적 구조**[이다]······" 여기서는 자본주의라는 단일의 구조로 일원화될 수 없다는 것이 식민지·반식민지를 포괄하는 구조와 등치되어 있다. 이 논리에 의하면 자본주의는 식민지와는 통일될 수 없는 어떤 것으로 된다. 이 근저에는 식민지는 자본주의화 하지 않는다는 생각이 깔려 있는 듯한데, 그렇다면 식민지는 그 자체가 독자적인 사회구성체를 이루는가? 식민지는 사회구성체적 규정인가? 왜 식민지는 자본주의화 되지 않는가? 식민지는 대체 여타의 사회구성체와는 어떤 연관을 갖는가? 혹시 굉장한 반발력으로 일체의 사회구성체와 타협을 거부하는 고집쟁이는 아닌가? ── 바로 이러한 생각이 장 교수가 새로 빚은, 식민지의 독자적·내재적 발전법칙을 싣고 다니는 구름의 실체였던 것이다.

그리고 장 교수는 도처에서 '실용성'을 강조하고 있는데, 식민지반봉건사회구성체의 '실용성' 여부는 차치하고라도 과연 '실용성'만 인정되면 어떠한 개념이나 법칙도 타당한 것인가? 예를 들어 해가 떴다가 지곤 하는 현상을 설명하기 위해서 태양이 지구를 돈다는 주장을 실용성이 있다고 해서 인정해도 좋은 것인가? 이렇게 되면 개념이나 법칙의 타당성에 대한 기준은 결국 실용성으로 되고, 이는 곧 '실용적인 것이 곧 진리'라는 실용주의의 선언을 의미할 뿐이며, 객관적 개념으로서의 사회구성체를 정말로 '추상적'이고 주관적인 구성물인 유형이나 이념형으로 비하시켜 주관주의적 족쇄로 묶어 두는 것을 의미한다.

이제까지 예를 통해 본 바와 같이 사회구성체의 객관성을 '고도의 추상적 개념'이라는 평계로써 부정하는 제 논리에 대해서 다음과 같은 일반적 비판이 가능할 것이다.

이들은 보편성, 보편법칙 또는 보편적 개념을 실재에서 분리시켜 단지 **경험주의적** 일반화로 간주해 버리고, 그리하여 특정의 대상·실재를 관찰하고 연구함에 있어 비교하고 비추어 볼 뿐인 '추상적' 기준으로 위치 짓는다. 이와 함께 역사적 경험의 '다양성'으로써 추상적 개념을 폐기하려 하거나 개념의 다양성을 주장하고, 사회구성체 개념에 대해서 또한 탈경직성을 주장한다. 이들이 주장하는 모든 추상, 보편은 관념적으로, 자의적으로 '구성'된 **모델**, 즉 이념형ideal types에 지나지 않으며, 그것은 단지 제반의 '특수한' 현상을 '특수하고' 다양하게 해석해 내는 주관주의적이고 실용주의적인 '논거'일 뿐이다. 여기에서 우리는 경험주의와 실용주의가 결국은 주관주의와 동일한 것임을 알 수 있게 된다.

이렇게 '유형화'로서[66] 법칙이나 개념을 파악하게 될 때 우리가 흔히 듣게 되는 것은 '지표'라는 말이다. 물론 어떤 개별적 대상의 특징을 포착하고 개념과 통일시킴에 있어서 특징적 표지를 구분하고 찾아내는 일이 무척 중요한 일이라는 것은 사실이다. 따라서 그저 '지표'라는 말을 문제 삼을 수는 없는 일이다. 즉 그 말 자체는 특정한 개념이 요구하는 특징적 표지이기 때문이다. 하지만 우리가 흔히 앞에서 논급한 논리와 **함께** 수없이 접하게 되는 것이 '지표'라는 말이라는 사실은 이에 대해서 그저 단순히 보아넘길 수 없게 한다. 무엇보다도 문제가 되는 것은 '유형'과 '지표'라는 말을 통해서 본질적 법칙과 현상형태 및 상이한 추상수준의 논리·개념이 평면화되고 병렬되며, 보편과 특수가 대립·충돌하게 된다는 사실이다.

---

66) 물론 '유형화'가 '전혀' 필요 없다거나 실재의 올바른 반영과 무관하다는 것이 아님은 이상의 논지를 이해한다면 분명할 것이다. 여기서 말하려는 것은 소위 '특수 유형의 포착'이라는 기치하에 보편성이나 법칙의 실재성을 소위 '유형'에 대립시키는 주관주의적 유형론이다. 이후 다시 거론하겠지만 **유형은 보편과 개별의 통일이 하나의 전형으로 될 때를** 의미하며, 이는 무엇보다도 보편법칙이 관철되는 조건의 특수한 유형일 뿐이다.

예를 들면 자본제적 생산양식의 본질적 성격이 자본주의 고유의 현상형태와 동일한 수준에서 '지표'로 총괄(?)된다거나, 어느 한 사회가 자본주의사회구성체인가 아닌가 하는 문제가 자본주의적 생산에 의한 생산물과 전자본주의적(실제로 행해지는 것은 전자본주의적이라기보다는 농업적 또는 소농적) 생산물의 양적 비교로 환원된다거나 하는 일이 당연시되면서 행해지는 것이 그것이다. 나중에 특수성과 사회구성체에 대한 소절에서 자세히 검토하게 될 소위 '농업발전의 두 가지 길(유형화된 길)', '이행법칙의 여러 유형' 등에 대한 비판에서 좀더 구체적으로 볼 수 있겠지만, 실제로 이것은 동일한 법칙, 보편적 법칙이 개별적인 제 조건 및 계급투쟁을 통해 관철되는 과정에서 나타나는 제반 형태 —— 구체적이기에 유의미하며 실천적 함의 때문에 구분되는 제 형태를 경험적 일반화로 간주하고는, 이것이 갖는 고유한 특성을 **본래의 법칙이 갖는 제 특징과 동일지평에서** '지표'로 동일화시킴으로써 소위 '특수성'을 반영하는 제 유형으로 추상화시킨 결과이다.[67] 이때 그것을 입증하기 위해 제시하는 것이 앞에서의 주관주의적 '보편'을 확인하게 해주는 어떤 유형이나 이념형의 제 **지표**인 것이다.

즉 이러한 주관주의자들은 소위 '지표'로써 다양한 제 '유형'을 만들어 놓고 특정 대상에서 지표를 확인하며, 그것에 의해 그 대상에 "○○○ 유형"의 딱지를 사후적으로 붙여 주는 것을 최고의 '업'業으로 삼고 있을 뿐인 것이다. 이들이 말하는 '특수'는 어떤(이념형적) 모델에서 '벗어난 것'일 뿐이며, 그런 의미에서 모든 대상은 '특수하다'고 한다.[68] 즉 특수

---

67) 이러면서 수많은 법칙이 탄생하고 '특수성'은 보편성으로까지 **주관주의적으로** 이행한다!
68) 이렇게 해놓고는 이것을 특수성의(이 갖는) 보편성이라고 하면서 변증법의 흉내를 내겠지?! 일찍이 레닌은 "우둔한 유물론보다 현명한 관념론이 현명한 [변증법적─인용재 유물론에 가깝다"라고 하며 헤겔을 '변장한 유물론자'라고 평가한 일이 있지만[*PN*, p.274.], 이처럼 현명하지도 못한 관념론, 변장한 관념론에 대해서는 그가 일평생 퍼부은 비판과 분노를 또다시 불같은 정열로 퍼부을 것이 틀림없다.

는 보편적이지 **않은 것**을 말할 뿐이며, 이는 결국 **개별적 차이**를 의미하는 것으로 되고 만다.[69] 이들은 어떤 대상이나 현상이 그것에 적용하려는 추상적 개념의 '보편성'('이념형적 제 지표'로 읽어라!)보다 '특수성'(이념적 지표로부터의 '다양한 일탈'로 읽어라!)이 많다면 이제까지의 '보편적' 개념 대신에 기꺼이 '새로운 보편'을 창조한다. 이리하여 '○○론의 제 유형'에는 (1), (2), (3), … (∞)의 번호가 붙게 되고 '○○형', '××형'의 병렬적 줄은 '자본' 씨와 비슷하게 자기증식해 나가게 된다.

이들이 내건 기치는 '특수경험의 포착'과 '특수성의 인식'이었음에도 불구하고, 이들은 실제로 그들이 극복하고자 했던 '추상적 개념'에로 끝없이 행군하고 있는 것이다.[70] 새로운 유형, 법칙, 일반성의 '창조적 발명가'들——이들의 연구는 추상→구체라는 변증법적 방법과는 반대로 구체적인 것(=경험적인 것)의 검토→'특수성'의 일반화→추상이라는 경로를 밟고 있다——, 이들은 어떤 대상에 그것의 '특수성'에 입각하여 '○○형' '~유형'이라는 보편자의 세례명을 내리는 주관주의의 승려들이다. 이들은 입으로는 맑스를 부르며 사적 유물론의 개념을 열심히 사용하고는 있으나 오히려 흙탕물만을 만들며, 그 틈새로 부르주아적(베버적) 개념을 침투시키고 발전시키는 맑스-베버리안Marx-Weberian이다. 이처럼 추상과 구체, 개념과 실재는 이들에 있어서 항상 분리되어 있기 때문에 이들은 어떤 이론이나 개념을 '구체적' 경험대상에 적용하다가 막히거나, '특수한' 경험 또는 조건이 나오면 새로 '유형'을 구성하고, 이러한 무수

---

69) 이에 대해서는 특수성에 대한 소절(이 책 125쪽 이하)에서 후술.
70) 이는 이미 박현채 선생도 「현대 한국사회의 성격과 발전단계에 대한 연구 (I)」, 『창작과 비평』, 57호, 1985에서 지적한 적이 있다. 식민지반봉건사회구성체(장시원), 주변부사회구성체(아민)가 "식민지-주변 쪽의 특수성을 포착하기 위해 운운" 하면서, **특수성을 강조하면서도 일반성의 갈구로 될 수밖에 없었다**(327쪽)는 것, 그리하여 개별성을 일반화함으로써 "**참된 일반성 속에서 자기를 관철하지 못하고 도리어 거짓 일반성을 만들어 그것에 매몰되는**" 결과로 되었다는 것이 그것이다(339~340쪽).

한 '특수' 개념과 '특수' 법칙을 발명해 낸다. 이리하여 '특수' 경험을 토대로 개념·법칙 및 이론에 대한 경험주의와 실용주의는 4월의 사쿠라櫻花와 같이 유형론의 꽃으로 만개한다. 이제 유형론의 봄날은 '갈' 때가 되지 않았는가?

맑스는 1867년 『자본론』을 내면서 『자본론』에 나오는 자본주의의 법칙과 제 현상을 그저 '영국적인 것'으로 돌리려는——이러한 경향은 일본의 강좌파 이래 아직도 일본과 한국의 이론 진영 내에서 의젓이 아랫목에 자리 잡고 앉아 있는 것이기도 하다——당시 독일의 정치가 및 경제학자들에 대해 이미 이 같은 특수주의·경험주의를 비판한 바 있다.

> 내가 이 저작에서 연구해야 하는 것은 자본주의적 생산양식과 이에 조응하는 생산관계 및 교통관계이다die kapitalistische Produktionsweise und die ihr entsprechenden Produktions und Verkehrsverhältnisse. 그것의 고전적 소재지klassische Stätte는 현재까지는 영국이다. 이것이 나의 이론적 전개에 있어서 주요한 예증에 기여하는 이유이다. 그러나 독일의 독자가 영국의 공업 및 농업노동자의 제 상태에 대해 위선적으로 어깨를 들썩인다든지 혹은 독일에서는 사태가 그 정도로 악화되지는 않았다고 낙천적으로 안심한다면 나는 그에게 다음과 같이 외쳐야만 할 것이다.
> De te fabula narratur!(남의 얘기가 아니다!)[71]

반면 실재와는 분리된 채, 그리고 객관적 실재의 변화에 대한 성실한 검토에 근거하지 않은 채, 개념 및 이론만을 고집하는 경우도 무수히 발견된다. 이것의 대표적인 예로서는 맑스의 이름하에 맑스주의를 '구조적

---

71) *Das Kapital*, Bd.1, *MEW*, Bd.23, S.14.

으로 변혁'시켜 실재로부터 독립된 신비적 이론으로 만들어 버린 구조주의의 알튀세르 및 무수한 그 아류 '학자'들을 들 수 있을 것이다.[72] 이들에 의하면 맑스는 '스스로도 모르는' 사이에 전지전능하신 '구조'의 베일을 '남이 알아볼 수 없는' 비밀스런 방법으로 제시하였으며, 예를 들어 자본주의적 생산양식의 근본적 제 법칙——『자본론』의 내용은 개개의 자본주의사회에서 현상적으로 나타나지 않는다고 해서 존재하지 않는다고 할 수 없는 것이며, 오히려 지배적 힘으로서 자본주의적 생산양식의 구조는 일반인의 눈에는 보이지 않는 신비한 구석에 숨어 있다고 한다.[73] 그리하여 이 구조는 승려의 '징후발견적 해독'을 통해서 현현하며, 맑스의——스스로도 깨닫지 못한——오묘한 발견은 이들 승려들의 손을 타고『자본론』의 세계 속에서 지상으로 강림한다. 그러나 저자 자신도 알지 못했고 독자들도 알기 힘든 현상과 분리된 본질로서의 구조가 과연 실재하는 것인가, 혹시 이것이 맑스(정신병자?)에 대한 프로이트적 정신분석의 진찰 결과는 아닌가 하는 의문이 들지 않을 수 없다. 이들의 소위 '징후발견적 해독'이란, 근본적인 제 개념을 이리 뜯고 저리 헤쳐 요소요소로 샅샅이 분해하여 놓고는, 시계를 무작정 분해해 놓은 어린애의 순진한 무안함도 없이 뻔뻔스럽게 저들 맘대로 뜯어 맞추는 결합사結合辭의 지휘자이다. 실제로 이들은 엄청나게 많은 신소어로 낱낱의 제 요소를 새로이 '접합'하고 있는 것이다. 구조주의적 신이론이란, 개념의 공동묘지 속에서 무당

---

72) Louis Althusser, *For Marx, Reading Capital*(발리바르, 『역사과학의 기초범주』);글룩스만, 『구조주의와 현대 마르크시즘』. 이들 이외에도 Poulantzas, Hindess, Hirst, Godelier, Meillassoux 등등이 이러한 인식론을 빌려 쓰고 있다. 이들의 혼돈이 어느 지경에 이르는지는 Harold Wolpe, "Introduction", *The Articulation of Modes of Production*, RKP, 1980(월프, 「생산양식접합이론 개관」, 김호진 편역, 『제3세계의 정치경제학』, 한울, 1983)이 잘 보여 준다. 여기서는 개념의 사용에까지 기능주의적 방식이 사용되고 있으며, 사적 유물론의 근본범주들인 생산양식, 사회구성체 등은 논리적 파탄에 빠지고 있음을 보여 준다.
73) 이들은 생산양식을 경험적 실재와는 분리된 그 무어 추상적 개념으로서 단지 주관적 구성물로 간주한다. 그런 의미에서 이들 역시 앞의 실용주의와 마찬가지로 주관주의적이다. 예컨대 발리바르는 이제까지 없었던 것도 포함하는 생산양식의 비교목록을 만들 것을 제안하고 있으며, 수많은 구조주의자들은 이를 실제로 행하고 있다.

(승려)들이 불러낸 망령들의 집합에 다름아니다. 이것은 경험주의·실용주의와는 반대로 경험에서 유리된 제 개념·법칙의 신봉과 '독자적' 재구성으로 특징지어지는 바이나, 이 역시 극도의 주관적 관념론이며[74] 구조로 신격화된 개념의 형이상학이다.

현재의 한국사회에 대한 논쟁에서도 이와 '비슷한' 오류가 보인다.[75] 예를 들면 현단계 한국사회를 식민지반봉건사회라고 하면서 반봉건성에 대해 설명하는 것이 있다. 그에 따르면 한 사회의 성격을 규정하는 것은 국가권력의 성격과 그 사회의 지배계급이라고 하며, 이런 기준에서 볼 때 한국의 국가권력은 제국주의자에 의해 장악되어 있는바 식민지이고, 이러한 식민지적 국가권력은 봉건적인 방식으로 식민지를 지배하며, **따라서** 한국에는 이러한 (반)봉건적인 지주-소작관계가 온존·확대되고 있다는 것이다. 그러므로 한국에서 반봉건성을 강조하는 것은 객관적 타당성을 갖는다고 한다. 그러나 이러한 논지는 그 논리적 전개와 그 내용 모두에 있어서 큰 오류를 담고 있다. 즉 한국에 대한 독자적 규정 및 그 규정의 근거에서, 좀더 구체적으로는 식민지반봉건사회라는 **이론에서** 한국에 반봉건적 지주-소작관계가 존재한다는 결론을 도출하는 것은 객관적 실재에서 그 개념의 타당성을 확인하는 것과는 반대로 특정 **이론에서 객관**

---

74) 실제로 이들은 인식의 대상과 현실적 대상으로 이원화된 관념론적 인식론에 근거하고 있다. 이에 대한 비판은 레닌의 『유물론과 경험비판론』을 참조하라.

75) 한국사회 분석에 구조적 틀을 적용한 것으로서 대표적인 것은 아마 윤소영 교수일 것이다. 「한국사회성격 해명에 있어서 올바른 이론적 입장의 확정을 위하여」, 『한신경제학토론』, 제8611호, 1986. 또 이병천 교수의 「식민지반봉건사회구성체론의 이론적 제 문제 : 고타니 히로유키와 가지무라 히데키의 이론을 중심으로」에서도 발리바르적 개념과 문제설정(problématique)이 발견된다. 예를 들면 소유양식을 착취로, 전유양식을 노동과정에서의 관계로 보는 것이 그것이다. 발리바르, 『역사과학의 기초범주』, 김윤자 역, 한울, 1984, 12~18쪽과 비교하라. 발리바르에 대해 자세히 비판할 여유가 지금은 없다. 다만 여기서 지적하고 싶은 것은 그것이 맑스주의의 철학이나 이론과는 전혀 다르다는 것이다.
최근에 나온 민정우의 논문, 「식민지사회의 성격규명을 위한 일 시론 (I)」, 『녹두서평』 1호, 1987은 알튀세르 및 발리바르의 이론과 시바하라 다쿠지(芝原拓自)의 소위 '노동주체론적 생산양식론'(林直道, 『史的唯物論と所有理論』, 大月, 1974, pp.161~182)의 '접합'과 마오이즘의 '접합'이라는 '중층적 접합'으로 요약될 수 있을 것이다. 애석하게도 그는 합리적 핵심의 보존이나 오류의 폐기라는 변증법적 지양과는 반대의 길을 가고 있다. 이것이 '접합'의 운명일까?

적 **실재를 끄집어내는** 관념론적 방법의 일단에 불과하다. 더욱이 실제 자료를 조금만 검토해 본다면 반봉건적인 지주-소작관계가 과연 심화·확대되고 있는가의 여부를 확인할 수 있을 것이다. 여기서는 논증 자체가 반봉건사회론의 옳음을 어떻게든 '입증'하는 데 맞춰져 있을 뿐이며, 현재 한국에 객관적으로 존재하는 관계의 확인은 뒷전으로 밀려나 있다. 더욱이 그러한 논지를 입증하는 것으로서 어떤 책에서는 지주-소작관계가 점증하여 그 비율이 전체의 50%에 근접하고 있다고 주장하기도 하는데, 여기에서 우리가 확인할 수 있는 것은 **이론에 대한 지나친 집착이 실재를 '바꿔 놓았다'** (!)는 것이다. 우리는 어떤 논지가 설명을 위한 설명으로 비화되고 있지는 않은가 하는 점에 대해 냉정히 생각해 봐야 한다. 중요한 것은 "세계를 변화시키는 것"이고 그러한 변혁에 봉사할 수 있는 이론적 작업은 실재에 대한 객관적 분석일 것이다.

객관적 실재와 이론, 구체와 추상이 분리되면서 방법론상 견지되어야 할 유물론적 객관성이 부정되는 예로서 또한 들 수 있는 것은 실재적 변화는 인정하면서도 그 변화와 상치되는 개념이나 이론은 고수하려고 하는 경우이다. 예를 들어 박현채 선생은 농업 내부에서의 제 변화——요약해서 얘기한다면 본래적 의미에서의 '지주'의 소멸과 농민의 하강분해로 인한 프롤레타리아화——를 인정하면서도, 농업 내부에서의 반봉건성이라는 본질은 변하지 않았다고 주장하면서 경험주의적 경향에 대해 경고하고 있다. 그런데 이러한 경고와 경계가 너무나 멀리까지 나아가서 급기야 '이론에 의한 검증'(?!)을 고집하는 데 이르고 있음은 변증법적 유물론의 방법적 원칙과의 결별을 선언하는 것이 아닌가 하는 평가를 하게 한다. 이때 실재적 변화의 인정 또한 말만의(관념론적인) 인정에 불과한 것임은 분명하다.

이외에도 제 현상을 본질적 관련 속에서(합법칙적으로) 설명하지 못하며 현상과 본질이 이혼장을 승인하는 것으로서 다음의 예를 생각할 수 있다. 혹자는 식민지에서의 국가문제에 대해, 식민지에는 국가가 없으며 단지 제국주의의 대리인만이 존재한다고 한다. 그런데 어째서 식민지에는 국가가 없는가?라고 묻는다면 그것은 제국주의 지배하에 있는 식민지이기 때문이라고, 실제 지배세력은 제국주의이기 때문이라고 한다. 그 내용의 타당성은 일단 접어두더라도 이 논지에서 명백한 것은 국가의 본질과 발생 및 존재의 제 조건이나 국가 자체의 구성적 제 측면에 대한 논거 없이 개념이나 이론의 **동어반복**적 나열에 그치고 있으며, 이는 결국 순환 논리를 빌린 공허한 **주장**에 불과한 것으로 되고 만다.

이러한 예들을 통해 우리는 사회분석 및 사회구성체론에서 반드시 견지되어야 할 **객관성**의 원칙이 무수히 방기되어 왔음을 확인할 수 있었다. 이러한 원칙이 공유되지 못했을 때 논쟁은 실용주의적 개념의 발명장으로 비화하거나 개념·이론 간의 전장戰場 : arena으로 전화될 것이다. 그렇기 때문에 객관적 실재는 물론, 법칙의 '객관성'에 대한 유물론적 승인과[76] 과학적 개념의 토대로서 그것의 객관성·실재성에 대한 인식이 모든 과학적 논의의 전제가 된다.

3. 총체성과 사회구성체 : 유기적 전체로서의 사회구성체

이제까지는 사회구성체의 객관성에 대해 논의해 왔다. 그 속에서 사회구성체가 객관적 실재인 것이라는 점에서 주관주의적인 구성물과 구별된다는 것은 분명해졌을 것이다. 그러나 그것이 아무리 중요하다고 해도 그것만으로는 어떠한 구체적 분석수단도 될 수 없음은 분명하다. 이제 문제는

---

76) F. V. Konstantinov ed., *Fundamentals of Marxist-Leninist Philosophy*, Progress Publishers, 1982, p.143 참조.

사회구성체가 **어떠한** 실재인지, 사회구성체는 어떠한 구체적 내용을 갖는지를 분명히 해야만 한다는 점이다. 이는 또한 사회구성체론이 갖는 의미를 더욱 선명하게 해줄 것이다.

이미 우리는 앞에서, 사실에 대한 인식이 현실에 대한 올바른 인식이 되기 위해서는 그 각각의 제 사실들을 **전체 속에서, 전체의 한 계기**Moment **로서** 파악할 것이 요구된다고 한 바 있다. 이에 대해 레닌은 다음과 같이 쓰고 있다.

> **개별적인 존재**(대상, 현상 등등)는 이념(진리)의 **하나의 측면**(일 뿐)이다. 진리는 거기에 독립적이고 개별적인 것besonders für sich bestehende[특히 대자적으로 존재하는 것 ―전집 편집자 번역]같이 나타날 뿐인 **현실성의** 다른 제 측면을 마찬가지로 요구한다. **그것들의 총체**zusammen **및 그것들의 관계**Beziehung **속에서만** 진리는 실현된다.[77]

그러면서 그는 다음과 같은 헤겔의 말로 주석을 달고 있다.

> 현상 및 현실성이 갖는 **모든** 측면들의 **총체**Totalität와 그것들 간의 (상호) **관계**――이것이 바로 진리를 구성하는 것이다. 여러 개념들의 관계(= 이행=모순)는 논리학의 주요 내용으로서, **이것에 의해** 이상의 제 개념 (및 그들 간의 관계, 이행, 모순)은 객관적 세계의 반영으로서 나타나는 것이다. **사물**의 변증법이 **이념**의 변증법을 산출하는 것이며 그 역은 성립하지 않는다.[78]

77) *PN*, pp.195~196.
78) ibid., p.196.

여기서 그는 헤겔이 사물의 변증법과 이념의 변증법을 구분하고 전자가 후자를 규정한다는 것을 명확히 한 것에 찬사를 보내고 있다. 즉 총체성으로서 진리를 말하면서 그것이 객관적 세계의 반영임을 분명히 하고 있다. 그러면서도 객관적 세계에서의 사물 및 현상 등이 진리로서 파악되는 것은 **오직 총체성 속에서**, 그리고 그것들 간의 **관계 속에서**라고 강조하고 있다.

루카치는 맑스주의적 방법론에서 총체성이 갖는 의의에 대해 다음과 같이 쓰고 있다. "총체성이라는 범주, 즉 **부분들에 대한 전체의 전면적이고도 결정적인 지배**는 맑스가 헤겔로부터 물려받아 완전히 새로운 과학의 토대로 독창적으로 변형시켰던 그 방법[변증법적 방법─인용자]의 본질이다."[79]

그리고 총체성의 관점이란 "모든 부분적 현상들을 전체의 계기 Moment로서, 사상과 역사의 통일체로 파악되는 변증법적 과정의 계기로서 고찰하는 관점"으로서[80] 개개의 사실이나 현상을 **본질적 관계 속에서** 파악할 것을 요구한다. 이러한 본질적 관계를 통해서만 다양한 사실이나 현상은 전체의 일부로서 구체적 연관 속에서 이해될 수 있다. "사회생활의 개개의 사실들을 역사적 발전의 계기로서 **총체성** 속으로 통합시키는 이러한 연관 속에서야 비로소 사실들의 인식은 **현실**의 인식이 될 수 있다."[81] 이럼으로써 **다양한** 제 사실은 하나의 **통일체**로서, 그리하여 전체를 구성하는 한 계기로서 이해될 수 있는 것이다. "구체적인 것이 구체적인 이유는 그것이 다양한 규정들의 **총괄체**이며 따라서 다양한 것의 **통일체**이기 때문이다."[82]

79) 루카치, 『역사와 계급의식』, 박정호·조만영 역, 거름, 1986, 85쪽. (강조는 인용자)
80) 같은 책, 86쪽.
81) 같은 책, 65쪽. (강조는 인용자)

이러한 맥락에서 루카치는, 변증법에서 말하는 구체적 총체성으로서의 현실은 "구조화되고 발전하며 자기형성하는 전체"라고 말한다. 즉 현실 자체가 전체인 것이다. 따라서 현실을 정확하게 반영하는 데에는 이러한 총체성(전체성)의 범주가 원칙적으로 요구되는 것이다.

전체성 속에서 본다는 것은 단지 다양한 제 부분 또는 제 현상 각각을 한데 끌어모아 총합하는 것과는 구분된다.[83] 이러한 방법은 일찍이 '세련된 기회주의자'들에 의해 사용되었다. 루카치를 인용하자면 그는 당시 독일사민당의 저명한 기회주의적 이론가인 쿠노H. Cunow[84]의 저서 『맑스의 역사, 사회 및 국가이론』에 대해 논평하면서 다음과 같이 쓰고 있다.

> 쿠노가 특히 세련된 기회주의자라는 것은 그가 맑스의 저작들을 기본적으로 알고 있음에도 불구하고 전체(전체성, 총체성)라는 개념을 뜻밖에도 '총합'이라는 개념으로 바꿔 놓고, 그럼으로써 모든 변증법적 관계를 폐기한다는 점에서 드러난다.[85]

이처럼 전체성 속에서 본다는 것은 모든 것을 단지 끌어모으는 것이 아니다. 이는 개별 현상·사실들을 포괄하며 규정하고 그것들을 위치짓는 **본질적 관계 속에서** 본다는 것을 의미한다. 즉 "현실을 그 내적인 법칙에 기초해서 파악하고, 피상적이고 잡다한 현실 속에서 〔그것의〕 필연적인

---

82) *Zur Kritik der politischen ökonomie*, *MEW*, Bd.13, S.632. (강조는 인용자) "현실성은 본질과 현상의 통일, 즉 본질적 관계 속에 있는 사물이다. '현상(실존)'에서 '현실성'으로 넘어가는 데 매개가 되는 것이 바로 본질적 관계이다."(루카치, 위의 책, 65쪽의 역자가 붙인 주석) 이것은 헤겔의 논리학의 본질론에서 전개되고 있는 순서이기도 하다. 『대논리학』 2권의 2편은 1장 '실존', 2장 '현상', 3장 '본질적 관계'이며 3편은 현실성이다(헤겔, 『대논리학 Ⅱ : 본질론』, 임석진 역, 지학사, 1982를 보라).

83) 이러한 방법은 앞에서처럼 한국사회연구의 제 논리에서 지금도 만연하고 있음을 확인할 수 있다. 이에 대해서는 후술.

84) 이 사람에 대한 비판은 카우츠키에 대한 비판과 함께 『제국주의론』에서 신랄하게 행해지고 있다. 예를 들면 Lenin, "Imperialism, the Highest Stage of Capitalism", *CW*, Vol.22, p.235.

85) 루카치, 앞의 책, 71~72쪽.

내적 연관을 밝히려" 해야 한다.[86] 이는 잡다한 현상에 머무른 채 그것의 다양한 변화를 추구할 뿐, 현실의 발전과정을 합법칙성 속에서 전체적으로 파악하지 못하는 경험주의적 입장에 대립한다. 여기에서 요구되는 **직접적인 경험의 '초월'**이란, "경험의 대상들 자체는 그것이 **총체성의 계기들로서, 즉 역사적으로 자기변화하는 전체 사회의 계기들로서** 파악되고 이해되는 한에서만 유의미"하다는 것을 의미한다.

전체 속에서 본다는 것, 다시 말해 **본질적 관계 속에서** 본다는 것의 중요성에 대해 맑스는 다음과 같이 쓰고 있다.

> 흑인은 흑인이다. 일정한 관계하에서만 그는 **노예**로 된다. 면방적 기계는 면화의 실을 뽑는 기계이다. 일정한 관계하에서만 그것은 자본으로 된다. 이러한 관계에서 떼어 낸다면 그것은 자본이 아니다.[87]

이러한 원칙을 더욱 선명하게 하기 위해서 우선 하나의 사물 혹은 대상을 전체 속에서 본다는 것의 다른 예를 들어보자. 어떤 부분적 대상이나 요소 등에 대한 올바른 인식은 **전체 속에서** 위치지어질 때에만 가능한 것임을 우리는 맑스가 기계에 대해 분석한 부분을 인용하여 명확히 할 수 있다.

> 기계 그 자체가 노동자를 생활수단으로부터 '해방' Freisetzung시키는 것에 대해 책임이 없다는 것은 의심할 바 없는 사실이다. 기계는 그것이 포착하는 부문의 생산물을 저렴화하고 또 증가시킨다. 그리고 다른 산

---

86) 코지크, 『구체성의 변증법』, 박정호 역, 거름, 1985, 36쪽.
87) "Lohnarbeit und Kapital", *MEW*, Bd.6, S.407.

업부문에서 생산되는 생활수단의 분량을 우선은 변동시키지 않는다. 그리하여 사회는 기계의 채용 이후에도——비노동자에 의해 낭비되는 연생산물 중 막대한 분량을 전혀 도외시한다면——해고당한 노동자를 위하여 종전과 같은 양의 혹은 더욱 많은 양의 생활수단을 소유하게 된다. 그리하여 이것이 경제학적 변호론의 요점이 된다! 기계의 자본주의적 사용과 분리될 수 없는 제 모순이나 제 적대Die von der kapitalistischen Anwendung der Maschinerie untrennbaren Widersprüche und Antagonismen는 존재하지 않는다. 왜냐하면 그것들은 기계 그 자체에서 발생하는 것이 아니라 기계의 **자본주의적** 사용에서 생기는 것이기 때문이다! 결국 **기계 그 자체**를 볼 때 그것은 **노동시간을 단축**시키지만 **자본주의적으로 사용**될 경우 **노동일을 연장**하기 때문이며, 기계는 그 자체로 보면 노동을 용이하게 해주지만 자본주의적으로 사용될 경우 노동의 강도를 높이기 때문이고, 기계는 그 자체로 보면 자연력에 대한 인간의 승리지만 자본주의적으로 사용될 경우 자연력을 통해 인간을 예속시키기 때문이며, 또 기계는 그 자체로 보면 생산자의 부를 증대시켜 주지만 자본주의적으로 사용되면 생산자의 빈곤을 초래하기 때문이다. 이러한 이유로 부르주아 경제학자는 다음과 같이 간단히 설명한다. 기계를 그 자체로서 본다면 이렇게 열거한 명명백백한 세 모순 모두는 단지 평범한 현실의 가상에 지나지 않으며, 그 자체로 보면, 따라서 또한 이론상으로 보면 그런 모순들이란 전혀 존재하지 않는 것임이 명백히 증명된다.[88]

여기에서 쉽게 알 수 있듯이 하나하나의 개별적 요소는 그것이 그 속에 위치하는 바의 전체 속에서, 본질적 관계 속에서 인식되지 않는다면

88) *Das Kapital*, Bd.1, SS.464~465.

분명 전도된 형태로 인식될 것이라는 것은 명백하다. 그런데 이때 무엇이 본질적 관계를 이루는가라는 문제가 발생한다. 이 본질적 관계는, 그것에 근거함으로써 여타의 '다양한' 제 관계나 현상들이 상호 간의 연관 속에서 파악되며 그 모든 '다양함'이 '단일한 통일체'의 제 계기Moment로서 파악되도록 하는 그러한 것이 되어야 한다. 이럼으로써만 다양한 제 현상이나 사실이 고립되고 파편화된 부분Teilstück으로서가 아니라 **유기적 전체**의 한 구성 부분으로 인식될 수 있다.

이러한 관점에서 한 사회를 파악하려 할 때 그것은 그 사회에서 나타나는 무한히 다양한 현상들과, 또 그럼으로써 두드러지게 되는 그 사회의 독자적 형태들을, 그 전체를 포괄하여 하나로 통일시키고 유기적 전체의 일부분으로서 역사적 발전과정 속에 위치하는 본질적 관계에 의해 총체적으로 파악할 것이 요구되는바, 이는 다시 말하면 그 사회 전체를 규정하는 본질적 관계에 의해 다양한 제 사실 및 현상의 지배적인 경향 및 발전 경향을 파악하고 그 기초 위에서 개개의 부분을 고찰할 것이 요구된다는 것을 의미한다. 이때 사회과학은 그 본질적 관계로서 무엇보다도 먼저 경제적 관계, 특히 **생산관계**를 포착한다.

한 사회에서 나타나는 다양한 제 현상 및 영역들을 총체적으로 이해하는 데에는 경제적 관계, 생산관계를 포착하는 것이 결정적으로 중요한 것이 된다. 맑스에 의하면 **"각 사회의 생산관계는 하나의 전체를 형성한다"**.[89] 좀더 상술하자면, "개개인이 그것의 내부에서 생산을 행하는 바의 사회적 관계, 즉 **사회적 생산관계는 물질적 생산수단, 생산력의 변화 및 발전과 더불어 변화하며 변경된다. 생산관계는 그 총체로서 사회적 관계, 사회라고 불리는 것을 형성하며 그것도 일정한 역사적 발전단계에 있는** 사회, 즉 독특한 특성

---

89) "Das Elend der Philosophie", *MEW*, Bd.4, SS.130~131. (강조는 인용자)

을 갖는 사회를 형성한다. 고대사회, 봉건사회, 부르주아사회는 생산관계의 그와 같은 총체이며 그 각각의 생산관계는 동시에 인류의 역사적 발전단계에 있어서 특수한 단계를 표시한다."[90]

뒤에서 다시 상론하겠지만 어떤 부문, 예를 들면 농업부문에 대한 연구가 공업부문과 분리되고 전체로서의 사회적 생산관계로부터 독립되어 진행될 때, 그것은 이러한 총체적 인식으로부터의 '해방'을 의미한다. 이런 경우 대개는 고립적으로 고찰된 제 부문들(이것은 흔히 '우클라드', '경제제도' 등으로 표현되어 왔다)의 '집합'이 한 사회의 '전체상'을 보여 주는 것으로 간주된다. 그리고 제 부문들 간의 관계조차 거의 설명되지 않거나 무원칙하고 조잡한 절충으로(이는 사실 기계적 병치와 다를 것이 하나도 없다) 대체된다. 소위 '비공식 부문론'은 말할 것도 없다.

이는 이미 1847년에 '사망'한 프루동주의의 재림이다. 맑스는 '각 사회의 생산관계는 하나의 전체를 형성한다'고 하면서, 프루동이 경제적 제 관계들을 무수히 많은 '사회적 국면들'soziale Phasen로 나누고 있다고 비판한다.[91] 그 결과 프루동의 방법에 따르면 "우리가 정치경제학의 범주를 가지고 이데올로기적 체계의 건물을 건축하려 하자마자 사회적 체계의 사지四肢, die Glieder des gesellschaftlichen Systems는 모두 어긋나 버리게 된다verrenkt. 이리하여 사회의 다양한 부분들Teilstücke은 그 스스로 하나씩 차례로 등장하는 그만큼 많은 수의 사회로 전화되게 된다."[92]

물론 맥락이 완전히 같다고 할 수는 없다. 생산관계가 '본질적 관계'

---

90) "Lohnarbeit und Kapital", *MEW*, Bd.6, S.408.

91) "Das Elend der Philosophie", *MEW*, Bd.4, SS.130~131. 그런데 이때 프루동은 이러한 제 부문을 그가 자랑하는 '헤겔 변증법'(?)의 도식에 따라 '전개'시키면서, 그것을 비인간적인 인간성의 이성(unpersönliche Vernunft der Menschheit)의 논리적 연쇄 속에서 실현되는 것이라고 하는데, 여기서도 '나름대로' 부문들을 '연결'시키고 있음──물론 이 연결은 전혀 터무니없고 백해무익할 것이지만──을 발견할 수 있다.

92) ibid., S.131. "변증법은 존재하는 **모든 모순의 '목록'**을 제공하려고 하는 것은 아니다. 변증법의 임무는 오히려 **현상에 접근하는 '전략'**을 제시하는 것이다."(콘스탄티노프, 『철학의 기초이론』, 편집부 역, 두레, 1986, 132쪽. 강조는 인용자)

라는 사실은 이미 광범하게 인정되고 있는 바이다. 그런데 그럼에도 불구하고 동일한 것은, 한 사회를 전체로서 보려고 하면 수없이 많은 '탈구' Verrenkung가 '나타나게 된다'고 하면서 사회를 많은 수의 '경제범주' Uklad나 '생산양식' (?) 등과 같은 독립된 제 부문들의 '접합'이나 '집합'으로 보아야 한다고 하는 주장이다. 이제 더 이상 '생산관계'는 한 사회의 전체를 구성하지 못하는 것으로 된 듯하며, 사회는 다양한 '생산관계부문'들로 해체되어 버린 것이다. 비극은 언제나 이런 식으로 진행된다!

따라서 생산관계가 한 사회의 전체를 형성한다는 사실은 현재 사회과학의 영역에서 지극히 중요한 함의를 담고 있으며, 이런 관점에서 사회구성체론을 이해하는 작업은 무척 중요한 의미를 갖는다.

한 사회에서 나타나는 제 현상의 근저에서 그것을 **질적으로** 지배하는 운동법칙의 원동력이 '기본모순'이다. 엥겔스의 말을 빌리면 기본모순Grundwiderspruch은 한 사회가 그 속에서 운동하며 그 속에서 나타나는 모든 모순들이 발생하는 근거이며 원천이다.[93] 이것은 전체로서 한 사회를 인식하는 것과 떼낼 수 없는 연관을 맺고 있다. 한 사회를 (유기적) 전체로서 본다는 것은 그것의 제 부분을 본질적 관계에 입각해 통일적인 것으로 본다는 것을 의미하는데, 이때 한 사회에서 본질적 관계를 표현하는 것은 무엇보다도 기본모순이다. 이것은 그것이 여타의 제 영역을 지배하게 되었음을 의미하며, 따라서 그 사회가 변화해 갈 기본방향을 의미한다. 그것이 지금 현재 양적으로 얼마나 많은 수를 차지하고 있는가를 불문하고 **모든 영역에서 관철되어 가는 지배적 경향**을 의미한다. 이러한 기본모순에 의해 유기적 전체로서 파악된 것이 사회구성체이다. 그리하여 한

---

93) "Die Entwicklung des Sozialismus von der Utopie zur Wissenschaft", *MEW*, Bd.19, S.227. 기본모순에 대한 교과서적 정식은 다음과 같다. "기본모순은 대상을 특징짓고 그것이 발생한 순간부터 소멸할 때까지 그 발전을 규정하며 다른 모든 모순들을 제약하는 모순이다."(콘스탄티노프, 앞의 책, 134쪽)

사회를 전체로서 인식한다 함은 곧 그것을 사회구성체로서 인식함을 의미한다.[94] 따라서 사회구성체 혹은 경제적 사회구성체는 우선 **완성된 형태로서**, 즉 경제적 사회**구성체**로서 상정된다.[95]

예를 들어 한국을 자본주의사회구성체라고 하는 경우 이것은 곧 한국사회가 자본주의의 기본모순에 입각해 전체로서 파악되고 있다는 것으로 이해되어야 하며, 이는 자본주의의 기본모순인 노-자勞資 간의 모순이 그 (질적) 지배력을 획득하여 한국 전체 사회의 각 부분에서 관철되어 가고, 또 관철될 수밖에 없는 발전방향으로서 정립되었음을 의미한다. 이는 특정 시기, 예컨대 1930년대 식민지 조선에 노-자모순만이 존재한다는 뜻은 아니다. 오히려 여타의 제 모순이 아직은 노-자모순의 형태가 아닌

---

94) 기본모순을 단지 어떤 사회에서 양적으로 주종을 이루는 관계 정도로 생각하는 견해도 상당히 쉽게 발견된다. 이상의 논지와 다음을 비교해 보라. "……한국사회의 계급분화가 주변부 일반과 비교하여 명백히 자본주의적 계급분화가 진행되었고, 따라서 노동계급의 절대적·상대적 비중의 면에서 **계급모순의 기본모순으로의 진전**(이런!)을 얘기할 수 있으나, 그 진전의 정도가 서구의 국가독점자본주의사회의 분화 정도에는 훨씬 못 미친다는 점이 거론된다. 이것은 자본주의적 생산관계의 전일화가 일정하게 제한되어 있다는 것을 의미한다(물론 이것은 자본주의적 운동법칙이 관철되지 않는 것도 아니다)." 조민, 「편자후기: 한국사회구성체논쟁의 현황과 그 평가」, 조민 편, 『국가독점자본주의론 1』, 한울, 1986, 262쪽. 이외에도 기본모순에 대한 구체적 이해 없이 그저 선언적으로 설정되는 경우도 많다. "주변부자본주의론은 중심자본과 주변자본 간의 대항보다 주변사회 내부의 **노자대항을 기본모순**으로 파악한다는 점에서 기존 종속이론과 구분되고, 주변에서는 **자립적 자본주의가 현실적으로 전개되고 있지 않을 뿐만 아니라 세계자본주의의 틀 속에 머무르는 한 앞으로도 전개될 수 없다**고 보는 점에서 자립적 자본주의 발전론과는 구분된다."(정성진, 「민족경제론의 제 문제」, 『산업사회연구』 1집, 한울, 1986, 212쪽, 강조는 인용자), 여기서 우리는 기본모순이 무엇인가라는 질문을 다시 던질 수밖에 없다. (비록 자립적이란 수식어가 붙긴 했으나) 자본주의의 전개와 무관하게 설정되는 기본모순이 과연 기본모순일 수 있는지 의문이다. 여기서 기본모순은 소위 '대항'이라는 말로 대체되고 있으며 이는 단지 대립하는 세력의 표시에 머물고 있는 것으로서, 객관적 발전이나 변화와는 인연이 먼 채 단지 주변부자본주의에서도 노동계급이 주력이라는 선언적 인정만을 표시할 뿐이다. 이 글의 필자는 조금 후에 계급모순을 주변자본과 주변민중 간의 모순으로 설정하고 민족모순이 계급모순에 내재화된다고 하는데, 우리는 "대체 이것이 무엇을 의미하는가?"라는 질문을 던질 수밖에 없다. 식민지 반봉건사회의 두 가지 기본모순이라는 명제도 이와 비교해 보라(민정우, 「식민지사회의 성격구명을 위한 일 시론 (1)」, 『녹두서평』, 1호, 녹두, 1987, 306쪽, 308~309쪽).

95) 이것과 관련해서 세레니(E. Sereni)는 맑스가 Gesellschaftsform(사회형태)이라는 개념을 Gesellschaftsformation(사회구성체)이라는 개념으로 발전시키는 과정을 상세히 고찰하면서 그것이 갖는 함의를 분석한 바 있다(セレーニ, 「マルクスからレーニンへ: 經濟的社會構成體のカテゴリについて」, ラ・バンセ 編, 『史的唯物論と社會構成體論爭』, 大技秀一 譯, 大月書店, 1973). 그에 의하면, Gesellschaftsform에서 Gesellschaftsformation으로의 변화는 정태적 개념에서 동태적 개념으로의 발전을 의미하며, 그런 의미에서 formation은 **완성된 형태**(form)를 내포하면서 동시에 그것을 **형성되는 구성물**로 볼 것을 요구한다고 한다. 따라서 그는 사회구성체를 유기적 전체로 보지 못하는 견해에 대해서 비판하며, 동시에 그것을 정태화시키는 견해 및 도식적 시기구분론에 대해서도 비판한다.

것으로 존재한다는 사실을 인정한다. 왜냐하면 한 사회의 기본모순이 노-자모순이라 함은, 그 모순이 아직은 완전히 자본주의화되지 않은 제 영역이나 부문, 우클라드 속으로 관철되어 가면서 점차 지배적인 것으로 되어간다는 것을 뜻하기 때문이다. 농업부문에서 예를 든다면, 이전에는 지주-농노라는 형태로 존재하던 생산관계는 그 전체 사회의 기본모순이 변화하여 자본주의사회로 이행함에 따라 점차 부농이나 농업부르주아지-반프롤레타리아트나 농노프롤레타리아트의 관계로 변화되며 그리하여 점차 부르주아지-프롤레타리아트의 관계로 접근해 간다는 것이 그 사회를 자본주의사회구성체라고 파악하는 바의 내용인 것이다. 자본주의사회에서 부르주아지와 프롤레타리아트로 분해되는 프티부르주아지의 해체 경향도 마찬가지이다.

앞서 반복한 것처럼 하나의 사회는 특정한 본질적 관계에 기초해서 통일적 전체로 파악되어야 한다고 했을 때, 특히 사회구성체론에서 이 본질적 관계는 생산력의 일정한 발전단계에 조응하는 생산관계를 의미한다. 이러한 토대로서 질적 지배력을 갖는 모순이 전술한 '기본모순'이다. 이를 달리 표현하면 필연성을 획득한, 그리하여 **필연적으로 관철될 수밖에 없는 법칙에 기초하여 그 사회를 파악하는 것**을 의미한다.[96] 이러한 법칙은 사회 전반에 걸쳐서 통일성을 부여하는 지배적 힘이다. 그리고 이 운동법칙은 사회의 제반 영역으로 확대되어 가고 그 실존성을 획득해 간다. 흔히 얘기되는 소위 '전일화'란 이러한 과정에 다름아니며, 이것이 '**전일화 專一化**'인 것은 그 속에서 다양한 형태를 갖는 한 사회가 하나의 전체적이고 통일적 형태, 즉 특정 **사회구성체로 되어가기** 때문이다. 이리하여 질

96) 이는 '전개될 수밖에 없는' 관계이며, '(이미) 전개된 관계'를 의미하는 것은 아니다. 필연성으로서의 전자는 동시적으로 진행되는 것이 아니라 시간 속에서 현실화하며 ─ 이것이 발전과정으로 표현된다 ─ 그 과정을 통해서 점차 (양적으로도) 지배적인 것으로 된다.

적인 지배력을 획득한 생산관계는 그것이 '아직' 정립되지 못한 부분 속으로 침투·확대해 들어가며 그 관계를 재생산하는 제반 재생산영역과 상부구조에까지 확대되어 간다.

여기에서 '질적 지배력'이란 말을 사용했는데 이는 '양적 우세'와 대비된다. 또한 질적 지배력이 처음부터 양적 우세로 나타나는 것은 아니라는 것도 분명히 할 필요가 있다. 질적 지배력을 갖는다는 것은 **무엇보다도** 그것이 여타의 제 영역 속에서 관철된다는, 혹은 관철될 수밖에 없는 필연성을 획득했다는 의미에서이고, 기본모순이 **기본**모순인 것은 그것이 여타의 제 관계나 모순을 규정하여 그러한 제 관계 속에서 형성되어 갈 (지배적) 발전방향을 담고 있기 때문이다.

초기 자본주의사회에서 농업부문은 처음부터 임노동자와 자본가 관계라는 형태를 띠지는 않는다. 더욱이 봉건적 관계 및 제 요소에 대한 (부르주아적) 극복이 이전의 지배계급과의 타협 속에서 또는 구지배계급의 주도하에 행해지는 경우의 초기 자본주의사회에는 구래적 관계의 잔재가 매우 광범위하게 잔존한다. 그러나 일단 토지로부터 직접생산자가 분리되고, 토지를 비롯한 모든 생산수단이 상품화되며, 토지 및 인신적 속박으로부터 '해방'된 생산자의 노동력이 상품화되면, 그것이 어떠한 형태를 띠든 또 어떠한 속도로 진행되든 간에 농민분해는 일어날 수밖에 없다는 것이고,[97] 이런 의미에서 자본주의적인 운동법칙이 '질적 지배력'을 획득했다라고 할 수 있다. 이제 노-자관계는 현실화될 수밖에 없는 필연성을 획득한 것이다. 맑스가 자본축적의 일반적 법칙을 예증하는 자리에서 영국의 농업프롤레타리아트에 대해 쓰기 전에 다음의 것에 대해 상기시

---

97) 흔히 농민분해라고 하면 분할지적 소농의 성립과 그것의 양극분해를 생각하는데, 이는 농민분해의 한 형태에 불과하다. 소위 '하강분해' 역시 양극분해의 한 형태이며, 이것이 오히려 광범하게 나타난다.

키는 것도 이런 맥락에서 이해되어야 한다.

> 비록 변화된 생산양식의 기초로서 그 출발점을 이루는 토지소유관계의
> 변혁die Umwälzung der Grundeigentumsverhältnisse, wovon die veränderte Produktionsweise
> als Grundlage ausgeht은 그보다 훨씬 앞섰음에도 불구하고 근대적 농업은 영
> 국에서 18세기 중반부터 시작되었다datiert.[98]

레닌은 1890년대 및 1900년대 러시아에서 농노제 잔재의 광범한 잔
존**상태**를 인정한다(이것을 마치 농민분해의 제한적 진행이라는 '특수한' 법
칙의 발견인 것처럼 오도하는 경우도 있다. 그러나 이는 엄청난 희화적 왜곡
이다[99]). 하지만 그는 여기에 머물지 않고 그것을 변화·발전 속에서 본다.
즉 농민분해의 '기본적' 발전방향을 **항상** 염두에 두고 있는 것이다.[100]

흔히 도식화되는 것처럼, 일단 완성된 형태로서 상정되는 (경제적)
사회**구성체**는 생산관계를 중심으로 한 그 경제적 제 관계의 총체인 토대
와 그에 조응하는 상부구조 전체를 포함한다. 그리고 앞서 말한 것처럼,
아직 근대적 공업 및 경영형태의 발전과 그에 따른 노-자관계의 양적인
우세가 명확치 않은 사회, 예를 들면 1930년대의 식민지 조선사회를 자
본주의사회구성체라 함은 그 사회의 각 부문이나 제 우클라드에 있어서
질적 지배력으로서 관철되어 갈 본질적 관계가 자본주의라는 의미에서이
며, 이때 자본주의사회구성체는 경제적 사회구성체로서, 즉 완성되어 가
는 형태로서 상정되는 것이다.

---

98) *Das Kapital*, Bd.1, S.702. 맑스는 자본주의시대가 16세기부터 비로소 시작된다고 한다(ibid., S.743).
99) 고타니 히로유키, 「반(半)봉건적 토지소유성립의 논리」, 장시원 편역, 『식민지반봉건사회론』, 한울, 1985, 228~239쪽
  참조. 이에 대해서는 다음 절을 보라.
100) 이에 대해서는 생산관계에 대한 소절에서 상술한다.

이처럼 현재 양적인 우위를 차지하고 있지도 못한 관계를 기초로 해서 완성된 형태로서 자본주의사회구성체를 상정하는 것은 대체 무슨 이유이며 어떤 실천적 의미를 갖는가? 이 점이 분명하게 되지 못할 때 (자본주의)사회구성체라는 개념은 아카데미즘의 우리 속에서 소위 '설명 능력'을 먹고 양육되는 이념형적 가축으로 될 것임은 이미 앞절에서 논한 바다. 이것은 앞서 논한 바처럼 자본주의사회구성체(완성된 형태로서)의 객관성을 전제하는데, 이렇게 한 사회를 파악할 때에만 우리는 단지 어떤 시기에 어떤 상태로 **존재하는 것**에 매몰되지 않고 너무도 다양해 보이는 제 현상의 정태적이고 추상적인(각 부분 간의 구체적 연관에서 분리된 채라는 의미에서) 나열을 넘어설 수 있다. 완성된 형태로 상정되는 사회구성체는 한 사회의 각 부분이 갖는 다양성에 본질적 연관으로서 **통일성**을 부여하며, 이는 기본적으로 객관적이며 필연적인 **발전의 방향**을 함유하고 있다. 이처럼 발전의 전망 속에서 인식하는 것은 주체적 활동의 객관적 근거를 제시하고, 이럴 때에만 한 사회에 대한 분석은 과학적으로 유의미하며, 이때 비로소 과학은 프로메테우스적 현실성을 획득한다. 이에 관해 러시아의 경향을 예로 들어보자.

> 변증법적 방법은 어떤 주어진 시기에 있어서는 지속적인 것처럼 보이나 이미 소멸하기die away 시작한 것을 중요하게 평가하지 않으며, 오히려 **어떤 주어진 시기에는 별로 지속적이지 않을 것 같아 보일지라도 〔점차〕 발생하고 있으며 발전해 가고 있는 것**에 일차적 중요성을 부여한다. 왜냐하면 변증법적 방법에서 무적의 힘을 갖는 것으로 생각되는 것은 바로 발생하고 발전하는 것이기 때문이다.[101]

101) Joseph Stalin, *Dialectical and Historical Materialism*, International Publishers, 1940, p.8.

이것은 러시아의 경험 속에서 다음과 같이 적용되었다.

지난 세기의 80년대, 즉 맑스주의자와 나로드니키 간의 투쟁의 시기에 프롤레타리아트는 러시아 전 주민 가운데 극히 일부를 이루고 있었던 반면, 개별적individual 농민은 전 주민의 대다수를 이루고 있었다. 그러나 프롤레타리아트는 **계급으로서 발전하고 있었던 반면**, 계급으로서의 농민은 해체되어 가고 있었다. 그리고 무엇보다도 프롤레타리아트가 계급으로서 발전하고 있었기 때문에 맑시스트는 그 기본적 정향 orientation을 프롤레타리아트에 기초해 두었던 것이다.[102]

이와 같은 관점은 레닌에 의해 끊임없이 명시적으로 강조되어 왔던 바, 다시 한 번 이를 확인해 두는 것도 좋을 것이다.

러시아의 농업문제를 연구하는 기본적 목적은 농업관계의 계급적 본질을 특징짓는 기초자료를 정립하는 것이다. 우리가 다루고 있는 계급이 무엇인지, 그리고 **그 발전의 경향은 어떠한 것인가**를 정립한 후에야 비로소 발전의 속도, 전체적 발전의 경향에 있어서의 여러 가지 변형 등에 관한 특수한 문제를 취급할 수 있다.[103]

이처럼, 정태적으로 지금 현재 다양한 형태로 존재하는 것, 양적 우위를 차지하고 있는 것(러시아의 경우에는 '농민')에 대해 피상적으로 나열·병치하는 현상추수적 관점을 넘어서서, 그와 같은 제 현상 속에서 관

---

102) Stalin, ibid., pp.13~14.
103) Lenin, "The Agrarian Question in Russia Towards the Close of the 19th Century", CW, Vol.15, p.129.

철되는 발전법칙(러시아의 경우 자본주의 발전에 따른 농민의 분해)을 토대로 사회의 전체적인 발전경향은 물론, 어떤 계급이나 계층의 성격과 그것의 여타 계급 및 국가에 대한 관계를 포착할 수 있었기에, 소위 '농민' 내부의 변화와 그 제 계급 및 계층의 변화하는 위상을 올바로 파악하여 노동자계급의 동맹군으로 끌어들이는 것이 가능했고, 이러한 노농동맹의 성공이 결국 러시아에서의 성공적 변혁을 가능하게 했던 중요한 한 요인이었던 것이다.

반면 전체성을 잃고 파편화·현상추수화 된다는 것은 그 사회 전체의 기본발전방향 및 발전법칙을 보지 못한 채 다양한 제 현상이나 부분을 상호외면적인 끈으로 묶어세워 울타리를 치는 것으로 됨을 의미한다. 이상의 논지에서 우리는 앞서 말한 '보편법칙의 실재성·객관성'이 갖는 의미도 더욱 분명히 이해할 수 있게 된다.

이제 이러한 원칙을 견지하면서 한국사회에 대한 분석이나 그 방법론에 대해 조금 검토해 보자.

우선 식민지반봉건사회구성체론자인 장시원 교수는 식민지반봉건사회의 경제구조를 다음과 같이 요약한다.

일반적으로 식민지반봉건사회에서는 제국주의자본의 경제, 예속자본의 경제, 민족자본의 경제, 반봉건제의 경제 등 여러 경제범주가 상호규정적인 영향을 미치면서 중첩되어 있음이 그 특징으로 지적되고 있다. 일제하 한국사회에서는 일본 제국주의자본의 경제가 지배적 지위를 점하였고, 반봉건경제는 이들 제국주의자본의 경제에 의해 지지, 보호, 이용되면서 그 절대적 비중을 차지하고 있었다. 민족자본의 경제는 제국주의자본과 이에 협력하는 예속자본의 압박을 받아 그 발전이 저지되었으며, 더구나 다른 경제범주를 대신하여 전체 경제를 지배할 수

도 없었다. 이러한 경제구조가 식민지반봉건사회의 특유한 경제형태였다고 할 수 있다.[104]

이 인용문을 접하자마자 우리는 수없이 많은 '경제' (이는 우클라드의 번역어인 경제범주를 의미하는 듯하다)가 평면적으로 병치되면서 그저 "상호규정적인 영향을 미치며 중첩되어 있다"는 내용 없는 모호한 말로 '연결' 되어 있음을 확인할 수 있다. 일단 여기에 나열된 경제범주가 어떤 기준에 의해 구분된 것이고 서로 어떤 위상에서 관련을 맺고 있는지는 전혀 알 수 없다. 그리고 왜 하필이면 이것들만 제시되었는지 혹은 더 있는데 지면관계상 생략한 것인지조차 알 수 없다. 만약에 필자가 더 꼼꼼한 사람이었다면 더욱 세밀한 '경제' 의 '집합' 을 우리는 접할 수 있게 되었을 것이다. 예컨대 제국주의자본경제는 더 '구체적' (?)으로 독점자본경제, 중소자본경제 혹은 미쓰이三井자본경제, 미쓰비시三菱자본경제⋯⋯로, 민족자본경제는 중공업경제, 경공업경제 혹은 섬유공업경제, 고무공업경제, 화학공업경제⋯⋯ 등으로, 또 반봉건경제 말고 자본제경제, 봉건제경제, 반자본제경제, 매뉴팩처경제, 대공업경제, 수공업경제⋯⋯ 등도 가능할 것이다. 이것들은 단지 어떠한 근거나 필연적 연관 없이 '자의적으로' 독자들 앞에 던져져 있을 뿐이다. 우리가 볼 때 이것을 내세운 근거는 단지 **그 당시 그것이 존재하고 있었다**는 것일 뿐이며 그 이상의 논거는 없다. 그러나 앞에서의 예를 생각할 것도 없이 변증법에 의하면, 존재하는 것이 비존재로 전화한다는 것을 알고 있는 한 이것이 '근거' 가 될 수 없음은 자명하다. 엥겔스도 지적하듯이, "현실적인 모든 것은 이성적이다Alles was wirklich ist, ist vernünftig"라는 헤겔의 명제는 존재하는 것이 **필연성을 상실했**

---

104) 장시원, 「식민지반봉건사회론」, 이대근·정운영 편, 『한국 자본주의론』, 까치, 1984, 14~15쪽.

을 때 "존재하는 모든 것은 소멸해 마땅하다Alles was besteht, ist wert daß es zugrunde geht"라는 메피스토펠레스Mephistopheles적 명제로 전화된다.[105]

그리고 '상호규정'과 '중첩'이라는 제 부문의 '연결기구'에 대해서는 어떻게 이해해야 좋을 것인가?라는 질문을 던져야 한다. 왜냐하면, 그러한 규정이나 중첩이 실제로 어떻게 되고 있는가 하는 것이 없다면 그 내용은 결국 읽는 사람 맘대로인 것으로 되거나 '현인' 앞의 연꽃이 될 것이 분명하기 때문이다. 이런 질문에 대해 앞 인용문의 필자는 "그 대답은 바로 뒤에 있지 않은가?"라고 말할지 모르겠다. 그러나 그 뒤에 제시된 '몇 개의 연관'이 어떤 문제가 있는지는 잠시 뒤로 미뤄 두고라도, 왜 하필 그 연관을, 또 그 정도의 연관만을 제시하고 있는가 하는 질문을 해야 한다. '경제범주'를 필자만큼만 상정한다 해도, 예를 들면 제국주의 자본경제가 예속자본경제 및 민족자본경제와 맺는 연관, 또 예속자본경제가 민족자본경제·반봉건경제와 맺는 연관, 민족자본경제와 반봉건경제가 맺는 연관 등등에 대해서는 왜 얘기하지 않는가 하는 것이다. 그리고 여기에 제시된 연관은 단지 어떤 경제가 지배적이고 어떤 경제는 '지배적이지 못하며', 어떤 것은 다른 것을 지지·보존·이용한다는 것밖에 없다. 더욱이 각 경제의 내적인 관계는 거의 얘기되지 않으며 제 경제의 연관이 각 경세의 내적 관계를 어떻게 규정하는가도 전혀 제시되지 않는다. 즉, 각 경제의 연관이 서로 외면적이라는 것이다. 여기에서 또 확인되는 것은 모순 개념의 부재이다. 그저 '제국주의자본의 경제', '민족자본의 경제'로 제시될 뿐이다. 오직 얘기되는 것은 식민성(이것은 경제범주가 아닌가?)과 반봉건성 간의 내용 없는 '상호규정' 뿐이다. 그런데 이것이 바로 식민지반봉건사회구성체론의 근간인바, 이후 보게 되는 것과 같이

---

105) "Ludwig Feuerbach und der Ausgang der klassischen deutschen Philosophie", *MEW*, Bd.21, SS.266~267.

이는 이 이론의 파산을 확인하게 하는 부도수표에 다름아니다.

또 제국주의경제가 지배적 지위를 차지한다고 했을 때 그 지배적이란 말은 대체 무엇을 의미하는가? 양적인 우위성을 말하는가? 아니면 여타 경제가 차곡차곡 쌓인 퇴적물 위에 서 있음을 의미하는가? 혹은 여타 경제에 영향을 끼친다 함인가? 다른 경제는 제국주의경제에 영향을 끼치지 않는가? 그렇다면 그 '지배적 영향'과 여타의 경제가 미치는 '비지배적(?) 영향'은 어떻게 구별되는가? 여기서 '지배'는 논거나 내용 없이 단지 선언되고 있음에 불과하다.

또한 그 다양한 제 부문이나 현상을 통일적으로 파악하게 하는 것으로서, 전체를 규정하는 본질적 관계에 대해서는 언급하지 않는다. 그 결과 앞에서의 다양한 제 연관을 인정한다 해도 이 연관은 전혀 일관되지 못하며, 본질적 관계라 할 만한 것이나 법칙성과는 너무도 멀리 떨어진 채 스스로만이 '구체적' 분석을 하고 있다는 나르키소스적 도취에 빠져 있다.[106] 결국 여기서의 '연관'이란 다양한 제 부문·쪼가리를 억지로 끌어붙이는 실에 불과하며, 그 전체는 제 파편을 자의적으로 꿰매 놓은 넝마주의적 조합물에 불과하게 된다. 여기서 우리는 대체 어떤 구석에서 **다양한 제 부분을 총괄·통일시켜 내는 전체성의 담보물**을 찾아낼 수 있을 것인가? 이러한 입장에서 전체로서의 한 사회를 논한다면 그것은 말 그대로 제 부분의 기계적, 산술적, 넝마주의적 총합에 대해 운위하는 것 이상일 수 없다.

이번에는 소위 '정통적' 입장에서 식민지반봉건사회구성체론과 주변부자본주의론에 대해 비판하면서 30년대 조선은 식민지반봉건사회이며 자본주의사회구성체라고 주장하는 박현채 선생의 글을 살펴보자.

---

106) 이에 대해서는 장시원, 「일제하의 사회구성에 대하여」, 『부대신문』, 1985년 11월 25일자를 참조할 것.

식민지 조선에서 이와 같은 자본주의의 전개는 식민지하 조선사회의 성격을 식민지반봉건사회라고 규정하게 한다. 이것은 식민지하 한국 자본주의가 일본 독점자본이 장악하고 있는 **자본주의적인 식민지공업과 지주－소작관계라는 반봉건적인 토지소유 위에 서는 소농민경영이라는 농업**을 두 개의 주요 구성으로 하고 있다는 것을 의미한다. 그리고 이것은 식민지하 한국 자본주의의 경제구조가 기본적으로 이중구조로 되면서 파행적인 공업〔산업인 듯―인용자〕구조를 갖는 공업과 분업관련이 없이 전근대적인 일본 농업을 보완하는 전근대적 농업으로 되고 있다고 말하게 된다.[107]

여기서는 앞에서 보았던 견해와 달리 식민지 조선에서 자본주의의 전개를 식민지반봉건사회라고 본다. 그런데 문제가 되는 것은 이렇게 본다는 것이 대체 무슨 의미이고 구체적으로 어떻게 나타난다는 것인가 하는 점이다. 박 선생의 위 인용문에 의하면 이는 자본주의의 전개로서, 식민지반봉건사회라는 말은 한국 자본주의가 자본주의적인 식민지공업과 반봉건적 소농민경영의 농업이라는 이중구조로서의 경제구조를 갖는다는 의미라고 한다. 그리고 이것은 좀더 세분화되어 경제제도Uklad적 구성에 있어서는 반봉선적 관계의 가부장제 농민경영, 소상품생산, 사적 자본주의, 국가자본주의 등으로 된다고 한다.[108] 우리는 여기서 앞에서 비판한 장 교수의 '경제(범주)구성론'과 이 논지가 무엇이 다른가를 생각해 보지 않을 수 없다. 여기에서도 부분적인 제 경제제도가 그저 현상추수적으로 나열되어 있는 것 이상은 확인할 수 없다. 이것이 더욱 분명한 것은 식민

---

107) 박현채, 「한국 자본주의 전개의 제 단계와 그 구조적 특징」, 『한국경제구조론』, 일월서각, 1986, 20쪽. (강조는 인용자)
108) 같은 책, 21쪽.

지 조선의 경제구조를 공업(이는 식민지, 자본제라는 의미를 담고 '사용된다')과 소경영적 농업(이는 반봉건제 — 봉건제의 본질이 형식적으로만 파괴되었을 뿐 내용적으로는 온존된다는 의미로 사용된다)의 '이중구조'로 되어 있다는 부분이다. 여기서 이중구조라 할 때 그것은 두 개의 부문 각각이 서로 이질적이라는 의미를 담고 있다. 즉 이 양 부문은 하나의 통일적 전체로서 간주될 수 없다는 것이다. 양자 간의 관련(이는 '분업관련'만으로 제한될 수 없는 것이다)에 대해서는 거의 언급되지 않으며 분업관련은 없다고 한다.[109] 이는 세분화된 경제제도적 구성에 대해서도 마찬가지다. 결국 이러한 논지라면, 식민지반봉건사회를 자본주의의 전개과정으로 본다는 것이나, 식민지반봉건사회구성체를 새로 발명해 부문화·파편화를 '솔직히' 인정하는 것이나 그 차이를 별로 명확히 확인할 수 없게 된다.

물론 박 선생은 자본주의적 경제법칙의 관철을 지배적인 것으로 인정한다는 의미에서 구별된다고 할 것이며, 그런 의미에서 자본주의사회구성체라고 한다고 주장할 것이다. 그러면 이에 대해 좀더 살펴보자. 우선 박 선생이 일제하 한국의 자본주의 전개의 몇몇 중요지표를 들면서 제시하는 것은 "먼저 사회구성체로서의 성격과 그것을 구성하는 경제제도, 그리고 그것의 **상대적 비중**이다."[110]

즉 한국사회의 성격을 식반사회로 규정하면서 그것이 사회구성체적인 것이 아니라고 한다. 그러면서 식민지반봉건사회로서의 조선경제를 구성하는 경제제도를 열거하며 그 상대적 비중에 대해 논급한다.

식민지 통치하…… 한국 자본주의는…… 자본주의적 경제법칙의 관

---

109) 분업관련에서 '분업' 및 '분업관련'의 의미는 잘못 사용되고 있다. 즉 생산물의 상호이동성의 담보라는 제한된 의미로 사용되고 있다. 이에 관해서는 이 책 223쪽 이하의 생산력의 문제와 생산관계에 대한 절을 참조하라.
110) 이 박현채, 앞의 책, 20쪽. (강조는 인용자)

철을, 비록 그것이 이식된 자본주의 그리고 식민지적 성격에 따른 경제 외적 성격의 강화라는 제한이 없는 것은 아니나, 지배적인 것으로 하게 했다. 그리고 이 시기의 한국사회의 경제제도적 구성은 반봉건적인 지주-소작관계하의 가부장제 농민경영, 소상품생산, 사적 자본주의, 국가자본주의와 같은 것으로 된다. 이와 같은 구성은 식민지자본주의의 제2단계, 즉 산업자본주의단계에서도 크게 바뀌는 것이 아니다. 그러나 이 시기에 있어서 **사적 자본주의 비중의 증대는 큰 것으로 되고**, 소농민경영에 있어서 농민분해 및 분화의 심화는 그 **반봉건성을 더욱 강화**하는 것으로 된다.[111]

여기서 박 선생은 자본주의적 경제법칙의 관철을 지배적인 것으로 인정하는 것이 조선사회의 성격을 자본주의사회구성체로 규정짓는 것이라고 하는 것이다. 이 논지 자체는 일단 옳은 것 같다. 그런데 이러한 경제법칙이 대체 어떻게 관철되며, 어떻게 그 지배적 지위를 정하는지, **그것은 여타의 나열되는 제 부분(경제제도)과 어떠한 연관을 맺고 있는지**에 대해서는 전혀 언급되지 않으며, 그 경제법칙이 어떻게 '지배적'인 것인지도 알 수 없고, 나아가 소위 '상대적 비중'이라는 **양적인 지표** 이외에는 그것을 확인할 수 있는 방법도 선혀 제공되지 않는다. 이렇게 될 때 자본주의적 경제법칙의 '지배적' 위치(?)나 자본주의사회구성체라는 개념은 실제분석의 '외부'에 붙여진 맑스 서명의 '딱지'에 불과한 것이 되고 만다. 그렇기 때문에 자본주의적 경제법칙의 지배적 관철이 '반봉건성의 강화'로 귀결될 수 있는 것이다.[112]

---

111) 같은 책, 21쪽. (강조는 인용자)
112) 이에 대해서는 생산관계 문제(이 책 242쪽 이하)에서 자세히 논하겠다.

이런 비판에 대해 박 선생은 각 경제제도의 상대적 비중의 변화로써 설명하고 있지 않냐고 반박할지도 모른다. 이에 관해 계속 인용해 보자.

제3단계에 이르면 급격한 공업화와 일본 자본의 진출로 공사公私 두 측면에서 **자본주의적 경제제도는 크게 성장하여 양적 측면에서 전자본주의적인 것을 압도**하게 된다. 1930년대 중반을 전후한 시기로 되는 이 시기 이후에는 자본주의적인 것이 압도적인 것으로 되는 경제제도적 구성은 그에 앞서는 시기와 양적 대비에서 약간의 차를 가질 뿐 가부장제적 농민경영, 수공업적인 소상품생산, 사적 자본주의, 국가자본주의로 되고 그 가운데서 약간의 민족자본가적인 우클라드의 존재도 확인될 수 있다. 그러나 대륙에 대한 침략전쟁의 개시와 함께 전시통제기에 이르게 되면 수공업적인 소상품생산은 물론 사적 자본주의 우클라드 가운데 민족자본가적 우클라드의 소멸로 되고 국가자본주의 우클라드의 보다 큰 증대로 된다.[113]

정말로 박 선생은 자본주의적 경제법칙의 지배를 '양적 측면에서의 우세'로 파악하고 있는 듯하다. 이러한 논지에 선다면 소위 '자본주의적 전일화'는 전자본주의적인 것에 대한 절대적인 양적 압도로 파악되며, 자본주의적 경제법칙이 지배적인가 아닌가, 혹은 자본주의사회구성체인가 아닌가는 생산물의 양적 우세나 자본주의적 인구의 양적 우세를 증명하는 실증주의적 문제로 될 수밖에 없다. 그런데 박 선생은 이런 '실증적' 증명(?)에도 별로 관심이 없는 듯하며, 그리하여 단지 자본주의사회구성체라고 외치기만 할 뿐이다.

---

113) 박현채, 앞의 책, 21쪽. (강조는 인용자)

이러한 관점은 앞의 인용문에서 여타 우클라드에 대해 논하는 데서도 보인다. 즉 현상적으로 어떠한 우클라드가 있는가, 양적으로 증가하는가 감소하는가 하는 현상추수적·파편주의적 기술記述만이 계속되고 있을 뿐이며, 어떠한 관계와 원동력 속에서 그것이 진행되는지, 이때 자본주의적 경제법칙은 어떤 위치를 갖는지에 대해서는 거의 언급되지 않는다. 따라서 복잡한 현상나열 이후에 한국사회 전체에 대한 통일적 상像은 전혀 그려지지 않으며, 단지 자본주의사회구성체라는 서명만이 외로이 고립된 채 무내용적으로 남아 있을 뿐이다. 한마디로 말해, 박 선생의 논지에 의하면 식민지 조선은 식민지반봉건사회이며 자본주의사회구성체라고 하는데, 실제로 **이 양자가 어떤 관계에 있는지**에 대해서는 전혀 언급되지 않으며, 그 결과 모든 구체적(?) 분석에서는 경제제도Uklad적 구성의 분석으로 파편화되며 자본주의 역시 그 여러 개의 경제제도 중의 일부로서만 다뤄질 뿐이고 전체로서는 다뤄지지 않는다. 따라서 자본주의사회구성체는 누구나 넘나들 수 있는 공허한 울타리에 불과한 것으로 된다. 그런 의미에서 이러한 방법은 식민지반봉건사회구성체론이라는 박 선생의 논적과 별 다를 바 없는 것이다. 방법론적 절충주의는 이렇게 나타난다.

박 선생의 이러한 파편주의적 방법론은 이후 계속 견지된다. 예컨대 농업문제가 논의될 때 그것은 농업부문 내에서 '농업문제'로서만 취급되며 전체의 사회구성체적 규정 및 여타의 제 부문과는 고립된 채 머물러 있다. 현대 한국의 사회구성을 자본주의사회구성체라 하고 국가독점자본주의단계에 있다고 하면서, 농업에 있어서 기본모순은 (반봉건적) 토지소유관계이고 주요모순은 가격문제라고 하는 것은[114] 도저히 전체성(총체

---

114) 박현채, 「노동문제를 보는 시각」, 『한국 자본주의와 노동문제』, 돌베개, 1985와 「농업, 농민문제에 대한 인식」, 『한국 농업문제의 새로운 인식』, 돌베개, 1984를 비교해 보라.

성)의 관점을 견지하고 있는 과학적 분석이라고 할 수 없다. 나아가 대체 농업은 어째서 자본주의와 그토록 분리된 부분에 머물러 있어야 하는지, 그 지배적인 자본주의의 경제법칙이 농업 내부의 문제와 별로 관계없는 것은 무엇 때문인지도 전혀 이해할 수 없다. 국가독점자본주의를 단지 공업부문에만 제약해서 써야 하는 개념——즉 전체적이지 않은 개념——인 것처럼 생각하는 이유도 전혀 근거가 없으며 한국에서 농업은 자본주의화와 전혀 인연이 없는지, 없다면 왜 그런지도 이해할 수 없다. 그저 농업은 농업 그 자체로서만 고찰될 뿐이다.

정성진 교수는 '민족경제론'에 대해 비판하는 논문에서 이상과 같은 문제점을 지적하여 소위 '이중구조론'——이는 앞서 인용한 박 선생의 글에서 직접 보이는 말이며 정 교수의 비판도 또한 박 선생을 향해 있다——을 비판한다.[115] 그는 "이중구조론은 기본적으로 이분법적 사고틀이기 때문에, 한국 경제에 대한 총체적·변증법적인 인식, 즉 진정한 과학적 인식에는 도달하기 어렵다"고 한다. 이 말은 전적으로 옳은 듯하다. 그런데 정 교수는 양 부문을 "서로 유기적으로 '접합'되어 상호작용하는 전체의 부분이며, 이들의 상호작용은 궁극적으로 세계적 규모에서의 자본축적운동에 통합되어 있는 것으로 보아야 한다"[116]며, 계속해서 말한다.

……이중구조론은 경제현상의 외관상 특징을 그대로 기술하는 데 그치고, 그 현상의 배후에 감추어진 생산관계 및 생산양식에는 관심을 돌리지 않았다. 그렇기 때문에 이들은 이중구조라는 외관적 현상의 본질은 자본주의적 생산양식과 비자본주의적 생산양식의 유기적 접합관계

---

115) 정성진, 「민족경제론의 제 문제」, 『산업사회연구』 1집, 한울, 1986, 198~200쪽.
116) 같은 책, 199쪽.

라는 사실을 알 수 없었던 것이다. 현대 한국사회구성을 과학적으로 인식하기 위해서는 본질적으로 근대 경제학적 분석틀인 이중구조론보다는 자본주의적 생산양식과 비자본주의적 생산양식의 차이성과 이들 생산양식이 상호접합되면서도 자본주의의 운동법칙에 전체적으로 규정되고 있는 바의 동일성에 대한 총체적인 변증법적 인식이 요청된다.[117]

여기에서 정 교수가 이중구조론을 비판하는 입장에 대해 우리는 이제 상당히 당황하게 된다. 왜냐하면 이분법을 넘어서는 총체적 인식을 요구했던 앞에서의 정 교수의 말과는 달리, 오히려 이질적인 양대 부문 각각을 더욱더 본질적 관계로 소급해 철저하게 분리해 내고 있기 때문이다. 즉 이중경제의 근저에서 '생산양식'의 접합을 보는 것이다. 이러한 접합에 아무리 유기적이란 형용사를 갖다붙인다 해도, 그것은 앞서 장 교수의 '상호규정적인 영향을 미치면서 중첩'되어 있다는 말과 별로 다르지 않음은 분명하다. 외관적 현상의 배후에 관심을 갖는다는 것이 각이한 현상을 각이한 뿌리 ——생산양식——로 무조건 환원해 버리는 것으로 된다면, 그것이 행하는 '과학적' 분석은 무수히 다양한 제 현상의 누더기로 될 것이 분명하며, 그 전체에 대한 일관된 설명은 포기되고 극히 다양한 제 이론의 '접합'[118]에 몰두하게 될 것이다.

결국 정 교수의 입장은 '말로는' 총체성을 외치고 있으나 '실제로는' 형이상학적 이중구조론을 더욱 '심화시키고' 있으며, 변증법적 총체성과는 거리가 먼 '접합'이라는 기능주의적 용어로써 쉬운 얘기를 어렵게 하

117) 같은 책, 200쪽.
118) 이 말은 참으로 편한 말이다. 구체적으로 어떻게 유기적 연관을 가지며, 그 속에서 각각은 어떻게 변화하는가 하는 구체적 내용 없이 대강 '공존상태'에 있으면 '접합'이라고 선언해 버리면 그만이니까. 이는 '절충'의 아카데믹한 표현일 뿐이다.

고, 절충주의의 외관에 생산양식이라는 역사이론의 페인트칠을 하고 있는 것이다. 이 페인트는 앞서 간략히 언급했던 구조주의의 승려들에게서 빌려 온 것이다. 대개의 승려들이 그렇지만 접합론자들 역시 '자신의 **필요**necessity'를 **필연**necessity(이런!)이라고 생각하고는 신적 필연을 빌려 기능적 '필요'를 '필연'의 차원으로 '승화'시키고[119] 그것을 기초로 중생을 기만한다. '접합'이란 용어의 기능적·용어적 **유용성**을 빌려 부활했던 소위 '접합이론'이라는 간판하의 기능주의는 "'필요'와 '필연'의 동일성"(세상에!)이라는 주관주의적이고 사기적인 가정 위에 성립한 것이며, 이들은 이 사기의 정체가 폭로됨에 따라 (변증법적) '필연성'에 대해 '경직성'이라는 실용주의의 저주를 퍼붓는다.

혹시 정 교수는 "자본의 운동법칙에 의해 전체적으로 규정된다"는 '말'로써 총체성이 담보되고 있다고 말할는지도 모르겠다. 그러나 이 선언적 '말'은 앞의 박 선생의 경우에서도 보이듯이 아무 내용이 없이 그저 첨가된 데 지나지 않으며, 실제 그 말의 내용을 인정하려고 하면 당장 상이한 두 생산양식의 '접합'에 금이 가게 된다. 왜냐하면 자본의 운동법칙이 전체를 규정하는 지배적 힘을 갖는다는 말은 앞서 본 것처럼 여타의 제 영역 속으로 그것이 관철되어 갈 것이라는 의미라고 했을 때, 그것은 전前자본주의 생산양식의 온존 및 재생산을 전제로 하는 '접합'의 접착제를 중화하고 균열시키며, 그리하여 자본주의적 관계 속으로 여타의 것을 포섭시켜 간다는 것을 의미하기 때문이다. 접합론자들은 **이러한 필연성과 그것에 의해서만 가능해지는 총체성의 관점**을 이해하지 못한다. 그들에 의하면 자본의 운동법칙의 지배란 단지 자본주의적 생산양식의 **기능적 필요성**이나 **의도**(!)에 의해 전자본주의적 생산양식을 온존·재생산한다는 것을 의미한다. 혹은 그렇지 않다면 그것은 자본주의적 생산양식과 전자본주의적 생산양식 간의 연결고리를 의미할 뿐이며, 이때 구체적 연결의 내용은 유통이나 재생산 영역을 의미할 뿐인데, 이때에도 이것에 의한 후자나 양자 모두의 변화는 전혀 염두에 없다.

따라서 정 교수의 이중구조론에 대한 비판은 그가 말한 것처럼 이분법의 극복과 전체성(총체성)의 획득이라는 방향에서 행해지는 것이 아니라, 오히려 거꾸로 형이상학적 이분의 '심화'를 향해 진군할 것을 요구하는 것이다. 전체의 유기적인 일 구성부분이 된다 함은 전체와 통일되는, 전체를 지배하는 운동법칙에 의해 규정되며 변화하는 것으로 볼 것을 요구하는 것이다. 이때 우리는 생산관계에 의해서 사회를 하나의 유기적 전체로서, 완성된 형태로 상정되는 경제적 사회구성체로 보는 데서 총체적 인식의 출발점을 분명히 할 수 있다. 그리고 완성된 형태로서, 유기적 전체로서 상정되는 사회구성체는 생산력에 조응하는 경제관계의 총체인 토대와 그에 조응하는 상부구조 전체를 지칭한다.[120]

이제 이러한 총체성의 원칙과 전체로서의 사회구성체 개념은 필연적으로 특수성 및 **형성되는 전체로서의 사회구성체**에 대한 이해를 요구하며, 이미 그에 대한 고찰로 이행할 것을 요구하고 있다.

4. 방법론의 중심범주로서의 특수성: 사회구성체와 발전과정

1) 특수성Besonderheit의 개념

앞서 우리는 변증법적 전체를 "오직 스스로의 **전개과정을 통해서** 자기완성을 기할 수 있는 바로 그러한 본질"이라고 했다. 그리고 사회구성체는 완성된 형태로서 '일단' 상정되어 있었다. 그러나 변증법적 현실 개념이

---

119) 앞이 볼페(Wolpe)의 논문은 이것을 확인시켜 준다.
120) Konstantinov ed., *Fundamentals of Marxist-Leninist Philosophy*, Progress Publishers, 1982, pp.239~254 참조. 토대와 상부구조의 조응 및 괴리(탈구?)에 대해서는 후술한다.

나 전체 개념에 반영되어 있는 '현실'은 **처음부터 완성된 것으로 존재하지는 않으며**, 오직 합법칙적·필연적 완성태를 향해 끊임없이 변화해 가는 발전과정으로서만 존재한다. 따라서 우리는 한 사회를 이러한 **사회구성체의 합법칙적 발전과정 속에서** 파악해야 한다. "태초에 (완성된) 사회구성체가 있었다"고는 할 수 없으며, 그런 의미에서 우리가 앞서 상정했던 사회구성체가 어떤 사회에서 처음부터 완성된 형태로 실존한다고는 할 수 없다. **사회구성체 역시 역사적 발전과정 속에서 완성되는 것이다.**

이렇게 이해하려고 할 때, 우리는 당연히 보편적 발전법칙과 개별적인 한 사회의 관계를──헤겔 표현에 의하면 본질과 실존Existenz의 통일로서 현실성을──통일적으로 파악해야 한다는 과제를 상정하게 된다. 따라서 우리는 수많은 장벽에 접하게 된다. 무엇보다도 중요한 것은 우선 많은 사람들이 쌓아 놓은 특수성에 대한 그릇된 이해이다. 이것은 그 말들이, 그리고 그에 입각한 방법론 및 구체적 분석이 어떠한 오류를 담고 있는지 생각해 볼 여지도 없을 정도로 '보편화' 되어 있다. 이는 이제까지 비판한 제 대상들에서 이미 그 모습이 어느 정도 드러났던 것인데, 이후 이것에 대해 좀더 검토해 보아야 할 것이다. 이외에도 변증법적 사회과학 및 사회구성체론에 대한 몰이해에서 발생하는 상당한 종류의 '독자적 입장' 이 있는데, 이에 대해서도 나중에 상세히 검토할 것이다.

그를 위해 우리는 일단 보편과 특수 및 개별에 대한 이해에서 출발해야 하는데, 이는 앞에서 검토했던 식의 오해에 대해 좀더 살펴보면서 우리의 문제의식과 이해를 더욱 선명히 할 것을 요구한다.

앞의 장 교수나 가지무라 등에 대한 비판에서, 그들이 보편성이나 보편법칙의 객관성·실재성을 부정하고 그것을 단지 경험주의적 일반화 정도로 간주하고 있다고 지적했다. 그리고 이것은 필연적으로 베버적 유형론으로의 전락을 의미한다고 했다. 이들은 대개 보편성에의 교조에 대립하여 '특수성'의 깃발을 내걸고 있는데, 이제 여기서는 이 '특수성'에 대해 검토해 보아야 한다.

이들은 한결같이 보편을 개별적 실재에서 분리시킨 데 이어 특수를 보편에서 분리시킨다. 이들이 특수를 운위할 때 그것은 보편성이 **아니라**는 의미에서 특수이며, 여타의 것과 다르다는 의미에서 특수이다. 그리하여 특수는 개별 혹은 개별적 '차이'와 동일한 것으로 된다. 이는 모든 '수정의 애호자'가 내세우는 방법론적 특징의 하나이다.[121]

본 소절은 이러한 예를 검토하는 데서 시작해 보자. 이대근 교수는 「한국 자본주의의 성격에 관하여」라는 논문에서 '한국사회구성'의 성격문제를 규명함에 있어서 "오늘날 제3세계 저개발국, 표현을 바꾸어 제3세계 주변부사회를 별도의 인식대상으로 독립시켜야 할 필요성 여부" 등에 대해 검토하겠다고 하며, "한국사회성격의 올바른 파악을 위해 **새로운**

---

121) "모든 차이는 모순이다"라고 하는 견해는 이처럼 특수를 보편에서 떼내는 것과 마찬가지로 '직접성에의 매몰'로 특징지어진다. 헤겔의 『대논리학』 2권의 제2장은 "본질성 혹은 반성규정"인데 그것은 크게 동일성, 구별, 모순으로 구성되어 있고, 그 중 구별은 보다 단순한 형태에서 보다 복잡한 형태로의 변화에 따라(절대적 구별), 차이(상이성), 대립으로 나뉘며 이 '대립'에서 모순으로 이행한다. 차이는 구별의 가장 직접적인 형태로서 서로 무관한(외면적인) 낱낱의 개체들 간의 구별이다. 이는 어떠한 본질적 관계에 근거해서 구별되는 것이 아니며, 그런 의미에서 차이는 바로 '통일성이 결여된 구별'이다. 따라서 차이를 모두 모순으로 간주하는 것은 통일성이 결여된 상태에서 서로 무관한 개체들의 개체적 비교로써 본질적 관계의 포착을 대신하게 됨을 의미하며, 어떤 차이의 근저에 있는 동일한 본질(동일성이 아니다)조차 다른 것으로 파악하게 된다. 다시 말해 어떤 차이는 상이한 '모순'의 발현이지만(이것을 무시한 것이 부하린의 오류이다), 어떤 차이는 동일한 모순이 다르게 발현한 것일 수 있다. 예를 들어 노-자모순에 기초한 자본주의 나라(미국과 일본을 생각해 보자)들도 그 차이라는 측면에서 보면 서로 다른 것으로 구별된다. 그러나 그것이 곧 상이한 모순을 의미하는 것은 아니다. 이는 개체적 차이에 지나지 않는 것을 '특수'라고 명명하여 보편에 대립시키는 '개체주의'(특수주의?)와 상통한다. 서로 다른 '모습'을 갖는다고 할 때의 차이와 서로 다른 '모순'을 갖는다고 할 때의 차이를 어떻게 동일시할 수 있을 것인가!(소위 '세 개의 세계론'에 대해 생각해 보라! 왜 미국은 제1세계이고 일본은 제2세계인가?) 모든 모순은 차이로서 나타난다. 그러나 모든 차이가 상이한 모순에 근거하는 것은 아니다.
이런 견해에 입각할 때 원칙적 차이와 전술적 차이는 구별되지 않으며, 오히려 전자는 '추상적'이라는 이유로 후자 속에 소멸된다. 이 견해가 실용주의로 나아가는 것은 필연적이다! 모든 대상이나 모든 정책이 상이한 것으로 될 때 그것을 선택하거나 묶는 것은 자의적인 기준이 될 수밖에 없다('세 개의 세계론'을 보라).
이제까지 우리가 마오이즘에 대해 지나칠 정도로 '심오하게' 이해하고 있었던 것은 아닐까도 다시 생각해 보아야 한다(이에 관해서 삼신성, 『현대유물론의 기본과제』, 거름, 1985는 도움이 된다). 소위 '식민지·반식민지·반봉건사회론'은 지나치게 '심오하게' 이해되고 있는 대표적인 예가 될 것이다. 1930년대 중국은 식민지(만주)도 있었고 반식민지도 있었고 반봉건적 관계도 있었다는 무척이나 쉬운 논리를 너무나도 어렵게 이해하고 있는 것은 아닐까? 그 심오한 해석의 일례를 우리는 최근 민정우의 논문에서 발견한다.

인식방법론이 요구되고" 있다고 하는 서론으로 그의 논문을 시작한다.[122] 그러면서 주변부나 '제3세계'를 인정할 수 없다는 주장에 대해, "철저히 '서구 중심적인 세계사상世界史像'에 빠진 경직된 관념의 소산"이라고 하며,[123] 이에 대해 다음과 같이 부언한다. 즉 이는

> 서구 사회가 **표본적으로(이념형적으로)** 걸어가는 몇 단계의 사회구성의 이행과정을 구체적으로 그 어느 사회, 그 어느 나라도 동일하게 밟아갈 것이라는, 이를테면 **단선적인 발전사관**에 사로잡혀 있는 것이 아닌가 하는 점이다.[124]

여기에는 소위 개체주의자나 맑스-베버리안Marx-Weberian 유형론자들의 관점이 갖는 특색이 매우 솔직하게 드러나 있다. 사회구성의 제 법칙은 서구 사회를 표본으로 구성된 '이념형으로서의 보편'(?)에 불과하며, 이것은 '서구적 편견'을 함축하고 있기 때문에[125] 이것을 여타의 나라에 동일하게 적용하는 것은 '서구 중심적인 세계사상'에 빠진 경직된 관념의 소산이며, 이는 '단선적인 발전사관'에 사로잡혀 있음에 기인한다는 것이다. 무엇보다도 우선 이 교수는 자신의 관점(이와 비슷한 관점 모두)이 베버적임을 '시인'하고 있다. 그리고 이러한 보편은 말 그대로 서구적인 것일 뿐이며 따라서 '새로운' 특수한 인식방법으로서, '단선적인 발전사관'을 보충할 특수적 법칙(?!)을 창조해야 한다고 설파한다. 이는 뒤에서 더욱 솔직하게 상술된다. 이 교수는 사회현상의 일반성과 특수성

---

122) 이대근, 「한국 자본주의의 성격에 관하여 : 국가독점자본주의론에 부쳐」, 『창작과 비평』 57호, 1985, 346~347쪽. (강조는 인용자)
123) 같은 책, 348쪽.
124) 같은 책, 348쪽. (강조는 인용자)
125) 같은 책, 371쪽.

의 문제를 제기하며 다음과 같이 말한다.

> 여기서〔일반성과 특수성의 문제에서―인용자〕일반성을 강조하는 쪽은
> 주변부사회 이론이고, 특수성을 내세우는 쪽은 대체로 근대화 이론이
> 라 할 수 있다. 이 모순관계의 일반성과 특수성의 문제는 또 다른 측면
> 에서 제기된다. 주변부사회 역시 자본주의사회가 갖는 보편적 규정성
> 을 일반성으로 받아들인다면, 그것이 갖는 주변부성은 어디까지나 특
> 수성으로 다루어야 한다는 주장과 주변부성 그 자체를 주변부사회가
> 갖는 일반성으로 인식하여 주변부자본주의라고 하는 별개의 범주를 설
> 정하여 다루어야 한다는 입장이 그것이다. 앞의 입장이 전통적인 서구
> 적 입장이고, 뒤의 것이 제3세계적 주변부사회 이론이다.
> 주변부사회 이론에서 특수성을 강조하여 주변부자본주의라는 별개의
> 범주를 설정코자 하는 데는 다음과 같은 논거가 주장될 수 있다. ……
> 방법론상의 문제……서구적 편견함축……소위 인식수단으로서의 '경
> 제학'은 제3세계까지를 포함하는 전지구적 범위에서는 그 보편성을 잃
> 어가고 있다는 것이다.[126]

이 글은 어떻게 보면 상당히 당혹스러운데, 앞에서는 주변부자본주
의론이 일반성을 강조하는 것이라고 하면서 바로 그 뒤에서는 특수성을
강조한다는 것이라고 하기 때문이다. '새로운 인식방법'이 과연 어려운
것임을 절감하게 해준다. 보편(일반)과 특수의 통일이 이렇게 가능한 것
인가 하는 생각도 든다. 그러나 이것은 그 이론 자체의 그릇된 위상에서
야기되는 필연적인 혼돈이며, 우리는 이 혼돈된 행간을 헤쳐 나가야 한

---

126) 같은 책, 371쪽.

다. 앞에서 말한 일반성은 아프리카나 중남미의 나라들과 한국이 갖는 것으로 상정되는 바의 일반성이며, 이 일반성을(주변부자본주의론의 입장에서) 지금 강조하게 된 것은, 그러한 나라들과 한국이 어떻게 동일선상에 놓여질 수 있겠는가 하는 질문에 대답하기 위해서였다. 논거가 어떻든—실제로 논거는 전혀 제시하지 않는데, 단순히 제시하지 '않는' 것만도 아닌 것 같다—아프리카나 중남미 나라들과 한국은 제3세계이고 주변부사회이므로 같은 일반성에 포괄된다는 것이다.[127] 반면 뒤에서 주변부자본주의론이 특수성을 강조한다 함은 제3세계까지 포함하는 전지구적 범위에서는 그 보편성을 잃고 있는 '서구적' 사회과학의 일반성에 대립·반대해서이다.[128] 그렇기 때문에 어떻게 보면 일관된 입장으로 보인다. 즉 서구와 다른 제3세계 특수성을 강조하면서 그러한 제3세계 사이에 존재하는 일반성을 또한 강조하고 있는 것이다. 따라서 아프리오리a priori 하게 전제된 '주변부성 그 자체'를 주변부사회가 갖는 '일반성'으로 인식하여 새로이 별개의 법칙을 만들겠다는 것이다. 한마디로 말해 주변부의 비서구적 '특수성'을 일반성의 수준으로 밀고 올라가겠다는—좀더 솔직히 표현하면 특수성을 일반성으로 착각하겠다는—과감한 선언인 것이다.

그러나 이것은 보편법칙에서 해방된 '특수성'〔보편성과 **다른 어떤 것**(차이)을 의미〕을 새로이 보편법칙으로 간주하는 특수주의, 아니 개체주의에 다름아니다.[129] 그런데 이때 '특수의 보편화'의 논거로는 왜 제3세계

---

127) 이것은 순환논리에 불과하다. 왜냐하면 한국이나 중남미 등의 나라들은 그들이 갖는(다고 가정한) 일반성에 의해 제3세계나 주변부자본주의사회로 간주되고, 그 일반성은 그것들이 제3세계나 주변부자본주의 나라라는 주장에서 도출되기 때문이다.

128) 여기서 보편성과 특수성은 무매개적으로 파악되고 있으며, 따라서 여기서 말하는 특수성은 '상대적 보편화'의 의미에 머물고 있다. 이럴 때 특수성의 포착은 결국 개별 나라 간의 '차이'의 포착으로 될 수밖에 없으며, 그 모두가 그것을 독자적으로 '보편성'이라고 선언하게 된다. 이제 지구상에는 수많은 독자적 '보편성'으로 가득 차게 된다!

와 서구 간에는 '특수성'(차이!)만이 강조되고 제3세계라고 '일컬어지는' 나라 간에는 '일반성'(동일성!)만이 강조되는가 하는 것은 의문으로 남는다. 법칙이 관철되기에 태평양 바다는 너무나 넓고 깊은 것일까? 이 교수는 "사회과학이…… 추상적 일반성을 검토하여…… 얻는 것이 무엇인가?" 하는 물음을 던지는데, 이 물음은 자신에게 더욱 타당한 것이 된다. "왜 하필이면 '제3세계만'의 추상적 일반성을 새로이 발명해 내고 강조하는가?" 그리고 '정말로' 제3세계 나라는 별 차이 없이 동일성으로 포괄되는가? 예를 들면 아프리카만 해도 우간다와 모잠비크, 그리고 이집트나 리비아는 모두 동일성이 더 크다고 할 수 있는가? 라틴아메리카의 쿠바와 브라질, 그리고 칠레는 차이보다는 동일성이 더 크다고 할 수 있는가? 만약 그렇다면 그 근거와 기준은 무엇이며, 그러한 '일반성'의 본질적 내용은 대체 무엇인가? 결국 우리가 일반화될 만한 제3세계 공통의 특수성이 있는가라는 생각을 하게 되는 것이 꼭 서구적 편견의 탓인가?

이처럼 특수성에 대한 집착이 그 대립물인 소위 제3세계적 일반성에 대한 집착으로 전환되는 경우는 대부분의 ── 감히 얘기해도 좋다면 '모든' ── 주변부자본주의론자들에게서 보인다.[130] 즉 보편(혹은 일반)과 분리된 '특수'에 매달릴 때 그것이 '새로운 일반'을 만드는 것으로 될 것임은 명약관화하고, 그 결과 '특수적 일반성', '특수적 보편법칙'에 매달린 채 전 지구상을 돌아다니게 될 것이 분명하기 때문이다.

지금까지 한 특수주의자의 주장을 장황하게 검토하면서 이제 우리는 특수성과 관계해서 무엇이 문제가 되는가에 대해서 조금은 분명하게

---

129) 좀더 교묘하고 개념의 유희에 익숙한 사람이라면 "보편이 곧 특수이고 특수가 곧 보편이다"고 하면서 이 논리를 '발전' 시킬지도 모르겠다. 이에 대해서는 조금 후에 논의하기로 하자.

130) 이에 대해서는 박현채 선생도 지적한 바 있다. "……자기들이 구체성을 강조하면서 제시한 특수성을 가지고 또 다른 일반성을 창출하는 것 이상은 아니다." 「현대 한국사회의 성격과 발전단계」, 『창작과 비평』, 57호, 1985, 339~340쪽 참조.

이해했으리라 본다. 그렇다면 특수성이란 대체 어떻게 이해해야 하며, 그것은 또 사회구성체론과 어떤 관계를 맺고 있는가? 그리고 그것은 사회과학방법론상에서 어떤 의미를 갖는가? ── 이것이 이제 풀어가야 할 과제라 할 것이다.

특수적인 것das Besondere은 보편적인 것das Allgemeine과 개별적인 것das Einzelne과의 관계 속에서만 존재한다. 그것은 헤겔의 논리학 체계에서 주관적 논리학(『대논리학 III』)에 속하는 것으로서 객관적 세계 속에서 자기완성되어 가는 주관(흔히 '절대이념'으로 표현된다)의 일 계기이다. 한편 유물론적 관점에서 보면 그것은 객관세계의 반영으로서 인식의 영역에 속하며,[131] 그런 의미에서 단지 주관적인 어떤 것이 아니다.[132] 이와 비슷한 맥락에서 우리는 실재성 있는 추상에 대해 논급한 바 있다. 이런 점에서는 보편적인 것이나 개별적인 것 또한 마찬가지다.

특수적인 것, 혹은 특수성die Besonderheit에 대해 이해하기 위해서 우리는 보편성에 대한 논의에서 출발해야 할 것이다. 보편적인 것 혹은 보편성이란 무엇인가? 이는 흔히 수많은 개체들에 '공통적인 것'으로 이해되어 왔다. 이는 부정될 수 없다. 그러나 그것만 가지고는 충분하지 못하다. 사회과학에서는 더욱 그러하다. 예를 들어 모든 사람에게 공통된다고 간주되는 어떤 성질로 인간이라는 유적 범주(분류적 범주Gattungskategorie)를 만들고, 또 어떤 공통된 성질을 기준으로 남자와 여자라는 유적 범주

---

131) 헤겔은 이를 이념(Idee)라고 부른다. 레닌은 그의 유고에서 이를 '인간의 인식'이라고 고쳐 쓰고 있으며, '개념과 객관성의 통일'이라고 하는 헤겔의 견해에 동의하고 있다(PN, p.194).
메처(T. Metscher)는 이에 대해 다음과 같이 쓰고 있다. "이념은 '객관적 혹은 실재적 개념', 즉 '개념과 객관성의 절대적 통일'이다. 이념에는 경험적 세계의 객관성이 속해 있다. 그것은 인류의 역사적 형성과정의 결과물, 즉 인간노동의 산물이다. 동시에 그것은 그러한 과정의 파악(Begriff), 즉 이것의 인식이다. 이러한 두 가지 계기[실재성, 혹은 객관성과 그것의 인식이라는 두 계기 ─ 인용자는 확실하게 되어야 한다. 이념은 인식(파악)이다. 그러나 객관적으로 현존하는 과정 ─ 총체성의 인식이다."(메처, 「반영이론으로서의 미학」, 루카치 외, 『리얼리즘 미학의 기초이론』, 이춘길 편역, 한길사, 1985, 89쪽.)
132) PN, p.194.

를 만들며, 또 정치적 지배권 유무로 지배집단과 피지배집단을 만들고 등 등을 행하다 보면 서로 구체적 연관이 없는 유적 범주들로 세계는 꽉 차 게 되고, 이 범주들은 기껏해야 추상적 기준에 의한 분류라는 의미 이상 으로 나아갈 수 없게 된다. 이러한 유적 범주로써 본질을 나름대로 규정 하게 되면 그것이 소위 '유적 본질'Gattungswesen이 되는데, 이러한 포이어 바흐적인 추상적 이해는 이미 맑스에 의해 비판되었던 것이다.

또 흔히 '보편과 특수가 개별에서 통일된다' 고 하면서 예로 드는 것 이 소크라테스이다. 즉 소크라테스라는 '개별자' 에는 사람이라는 보편성 과 다른 사람과 구별되는 '특수성' 이 통일되어 있다는 것이다(여기서 보 편성은 **공통성**이고 '특수성' 은 **차이**에 다름아니다). 이제 소크라테스–사람 의 연관에 '소크라테스는 남자이다' 라는 명제를 도입하자. 그러면 소크 라테스–남자–사람의 연관으로 되고 혹자는 이것을 개별–특수–보편이 라 할 것이다. 그런데 '소크라테스가 남자' 라는 명제가 특수성의 인식이 라면 이것이 공허한 '분류' 에 지나지 않는다는 것은 이미 지적한 바이다. 더욱이 이 연관계열에 '모든 사람은 동물' 이라는 명제를 도입하게 되면 우리는 소크라테스–남자–사람–동물이라는 연관이 되고, 이때 '사람' 은 '소크라테스는 동물' 이라는 명제와 대비해서 '특수' 임은 분명하다. 이러 한 계열은 무한히 계속될 수 있으며, 이때 분명해지는 것은 보편과 특수 가 단지 서로가 처한 상대적 위상만을 표시하는 개념에 머물게 되고 만다 는 사실이다. 즉 '소크라테스–사람' 은 '소크라테스–동물 **보다는** 특수적 이고, '소크라테스–남자' **보다는** 보편적이라는 대타적 명제 비교만이 가 능하게 된다.

이렇게 파악할 때 보편과 특수는 어떤 개체가 갖는 다른 개체와의 공 통성과 차이라는 수준으로 빠지게 되며, 그것의 파악 역시 개체적이고 직 접적인unmittelbar 방식으로만 가능하게 된다. 그리고 이때의 보편과 특수

는 특성의 '분류' 이상의 의미를 가질 수 없게 된다.[133]

여기(개별적인 것)서부터 보편적인 것에 이르기 위해서는 직접적·감각적으로 주어진 많은 개별자의 공통적인 것das Gemeinsame을 순전히 추상화에 의해 끄집어내는 것으로는 불충분하다. 헤겔은 "다수의 개별적인 것에 공통적인das Gemeinsame 것을 보편적인 것이라고 이해하게 될 때 개별적인 것이 서로 무관(심)한gleichgültig 상태에서 출발하게 되고 존재의 직접성에 혼합된다"라고 말하고 있다. 철학에서 극복해야 할 필요성이 있는 것은 바로 이러한 **직접성**이다. 왜냐하면 모든 개별자는 곧바로 주관적 사유활동에서 독립하여 객관적으로 매개되어 있으며, 나아가 다양하고 복잡하게 매개되어 있기 때문이다. **이것**ein Dieses으로서의 개별자는 자명하고 순수한 직접성 속에서도 '매개에 의해 만들어진 직접적인 것'이다.[134]

보편과 특수의 통일을 이처럼 직접적이고 즉자적인 수준에서 파악하는 것은, 그것을 아직은 운동 이전의 잠재적이고 외면적인 한계 속에서 개별 대상이 갖는 제 성질의 종차種差를 분류하고 각각이 갖는 상이한 위상을 정리하는 것 이상으로는 나아갈 수 없게 한다. 다시 말해 제 개념이

---

133) 이는 칸트에 의해 관념론적으로 적용된 바 있다. 그는 『판단력 비판』(Kritik der Urteilskraft)에서 경험적 방식을 통하여 특수로부터 보편으로 상승하는 것을 '분류'(Klassifikation)라고 하며, 반대로 보편적 개념 아래에서 다양한 것을 정리함으로써 특수한 것에 이르는 것을 '특수화'(Spezifikation)라고 한다. 그런데 여기에서도 마찬가지로 유(類, Gattung)를 근거로 종목(種目)의 계열을 분류하는 것이 '특수화'나 '분류'임은 명백하다. 그런 의미에서 칸트는 "자연은 어떤 법칙(혹은 체계의 이념)에 따라 스스로 특수화된다"(Die Natur spezifiere sich selbst)라고 한다(『판단력 비판』, 제1판, 서설(Erste Einleitung)). 이것이 보편과 특수에 대한 이해의 출발점이 될 수 있음은 분명하다. 그러나 이것만으로는 전혀 충분치 못하다. 그리하여 칸트 고유의 '유물론과 관념론 간의 동요'가 나타난다고 한다(Georg Lukács, "Über die Besonderheit als Kategorie der Ästhetik", Probleme der Ästhetik, Werke, Bd.10, Luchterhand, 1969, SS.542~544).

134) G. Lukács, ibid., SS.589~590.

나 성질이 반사적 —— 상호외면적이라는 의미에서 —— 대립 속에 머문 채
그 위상의 서열만을 비교·정리하게 될 수밖에 없다. 사회과학에서 그 구
체적인 예를 들어보자.

자본주의사회의 기본모순인 노-자 간의 모순은 전체 역사 속에서
보면 계급모순 일반에 대한 특수적(혹은 개별적) 모순이지만, 한 사회를
대상으로 인식할 때 그것은 자본주의사회에 존재하는 다양한 제 모순, 특
수적 제 모순과 대비되는 자본주의사회 전체를 관통하는 보편적 모순이
다. 이처럼 (자본주의의) 기본모순이 갖는 보편성과 특수성을 분명히 하
는 것, 그리고 그것을 통일적으로 파악하는 것은 사회과학에서뿐만 아니
라 모든 과학적 인식에서 중요한 일이고, 말 그대로 과학적 인식의 전제
가 된다. 그러나 그 수준에 머물러 버렸을 때 보편적 법칙을 논의하는 것
은 공허한 것처럼 들리게 되며 대상을 운동 속에서, 발전과정 속에서 인
식할 수 없게 되어 법칙의 관철과정을 개별 사회와 통일적으로 파악하는
것은 불가능하거나 공허한 교조처럼 보이게 된다. 실제로 우리가 한국의
기본모순을 노-자 간의 모순이라[135]고 하면서도 그것에서 구체적 분석으
론 더 이상 진전하지 못하고 있다는 것, 그 결과 구체적 분석을 여타의
'실용적' 방법을 빌려서 하게 되었던 것은[136] 특수에 대한 바로 이러한 직
접적 인식수준에 머물러 있기 때문이기도 하다. 소위 '사회구성체론의 공

---

135) 한국은 자본주의라는 보편과 개별의 직접적 동일성을 분명히 하는 것은 앞에서 논한 것처럼 발전의 기본방향을 나타
내 주는 것으로서 중요한 의미를 갖는다. 그러나 구체적인 발전과정이 수반되지 않는 한 그것은 극히 공허한 것으로
될 것이며, 이에 대해 '사회구성체론이 과연 필요한가?' 라는 질문도 하게 될 것이다. 앞에서 이 교수처럼 한국에 자본
주의적 성격과 주변부적 성격이 있다고 가정(!)하자. 이때 주변부성은 전세계적 수준에서 보면 특수적인 것이고, 소위
제3세계 내로 범위를 제한하면 일반적인 것이 된다. 여기에서는 보편과 특수가 이렇듯 상호외면적이어서, 그 양자의
통일은 곧 그 성질이 놓여지는 위치만을 보여 주는 개념의 상호전화에 그치고 있으며, 보편법칙이 개별적 경우에 관
철된다는 의미에서 양자의 통일이 논의될 수는 없다(물론 이 교수는 여기서 '특수' 를 '3세계적 일반성' 으로 '승화' 시킬
것을 주장함으로써 빗나가기 시작했지만).

136) 이는 일본의 우노(宇野)가 말하는 '원리론' , 단계론' , '현상분석' 에서 더욱 희화화된 형태로 나타난다. 이들은 위의
각각을 형이상학적으로 분리시키고, 그런 의미에서 보편-특수의 동일성이나 보편의 객관성을 부정하고 있다.

허함' 역시 이에 근거한다.

한편 전체에 대한 인식을 가능하게 하는 보편적 연관은 앞서 논한 것처럼 과학적 인식의 출발점이다. 다른 한편 실재성을 상실한 추상적 보편은 신비화의 출발점이다. "유물론적 변증법의 출발점은…… 모든 신비화와 범주들의 물신화를 제거한다. 이러한 지양은 사유의 모사성Abbildlichkeit이 갖는 모든 형태의 경화硬化, Erstarrung에 대한 과정성Prozeßartigkeit의 성취와 통일Vereinigung됨으로써 결과된다."[137] 이런 측면에서 유물론적 변증법은 관념론이나 기계적 유물론이 필연적으로 수반하는 함정을 제거할 수 있었다.

이리하여 보편은 언제나 개별을 통해서만 존재할 수 있으며, 반대로 개별자 역시 보편과의 관계 속에서 파악됨으로써 개체성에서 벗어나 구체적인 것으로 될 수 있다. 다시 말해 유물론적 변증법에서는 객관적 현실에의 접근과 이 접근수단으로서 사유의 과정성이 의식적으로 수행되기 때문에 보편성은 개별성과의 긴장관계 속에서, 특수성으로의 끊임없는 전화 속에서 자기완성되는 것이며, 이러한 의미에서 '구체적 보편성'die konkreten Allgemeinheit인 것이다.[138]

엥겔스는 '구체적 보편성'에 대해 다음과 같이 말한다. 그것은 "추상적이면서 구체적이다. 운동의 형태변환Formwechsel의 **보편적 법칙**은 그것에 대한 모든 개별적인 '구체적' 실례보다 **훨씬 더 구체적이다**".[139] 따라서 보편성에 적확하게 입각해 있을 경우에만 개별자에 대한 **구체적** 인식이

---

137) G. Lukács, "Über die Besonderheit als Kategorie der Ästhetik", *Probleme der Ästhetik, Werke*, Bd.10, Luchterhand, 1969, S.623.

138) ibid., S.623.

139) Friedrich Engels, *Dialektik der Natur*, S.652. Lukács, ibid., S.623에서 재인용(강조는 인용자). *Philosophical Notebooks*에서 '가치'라는 범주가 개개의 상품이나 수요, 공급의 법칙보다도 훨씬 더 진리에 근접해 있다고 하는 레닌의 견해도 이와 동일한 의미이다(*PN*, pp.172~173).

가능해진다. '구체적 상황에 대한 구체적 분석'die konkreten Analyse einer konkreten Lage[140] ── 이것은 **개별자**에 대한 **구체적** 분석의 요구를 의미한다. 그러나 이상에서 본 바와 같이 구체적인 것은 그것이 다양한 것의 통일체 인 한에서만, 즉 보편자와의 통일 속에서만 구체적일 수 있으며, 이는 곧 **개별자와 보편자의 통일**을 요구한다고 할 수 있다. 그러나 이 통일은 직접 적인 것이어선 안 되며, 오히려 그 자체는 양자가 서로 타자 속에서 스스 로를 완성하면서, 또한 스스로 속에서 타자를 완성하는 **통일과정**일 수밖 에 없다.

이제 우리는 이러한 **보편과 개별의 통일과정**을 고찰해야 하는데, 이것 이 곧 여기서 제시하고자 하는 특수성의 개념이다. 특수성은 한마디로 말 해 보편과 개별의 통일이다. 그런데 이런 통일과정에 대한 고찰에 앞서 특수성에 대한 논의를, 그리고 보편과 특수의 관계가 갖는 의미를 보편의 실재성과의 관계 속에서 요약해 보자.

특수가 특수적인 것은 자신의 영역보다 훨씬 분명한 영역을 갖는 개별 자와 보편자의 사이에 해당하는 범주이기 때문이다. 개별자는 현상들 중의 이것this, dieser을 지시하며 전혀 일반화되어 있지 않은 반면, 보편 성은 선제all, 모두를 지칭하며 일반화의 궁극섬이다. 현실이 유물론석이 고 변증법적으로 이해된다면 인간의 사유 속에 그것의 반영은 개별에

---

140) 따라서 구체적 상황에 대한 구체적 분석을 개별자(오히려 개체적 대상)의 (실존) 제 조건에 대한 분석으로 규정하면서 추 상과 구체를, 원칙과 조건을, 보편과 개별을, 그리고 이론과 실천을 분리시키는 모든 견해는 유물론적 변증법이나 그 에 입각한 역사이론의 방법론과는 전혀 거리가 멀다. 이는 19세기 이래 실증주의자들에 의해 끊임없이 주장되어 온 것이며, 근자에는 맑스주의자를 자처하는 일군의 사람들에 의해서 아직도 주장되고 있다. 대표적인 것은 알튀세르와 발리바르를 비롯한 구조주의자들이며, 현재 한국에서도 그러한 견해가 발견된다. 예를 들면 윤소영, 「한국사회성격 해명에 있어서 올바른 이론적 입장이 확정을 위하여」, 『한신경제학투론』, 제R서611호, 1986, 29, 46~47, 50쪽 : 이민철, 「국가독점자본주의론과 민족경제론」, 『녹두서평』 1호, 416쪽. 이들은 물론, 이와 유사한 방법론을 갖고 있는 사람들 은 대개 알튀세르나 발리바르의 문제틀(problématique)과 함께 '문제틀'을 '나누어 갖고' 있다.

서 보편으로, 보편에서 개별로, 다시 개별에서 보편으로 끊임없이 이동하는 형식으로 이루어져야 한다.[141]

이 관계에 대해 헤겔은 다음과 같이 말한다.

특수, 특수적인 것das Besondere은 보편성을 내포하거니와 또한 여기서 보편성은 바로 이 특수적인 것의 실체를 구성하는 것이다. 그리하여 여기서는 유類와 종種 속에 변함없이 깃들어 있을뿐더러, 이때 종은 결코 보편과 상이한 것이 아니며 다만 **그들 종 상호 간에 있어서** 상이할 뿐이다. 따라서 특수는 그 자신과 관계되는 다른 여러 개의 특수적인 것과 함께, 다같이 하나의 보편성을 지닌다.[142]

그런 의미에서 특수성은 "존재나 질적인 경우에서와 같이 그 스스로가 마치 자기의 피안으로서의 타자에라도 관계하는 그러한 **한계라기보다는 오히려 보편이 스스로 지니는 내재적 계기**das eigene immanente Moment des Allgemeinen인 것이다".[143]

예를 들어 한국과 영국, 그리고 브라질은 '그들 상호 간에는' 상이하나, 그 나라들 모두가 자본주의사회구성체라는 보편성과 상이한 것은 아니다. 즉 각 나라들이 서로 상이한 것은 그들이 서로 **개별자로서 대립**하는 것을 의미한다. 그러나 "상이성[차이]이란 바로 통일성이 결여된 구별der

141) 키랄리활비, 『루카치 미학비평』, 김태경 역, 한발, 1984, 88쪽.
142) 헤겔, 『대논리학 III』, 63~64쪽. 보편과 개별의 통일과정으로서의 특수는 앞서 말했으며, 여기에서 헤겔이 지적하고 있는 직접성을 배제하는 것이 아니라 그것을 포함하며 그것에서 출발한다. 문제는 그것이 종착점이 될 수 없으며 그것에 머물렀을 때 그것이 충분하지 못하고 공허해진다는 것이었다. 여기서 또한 분명해지는 것은 이런 직접적 수준에서도 보편과 특수는 결코 분리되지 않는다는 것이다.
143) 같은 책, 63쪽.(뒤 강조만 인용자)

einheitslose Unterschied"에 지나지 않으며,[144] 따라서 이러한 개별적인 것의 상이성[차이]에 머물러서는 안 되며, **이를 특수로 취급해서도** 안 된다. 이러한 개별적인 것이 갖는 상이성과 다양성은 오히려 통일성 속에서, 보편과의 관련 속에서 분명해진다.

이러한 것은 이미 맑스에 의해 분명하게 지적되었을 뿐만 아니라 구체적인 방법적 원리로서 사용되고 있다. 앞에서 우리는 맑스가 『자본론』 1권 '1판 서문'에서, 『자본론』에서 제시되는 법칙을 단지 영국적으로 돌리려는 시도에 대해 "남의 일이 아니다!"라고 외친 것을 확인하였다. 즉 그는 자본론에서 전개되고 있는 자본주의사회구성체의 본질적 법칙이 보편성을 갖는 것으로 확신하고 있었던 것이다. 그리고 이러한 보편성은 그저 '추상적인' ── 비구체적인 ── 형태로 제시되지도 않는바, 영국에서 진행되었던 '피가 뚝뚝 듣는 듯한' 생생하고 구체적인 개별적 사실과 통일적으로 전개되는데, 이런 의미에서 『자본론』 전체에서 우리는 보편으로서의 자본주의 발전법칙과 영국이라는 개별적인 나라가 갖는 구체적 규정성이 통일되어 있는 것을 확인할 수 있는 것이다.

여기서 영국의 경우로 예증이 제시되어 있는 것은 그것이 자본주의 발전의 "전형적인 경우"이기 때문이며, 여타 나라에서는 그러한 자본주의발전이 아직 확인되시지 않고 있었기 때문이다. 즉 『사본론』에는 보편성과 개별성의 통일이 생생하게 특수성으로 그려지고 있는 것이다.[145] 따라서 『자본론』에서 제시된 자본주의의 발전법칙을 그저 영국적인 것으로 간주하는 견해 ── 이는 아직도 불식되지 않고 강하게 남아 있다 ── 는 그릇된 것임이 분명하다. 물론 그렇다고 해서 변화된 '제 조건'이나 상이한

---

144) 같은 책, 84쪽.
145) 이는 이후 정리하겠지만 개별을 매개로 보편이 자기완성되는 사회구성체의 형성과정으로서 파악되어야 하며, 이렇게 도출된 보편성이 여타 개별적인 경우의 구체적 분석에서 전제되어야 할, 말 그대로의 보편성이 된다.

'상황'이 무시된 채 보편만을 추상적으로 고집하는 것은 결코 아니다. 이는 단지 '조건'이나 '상황'의 차이로써 보편법칙이나 원칙을 수정하려는 견해가 그릇되다는 사실을 명백히 하기 위해서이다. 2차대전 후 한동안 계속된 '경제부흥'에서 공황이라는 악마의 죽음을, 그리고 자본주의 운동법칙의 가장 보편적인 것인 가치법칙의 붕괴를 선언하는 것이 그 일례가 될 수 있을 것인바, 이것이 착각이었음이 현상적 실재로써 확인되는 데에는 그리 오랜 시간이 필요하지 않았다.

법칙(보편으로서의)은 개별적 제 조건·상황을 통해 '독특한'spezifisch 형태로 발현될 수 있다. 그러나 이것이 법칙 자체의 부정을 의미하는 것은 결코 아니며, 보편법칙과 무관하게 파악할 수 있다는 것도 전혀 아니다. 레닌은 이러한 보편–특수의 관계를 염두에 두면서, 언제나 보편과 특수를 명시하면서 쓰고 있다. 이는 특히 자본주의 발전법칙과 러시아에서의 자본주의 발전을 논하는 곳에서는 "일반적으로 자본주의(의 발전), 특수적으로는 러시아에서의 자본주의(의 발전)" 등과 같은 형태로 거의 빠짐없이 발견된다.

> 맑스주의는, 상품경제에 기초하여 발전된 자본주의 나라와 상업적 교역을 하는 나라가 그 특정의 발전단계에 있어서 필연적으로 자본주의의 길을 가게 된다는 사실을 우리에게 가르치고 있다. ……맑스주의자의 이러한 **모든 원칙은 일반적으로**, 그리고 **특수적으로는** 러시아에 관계해서 진리로서 증명되어 왔으며 극히 세부적인 사실까지도 설명되어 왔다.[146]

---

146) Lenin, "Two Tactics of Social-Democracy in the Democratic Revolution", *CW*, Vol.9, p.49. (강조는 인용자)

레닌은 『러시아에서 자본주의의 발전』에서, 맑스에 의해 입증되고 제시된 보편법칙이 러시아라는——매우 상이한 조건과 상황을 갖는——(개별적인) 나라에서 어떻게 관철되어 가는가를 매우 상세하게 입증하고 있다. 그는 독특하게 나타나는 제 현상형태 때문에 보편적 법칙이나 일반적 특징을 결코 부정하지 않는다. 그런 것은 독특한 형태 또는 '특수한' 형태를 보편법칙과의 통일 속에서 설명할 수 없는 사람들의 무능력을 보여 주는 것에 다름아니다. 보편에서 분리된 소위 '특수한 법칙'은 이들의 항상 새로워지는(새로워질 수밖에 없는) 발명품일 따름이다. 그는 오히려 다양한 제 현상을 법칙에 근거하여 일관되게 설명할 수 있었으며, 또한 실제로 그렇게 해왔다. 예를 들어 단계적 변화를 전제로 하면서 쓰여진 「제국주의론」조차도, 흔히 원리론과 구분되는 단계를 운운하는 사람의 주장과는 달리 결코 자본주의의 보편적 발전법칙을 부정하지 않으며, 오히려 그에 근거하여 그것이 어떻게 변화된 형태로 관철되는가를 보여 준다. 자본의 운동법칙이 내포하고 있는 자본 및 생산의 집적·집중이 고도화되면서 성립되는 독점은 자본 일반과 구별되면서도 그 동일선상에서 그것에 의해 그 성립의 필연성이 획득된다.[147] 이러한 독점은 결코 자본 간의 경쟁을 배제하지 않으며 가치법칙을 부정하지도 않는다. 그러나 그것이 관철되는 데 있어서 나타나는 세 변화(질적인 변화), 즉 이윤율 평균화가 불균등발전의 심화와 독점체로 인해 독점이윤율과 비독점부문의 평균이윤율을 매개로 이루어진다는 것이라든지, 이윤율 저하로 인해 자본의 국내적 운동에서 국경을 넘어 '자본수출'을 필연화시킨다든지[148] 등등의 제 변화를 결코 무시하는 것이 아니라 **보편적인 것의 구체화, 특수화**로

147) Lenin, "Imperialism, the Highest Stage of Capitalism", *CW*, Vol.22, pp.196~209.
148) ibid., pp.240~245.

서 일관되게 이해한다는 것이다.

　여기서 확인된 것처럼 특수는 결코 보편과 분리될 수 없으며, 차이·
상이성으로 전락해서도 안 된다. 오히려 그것은 보편을 내포하며, 역으로
보편의 일 계기이다. 동시에 보편 및 특수는 그것에 의해 '규정되는 피규
정자'[149] das bestimmte Bestimmte인 개별을 전제하며 그것과 분리된다면 공허
한(무내용의) 추상적 개념으로 전화한다. 따라서 특수는 보편과 개별의
통일이다. 이렇듯 **보편 속에서 파악된 개별적인 것** 또는 **보편과 통일되어 있
는 개별적인 것이 바로 특수**인바, "그리하여 이제 특수는 다만 보편을 내포
할 뿐만 아니라 오직 이 보편을 바로 그의 규정성을 통해서 표현해 줄 뿐
이다(…… stellt dasselbe auch durch seine Bestimmtheit dar). 이런 점에서 다름아
닌 보편이야말로 특수에 빈틈없이 삼투하며 또 그것을 포용하는 영역을
형성하는 셈이다."[150] 이리하여 특수는 상대적 보편화에서 구별되기 시작
한다.

2) 특수성과 매개 : 발전과정과 사회구성체

그런데 이런 특수성의 범주와 사회구성체에 대해 계속 논의하기 전에 '방
법론'Methodologie의 의미에 대해서 정리해 볼 필요가 있다. 방법론이란 무
엇인가? 우리는 앞서 모든 이론적 논의에 사상적인 전제가 요구되며 이
는 곧 계급적 전제, 계급성을 의미하는바, 이러한 전제가 결여되었을 때
공허한 논의와 지나친 '창조성'을 낳게 될 것이라고 하였다. 논쟁이 공허
성의 바퀴를 벗어나서 실천의 지침을 제공하기 위해서는, 그 논의 전개의
사상적 원칙이나 철학적 원칙의 정립이 요구된다고 하겠다.

---

149) 헤겔, 『대논리학 III』, 85쪽.
150) 같은 책, 64쪽.

방법론이란 이론적 전개 속에 사상적·철학적 원칙을 관철시켜 가는 방법이라 할 것이니, 그것은 개별적인 대상으로서 구체적 정세에 대한 구체적 분석에 합법칙적 내용을 담은 원칙을 적용시키는 방법적 원리이다. 이를 다르게 표현하면 개별적 대상의 제 현상형태를 본질적 관계 속에서 전체로서 파악하기 위한 방법적 원리이다.

그런고로 방법론에서 중심이 되는 문제는 보편적 원칙과 보편원칙에 입각해 개별적 대상의 다양한 제 현상형태를 분석하는 보편과 개별의 통일문제이고, 따라서 방법론에 있어서는 특수성이 그 중심범주가 된다.

그렇기 때문에 '특수성'의 변증법적인 의미에 대한 보다 깊은 이해 및 그와 관련된 사회구성체 개념의 동태적 인식은 한국사회에 대한 과학적 분석을 위해 매우 긴요한 것으로 된다.

이러한 위상 속에서 이제 특수성에 대한 논의를 계속 진행하기로 하자. 앞의 논의에서도 분명하듯이 이제 특수는 상대적 보편화에 불과한 것은 아니며, 또 '개별에서 보편에 이르는 길'도 아니다. 오히려 이것은 "개별자das Einzelne와 보편자das Allgemeine의 필연적인 매개이다".[151] 즉 특수는 개별과 보편의 통일이며 양자 간의 필연적인 매개Vermittlung이다.

그렇다면 매개Vermittlung란 무엇인가? 이 문제에 대해 논하기 전에 우선 매개의 위상을 염두에 두어야 한다.

모든 것은 매개되어 있다. 매개되어 하나의 것으로 결합되며, 이행에 의해 결합되어 있다. ……전 세계(과정)의 합법칙적 결합(연관).[152]

---

151) G. Lukács, "Über die Besonderheit als Kategorie der Ästhetik", *Probleme der Ästhetik, Werke,* Bd.10, Luchterhand, 1969.
152) *PN,* p.103.

대립물은 그 연관의 특정한 형태에 따라 그 통일과 상호작용을 구체화한다. 매개는 대립하는 양 극단의 연관으로서, 양자 사이에서 대립·투쟁하는 양자를 통일시킨다. 즉

두 극단들 사이에 제3자가 나타나고[매개의 중심 ─ 역주] 당면한 모순[에] 가득 찬widerspruchsVolle 통일이 보장된다. 이러한 제3자는 개별적인 현상일 수 있고 ──그리하여 화폐는 생산과 소비의 필연적 중개자로 나타난다── 사물들과 **과정들의 전 복합체**로 제시될 수 있는 것이기도 하다.[153]

그리고 이때 매개하는 항(이것이 매개의 중심이다)은 "정적인 사물이 아니라 운동하며 과정을 거쳐 나가는 것으로 파악되어야 하므로, 매개[하는]항은 서로의 작용을 교환할 수 있도록wirkungsaustausch 매개한다". 이런 의미에서 "모든 것은 매개되어 하나의 것으로 결합된다".

따라서 매개는 단순히 정적인 연결고리와는 구별된다. 후술하겠지만 매개항은 오히려 그것이 통일시키는 양극단에 의해 매개되며, 끊임없는 자기매개의 연속 가운데 존재하는 것으로, 단지 대상들을 연관시키는 주관적 연결고리 또는 판단기준이 아니라 **객관적 실재**이다. 이에 대해 루카치는 다음과 같이 말한다.

경험의 단순한 직접성을 극복하는 방법적 지렛대로서의 매개 범주는 [대상의] 외부에서[주관적으로] 대상들 속으로 주입된 것이 결코 아니

153] 슈틸러, 『모순의 변증법』, 양운덕·김재용 역, 중원문화, 1985, 42쪽.

며, 대상들의 존재에 대립되는 그 어떤 가치판단이나 당위도 아니다. 매개의 범주는 **대상들의 고유하며 객관적인 대상적 구조 그 자체의 드러남**이다.[154]

이때 직접적 경험을 넘어선다는 것 ── 이는 또한 즉자적인 상태를 넘어선다는 뜻이기도 하다 ── 은 "경험의 대상들 자체가 총체성(전체성)의 제 계기로서, 즉 역사적으로 자기변화하는 전체 사회의 계기들로서 파악되고 이해되는 한에서만 유의미하다".[155] 즉 직접성을 극복하기 위해서는 각각의 제 개별자는 전체의 계기들로서 파악되어야 하며 ── 이에 대해서는 이미 상술한 바 있다 ── 보편자와 통일되어야 한다. 이때 이 통일을 통해서 드러나는 대상(한편으로는 개별적 대상, 또 한편으로는 보편자)의 구조 그 자체가 바로 매개로서의 특수성인 것이다. 이런 의미에서 특수자는 양극단의 상호작용이 교환되도록 매개하며, 특수성 자체는 따라서 **보편이 특수화하는 운동으로서, 과정으로서** 나타난다. 이에 관해서 우리는 '매개의 중심' Mitte der Vormittlung 을 통해서 살펴보자.

이미 헤겔은 중심Mitte의 특징을, 그것이 매개계기로서 두 〔개의〕 매개될 측면들을 사기 가운데 포괄하고 있으며 중심은 필연적으로 내립적인 제 경향을 나타낸다고 보았다. ……
맑스에 따르면 중심은 대립물을 일치〔통일〕시키며, 동시에 매개하는 항

---

154) 루카치, 『역사와 계급의식』, 255, 30쪽. (30쪽에서) 루카치는 자기 비판하는 서문(67년판) 가운데서 자신의 오류의 핵심을 맑스주의적 노동 개념을 파악하지 못한 채 '혁명적 실천'을 강조함으로써 주관주의로의 가능성을 열고 있었으며, 이것은 자본주의에 대한 일면적 이해와 도덕적 혐오로 인해 극좌적 소아병으로 되었다고 인정한다. 그러나 그럼에도 불구하고, '사회적 존재에 관한 진정한 맑스주의적 존재론으로 나아갈 단초'를 담고 있음을 무시해선 안 된다고 하며, 그 예로서 여기 인용된 매개의 개념을 들고 있다. 같은 책, 7~45쪽 참조.
155) 같은 책, 255쪽.

은 자립적 역할을 하고 있는 양극단에 대하여 고도의 잠재적 변수Potenz로 나타날 가능성을 지니고 있다(Grundrisse, S. 237). 매개는 단지 대립물의 매개에 지나지 않는 것이 아니라, 자기 자신과의 매개이자 활동적 주체로서, 대립물들이 그러한 계기들에로 침전되는 것으로서 나타난다.[156]

    예를 들어 우리는 상품 간의 교환을 매개하는, 좀더 엄밀히 말하면 판매와 구매를 매개하는 경우를 생각해 볼 수가 있다. 상품을 W, 화폐를 G라고 표시하면 이것은 W-G-W로 도식화될 수 있다. 이때 W-G는 판매이고, G-W는 구매이며 G는 판매와 구매를 통일시키는 매개의 중심이다. 상품 간의 교환으로서 판매와 구매는 G를 매개로 하여 통일된다.[157] 그리고 W=G라는 관계로부터 상대적 가치형태로서의 성격을 부여받는바,[158] 이는 가치와 사용가치라는 상품에 내재된 모순의 반영이며, 이런 의미에서 G는 '중심'으로서, 매개될 측면들의 대립적 제 경향을 포괄하고 있다.

    그런데 W-G-W는 실제로 다음과 같은 도식을 의미한다.

$$
\begin{array}{c}
G-W \\
\times \\
W-G-W \\
\times \\
W-G
\end{array}
$$

---

156) 슈틸러, 앞의 책, 44쪽.
157) 물론 W-G는 G-W를 내포함으로써, 즉 $\frac{W-G}{G-W}$로 인해 판매인 동시에 구매이고, 이것이 판매와 구매의 **직접적 동일성**이다. 그리고 이러한 직접적 동일성에 머물렀을 때 화폐를 매개로 한 판매와 구매의 운동 ─이는 단절될 수도 있다 ─을 보지 못하고 판매와 구매는 동일하다고 하는 공허한 주장에 머물게 된다. 여기서는 '단절'이나 '화폐공황'의 가능성은 포착되지 않는다.

    또 생산과 소비의 직접적 동일성에 머물렀을 때 나타나는 오류가 곧 '세이(Say)의 법칙'인데, 이에 대해서는 Grundrisse의 「서설」을 보라.
158) 이에 대해서는 Das Kapital, Bd.1의 1장과 2장을 보라.

즉 판매는 곧 구입이고 W−G는 직접적으로 다른 사람에 의한 구매(G−W)를 의미한다. 그렇기 때문에 $\times\frac{W-G}{G-W}$가 된다. 이는 또한 G−W가 G 스스로를 매개함을 보여 준다. $\times\frac{G-W}{W-G}$ 역시 마찬가지다. 그리하여 G를 매개로 한 판매와 구매의 통일과정(W−G−W)에서 G는 양자를 통일시키는 활동적 주체로 중심으로서 나타난다는 것이다.[159]

그런데 이때 판매와 구매의 직접적인 동일성 $\left(\times\frac{G-W}{W-G}\right)$은 즉자적인 것으로서, 운동하지 않는 것으로서, 그리고 정적인 것으로서 나타난다고 하면 G를 매개로 한 양자의 **통일**은 **운동**이라는 형태로 나타난다. 양 대립물은 W에서 G로의, 혹은 G에서 W로의 "이행에 의해 결합되는 것이다". 그리하여 이 "극단들 사이의 매개는 〔그〕 **극단들을 포함하는 발전**에 자연스럽게 참여한다".[160] 다시 말해서 "매개는 동시성의 형태로, 즉 일시에 완성되는 것이 아니라 **시간 속에서의 과정**으로 전개된다. 결국 매개는 **발전현상**Entwicklungsphänomen**으로 나타나고**"[161] 따라서 "일련의 **매개들이란** 현재에서 미래로 매개하는 운동이지 않으면 안 된다."[162] 이러한 운동 속에서 세계와 역사──그 자체가 **과정**이다──는 "합법칙적인 결합"으로 파악되어야 하는 것이다.

다시 말해 특수성은 보편과 개별 양자가 서로 타자 속에서 스스로를 완성하며 동시에 스스로의 발전·완성 과정 속에서 타자를 완성하는 통일의 과정으로서, 이는 양자가 그 속에서 서로를 매개하며, 매개되는 과정이다. 이러한 매개과정 그 자체가 곧 특수성으로서, 이는 양자의 통일을 성취하는 '매개의 중심' Mitte der Vermittlung이다. 즉 특수성은 보편과 개별

---

159) 이것은 G가 일반적 등가물로서, 하나의 자립적 가치로서 나타나게 되는 근거이기도 하다.
160) 슈틸러, 『모순의 변증법』, 45쪽 (강조는 인용자)
161) 같은 책, 46쪽.
162) 루카치, 『역사와 계급의식』, 275쪽.

의 변증법적 통일과 지양이 일어나는 영역이다.

대체로 그[헤겔]에게서 특수는 개별과 보편 사이의 변함없는 **중간적 카테고리**로서, 즉 어중간한 상태Zwischenzustand라기보다는 특별한 운동과정 중의 **스스로 움직이는 계기**이다.[163]

그리고 개별과 보편의 통일과정으로서 매개로서의 특수성은 필연적으로 시간 속의 과정으로서, 그리하여 **발전**이라는 형태로 나타나는데, 이러한 발전은 한편으로는 보편의 자기전개 내지 자기완성과정을 의미하고, 다른 한편으로는 개별자의 구체적 현실이 형성되는 과정이다. 따라서 **이 과정은 그 발전의 필연적 귀결점을 동시에 내포**하고 있으며, 이것을 동시에 올바르게 포착할 때에만 현재의 상태나 조건에 매몰되지 않고 발전의 전망 속에서 변화를 합법칙적으로 파악할 수 있게 된다. 이에 대해서는 이미 헤겔이 뛰어나게 지적하고 있다.

……이러한 사상[보편·개별·특수에 대한 사상]은 칸트에게도 나타나고 있다. 그러나 헤겔에게는 **과정과 결과가 변증법적인 동시성**Simultaneität **의 상태 속에 주어져 있고** 양자의 인식 가능성이 문제될 수 없는 반면에, 무엇보다도 과정의 결과로서만 나타나는 칸트의 사상에서는 그것의 본질, 활동방향, 법칙성이 원칙적으로 우리에게 알려지지 않은 채로 남아 있을 수밖에 없다. 물론 헤겔에게서는 특수뿐만 아니라 보편과 개별은 그것이 **결과인 것과 마찬가지로 과정**이다.[164]

---

163) G. Lukács, "Über die Besonderheit als Kategorie der Ästhetik", *Probleme der Ästhetik, Werke*, Bd.10, Luchterhand, 1969, S.588.

이러한 사상은 사회구성체론이라는 방법론을 이해하고 그것을 적용시키는 데 결정적으로 중요한 의미를 담고 있다. 앞에서 우리는 Gesellschaftsform(사회형태)에서 Gesellschaftsformation(사회구성체)으로의 개념의 발전이 갖는 의미에 대한 세레니의 견해를 인용한 바 있었다. 그리고 formation을, 완성된 형태form를 내포하는 동태적 개념 —— 즉 그 형태를 향하여 형성되어 간다는 의미 —— 으로 보아야 한다는 논지에 동의한 바 있다. 이것은 보편으로서의 **사회구성체가 발전과정과 그 발전의 결과를 변증법적 동시성 속에서 포착하고 있다는 것**을 의미한다. 그리고 동시에 그것이 구체적 상황에 대한 분석에 적용됨에 있어서도 발전(결과에 대한) 전망 속에서 발전과정으로서 개별 사회를 분석해야 한다는 사실을 함축하고 있다. 이제 이에 대해 좀더 구체적으로 살펴보자.

우리는 앞서 '현실'을 본질적 관계에 의해 구조화되며 자기전개과정을 통해 형성되는 전체로서 파악하였다. 그리고 사회구성체를 본질적 관계에 의해 구조화된 것으로서, 완성된 것으로서 상정하였으며, 그것이 갖는 이론적 · 실천적 의미에 대해서도 분명히 한 바 있다. 즉 완성된 형태로서 상정된 사회구성체로서, 예를 들면 '사회구성체'로서 한 사회를 파악한다 함은 그것에서 제시되는 바의 지배적인 운동법칙이 여타의 제 관계나 부문 또는 '우글라드' 속으로 관철되어 갈 수밖에 없을 것이라는, 발전의 필연성과 전망 속에서 합법칙적으로 파악함을 의미했었다.

그런데 방금 본 것처럼 이러한 사회구성체는 일시에 완성되지는 않으며, 오히려 전체로서의 사회구성체는 실제로 형성되는 것, 발전과정을 통해 완성되는 것이고, 이때 이러한 보편법칙과 개별 사회의 통일은 바로 **특수성으로서의 발전과정** 속에서 진행된다. 그리고 방금 논의한 것처럼 특

---

164) ibid., S.588.

수성은 보편적인 것과 개별적인 것의 통일과정을 매개하는 매개의 중심이라 하였으며, 보편 및 개별 어느 것과도 분리될 수 없는 지양태이고, 이러한 매개는 곧 발전과정으로 나타난다고 하였다. 즉 개별자로서의 한 사회가 보편자로서의 사회구성체와 통일되는 발전의 특정한 형태가 여기서 말하는 매개로서의 특수성이고, 따라서 이는 보편과 개별 모두를 포함하면서 ── 그런 의미에서 보편 없는 특수나 개별 없는 특수는 있을 수 없다 ── 동시에 그 어느 하나도 아닌 지양태인 것이다.

모든 사회에 보편적으로 관철되는 발전법칙으로서의 역사법칙은 한 개별 사회의 합법칙적 발전, 사회구성체적 발전과 통일될 수밖에 없다. 이때 이러한 발전과정에서의 매개 중심인 특수는 보편법칙과의 관계 속에서는 **사회구성체의 형성**, 좀더 엄밀히 말한다면 **한 개별 사회에서의 사회구성체의 특수적 형성**이라는 형태로 나타나는 한편, 다른 한편으로 개별과의 관계 속에서는 **한 사회**(예를 들면 한국)**의 특수한 사회구성체적 발전**으로서 나타나는바, 이는 동일한 과정의 양 측면인 것이다.[165] 앞에서 매개를 "대상들(개별자)의 고유하고 객관적이며 대상적인 구조(보편자) 그 자체의 드러남"이라고 했던 것도 이와 같은 맥락에서 이해될 수 있다.

이리하여 사회구성체는 이러한 발전과정을 통해서 **형성되는 것**이라는 지극히 동태적인 의미를 담고 있는 것이며, 이처럼 과정(형성)과 결과(형태)의 동시성 속에서 비로소 '현실'을 반영하는 '현실적' 개념으로서, 전체로서 사회구성체는 그 온전한 의미를 획득하며 한 사회를 발전과정 속에서 과학적으로 분석하는 방법이 된다. 즉 사회구성체를 완성된 형태

---

165) 이를 좀더 명확히 구분하면 앞의 측면은 개별을 통한 보편의 완성과정으로서 사회구성체의 형성과정이고, 이는 『자본론』에서 진행된 보편법칙의 정점에서 그 대표적인 예를 볼 수 있다. 다른 한편 뒤의 측면은 보편을 통한 개별 사회의 합법칙적(사회구성체적) 발전과정을 의미하며, 이것은 '구체적 상황에 대한 구체적 분석'이라는 과학의 과제에서 체현되어야 한다.

로서의 자기 자신을 향해 자기운동해 나아간다는 사회구성체의 형성과정
으로서 포착해야만 한다는 것이고, 이런 의미에서 사회구성체는 '형성되
는 어떤 것'일 수밖에 없으며, 이는 이미 변증법적 전체 개념에 내포되어
있다는 것이다. 따라서 세레니의 말처럼 경제적 사회구성체ökonomische
Gesellschaftsformation는 완성된 형태form로서 그것을 내포하고 있다는 의미
에서 '경제적 사회구성체'이며, 동시에 형태를 향해 형성되어 가는 동적
인 것이라는 의미에서 '사회의 경제적 **구성**(혹은 **형성**)'이다.[166]

　　한편 한 나라의 자본주의 발전을 특수적으로 파악한다 함은 본질적
관계와 개별적이고 고유한 제 조건을 통일시켜 현실성으로서 파악하는
것을 의미한다. 이는 곧 조건의 변화를 통해서 과정으로서 파악되며, 이
와 함께 우리는 '일련의 매개'로서 이 발전과정을 이해할 수 있다. 요약
하자면 한 사회에 대한 과학적 분석은 이러한 발전과정 속에서 개별 사회
가 점차 보편성을 띠는 특정의 사회구성체로 발전해 가는 **구체적** 양상을
현상과 본질의 통일 속에서 파악하는 것이고, 이것이 '특수성'의 올바른
위상이며, 이때 우리는 변전하는 대상을 동태적으로 인식할 수 있다.

　　앞에서 우리는 러시아에서의 계급관계에 대한 예를 인용한 바 있다.
이때 이를 통해서 얘기한 '발전의 전망'은 단지 추상적이고 공허하며 정

---

166) 세레니에 따르면 맑스가 『독일 이데올로기』에서는 Gesellschaftsformation이라는 말을 거의 사용하지 않으며
Gesellschaftsform이라는 정태적 개념만을 사용하고 있다고 한다.
　　1859년의 『정치경제학비판』 「서문」에서는 ökonomische Gesellschaftsformation이 전면적으로 사용되고 있으며
(『자본론』을 중심으로 한) 이후의 저작에서는 계속 ökonomische Gesellschaftsformation이 사용된다. 이러한 form
에서 formation으로의 변화는 개념이 현실을 (더욱 올바르게) 반영하게 된 것을 의미하며, 정태적 형태론에서 동적인
분석으로의 발전을 담고 있는 것이다. 이는 또한 제2인터내셔널과 레닌이 구별되는 바이기도 한데, 이에 대해서는 세
레니의 앞의 논문 참조. 흔히 『자본론』에서는 자본주의적 생산양식이 그 연구대상이라고 하면서 그 내용에 족쇄를 채
우려 하는데, 이는 카우츠키로 대표되는 제2인터내셔널식의 『자본론』에 대한 이해이다. 맑스는 『자본론』 '1판 서문'
에서 "내가 이 저작에서 연구해야 할 것은 자본주의적 생산양식 및 이에 조응하는 생산 제 관계 및 교통관계"라고 하
며 실제로 분석은 상부구조적 제 변화들까지 그 대상으로 한다(예를 들면 공장법에 대해 계속되는 언급 및 분석을 보라).
그리고 그 분석이 알튀세르식의 관념적 구성물로서의 생산양식에 머물지 않는다는 것은 분명하며, 오히려 개별적 대
상으로부터 실재성 있는 추상을 통해 보편법칙으로서 사회구성체적 발전을 다루고 있는 것이다.

적인 발전의 전망에 머물지 않으며, 오히려 그것은 변화·발전과정 속에서 한 사회 전체 또는 어떤 계급을 본다는 것을 의미했다. 이리하여 당시 러시아사회에 있어서 현실성의 담지자(변혁의 주체)와 구체적인 대상적 제 조건에 대한 변증법적 이해가 가능했으며, 이것이 물질적 힘으로 전화하는 데 전제가 되었던 것이다. 즉 프롤레타리아트가 계급으로서 형성되고 있다는 것에 머물지 않고 러시아에서는 프롤레타리아트가 어떻게, 여타 계급과는 어떤 관계 속에서 형성되는가, 농업 내부에서 계급분화 및 프롤레타리아트의 형성이 갖는 특수한 형태는 어떠한가, 그리고 이것은 러시아에서 변혁의 대상 및 주체에 대한 인식에 어떠한 변화를 요구하는가 등의 문제가 **동시에** 포착되었던 것이고, 이러한 특수성에 대한 올바른 인식 위에서 노농동맹이 가능하게 된 이론적 근거가 올바르게 포착될 수 있었던 것이다.

3) 사회구성체와 발전의 개념

완성된 형태로서의 사회구성체는 앞서 논의한 것처럼 이미 필연성을 획득한 발전법칙이 그것을 향해 운동해 나아가는 방향과 전망을 제시한다는 의미에서 상정되는 것이어서 그것만으로써 개별 사회의 역사적 제 시대를 구분하려 하게 되면 그 자체는 이념형적 모델, 관념적 구성물로 전락하게 되며, 분석의 목차는 제 유형의 평면적 나열이나 '접합'의 수많은 조합으로 기워지게 된다. 역사의 본질적 변화에 따른 사회구성체적 필연성은 그것이 발전과정 속에서 형성되는 현실적 과정으로 전개되며, 이 때문에 올바른 분석은 동태적 개념으로서의 사회구성체를 요구한다. 이와 관련하여 필수적인 것은 우선 변증법적인 '발전' 개념에 대한 이해이다. 우선 발전에 대한 이제까지의 견해 중 '일부'를 살펴보자.

무엇보다도 흔히 발견되는 것은 발전을 '생활이 좋아지는 것'이라든지, 어떤 측면에서건 '나아지는 것'이라는 도덕적·윤리적 함축을 갖는 개념으로 생각하는 경우이다. 워런B. Warren은『제국주의 : 자본주의의 개척자』Imperialism : Pioneer of Capitalism에서 자본주의의 진보성에 대한 맑스의 견해에 대해 강조하면서 다음과 같이 쓰고 있다.

> 1. **문화적**이고 **물질적**인 측면 모두에서 자본주의 고유의 성과는 간과되어서는 안 되며, 특히 자본주의가 **개인적 창조성을 해방**시키고 생산에서의 협업cooperation을 조직화했다는 사실은 간과되어선 안 된다. 인간의 진보에 있어서 자본주의가 수행하는 이러한 역할에 대한 강조는 반자본주의적 낭만주의에 대한 비판 및 자본주의적 성공의 **물질적**이고 **문화적** 측면을 선전적 목적으로부터 분리시키는 데 토대가 된다. 반자본주의적 이데올로기와 사회주의적 이데올로기 간의 구별——자본주의에 대한 도덕적이고 몰역사적인 비판과 사회주의적 비판 간의 이러한 구별이 갖는 중요성은 확고히 정립되어야 한다.
> 2. ……자본주의를 사회주의에로의 가교bridge로서 간주하는 견해는 옹호되어야 한다. 최초의 성공적인 사회주의혁명이 자본주의적 산업화의 초기단계에 있던 나라에서 발생하였다는 것이, 흔히 주장되는 것처럼 정통적 맑스주의자의 견해를 부정하는 것은 아니다. 나로드니키에 대한 레닌의 논쟁, 자본주의의 **진보성**progressive에 대한 그의 이해 및 개념의 발전은 성공적인 혁명전략의 정립에 중심적인 것이 되었다.[167]

여기에서 워런의 자본주의에 대한 견해를 검토할 여유는 없으므로 일단 자본주의의 진보성에 대한 그의 요약적 명제만을 인용했다. 이러한

---

167) Bill Warren, *Imperialism : Pioneer of Capitalism*, Verso, 1980, p.7.

논지에 근거하여 그는 소위 '저개발의 발전'이라는 민족주의적 신화에 대한 전면적 공격을 이 책 전체에 걸쳐 행하고 있다. 자본주의적 생산양식이 갖는 혁명성·진보성은 맑스가 이미 지적한 바이고[168] 그것은 또한 사회주의의 가교라는 역사상에서 자본주의가 갖는 위상도 옳다. 그러나 문제는 이러한 발전이 결국은 '물질적 및 문화적'인 것으로 간주된다는 데 있고, 이는 '개인의 창조성 해방'이라는 환상과 '의회민주주의' —— 이는 위 인용에서 생략된 부분에 있는 말이다 —— 에 대한 베른슈타인적 찬사를 배태하고 있는 것이며, 이러한 자본주의의 진보성에 대한 그릇된 도취는 급기야 자본주의 및 제국주의에 대한 찬사 속에서 그 다음에 나타나는 사회의 역사적 발전상을 기억에서 지워 버리고 있다. "후진적이나 근대화되고 있는 사회주의국가의 존재로부터, 단지 그것이 역사적으로 우월superior한 생산양식이라는 이유만으로 어떤 주어진 사회를 공업화하는 데 있어서 사회주의가 자본주의보다 우월superior하다는 결론은 나오지 않는다. ……게다가 근대화에는 많은 차원이 있기 때문에 어떤 측면에서는 차선인 것[자본주의]이 다른 측면에서는, 예컨대 개인주의나 정치적 민주주의의 발양이라는 측면에서는 최선이 될 수 있다"[169]는 것이다.

이러한 발전이나 진보성에 대한 환상은, '종속이론' 등의 소부르주아적 신화에 대해 도덕적 비판과 사실적·역사적 분석을 혼동하고 있다고 하는 그 자신의 비판에서 한 발자국도 벗어나지 못하고 있으며, 반反자본주의적 또는 반反제국주의적 선전 대신 부르주아적이고 제국주의적인 선전의 목적에 머리끝까지 빠져 버린 '반역사적'reactionary 변론임을 보여 준다. 이것은 그가 식민주의에 대해 언급하는 곳에서 노골적으로 드러난다.

168) "Manifest der Kommunistischen Partei", *MEW*, Bd.4, SS.462~474.
169) B. Warren, ibid., p.116.

그는 식민주의의 일반적 '효과'에 대해 언급하면서 식민지에 있어서 생산관계·계급관계 및 민족적 억압과 계급투쟁, 민족해방투쟁 등 혁명과 관계있는 것은 거의 운위하지 않는다. 묘하게도 생산력 발전과 물질적 복지 등에 대해 말하며 건강·교육·새로운 소비재의 공급 등등의 '발전'을 들어 식민주의를 찬양하고 있다.[170] 여기에는 혁명의 관점이 전혀 없다. 종속이론의 반대편에 서서 한 나라 경제의 양적 증대와 소위 '소비수준' 등등을 운위하며, 이러한 전제하에서 자본주의가 나은가, 사회주의가 나은가라는 유치한 계산을 하고 있는 것이고, 그런 의미에서 직접적 생활조건의 향상'이라는 베른슈타인류의 개량주의임이 명백하다. 또한 제국주의와 식민주의를 논의하는 것을 보면, 1차대전을 전후해 제2인터내셔널의 개량주의와 제국주의적 경제주의로써 맑스주의의 회화戲畵를 그린 쿠노 H.Cunow 등의 노동귀족적인 사회—제국주의와 완전히 동일하다.[171]

자본주의의 진보성이나 '발전적 함의'는 무엇보다도 전체 역사의 관점에서 그것이 변혁의 필연성과 합법칙적인 역사발전을 담고 있으며 그 주체세력을 만들어 낸다는 것에 있는 것이며, 또 소위 '문명화' 작용도 계급투쟁의 보다 나은 조건을 만들어 내기 때문에 유의미한 것이지, 그 자체로는 계급적 억압과 착취에 수반된 외피에 불과한 것이다.[172] 신분적 예속으로부터의 '해방'은 사본주의라는 보나 무서운 '족쇄'에 매이는 것

---

170) ibid., pp.128~138.

171) Lenin, "Imperialism, the Highest Stage of Capitalism", CW, Vol.22, pp. 265~275 참조. 이 글에서 레닌은 쿠노를 제국주의 및 병합의 변호사라고 부르며 그의 견해를 다음과 같이 요약한다. "쿠노에 따르면 제국주의는 현재적 자본주의이다. 자본주의 발전은 진보적이며 필연적이다. 따라서 제국주의는 진보적이다. 그러므로 우리는 제국주의 앞에 경배하고 그것을 찬양해야 한다"고. 이는 워런의 논지와 완전히 동일하다! 그는 이것이 1900년을 전후해서 나타난 나로드니키의 대립물인 스트루베, 투간 등의 합법적 맑스주의와 동일하다는 말을 첨부하고 있다.

172) 반자본주의적 낭만주의에 대한 비판도 그것이 자본주의가 제공하는 제반 조건의 향상을 보지 못했다는 것이 그 초점으로 될 수는 없다. 오히려 그것은 자본주의루이 이행이 역사의 합법칙적 발전으로서 필연적이라는 사실을 보지 못하는 것이기에 반역사적인 것이지 — 이런 의미에서 자본주의가 갖는 역사적 진보성을 보지 못한 것이 문제이지 — 그 물질적 복지의 증대·향상을 보지 못해서 반역사적인 것은 아니었다.

을 의미하며, 토지로부터의 해방은 가진 것 하나 없는 무산자화를 의미한다. 역사상 수행된 부르주아지들의 혁명적 역할은 실제로 모든 봉건적 제 속박을 자본의 속박으로 바꿔 놓은 것일 뿐이며, 이리하여 그들은 "인간과 인간 사이에는 노골적인 이기심, 삭막한 현금거래 이외에는 아무런 관계도 남겨 두지 않았다".[173]

그러나 그럼에도 불구하고 이것은 명백히 역사적 발전이다. 왜냐하면 이것은 자본주의 이후의 사회구성체로의 객관적 전제조건을 의미하며, 그것이 물질적 제 조건을 만들어 내고——이것이 생산력 발전이 갖는 **역사적** 의미이다——이와 더불어 부르주아지의 묘혈을 파는 인부를 만들어 내기 때문이다——이것이 프롤레타리아트가 처한 모든 악화된 조건에도 불구하고 노-자관계가 봉건적 관계나 노예제적 관계보다 발전된 것이라는 의미이다.[174] 반대로 자본주의의 부정적 측면에 대한 혐오나 증오로 일면화될 때 역시 발전에 대한 올바른 이해에 실패하게 된다. 여기에서 고전적인 예는 19세기 중엽 이래의 수많은 공상적 사회주의자들이 있다. 이에 대해서는 이미 엥겔스가 체계적으로 정확히 비판한 바 있다.[175] 우리는 이 경우(앞에서 후자의 경우)로서 초기 루카치의 예를 들 수도 있다. 그는 『역사와 계급의식』에 대한 자기비판에서 이를 분명히 하고 있는데, 그는 맑스주의의 주춧돌이며 존재론적 객관성의 근거인 '노동' Arbeit 개념을

173) "Manifest der Kommunistischen Partei".
174) 이에 대해서는 Friedrich Engels, "Grundsätze des Kommunismus", MEW, Bd.4, S.366. "…… 프롤레타리아트는 노예보다 한층 더 높은 단계에 서 있는 것이다. 노예는 모든 사적소유관계 중에서 노예제적 관계 하나만을 철폐함으로써 자신을 해방시키고 이로써 프롤레타리아트로 되는데, 프롤레타리아트는 사적소유 일반을 철폐함으로써 비로소 자신을 해방시킬 수 있는 것이다."
"농노는 도시로 도망쳐 수공업자로 되든가, 또는 자신의 지주에게 생산물 대신에 돈을 바치고 자유로운 차지농으로 되든가, 그렇지 않으면 자신의 봉건영주를 내몰고 스스로 소유자가 되든가 함으로써 자신을 해방시킨다. 한마디로 말해 그는 어떤 방식으로든 유산계급 속에 들어가며 경쟁의 영역 속에 들어섬으로써 자신을 해방시킨다. 그런데 프롤레타리아트는 경쟁, 사적소유 및 모든 계급적 차이를 철폐함으로써 자신을 해방시킨다."
175) "Die Entwicklung des Sozialismus von der Utopie zur Wissenschaft", MEW, Bd.19의 제1장을 보라.

빠뜨림으로써 역사상에서 자본주의가 갖는 혁명적 측면을 보지 못한 채 도덕적 혐오로 일관했다고 한다.

이로써 [노동이 빠져 버림으로써] 또한 동시에 참된 유물론이 말하는 노동Arbeit과 노동하는 인간der arbeitende Mensch의 발전(혹은 개발) 사이에 행해지는 상호작용 역시 사라진다. "생산을 위한 생산마저도 다름아닌 인간의 생산적 에너지의 발전이며, 따라서 자기목적인 인간적 자연[본성]의 발전이다"라는 맑스의 위대한 사상은 『역사와 계급의식』이 고찰할 수 있는 영역의 바깥에 놓일 수밖에 없었다. 그리하여 **자본주의적 착취**는 그것이 갖는 이러한 객관적이고 혁명적인 측면을 상실하며, "유로서의 인간의 능력들이 발전되는 것은 비록 이 발전이 일단은 인간 개체들의 다수 및 일정한 인간계급의 희생 위에서 수행되어짐에도 불구하고, 결국에 가서는 이 적대관계를 꿰뚫고 솟구쳐올라 개별적인 인간 개체의 발전과 합류할 것이며, 따라서 인간 개성의 더 높은 단계로의 발전은 오직 인간 개체들이 희생되고 있는 하나의 역사과정을 통해서만 획득된다"(Theorien über den Mehrwert, MEW, Bd.2, S.111)는 사실이 이해될 여지가 없다.[176]

여기서 분명히 알 수 있듯이 맑스는 인간 개체들이 희생된다는 것과 그런 희생이 전면화되는 하나의 역사과정, 즉 자본주의의 역사상 위상을 통일적으로 이해하고 있으며, 이는 자본주의에 대한 증오를 품고도 동시에 그것이 갖는 진보적 측면을 포착할 수 있는 계기가 된다. 반면 루카치 스스로가 인정하듯이, 또한 그의 오류 중 하나인 대상화Vergegenständlichung

---

176) 루카치, 『역사와 계급의식』, 18~19쪽.

를 모두 소외Entfremdung로 간주하는 헤겔적 경향과 함께, 극좌적인 노선으로 나아간다.[177]

'발전' 개념의 부르주아적 사용에 대한 비판이 너무 멀리까지 나아가면서 나타나는 오해도 있다. 정성진 교수는 「민족경제론의 제 문제」에서 관변경제론과 소위 '민족경제론'의 발전 개념을 비판하며 다음과 같이 쓰고 있다.

> 관변경제론은 경제성장=경제발전이라는 등식에 입각해 있다. 양적 관계를 중시하는 근대 경제학의 방법을 따르는 이들은 1인당 GNP 증가, 수출의 증가와 같은 경제개량의 증가를 그대로 경제발전이라고 본다. 따라서 이들의 관점에서는 그간의 한국 경제는 발전한 것으로 된다.
> 이러한 관변경제론의 주장에 대해서 민족경제론은 경제발전은 단순한 경제성장과 구별되어야 한다고 맞선다. 민족경제론은 경제성장이 국민경제의 대외적 자립화, 대내적 평등화와 같은 구조변화를 수반할 경우에만 경제발전이 이루어지는 것이라고 주장한다.[178]

그에 따르면 이들 양자 모두는 공통적으로 다음의 결점을 공유한다고 한다. "첫째, 이들의 경제발전은 모두 몰역사적이며 주관적이다. ……
둘째, 관변경제론과 민족경제론의 경제발전 개념은 현상적으로 정면 대립하고 있지만 내면적으로는 **'발전'**을 **'추구해야 할 지상목표'**로 설정하는 **발전지상주의적 문제틀**을 공유하고 있다."[179]

이에 대해 정 교수는 생산양식과 사회구성체 개념으로 돌아가야 한

---

177) 같은 책, 26~27쪽.
178) 정성진, 「민족경제론의 제 문제」, 『산업사회연구』 1집, 한울, 1986, 197쪽.
179) 같은 책, 198쪽. (강조는 인용자)

다고 하며, 이렇게 볼 때 이들이 주장하는 '발전'은 실상 '자본주의적 생산양식의 발전'에 불과하다는 것이다.

이상의 지적은 타당하다. 한마디로 이들의 견해나 주장에는 생산관계의 변혁이라는 관점이 전혀 결여되어 있다. 즉 이들은 모두 정 교수 말대로 자본주의라는 틀에서 한 발자국도 벗어나지 않은 채 그 틀 내에서의 양적 성장과 재생산구조의 발전(안정화!)을 그 목표로 하고 있는 것이다. 그런데 문제는 정 교수가 이러한 '발전지상주의'에 반대하여 '발전'이란 개념 자체를 폐기해 버린다는 것이고, 그 결과 자본주의적 발전과 자본주의를 넘어서는 발전(?)을 분리시키는 결과를 낳았다는 것이다. 여기서는 일단 발전의 개념에 제한해서 논의하겠다.

그에 따르면 위와 같은 "자본주의적 생산양식의 발전은 민중들에 대해 단지 잉여가치 생산의 발전, 착취의 증대만을 의미할 뿐이다."[180] 발전에 대한 이러한 인식은 앞에서 말한 루카치의 오류를 다시 상기하게 한다. 이것은 바로 다음에 더욱 명시적으로 표현되어 있다.

여기에서 발전의 문제를 성장이나 구조변화가 아니라 자본주의 생산양식의 발전이라는 문제틀 속에서 제기할 때에만 변혁의 과제를 발전이 아니라, **발전으로부터의 해방,** 즉 착취와 억압으로도부터의 해방이라고 올바르게 설정할 수 있음을 알 수 있다.[181]

여기에서 논자가 염두에 두고 있는 것이 무엇인가는 분명히 드러난다. 정 교수에 따르면, 발전은 자본주의 생산양식 내에서만 운위될 수 있

---

180) 같은 책, 198쪽.
181) 같은 책, 198쪽. (강조는 인용자)

으며, 그것의 극복은 발전이 아니라 발전으로부터의 해방이 된다(이런 의미에서 정 교수의 발전 개념은 그가 비판하고 있는 사람들의 그것과 동일하다!). 물론 정 교수가 앞의 논자들과 구별하여 '발전으로부터의 해방'을 선언한 뜻은 이해할 수 있다. 그런데 이렇게 되면 우리는 애를 닦아 주다가 말고 그 닦아 주던 물과 함께 애도 같이 버리게 되는 것은 아닐까? 대체 발전으로부터의 해방은 무엇인가? 그것은 어떻게 무엇을 근거로 이루어지는가? 진정한 해방이 단지 이처럼 '발전'으로부터 벗어나는 것만으로는 불충분함은 너무도 분명하다. 그것은 새로운 경제 또는 사회의 '건설'이어야 하는 것이고 그것을 발전시키는 것이다. 그리고 그것의 토대는 분명히 그 변혁의 전제가 된 이제까지의 물질적 제 조건이라는 것, 즉 이제까지 '발전'되어 온 것임이 역시 명확하다. 따라서 정 교수의 발전지상주의 비판은 너무 멀리까지 나아가 그것의 반사적 대립물로 되고 있음이 분명하다[182](이러한 결론의 정치적 귀결은 좌편향이다).

그렇다면 우리는 발전을 어떻게 이해해야 하는가?

발전은 항상 특정한 가능성이 현실성으로 이행되는 것을 통하여, 가능성과 현실성의 위치교환을 통하여 현존하게 된다. 또한 인간의 현실적인 활동을 통하여 가능적인 것은 현실적인 것으로 변화한다. …… 가능성에서 현실성에로의 이행은 합법칙적이고 필연적이며 일반적인 연관을 나타낸다. 곧 발전은 항상 가능성들의 자유로운 선택과 정립 Freisetzen이 현실적인 것으로 전환되는 것이다.[183]

이러한 발전은 곧 모순의 전개Entwicklung과정 —— 발전과정이며, 특히 사회와 역사에서는 이러한 일반적 발전법칙이 일관된 법칙으로 정리되어 왔다. 앞에서 정 교수도 말했지만 자본주의적 생산양식의 모순이 심화되는 것이 곧 자본주의적 발전과정이기도 하다. 이것은 자본주의적 생산양식의 기본모순에 내재되어 있고 잠재되어 있는 것 ──혹은 가능적인 것으로 존재하는 것── 이 발현되고 현실화되는 것을 의미한다. 이것은 또한 자본주의적 관계의 일반화나 양적 증대를 의미하기도 하며, 이런 뜻에서 **자본주의적 발전과정은 자본주의적 관계의 발전과정**인 것이다.

그러므로 발전은 가능적인 것, 잠재적인 것이 현실적인 것으로 전화되는 것이라고 할 수 있는 것이며, 이러한 이행은 필연적인 것이라고 할 수 있는 것이다. 반대로 현실적인 것이 가능적인 것으로 되는 것도 또한 가능하다. 물론 이것이 필연적인 것은 아니긴 하지만. 슈틸러는 이에 대해 다음과 같이 쓰고 있다.

> 가능적인 것의 현실적인 것으로의 이행은 새로운 것이 낡은 자리에 들어선다는 것을 의미하는 반면, 현실적인 것의 가능적인 것으로의 위축은 낡은 것이 여전히 중요한 세력Kraft을 차지하고 있으며, 현존하는 것에 영향력을 미치는 잠재력Potenz을 갖추고 있다는 데 대한 표현이다. 낡은 것은 새로운 것의 승리 이후 더 이상 현실성을 갖지 못하지만 그것의 모든 가능성이 완전히 소진된 것은 아니기 때문에 그 존재만은 유지하고 있다. 이것은 내개 낡은 것이 새로운 것에 의해 결정적으로 파괴당한 후에도 새로운 것에 대한 싸움을 계속한다는 데서 나타난다.[184]

---

182) 이 논문의 핵심인 중소자본이 민족자본인가 하는 문제에서는 자본의 성격을, 즉 민족자본가 예속자본가의 여부를 단지 그것의 소유자가 누구인가의 문제로 돌려 버리는 방법을 사용하고 있다. 만약 그렇다고 한다면 한국 국민이 자본의 대부분을 갖고 있는 주식회사는 그것이 독점자본이든 아닌든 민족자본인가? 또는 '인민의 회사'는 아닌가? 더 나아가 노동자의 돈을 끌어모아(주식을 팔아) 세운 회사가 있다면 그것은 '노동자의 회사'인가라는 문제를 제기토록 한다. 이러한 방법은 실제로 소유지분에 따라 잉여가치가 분배되는 것으로 본질을 파악하게 되는 유통주의를 의미한다. 좀더 심하게 표현하면 방법론적 프루동주의이다('소유관계'와 '소유권'은 결코 혼동되어선 안 된다).
183) 슈틸러, 『모순의 변증법』, 57~58쪽.
184) 같은 책, 59쪽.

이것은 사적 유물론과 사회구성체론에서 매우 중요한 의미를 담고 있다. 현실에 '존재'하는 것에는 말 그대로 필연적인 것, 현실적인 것만이 존재하는 것은 아니며 분명히 그렇지 않은 것도 존재하기 때문이다. 예를 들면 자본주의사회에 자본주의적 생산양식과 함께 전자본주의적 제 요소가 존재하는 것을 생각할 수 있다. 누구도 그것이 함께 존재하고 있으며 또 실제로 공존하고 있다는 것을 부정할 수는 없다.

그런데 이 공존상태를 정태적으로 '구조적으로' 파악한다고 하면서 나타난 기형아가 곧 '생산양식접합 이론'이다. 그들에게 있어서 생산양식이나 사회구성체는 이미 역사성을 상실한 채 단지 제 요소의 논리적 조합물로 전락해 버리고 있으며, **가능성과 현실성은 구별되지 않는다.** 그들 말대로 역사나 발전은 인정되지 않는다. 단지 공시적 구조와 그것의 논리적 전개 순서에 따르는 통시성만이 인정될 뿐이다. 따라서 그들에게 가능성, 현실성이라는 '헤겔적인' 개념과, '가능성의 현실성에로의 이행' 혹은 '현실성의 가능성으로의 이행'이란 '발상'이 이해될 리는 만무하다. 그리하여 존재하는 어떤 상태의(부르주아적) '현실'이 구조적으로 어떻게 재생·존속·강화되는가 하는 말들이 현학적 표현을 빌려 쏟아져 나오고 있을 뿐이다. 그들에 의하면 생산양식은 노동자, 생산수단(노동대상, 노동수단), 비노동자, 소유연관, 실질적 혹은 본질적 수취연관이라는 불변요소의 조합물에 불과하며, 사회구성체는 이러한 생산양식의 뼈다귀들로 짜맞춘 '각양각색의 건축물'로 되며, 사적 유물론은 그러한 사회구성체의 '통시적(?) 열람표'로 된다.[185]

방금의 인용문은 이러한 정태적 파악에 대한 철학적 비판을 담고 있다. 자본주의 초기에 처한 사회를 예로 들어보자. 그 사회에는 전자본주의적 제 경제범주들이 광범하게 존재한다. 이것의 생산양식과의 공존을 즉시 '접합'이라고 주장하거나 구생산양식의 온존·강화 운운하는 주장이 이 경우 무척 많이 나타난다는 것은 주지의 사실이다. 이를 또 우클라드론으로서, 제 현상에 대해 '구체적'(? 이런!)으로 이해하려는 시도 또한 없지 않다. 이 논리 모두는 그것을 전체로서, 또 변화·발전하는 것으로서 보고 있지 못하며, 공존하는 각각을 가능성과 현실성의 맥락 속에서 위치 짓는 데 완전히 실패하고 있다. 공존하는 제 생산양식은 마찬가지로 동등하게 현실적인 것으로 이해되게 되며, 이리하여 "존재하는 모든 것은 의연 계속 존재한다"고 선언하게 되거나 양자 서로가 서로를 강화하거나 재생산한다고 하게 된다. 이것은 모든 형태의 정태론에 마찬가지로 적용된다. 앞서 인용한 것처럼, 전자본주의적 생산양식이 잔존하여 공존하고 있다 할지라도 그것은 이미 현실성을 잃고 단지 가능성 수준으로 떨어진 데 불과하며, 자본주의적 현실성의 전면적 발전에 따라 필연적으로 해체·소멸될 어떤 것에 불과하다.[186] 이에 대해서는 앞에서 논한 바 있기도 하다.

　　우클라드 개념에 대해서 한마디 첨언한다면, 우클라드는 필연성을

---

185) 발리바르, 『역사과학의 기초범주』, 16~18쪽. "모든 생산양식 구조의 일부분인 이들 두 연관에 따라 그 구성요소들의 결합을 바꿔 줌으로써 우리는 다양한 생산양식을 재구성할 수 있다. …… 이런 식으로 우리는 어느 정도까지는 한 번도 **독자적인** 형태로는 존재한 적이 없었던 생산양식까지도, 따라서 엄밀한 의미에서는 우리의 '시대구분'의 일반형태가 되지 못하는 생산양식까지도 구성해 낼 수가 있는 것이다. …… 이러한 분석의 마지막 결과는 모두 동일한 '인자'로 결합되어 있는 여러 생산양식 **형태의 비교도표**가 될 것이다."(18쪽)

186) 이에 대해서는 헤겔적 명제에 대한 엥겔스의 주석을 이미 언급한 바 있다(본고의 III장 3절의 114쪽을 보라). 현실적인 것, 현실성은 '현재 존재하고 있는 것'과는 다르다. 즉 필연적인 한에서만 현재 존재하고 있는 것은 현실적이다. 필연성을 상실한 존재는 슈틸러 식으로 표현하면 "현실성에서 가능성으로 전화한 것"이고, 그리하여 "소멸하여 마땅한" 존재로 되어 버린다("Ludwig Feuerbach und der Ausgang der klassischen deutschen Philosopie", MEW, Bd.21, SS.266~267). 현실성이 '현재 존재하고 있는 것'으로 흔히 사용되는데, 이는 철학적으로 중요한 본질적 차이를 내포하고 있다. 즉 필연적이고 '이성적인' 것을 실현시키기 위해 현존 세계를 변화시키려는 입장과, 현존하는 세계에 '현실적으로'(? 이런!) 적응해 가려는 입장이 그것이다. 후자는 명백히 부르주아적 입장의 근저에 있는 '사상성'이다. 이러한 부르주아적인 현실성의 개념은 다음과 같은 역사적 사실에서 연유한다.
부르주아지는 봉건제 붕괴의 시대에 현존 세계 속에 필연성을 실현시켜 가는 변혁의 주도세력이었고 현실성의 담지자였다. 그러나 부르주아적 세계가 더 이상 필연적이지 않게 되었을 때 그들은 일체의 현실성을 상실하게 되어 버렸고, 그에 따라 현실성(이성적인 것, 필연적인 것으로서)에 대해 얘기하는 것은 더 이상 현실적이지 않게 된 부르주아적 세계의 종말을 말하는 것으로 되었다. 그리하여 그들은 '현재 존재하고 있는 것'을 현실적인 것으로 간주하고 '현실성'이라고 부르며 새로운 현실성의 담지자를 호도하게 된 것이다. 이처럼 '현실성'은 철학적·사상적 차이를 파악하는 데 있어서 극히 중요한 범주이다.

상실하고 단지 가능성으로서만 남아 있으며 점차 소멸해 가는 낡은 범주나 혹은 아직 현실화되지 못한 채 가능성만 가지고 있는 미래의 사회구성체의 맹아적 형태들로 제한해서 사용하는 것이 정태론에의 함정을 벗어나는 최소한의 방책이라고 생각한다.[187]

이처럼 '발전'을 이해할 때 "새로운 현상의 발전은 '우연적인' 특징들Merkmale이 '필연적인 것'으로, '비본질적인 것'이 '본질적인 것'으로, '개별적인 것'이 '보편적인 것'으로 되는 것을 통해 드러난다".[188] 이러한 방법은 『자본론』에 그대로 적용되고 있다. 예를 들어 맑스는 『자본론』 1권에서 교환에 따른 화폐성립의 필연성을 상품에 내재한 모순의 발전이라고 하면서 다음과 같이 쓰고 있다.

> 화폐적 결정물Geldkristall은, 상이한 노동생산물이 그 속에서 서로 사실상tatsächlich 등치되고 따라서 사실상 제 상품으로 전화되는 바의 교환과정의 **필연적인** 산물이다. 교환의 역사적 확대 및 심화는 **상품의 본성**Warennatur **속에 잠재해 있고 사용가치와 가치의 대립을 발전시킨다.** 이러한 대립을 유통Verkehr에 대해 외면적으로 표시하고자 하는 욕망은 상품가치Warenwert라는 하나의 자립적인 형태로 치닫게 되며, 그 형태가 상품과 화폐로의 상품의 이중화die Verdopplung der Ware in Ware und Geld를 통해 그 궁극점에 도달하기까지는 결코 멈출 수도 없으며 쉬지도 못한다. 따라서 제 노동생산물의 상품으로의 전화가 완수되는 정도로, 상품의 화폐로의 전화는 완성된다.[189]

---

187) 이런 맥락에서 하야시 나오미치(林直道)는 우클라드를 "사회구성체의 질을 규정하는 주요한 생산관계를 제외한 부차적 생산관계"라고 주장하면서, 그러한 우클라드에는 "일반적으로 ①낡은 생산관계의 잔존물(유제) ②미래사회에 존재할 생산관계의 맹아형태 ③어떠한 사회에도 존재하는 소경영이 있다"고 지적한다(林直道, 『史的唯物論と經濟學』(下), 大月書店, 1971, p.48).

188) 슈틸러, 『모순의 변증법』, 60쪽.

상품의 양적인 교환관계는 처음에는 전적으로 **우연적**이다. 상품은 그것을 상호간에 매각하고자 하는 상품소유자들의 의지행위Willensakt를 통해 교환 가능하게 된다. 그동안에 소원한 사용대상Gebrauchsgegenstände에 대한 욕구가 점차 확정적인 것이 된다. 교환의 지속적인 반복은 그것을 **합법칙적인 사회적 과정**으로 만든다.[190]

그런데 이러한 발전의 개념이 생산양식 내에서만 적용되거나 관철되는 것은 아니다. 이미 맑스가 『경제학비판』 서문에서 분명히 하고 있듯이, 한 사회에 있어서 생산력 발전에 조응하는 생산관계의 변화 및 그에 따른 상부구조 전체의 변화, 한마디로 말하면 사회구성체 전체의 변화 또한 합법칙적이고 필연적이다. 물론 이런 변화가 현실화되는 것은 그 사회구성체에 있어 혁명의 현실성을 담지하고 있는 계급과 이제는 더 이상 현실적이지 않게 된 계급 간의 투쟁에 의해서이며, 이것은 깊이 잠든 자연의 가능성이 인간의 노동에 의해 현실성의 찬연한 빛으로 전화되는 것과 마찬가지다. 그리고 이것 또한 명백히 변증법적 **발전이며**, 나아가 단순히 양적인 형태의 발전에 머물지 않는 질적인 발전이다. 즉 사회구성체 자체의 변화라는 이러한 발전은 한 사회구성체 내에서의 모순의 발전에 근거할 때에만 올바로 파악될 수 있다. 이에 대해 맑스는 다음과 같이 말한다.

한 역사적 생산형태의 **제 모순의 발전**Die Entwicklung der Widersprüche einer geschichtlichen Produktionsform은 그 생산형태의 **해소와 새로운 형성** Auflösung und Neugestaltung에 이르는 **유일한** 역사적 통로이다.[191]

---

189) *Das Kapital*, Bd.1, SS.101~102. (강조는 인용자)
190) ibid., S.103. (강조는 인용자)
191) *Das Kapital*, Bd.1, S.512. (강조는 인용자) 앞에서의 기본모순에 대한 논급도 이런 맥락에서 제시된 것이다.

따라서 소위 '발전으로부터의 해방'이라는 말이 얼마나 편협하며 또한 형이상학적인가를 알 수 있다. 정 교수는 발전이라는 개념조차 '발전' 속에서 이해하는 데 실패했으며, 이러한 '발전의 신이론'에서는 변증법은 '탈발전' 내지 '반발전'反發展의 끓는 열기에 의해 어디론가 증발해 버린 것을 발견하게 된다.

　　역사적 발전은 **연속성과 단절성의 통일**로서 이해되어야 한다. 도식화의 위험을 무릅쓰고 단순화시킨다면 생산력은 일차적으로 역사적 제 형태의 연속성과 유기적 연관성을 표현하며, 생산관계는 이러한 **연속성에 근거한** 역사적 제 형태, 혹은 사회구성체의 단절성을 표현한다. 그런데 이러한 단절성은 분명히 연속성에 근거하며, 그렇기 때문에 단절성 자체의 연쇄 또한 연속성을 갖는다. 이런 의미에서 맑스는 특정한 생산형태의 근저에 존재하는 제 모순(특히 기본모순)의 발전을 위와 같은 단절성으로서, 낡은 형태의 붕괴·해소와 새로운 형성에 이르는 **유일한** 역사적 통로라고 했던 것이다.

　　또 발전으로부터의 해방은, 발전이라는 개념을 정 교수 식으로, 즉 부르주아 경제학이나 근대화론의 개념으로 사용하는 것임을 인정하여 그 문장을 이해해 준다 해도 그것은 기존 관계의 붕괴·파괴(?) 내지 해체 이상은 아니다. 거기에서는 단지 그에 대한 대체안 건설의 **당위성만이 운위될 뿐**이며 낡은 형태의 해소와 **새 형태의 적극적 건설**에 대해 생각할 수 없게 된다(이런 의미에서 이러한 정 교수의 입장은 프루동주의적이며 무정부주의적이다!). 더욱이 낡은 것의 해소와 새 것의 건설이 '어느 날 갑자기' 이뤄지는 것이 아니라고 했을 때, 이러한 관점에 서게 된다면 형태의 교체라는 역사적 발전에 대해 이해할 수 없게 될 것임은 자명하다 할 것이다. 즉 혁명은 연속성과 단절성의 통일로서 이해될 수 없게 되는 것이다.

　　이러한 관점에 선 제 논자들이 식민지 조선에서의 자본주의 발전을 이해하지 못하며, 자본주의적 사회구성체로 파악하는 견해를, 정태적으로 현재 존재하고 있는('있을 뿐인'이 더 정확한 말이다!) 이전 형태의 잔존물——슈틸러 표현을 빌리면 단지 가능성으로 전화해 버린 현실(성)——을 들어 반박하고 있다는 것은 어쩌면 당연하다. 그러나 이것이 놀랄 수밖에 없는 견해임도 또한 분명하다. 즉 이들은 한 사회구성체, 예를 들면 자본주의사회구성체는 완성된 형태로서 '어느 날 갑자기' 시발始發되는 어떤 것으로 간주하고 있으며, 그 경우 자본주의라는 모델에 비추어 비자본주의적인 것이나 기형적·파행적인 것이 있어선 안 된다는 것이다.[192] 이리하여 식민지는 자본주의가 아닌 것으로 되며 상이한 생산양식의 '접합' 내지 서로 다른 본질의 토대와 상부구조의 접합으로 파악되어야 한다는 것이다. 이렇게 되면 현실은 자기형성하는 전체로 이해될 수 없으며, 형이상학적 고정성으로서 존재하고, 모든 이론적 개념은 비교·대비를 위한 유형론적 모델로 굳어 버린다. 이는 (유물론적) 개념의 승천이라 할 수 있을 것이니, 이를 수행해 내신 분들은 예언자 베버의 예언에 따라 '하늘'에서 내려 온 천사들이라 할 만하다!

4) 자본주의의 발전법칙과 소위 자본주의적 '전일화'

그렇다면 자본주의 생산양식을 동태적으로, '현실적'으로 이해하기 위하여, 즉 발전하는 것으로서 파악하기 위하여 자본주의 생산양식적 발전에 대해, 특히 소위 '전일화'와 발전이란 문제를 고찰해 보자.[193]

---

192) 대표적인 것은 "식민지반봉건사회론의 쟁점"에 대한 토론에서 보여진 안병직 선생의 경우일 것이다. 이리하여 식민지로서도 자본주의가 아닌 것으로 되며 상이한 생산양식의 '접합' 내지 서로 다른 본질의 토대와 상부구조의 접합으로 파악되어야 한다는 것이다.

193) '소위 전일화'라고 쓴 것은 이 말의 연원을 분명히 찾을 수 없었기 때문이다. 맑스나 기타 고전적 논자들의 저작에서 전일화란 개념을 '아직'(?) 발견할 수 없었고, 어떤 교과서적 저서들 속에서도 '아직'(?) 발견할 수 없었다. 그러나 그것이 보통 의미하는 바는 어느 정도(?) 인지되어 있다고 생각되고 어찌 됐든 흔히 사용되는 용어이기에, 여기에서는 그것의 실제 의미를 분명히 하고 그럼으로써 자본주의적 발전 및 발전법칙에 대한 동태적인 의미를 정립하고자 한다.

자본주의적 전일화란 흔히 정태적으로 이해되는 것처럼 '전면적인 자본주의화'를 의미하지는 않는다. 말 그대로 전일화란 사회의 전 영역에 걸쳐서 자본주의적 관계가 현실화되는 과정을 의미하며, 따라서 비자본주의적인 것이 발견된다거나 양적으로 우세하다는 이유만으로 자본주의적 전일화 혹은 자본주의사회구성체라는 파악을 부정할 수는 없다.[194] 앞서 발전에 대해 본 바와 같이, 자본주의적 발전이란 가능성이 필연성을 획득함으로써 현실성으로 전화된다는 의미에서 자본주의적 '전일화'를 의미한다고 할 수 있는 것이다. 이에 대해 맑스는 『자본론』 1권에서 매우 구체적으로 설명해 주고 있다. 이에 대해서는 간략히 요약할 수도 있겠으나, 여기에는 소위 자본주의적 '전일화'는 물론 사회구성체적 발전에 대한 이해에 있어서 극히 중요한 내용이 담겨 있기 때문에 매우 장황해지더라도 인용을 하는 것이 옳을 것으로 생각된다.

자본주의적 전일화를 명백하게 확인할 수 있는 것은 무엇보다도 기계의 채용이 필연화됨으로써 시작되는 대공업의 시대에서이다. 그런데 맑스가 명확히 하고 있듯이 이러한 대공업의 전제는 매뉴팩처이며, 이러한 매뉴팩처를 토대로 행해지는 기술적 기초의 변화와 생산력 발전은 새

---

194) 전일화에 대한 그릇된 견해는 보통 다음과 같이 표현된다. "…… 지난날의 식민지사회나 오늘의 제3세계 저개발사회가 자본주의 생산양식을 **전일적으로** 확립해 가고 있지 않은 것만은 분명하다. 여러 가지 전(前)자본주의 생산양식이 어떤 형태로든 자본주의 생산양식과 병존 또는 접합되어 끈질기게 살아남고 있다. 그리고 그러한 전자본주의 생산양식의 존재로 말미암아 자본주의 생산양식의 성격까지도 본래적(서구적)인 것과는 상당한 차이를 갖게끔 하고 있다. 사정이 그러하다면 전일적인 자본주의 생산양식으로 변모하지 못하는 — 또는 그럴 전망도 보이지 않는 — 이러한 사회를 독립시켜 별개의 인식대상으로 삼아야 하지 않겠는가." (이대근, 「한국 자본주의의 성격에 관하여」, 349쪽)
우리는 여기서 소위 별개의 인식대상으로서, 즉 제3세계론으로서 식민지 조선에서의 구체적인 소위 '전일화' 과정을 다루지는 않을 것이다. 이것은 오히려 소위 '전일화'에 대한 올바른 이해를 분명히 하면 그 위에서 자연히 입증될 수 있는 것이다. 그러기 위해 여기서는 단지 '전일화' — '서구적' · '본래적' · '전일화'가 전자본주의 생산양식과의 병존 또는 '접합' (이런!)을 배제하지는 않는다는 것, 그리고 전자본주의 생산양식의 존재가 자본주의 생산양식의 성격에 어떤 본질적인 변화도 가져오지는 않는다는 것을 보여 주는 데 한정할 것이다. 그리고 맑스가 표현하듯이 혼돈 속에서 발전 · 관철의 경향을 보지 못하는 현상추수적 · 정태적 방법에 불과하다는 것과 이러한 입장에서 운위하는 과학이 얼마나 전(前)과학적인 것인가 하는 것을 보여 주고자 한다.

로운 생산양식의 창출을 필연적으로 요구하게 되는바, 이럼으로써 매뉴 팩처라는 이전의 협애한 생산방식은 자기부정되기에 이른다. 이러한 과정은 그 자체가 곧 새로운 생산양식의 창출을 의미하는 것이다.

뮬방적기, 증기기관 등등은 증기기관, 뮬방적기 등의 제조를 전업專業으로 하는 노동자가 있기 전부터 있었으니, 그것은 마치 재봉사가 있기 전부터 사람이 의복을 입고 있었던 것과 꼭 같다. 그러나 보켄슨, 아크라이트, 와트 등의 제 발명은 그 발명자들이 매뉴팩처시대로부터 '완전히 공급된' 다량의 숙련 기계노동자를 발견하였기 때문에 비로소 실행될 수 있었다. 이들 노동자의 일부는 다양한 직종을 지닌 자립적 수공업자로서 형성되고 다른 일부는 이미 전술한 바와 같이 분업이 특히 엄격히 실시되는 매뉴팩처에 결합되어 있었다. 제 발명의 증가 및 새로 발명된 제 기계에 대한 수요의 증대와 더불어, 한편으로는 기계제조의 분화가 더욱더 발전하고 다른 한편으로는 기계제조 매뉴팩처의 내부에서 분업이 더욱더 발전하였다. 이리하여 우리는 이러한 매뉴팩처에서 대공업의 직접적인 기술적 기초를 본다. 매뉴팩처는 기계를 생산해 냈고, 그 기계를 가지고 대공업은 기계가 우선 장악하게 된 생산부문에서 수공업적-매뉴팩처적 경영을 지양했다. 이리하여 기계경영은 그것에 적합하지 않은 물질적 기초 위에서 자연발생적으로 일어난 것이다. 일정한 발전 정도에 다다르면 기계경영은 처음엔 완결된 것으로 보였던, 그리고 다음엔 낡은 형식 내에서 계속 완성되어 갔던 이 기초 자체를 변혁하고 그 자체의 생산양식에 대응하는 새로운 기초를 창출하지 않으면 안 되었던 것이다.[195]

195) *Das Kapital*, Bd.1, SS.402~403.

그리고 한 분야에서의 이러한 변화는 여타 분야에서의 변화에 의해 제약되며, 또한 여타 분야를 변화시킨다. 이러한 구체적인 상호연관성 속에서 변화는 확대되며, 또한 그 정도가 심화된다. 그리고 이러한 변화에 근거하여 대공업은 지배적인 힘을 현실화하며, 그리하여 "자기 자신의 발로써 서게 된다".

산업의 한 분야에 있어서 생산양식의 변혁은 타분야에서의 그것의 변혁을 야기한다Die Umwälzung der Produktionsweise in einer Sphäre der Industrie bedingt ihre Umwälzung in der andren. 이것은 무엇보다도 우선 노동의 사회적 분업에 의해 고립화되어 있어서 그 각각이 자립적 상품을 생산하기는 하나, 하나의 총과정의 제 단계로서 엉키어 있는 제 산업부문에서 발생한다. 이리하여 기계방적업은 기계직물업을 필연화하며 이 양자는 공히 표백업, 나염업捺染業 및 염색업에 있어서 기계적·화학적 혁명을 필연화한다. 이리하여 다른 한편으로는 면화방적업상의 혁명은 면섬유를 면실로부터 분리하기 위한 조면기의 발명을 야기하였으며, 이 조면기로써 비로소 오늘날 요구되는 바의 대규모 면화생산이 가능하게 되었다. 그런데 공업 및 농업에서의 생산양식의 혁명은 사회적 생산과정의 일반적 제 조건, 즉 교통·운수기관상의 혁명 또한 필연화하였다. 부업적 가내공업을 가진 소농업과 도시의 수공업을 주축Pivot——푸리에의 표현을 빌리면——으로 하는 한 사회의 교통·운수기관은 이제는 확대된 사회적 분업, 노동 제 수단 및 노동자들의 집중을 수반하며 식민지 시장을 가진 매뉴팩처시대의 제 생산욕망을 충족시킬 수는 전혀 없었으며, 그리하여 실제로 변혁되었던 것과 마찬가지로 매뉴팩처시대로부터 전래된 제 교통·운수기관도 열병적인 생산속도, 방대한 규모, 한 생산부문으로부터 다른 생산부문으로의 자본군과 노동자군의 부단한 이동, 그리고 새로이 창조된 세계시장적 연관을 가진 대공업에게는 견딜 수 없는 제동기로 곧 전화하였다. 이리하여 함선 건조상에서의 엄청난 변화를 도외시한다면 교통·운수업은 점차적으로 하천기선, 철도, 대양기선 및 전신의 체계에 의하여 대공업의 생산양식에 적합화되었다 angepaßt. 그러나 이제 단련鍛鍊하고 단접鍛接하고 절단하고 천공하고 조형하지 않으면 안 되었던 엄청난 양의 철은 그 역시 매뉴팩처적 기계제조로는 만들 수 없었던 거대한 제 기계를 필요로 하였다.

이리하여 대공업은 그것을 특징짓는 생산수단, 즉 기계 자체를 지배하고 기계로써 기계를 생산하지 않으면 안 되었다. 이럼으로써 대공업은 비로소 스스로 자신에 적합한 기술적 토대를 창조하고 자기 자신의 발로써 서게 되었다stellte sich auf ihre eignen Füße.[196]

그러나 이런 과정이 몇 년간에 걸쳐 쉽게 이루어진 것은 아니다. 이는 농노제 폐지 혹은 소멸로부터 무척 오랜 세월에 걸친 자연발생적인 생산력 발전의 결과이며, 기계의 출현 이래에도 무척 오랜 시일에 걸쳐 이런 대공업의 지배적 발전이 이루어지는 것이다. 맑스에 의하면 잉글랜드에서 농노제가 사실상 소멸한 것은 14세기 말경이라고 한다.[197] 이러한 전일화가 본격화하는 시기인 산업혁명이 18세기 중업~19세기 초임을 생각해보면 소위 자본주의화의 시기가 자본주의적 발전의 '모델'인 영국에서조차 겨울 아침의 일출처럼 쉽게 이루어지지 않았음은 쉽게 이해할 수 있다. 산업혁명 그 자체도 실제로는 100년 가까운 시일이 소요되었던 것이다. 물론 산업혁명을 단지 여러 기계의 발명시대로만 이해한다면 이 논

196) *Das Kapital*, Bd.1, SS.404~405.
197) *Das Kapital*, Bd.1, S.744.

의는 우스운 것일 수 있다. 그것은 단지 기계발명에 걸린 시간인 것으로 되기 때문이다. 그러나 기계의 발명은 현대의 모든 나라에서 행해지고 있지 않은가? 그렇다면 '산업혁명'이란 말은 비역사적이고 무개념적인 것으로 됨을 의미한다. 이는 생산력 발전을 생산수단의 발명·대체로만 이해하는 요소 이론적 오해임은 이후 재론할 수 있을 것이다. 산업혁명은 **'무엇보다도'** 대공업이 지배적인 것으로 되어 가는 '현실적' 과정을 의미한다. 기계발명의 본격화가 앞서 인용한 것처럼 여타 분야와의 연관 속에서 전일화되는 데 100년 가까운 시일이 소요된 것이다.

이렇다고 할 때 전前자본주의적 생산양식의 잔재가 존재함을 들어 자본주의화 '자체'를 주장하면서 그것으로써 그 사회가 자본주의사회구성체임을 쉽게 부정하는 논리는 이미 발전과정으로서 자본주의화, 자본주의적 '전일화'를 파악할 것을 포기한 것임은 명백하다. 이 같은 논리는 한국이 아직도 자본주의가 아니라고 하는 주장에서 표현되고 있다. 접합 이론 역시 이러한 발전과정을 보지 못하기 때문에 나타날 수 있었다. 이들의 공식에 의하면(자본주의 '전형'으로서 고유한 지위를 얻고 있는) 영국에서도 생산양식 접합은 적용될 수 있을 것이다.[198]

맑스는 기계화의 급속한(일시적?) 진행이 수행되지 않는 것과 관계해서 기계사용의 가능성과 필연성에 대해 다음과 같이 쓰고 있다.

> 오로지 생산물 저렴화의 수단으로서만 고찰한다면 기계사용의 한계는 기계를 이용함으로써 대체되는 노동보다 그 기계 자체의 생산에 적은 노동을 필요로 한다는 점에 있게 된다. 그러나 자본에게 이 한계는 더욱 좁게 표현된다. 자본은 이용된 노동을 지불하는 것이 아니라 이용된

---

198) 이에 대해서는 *Das Kapital*, Bd.1, 13장 8절과 23장 및 24장 참조(뒤에 상술).

노동력의 가치를 지불하는 것이므로 자본에 있어서 기계사용의 한계는 기계의 가치와 기계에 의하여 대체되는 노동력의 가치 간의 차에 있다. …… 그리고 또한 노동자의 현실적 임금[노동력의 가격]은 때로는 그의 노동력의 가치 이하로 떨어지고 때로는 그것 이상으로 올라가므로 기계의 가격과 기계에 의해 대치되는 노동력 가격 간의 차는, 기계의 생산에 필요한 노동량과 기계에 의해 대치된 노동의 총량 간의 차가 동일한 대로 있다고 하더라도 대단히 변화할 수 있다. 그러나 자본가 자신에 대하여 상품의 생산비를 규정하고 경쟁의 강제법칙에 의하여 그를 좌우하는 것은 기계 가격과 노동력 가격 간의 차뿐이다. 오늘날 영국에서 발명된 기계가 북아메리카에서만 이용되고, 16세기 및 17세기에 독일에서 발명된 기계가 네덜란드에서만 이용되며, 18세기 프랑스의 허다한 발명이 영국에서만 이용된 것은 이 까닭이다. 좀더 오래된[오래전부터 발전된] 나라에서 기계 그 자체는 '다른 부문들 내의 몇몇 영업 부문에 이용됨으로써' 바로 이 부문들에서 임금의 노동력 가치 이하로의 저하는 기계의 사용을 저지하고 자본의 입장에서는 기계의 사용을 불필요하게 하며 때로는 불가능하게 할 정도로 노동의 과잉(리카도가 말하는 바의 redundancy of labour)을 창출한다. 왜냐하면 자본의 이윤은 고용되는 노동의 감소가 아니라 지불되는 노동의 감소에서 나오기 때문이다.[199]

이렇게 말하면서 맑스는 광산에서 기계를 쓰게 된 것은 그곳에서 부인 및 아동(10세 미만) 노동을 금지시킨 이후였다고 하며, 양키들이 발명한 분쇄기는 사용되지 않는 것, 영국에서 운하의 배를 끄는 데 아직도(당

---

199) *Das Kapital*, Bd.1, SS.414~415.

시 : 1870년 이후) 말 대신 부인들이 사용되는 것 등을 이러한 맥락에서 지적한다.[200] 따라서 "기계의 나라인 영국보다 인간의 노동력이 더 뻔뻔스럽게 **낭비**되고 있는 곳을 발견할 수 없다"라고 말하고 있는 것이다.[201]

여기에서도 명백하듯이 자본주의적 전일화와 전자본주의적 생산양식의 제 잔존물들의 존재는 상호배타적으로 대립하는 것이 아니며, 오히려 그러한 것의 공존이 있기에 자본주의적 **전일화과정**이라고 할 수 있는 것이다. 이것은 매우 중요하다. 왜냐하면 예를 들어 일제하 조선의 사회를 분석함에 있어서 광범하게 나타나는 별로 자본주의적이지 않은 '반봉건적' 잔재들과 자본주의적 제 부문을 통일적으로 파악하는 데 이것이 극히 중요한 함의를 갖고 있기 때문이다. 혹자는 위의 사실에서 고립화된 '부문' 이론, '우클라드' 이론을 제시하며, 또 혹자는 생산양식의 접합을, 혹은 이질적인 토대나 상부구조의 분절적이고 전치된 접합(예를 들어 고타니小谷 식의 식민지반봉건사회구성체론)을 제시하기도 하는데, 이에 대한 옳은 입장은 이제까지 계속 논의한 것처럼 변화·발전하는 전체로서 파악해야 한다는 전제 위에서, 전일화되어 가는 혹은 '발전하는'(물론 이 표현에 대해 무척이나 거부감이 생길지도 모르지만) 자본주의사회구성체로서 파악하는 것이라고 생각한다. 이것은 소위 '전형적인' 혹은 '고전적인' 자본주의화의 예로서(만) 들먹여지는 영국의 경우에도 마찬가지로 보여지는데, 전일화과정에 대한 이야기를 계속 진행시키기에 앞서 이것에 대해 잠시 언급하기로 하자.

주지하다시피 자본주의적 생산의 전제조건을 폭력적으로 창출하는 과정이 본원적 축적ursprüngliche Akkumulation이다. 후에 상술할 기회가 있겠

---

200) ibid., S.415.
201) ibid., S.416.

지만 이러한 본원적 축적은 무엇보다도 우선 이중의 의미에서 자유로운 무산자의 창출과정이었다. 그런데 이렇게 창출된 프롤레타리아트는 그것이 창출되는 정도만큼 자본주의적 관계 속으로 흡수될 수는 없었다.[202] 이들은 결국 자신의 생명력을 유지하기 위해 부랑자, 걸인 등으로 되거나 반프롤레타리아트로 될 수밖에 없었다. 자본주의 초기에 있어서 봉건제보다도 오히려 더욱더 이전적 형태처럼 보이는 제 관계가 잔존하는 것은 이러한 이유 때문이며, 식민지 조선의 경우에는 광범한 반프롤레타리아트가 소작농이라는 형태로서 존재하고 있었다. 이를 흔히 반+봉건제 — 봉건제의 '본질'(?)이 그대로 남아 있다는 의미에서 — 라고 파악하는 경우가 상당히 일반화되어 있는데, 혹자는 자본주의적 관계와 이것의 병존을 앞서 말한 '접합'과 '다多우클라드' 등의 '어려운' 개념 속으로 '쉽게' 내던져 버렸던 것이기도 하다. 후술하겠지만 이것은 결코 식민지 조선의 식민성에만 근거하는 '고유한' 현상이 아니다. 이와 대비되는 '고전적' '서구적' 발전의 길을 걸었다는 영국의 경우를 비교하여 보자. 이에 대해서는 창출된 무산자로 하여금(소생산자로 되거나 혹은) 그런 무산자적 상태를 부랑·걸식 등으로 벗어나려 함으로써 자본주의적 노동력 수요를 기다리지 않는 것을 막아내기 위한 16세기 이래의 제반 유혈입법에 대한 약간의 부분적인 인용구만으로도 충분할 것이나.

잉글랜드에서 그러한 입법은 헨리 7세 치하에서 시작하였다. 헨리 8세 1530년의 법령에 의하여 늙어서 노동능력이 없는 걸인들은 걸식면허를 받는다. 이와 반대로 건강한 방랑자들에 대하여는 태형과 구금을 한

---

202) "봉거적 가신단의 해체에 의하여 또 충격적이고 강력한 토지수탈에 의하여 몰려난 사람들 …… 이 익지할 곳 없는 프롤레타리아트는 그것이 세상에 나오는 것과 같은 속도로 신흥 매뉴팩처에 의해 흡수되는 것은 불가능했다." ibid., S. 761.

다. 그들은 달구지 위에 붙들어 매어져 그 몸에서 피가 흐르도록 매를 맞고 출생지 혹은 그가 최근 3년간 거주하였던 곳으로 돌아가서 '노동에 착수할 것' to put himself to labour을 맹세하지 않으면 안 되었다. ……

에드워드 6세 : 그의 통치 제1년인 1547년의 한 법령이 규정하는 바에 의하면 노동할 것을 거부하는 자는 그를 나태자라고 고소한 사람의 노예로서 인도된다. 주인은 빵과 소량의 음료 및 그에게 적당하다고 생각되는 고기 부스러기로써 그의 노예를 부양하여야 할 것이다. 그는 태형과 쇠사슬로 결박함으로써, 그의 노예로 하여금 아무리 싫어하는 노동이라도 시킬 권리를 가지고 있다. 만일 노예가 도망하여 14일이 지난 때에는 그는 종신노예의 선고를 받고 이마나 등에 S자의 낙인이 찍히며, 세 번 도망하는 경우에는 반역자로서 사형에 처해진다. 주인은 다른 동산 및 가축과 마찬가지로 그를 팔 수도 있고 증여할 수도 있으며 또 노예로서 임대할 수도 있다.[203]

이러한 '고전적'인 길에서 보이는 제 현상에 대해서 '접합이론'의 순진한 맹종자라면 이는 '자본주의와 노예제의 접합'이라고 파악했을 것이 틀림없다. 혹은 '동양적'(?) 혹은 '식민지적' 혹은 '제국주의적' 길을 선호하는 양반들은 이를 '자신들의' '반봉건제'에 대비해 '반노예제'(!)라고 할지도 모르겠다.

물론 이것은 아직 자본주의시대 이전의 사실, 즉 자본주의의 전사前史라고 할지도 모르겠다. 그러나 앞에서의 전일화과정에 대한 인용구 또한 '기계의 시대'에 대한 서술은 아니었다. 대공업에 앞서서 존재하던 가내공업과 매뉴팩처 등까지도 근대적 대공업으로 전화됨으로써 완성되는

203) ibid., SS.762~763.

'기계의 시대'에 이르는 도정은, '어떻게 보면' 기계공업에 의한 전근대적 가내공업과 매뉴팩처 및 '값싼 노동' cheap labour의 사용과 수탈이 행해지던 시대였다.[204] 물론 이를 근거로 '접합'의 보편성을 주장할지도 모른다. 그러나 이렇게 '비자본주의적'인 듯이 보이는 제 현상은 소위 '기계의 시대'를 향한 진군과정이었던 것이다.

'장신구' Wearing Apparel의 생산은, 부분적으로 단지 분업이 재생산될 뿐이며 그 분업의 산재된 제 요소 membra disjecta가 이미 주위에 널려 있는 매뉴팩처 작업장에서 행해지며, 또 부분적으로는 전과 같이 개별적 소비자를 위해서가 아니라 매뉴팩처 및 상품창고를 위해서 노동하는 수공업 소장주 Handwerksmeister에 의해서 ─── 종종 도시 전체 및 지방의 제 연결망 Striche이 제화업과 같은 전문화된 특정 분야의 작업을 수행하게 할 정도로까지 ─── 행해졌다. 그리고 마지막으로 매우 커다란 규모로 매뉴팩처 및 상품창고, 심지어는 소장주의 작업장의 연장 부분 auswärtige Departement : extend department을 구성하는 소위 가내노동자 Hausarbeiter에 의해서 행해지기도 했다. 다량의 노동재료 ─── 원료, 반제품 등등 ─── 는 대공업이 제공하는 바요, 값싼 다량의 인간재료 Menschenmaterial ─── 자비로운 인민의 손에 떠맡겨진 taillable à meru et miséricorde ─── 는 대공업과 대농업에 의하여 '해방된 Freigesetzten 사람들'로 성립된 바다. 이 영역에서의 매뉴팩처의 기원은 주로 수요의 어떠한 변동에도 응할 수 있게 준비되어진 어떤 군대를 자신의 휘하에 가지려는 자본가의 욕망에 있다. 그러나 이 매뉴팩처는 분산된 수공업적 경영과 가내경영을 광범위한

204] 자본가들은 자신에게 유리한 한 '구식무기' '신식무기'를 가리지 않을 것이며 또 '낡은 방법'과 '개량된 좋은 방법'을 가리지 않으리라는 것은 의문의 여지가 없다. 기계 채택은 그것이 불가피해졌을 때임을 상기하라! 그런데 요는 이러한 '새 방법'과 '기계 채택'이 필연적인 것이며, 따라서 '자본주의적 전일화'에 대해 이야기할 수 있는 것이다.

기초로 자신과 나란히 존속시켰다. 이 제 노동부문에서 그 물품의 누진적 저렴화를 동시에 수반하는 잉여가치의 대생산은 주로 살인적인 최고노동시간과, 입에 풀칠하기 위해 필요한 비참한 최저임금의 덕택이었고 또 지금도 그렇다. 판매시장을—영국으로서는 특히 영국의 관습과 취미가 지배적인 식민지시장을—부단히 확대했으며 또 매일 확대하고 있는 것은 실로 상품으로 전화된 사람의 땀과 사람의 피의 저렴함이었다. 드디어 하나의 결절점이 도래한다. 체계적으로 발달된 분업을 다소간 수반하는 단순히 야만적인 노동자재료의 착취라는 낡은 방법의 기초로는 증대하는 시장과 한층 더 급속히 증대하는 제 자본가 간의 경쟁에 대해 더 이상 충분하지 못한 것으로 되었다. 기계의 시대가 종을 울렸다Die Stunde der Maschinerie schlug. 부인복 제조업, 재단업, 제화업, 침봉업, 모자제조업 등과 같은 이러한 무수한 제 생산영역을 동일하게 엄습했던 기계, 그 결정적으로 혁명적인 기계는 재봉기였다.[205]

여기에서도 알 수 있듯이 자본주의적 전일화는 대공업적 생산수단과 자본주의적 생산관계가 전자본주의적인 제요소를 '이용하면서', 또한 동시에 그것을 '파괴해 나가는' (파괴할 수밖에 없는) 과정이었으며, 따라서 이는 '잡다한 과도적 제 형태'와 뒤섞인 속에서 이루어진다. 그럼에도 불구하고 '기계의 시대'는 이미 필연적인 것이었고, 이러한 대규모 공장경영으로의 경향은 숨길 수 없는 일이 되었다.

생산수단 변화의 필연적 산물인 사회적 경영양식의 변혁die Umwälzung der gesellschaftlichen Betriebsweise은 **제 과도형태**Übergangsformen**의 복잡한 구조 속에서** 이루어진다. 이러한 제 과도형태는 재봉기가 여러 산업부문을 이미 장악하고 있는 범위와 시간적 길이, 그리하여 또한 노동자의 기존

조건, 매뉴팩처경영, 수공업경영 혹은 가내경영의 우세, 작업장의 임대료 등등에 따라서 변화한다. 가령 노동이 단순 협업에 의해 이미 대부분 조직된 부인복 제조업에서 재봉기는 일단 매뉴팩처경영의 새로운 한 요인에 불과하다. 재봉업, 셔츠 제조업, 제화업 등에 있어서는 〔앞서 말한〕 모든 형태가 교착되어 있다. 어떤 곳에는 본래적인 공장경영이 있다. 또 다른 곳에서는 중간고용자가 우두머리 자본가Kapitalisten en chef로부터 선금을 받아 '헛간'이나 '지붕아랫방'에서 재봉기의 주위에 10~50명 혹은 그 이상의 임노동자를 군집시킨다. 마지막으로, 편제된 체계를 이루지 않고 소형으로 사용할 수 있는 모든 기계에서와 같이 수공업자 혹은 가내노동자가 그들의 처자를 데리고 혹은 몇 명의 노동자를 고용하여 자신의 소유인 재봉기를 이용하고 있다. 사실 현재 영국에서는 자본가가 건물 속에 다수의 재봉기를 모아 놓고 그 다음에 기계생산물을 가내노동자군軍 사이에 배포하여 그 이상의 가공을 시키는 제도가 행해지고 있다. 그러나 **다양한 제 과도형태가 본래적인 공장경영으로 전화하는 경향을 숨길 수는 없다.** 이 경향은 재봉기 그 자체의 성격 ······에 의해, 또 예비적인 바느질과 기타 약간의 작업이 재봉기가 있는 곳에서 하면 가장 편리하다는 사정에 의해, 끝으로 자기 재봉기로 생산하는 수공입자 및 가내노동사에 내한 불가피한 수탈에 의해 조장된다.[206]

그런데 이러한 과정이 보다 전면적이고 보다 광범하게 행해지는 것은 상부구조적 제 영역을 통해서이다. 이 당시 공장법[207] 및 그를 통한 자

---

205) *Das Kapital*, Bd.1, SS.494~495.
206) ibid., SS.496~497. (강조는 인용자)
207) 이는 자본주의적 전일화가 법적인 상부구조에까지 확장된 것을 의미하기도 한다. *Das Kapital*, Bd.1에서는 이러한 공장법 자체의 발전을 자본주의적 발전과 통일적으로 볼 수 있게 해준다.

본주의적 전일화의 발전은 이러한 사실을 선명하게 보여 준다.

이처럼 자연발생적으로 일어나고 있는 산업혁명은 부인, 소년 및 아동이 노동하고 있는 모든 산업부문에 공장법을 확대적용함으로써 인위적으로 가속화된다. 노동일의 길이, 휴식, 시업始業과 종업終業 시간 등에 대한 강제적 조정, (아동을 위한 벌금형 제도) 및 일정 연령 미만의 모든 아동의 사용에 대한 금지 등은 한편으로는 기계의 증가 및 동력으로서의 근육을 증기로 대체하는 것을 필연화한다. 또 다른 한편으로는 시간에서 잃은 것을 공간에서 얻기 위한, 공동으로 이용되는 생산수단——화로, 건물 등과 같은——의 확장이 일어난다. 그리하여 한마디로 말해 생산수단의 보다 큰 집적과 그것에 대응하는 노동자의 보다 큰 집합이 일어난다. …… 매뉴팩처와 가내노동의 제 중간형태 및 가내노동 그 자체에 있어서는 그러한 제 형태의 지반이 노동일과 아동노동의 제한과 더불어 침몰한다.[208]

이러한 공장법 자체의 전일화의 필연성과 그것이 자본주의적 발전에서 갖는 의미는 자본주의적 전일화에 대한 다음의 요약 속에서 함께 설명되고 있다.

공장법을 기계경영의 최초 산물인 방적업 및 직물업에 대한 **하나의 예외법에서** 일체의 사회적 생산에 대한 법률로 **일반화시킬 필연성**은 이미 본 바와 같이 대공업의 역사적 발전도정에서 발생하는 것으로, 그 대공업의 배후에서는 매뉴팩처, 수공업 및 가내노동의 전래적 형태는 완전

208) ibid., SS.498~499.

히 변혁된다. 즉 매뉴팩처 작업장은 부단히 공장으로, 수공업은 부단히 매뉴팩처로 전화되고, 끝으로 수공업과 가내공업의 영역은 비교적 놀랄 만큼 단시간에 자본제적 착취의 잔인무도한 행위가 자유롭게 연출되는 비참한 움집으로 변한다. 최후의 결정을 내리는 두 개의 사정이 있는데, 첫째는 자본이 사회적 주변의 개개의 점에서 국가의 통제를 받자마자 자본은 다른 점에서 더욱 무한정하게 보상을 받는다는 항상 새로이 반복되는 경험이고, 둘째는 경쟁조건의 평등, 즉 노동착취의 평등한 제한을 요구하는 자본가들 자신의 부르짖음이다.[209]

공장법의 일반화Verallgemeinerung가 노동자계급의 육체적 및 정신적 보호수단으로서 불가피하게 되었다면 그것은 다른 한편 이미 시사한 바와 같이 소규모로 분산된 노동과정이 대규모로 결합된 사회적 노동과정으로의 전화, 즉 자본의 집중 및 공장체제의 단독지배를 일반화하며 촉진한다. 그것〔공장법의 일반화〕은 자본의 지배가 부분적으로 아직 은폐되어 있는 일체의 낡은 과도형태를 분쇄하고, 그 대신 자본의 직접적인 숨김없는 지배를 가져온다. 동시에 그것은 자본의 이러한 지배에 대한 직접적인 투쟁도 일반화한다. 그것은 개개의 작업장에서 균등성, 규칙성, 질서 및 절약을 강요하는 한편 노동일의 제한과 규제가 기술에 강요하는 엄청난 재촉을 통해서, 일반적으로 자본제적 생산의 무정부성 및 파국, 노동의 강도, 기계와 노동자의 경쟁을 증대시킨다. 그것은 소경영·가내노동의 영역과 더불어 '과잉인구'의 최후의 도피처를, 그리하여 전체 사회가 예전에 지니고 있던 안전판을 없애 버린다. 생산과정의 물질적 제 조건 및 사회적 결합과 더불어 그것은 생산과정의 자본

209) ibid., SS.514~515.

주의적 형태의 제 모순과 제 적대를, 따라서 동시에 새로운 한 사회를 형성하는 제 요소와 낡은 사회를 변혁하는 제 계기를 성숙시킨다.[210]

이처럼 전일화는 한 사회의 자본주의적 발전과정 그 자체를 의미하며, 또한 자본주의사회구성체의 형성과정을 의미한다. 이럼으로써 한 사회구성체를 완성체로 보면서 또한 동시에 형성되는 것으로 본다는 것의 의미가 보다 분명해졌으리라고 생각한다. 맑스는 영국에서 16세기 이후부터 19세기 후반인 당시에 이르기까지 자본주의사회구성체의 형성과정을 보편법칙으로 밝히고 있으며, 이미 분명히 적고 있듯이 이 과정은 무수히 다양한 제 과도형태의 혼효 속에서 진행된다. 그러나 그럼에도 불구하고 이러한 혼재상태를 절대화시킴으로써 정태화해서는 절대로 안 되며, 자본주의사회구성체의 전일적 형성과정을 놓쳐서도 안 된다. 이것이 바로 우연적인 것이 필연적인 것으로 되고, 가능성이 현실성으로 되며, 개별적인 것이 보편적인 것으로 되는 자본주의적 **발전과정**의 방법론적 의미인 것이다.[211]

자본주의 발전에 따른 계급투쟁의 발전과정 역시 이미 맑스에 의해 다음과 같이 정리되고 있다.

즉 부르주아지에 대한 그들의 투쟁은 그 존재와 함께 시작된다. 처음에는 개별적 노동자가, 다음에는 한 공장의 노동자들이, 그 다음에는 한

---

210) ibid., SS.525~526.
211) 필연성을 상실한 어떤 것이 소멸해 간다는 것은 '필연적'이다. 스탈린은 더 이상 현실적이지 않게 된 상부구조의 운명에 대해 다음과 같이 쓰고 있다. "그 상부구조는 단지 그 역할, 즉 [토대에 대한]보조물로서의 역할을 포기해야 하며, 자신의 토대를 적극적으로 보존하던 위치로부터 그것에 대해 무관심한 것으로 그 자리를 옮기며, 모든 계급에 대해서도 그러한 자세를 취하게 되고 그 자신의 모든 힘(virtue)을 상실하며, 그리하여 이제는 더 이상 상구부조이기를 중단하게 된다."(Joseph Stalin, "Marxism and Linguistics", Bruce Franklin ed., The Essential Stalin, Croom Helm, 1973, p.409.)

지방에 있는 일개 노동부문의 노동자들이 직접 그들을 착취하는 개별적 부르주아지를 반대하여 투쟁한다. …… 이 단계에서 …… 노동자 대중의 결속은 그들 자신의 단결의 결과가 아니라 부르주아지의 단결의 결과에 지나지 않는다. …… 그러나 공업의 발전에 따라 프롤레타리아트는 수적으로 증가할 뿐만 아니라 대규모 집단으로 결집되며 그 세력이 성장하며 또한 점차 자신의 힘을 자각하게 된다. 기계가 계속 더 노동의 개별적 형태들 간의 차이를 없애며 임금을 거의 도처에서 다같이 낮은 수준으로 저하시킴에 따라 프롤레타리아트의 이해관계와 생활조건은 더욱 균등하게 된다. …… 〔이제〕 개별적 노동자와 개별적 부르주아지 간의 충돌은 더 한층 두 계급 간의 충돌의 성격을 띠게 된다. 노동자들은 부르주아지에 반대하는 연합체를 조직하는 일로부터 시작한다. …… 곳에 따라서 투쟁은 공공연한 폭동으로 넘어간다. …… 대산업에 의해 더욱더 발전되어 가는 교통수단은 노동자들의 단결을 촉진하면서 각지의 노동자들을 연결시켜 준다. 이러한 연결이 맺어지게 되면 어디서나 동일한 성격을 띠고 있는 다수의 지방적 투쟁이 하나의 전국적 투쟁, 즉 계급투쟁으로 집중된다. 그런데 일체의 계급투쟁은 정치투쟁이다.[212]

그리고 이러한 발전은 "프롤레타리아트들의 계급으로의, 정당으로의 조직화"로 귀결되고 그리하여 계급 간의 투쟁으로, 계급투쟁으로 특징지어지는 시기가 시작된다.

이러한 변증법적 인식의 기초 위에서만 '낡은 사회를 변혁하는 제 계기'와 '새로운 사회를 형성하는 제 계기'를 분명하게 파악할 수 있으

---

212) "Manifest der Kommunistischen Partei", *MEW*, Bd.4, SS.470~472.

며, 이럼으로써만 이론은 실천으로 이행한다.

이제 논의를 이상에서 본 바의 발전법칙과 계급투쟁 간의 관계로 옮겨가기 전에 잠시 사회구성체(특히 자본주의사회구성체)에 대한 논점의 하나를 살펴보기로 하자.

이 문제는 한마디로 표현하면, "자본주의사회구성체는 전자본주의적 생산양식을 포함하는가?"의 문제이고, 더 일반적으로는 사회구성체는 두 개 이상의 생산양식을 포함하는가의 문제이다. 이와 관련해서 구조주의자들의 사회구성체와 생산양식 개념에 대해 길게 검토할 필요는 없을 것이다. 이들은 명시적으로 사회구성체를 사회와 동일한 것으로 간주하며, 사회구성체는 또한 두 개 이상의 생산양식의 접합으로 이해한다. 이러한 정태적 견해가 맑스주의적 개념과 별로 관계가 없음은 이제까지의 논술에서 분명해졌으리라고 본다. 문제는 ── 이러한 견해의 수용자도 비슷한데 ── 소위 '정통파'적 견해가 갖는 도식의 추상성과 분석상의 무용성이라고 한다. 가지무라梶村는 이에 대해 다음과 같이 쓰고 있다.

　원래 '정통파'의 식민지 파악의 전제로 되어 있는 사회구성체의 기계적 전개에 이러한 추상적 도식은 어디까지나 일반적인 경우를 상정하여 설정되어 있기 때문에, 권력과 하부구조가 반드시 정합적인 관계로 되어 있지는 않은 식민지사회의 복잡한 실체를 분석하는 도구로서는 적당하지 않으며, 오히려 식민지사회를 사회구성체론적으로 깊이 연구하는 것은 사실상 단념되기도 한다.[213]

여기서 가지무라가 염두에 두고 있는 것은 소위 '일반적인' 경우로

213) 가지무라 히데키(梶村秀樹), 「구식민지사회구성체론」, 장시원 편역, 『식민지반봉건사회론』, 한울, 1984, 429쪽.

서 상정되어 있는 사회구성체, 즉 하나의 일정한 생산관계를 토대로 그에 조응하는 상부구조가 선다고 하는 '정통파적' 도식이며, 그가 보기에 이 도식은 여타의 '우클라드'나 전자본주의적 상부구조 등이 존재하는(존재할 뿐인!) 사회에 대해서는 적용할 수 없는 것이고, 필연적으로 사회구성체적인 이해에 실패할 수밖에 없으리라는 것이다. 물론 그러한 정태적 도식만으로 구체적 사회분석이 가능하리라고 주장할 생각은 없다. 일단 사회구성체론 자체는 보편법칙으로 상정되며, 따라서 이것이 구체적 분석으로 되는 것은 개별 사회와 통일적으로 파악되고 그 분석에서 원칙으로서 견지되는 한에서라는 것을 염두에 둔다면, 여기서 문제가 되는 것은 앞서 본 것처럼 하나의 생산관계와 그에 상응하는 '이미 전일화된' 상부구조의 결합이라는 정태적 도식이다. 이런 정태론적 도식은 베버적 유형으로 전락하고 만다는 것을 우리는 이미 살펴본 바 있다. 이는 가지무라가 이해하는 '정통파적' 사회구성체론이 지극히 평면적이고 정태적인 사회구성체 개념에서 출발한 것임을 보여 준다.

우리가 전일화과정에서 본 것처럼 자본주의사회구성체는 그것의 전일적 형태를 향해 형성되고 완성되어 가는 과정으로서 존재하며, 이는 맑스가 지적한 것처럼 무수히 다양한 제 과도형태와의 혼재상태로서 나타난다. 즉 자본주의사회구성체가 비자본주의적 제 형태, 선자본주의적 생산양식을 배제하는 개념은 아니라는 것이다. 그러면 자본주의사회구성체는 자본주의 생산양식과 전자본주의 생산양식의 접합으로 파악되어야 하는가? 여기서 우리는 마치 딜레마에 빠진 것처럼 보인다. 정통파의 형식주의적 도식을 택할 것인가, 아니면 수정을 용인하면서 실용주의적 도식을 택할 것인가? 그러나 우리는 전혀 당황할 필요가 없으며 쓸데없는 딜레마에 빠질 필요도 없다. 오히려 이러한 질문 자체가 갖는 형이상학적(비변증법적) 일면성에 대해 여유 있는 조소조차 보낼 수 있다. 왜냐하면

이 각각의 무서운 논리적 공격은 사회구성체가 갖는 양면성에 대한 몰이해와 일면성을 그 무기로 하고 있을 뿐이기 때문이다.

이미 우리는 경제적 사회구성체를 완성체로서의 '(경제적) 사회구성체'와 형성되는 것으로서의 '사회의 경제적 구성(형성)'이라고 하였던바, 이는 동태적 실재로서의 사회구성체에 대한 변증법적 이해의 전제였다. 이때 완성된 것으로 상정되는 것은 발전과정의 완성적 귀결을 염두에 둔 변화의 방향으로서, 예컨대 자본주의사회구성체의 경우 자본주의적 생산관계를 토대로 하여 자본주의적 상부구조에 의해 재생산되는 자본주의 전일체를 의미한다. 이때 사회구성체의 개념은 여타의 생산양식을 배제하여 앞서 가지무라가 비판한 데서 얘기하는 '정통파적' 사회구성체의 도식으로 단순화될 수 있다. 그러나 이것이 의미하는 것은 단지 이념형적으로 관념적으로 재구성(혹은 생산?)된 비교를 위한──이는 비교사적 방법을 즐겨 쓰는 베버리언인 오쓰카大塚류의 사학史學에서 흔히 발견된다──일개 유형이 아니라, 실재 발전방향을 의미하는 객관적 법칙의 반영이며, 발전과정 속에서 대상을 인식하는 변증법적 방법에서 필연적으로 요구되는 역사적·실재적 개념이다. 물론 이때 사회구성체가 논리적 개념임을 부정해서는 안 되며 그럴 의도도 없다. 단지 개념에서 역사성을 탈색시켜 그저 논리적 구성물로 만드는 것에 대해 경계하고자 하는 것이다.

다른 한편 형성되는 것으로서의 사회구성체는 그 자체에 특수성을 매개로서 내포하고 있는 것으로 이제까지 논의에서 밝혀졌듯이, 여타의 생산양식 및 무수히 다양한 제 과도형태를 포함하고 있다. 예컨대 자본주의사회구성체의 경우 이러한 맥락에서 사용될 때에는 자본주의 생산양식뿐만 아니라 전자본주의 생산양식 또한 '포함'될 수 있고, 자본주의적 '모델'에 비추어서는 극히 불완전하고 불안정한 상부구조도 배제하지는 않는다. 그러나 그렇다고 해서 단순한 '병존'이나 '접합'으로 파악될 수 없는 것은, 전자본주의 생산양식, 제 과도형태 등을 자본주의적 전일화와 자본주의사회구성체적 완성에 이르는 도정에서 단지 과도적인 것으로서, 그리하여 이미 필연성을 잃고 소멸해 가는 것으로서 포함하고 있기 때문이다. 따라서 사회구성체의 이런 측면은 앞서 말한 완성체로서의 사회구성체와 통일적으로 이해될 수 있는 것이다. 결국 자본주의사회구성체는 전자본주의 생산양식 등을 포함하지 않으나 또한 동시에 포함하고 있는 것으로 이해될 수 있다.

사회구성체를 이렇게 이해할 때에만 우리는 한 사회의 자본주의적 발전을 파악하는 데서 그 사회가 갖는 특수성을 포착함과 동시에 특수성을 절대화시키지 않고 보편성과 통일적으로 포착할 수 있으며, 병존상태를 과장하여 (주관적으로) 접합시키는 정태론의 함정에서 벗어날 수 있다. 변화·발전과정이 배제된 특수성은 얼마나 터무니없는 특수주의 형이상학인가!

5) 발전법칙과 계급투쟁 : '두 가지 길'에 대한 논점

이제까지 우리는 사회구성체론과 한 사회에서의 발전법칙에 대해 논의해 왔다. 그것의 객관성과 보편성은 물론 그것의 특수성에 대해 논의가 계속 구체화되어 왔다. 그런데 이제까지 취급된 발전법칙은 그 자체만으로서 취급되었다. 그러나 발전법칙 또한 여타의 실재와 마찬가지로 주체와 분리된 채로 존재할 수는 없으며, 실제로 앞서 본 것처럼 자본주의적 발전과정에는 자본주의사회의 제 계급의 주체적 활동 및 (초기적인) 계급투쟁이 반영되어 있는 것이었다. 따라서 발전법칙 자체도 우리는 계급적 운동법칙에 근거해서 보아야 할 뿐만 아니라 그것은 계급투쟁과 통일적으로 파악되어야 한다. 발전법칙에 대한 이상의 제 논의를 레닌은 다음과 같이 정리하고 있다.

유물론적 역사관, 좀더 정확히 말하자면 역사적 제 현상의 영역에 대한 유물론의 일관된 적용과 그 응용은 종래의 제 역사이론이 갖는 두 개의 주요한 결점을 극복하였다. 종래의 역사이론은 첫째, 인간의 역사적 행동의 관념적 계기만을 고찰의 대상으로 하며, **이 계기가 무엇에 의해 야기되었는가**를 연구하지 않았으며, 사회적 제 관계 체제의 **발전에 있어서 합법칙성**을 추구하지 않았으며, 이러한 **제 관계의 근원과 물질적 생활의 발전단계**를 관찰하지 않았다. 둘째, 종래의 제 이론은 **바로 인민대중의 행동**을 완전히 무시해 버렸다. 그러나 사적 유물론은 자연사적 정확성으로 대중생활의 사회적 제 조건과 이러한 제 조건의 변화를 연구할 가능성을 최초로 제공하였다. 맑스 이전의 '사회학'과 역사기술은 기껏해야 단편적으로 수집된 가공되지 않은 사실의 퇴적과 역사적 사실이 갖는 낱낱의 측면에 대한 기술만을 제공해 왔다. 맑스주의는 **모든 모순되는 제 경향의 총체**를 연구하고, 이것을 사회 각 계급의 정확히 규정될 수 있는 생활 및 생산 제 조건으로 소급하며, 개개의 지배적 관념의 선택이나 **해석상의 주관주의와 자의를 배제**하며, 모든 관념과 각종의 제 경향에 대해 예외없이 그 근원을 물질적 생산제력의 상태 속에서 논증함으로써 제반 **경제적 사회구성체의 발생, 발전 및 소멸과정의 총괄적·전면적 연구**에의 길을 제시하였다. 인간은 자기 자신의 역사를 만드는 것이다. 그러나 인간, 특히 인민대중의 동기는 무엇에 의해 규정되는가? 모순되는 제 관념과 제 지향의 충돌은 무엇에 의해 야기되는 것인가? 인간의 모든 역사적 행동의 토대를 제공하는 물질적 생활의 객관적 생산 제 조건이란 어떤 것인가? 이러한 제 조건의 발전법칙은 어떠한 것인가? 맑스는 이러한 모든 것에 유의하여 통일적인, 그 모든 것들의 강력한 다면성과 대립성 내에 있는 합법칙적 과정으로서의 역사에 대한 과학적 연구에의 길을 제시하였던 것이다.[214]

그리고 동시에 발전과정의 합법칙성에 대한 이해에 필수적인 것으로서 계급투쟁에 대해 명시적으로 재차 강조하고 있다. "맑스주의는 얼핏 보았을 때에는 극히 혼란되고 혼돈된 속에서 **합법칙성을 발견할 수 있게 해줄 인도의 줄, 즉 계급투쟁의 이론**을 제공하는 것이다."[215]

발전법칙과 계급투쟁의 통일적 이해는[216] 발전법칙 전체의 역동성과 그 관철과정 및 결과의 다양한 제 형태를 총체적으로 이해할 수 있게 해준다. 이와 관련해서 검토해 보아야 할 문제가 바로 '두 가지 길'에 대한 '두 가지 해석방법'이다.

'두 가지 길' 이론이란 농업에 있어서 자본주의화의 두 가지 길에 대한 레닌의 정식을 말하는데, 이 이론에 대한 검토가 필요한 것은, 이것에 대한 오해는 물론 '왜곡'조차 광범위하게 **받아들여지고 있으며**, 또 이러한 오해에 근거한 사회분석이 행해지고 있기 때문이며, 또한 이것은 결국 농업문제를 바라보는 그릇된 시각을 보조해 주고 있기 때문이기도 하다.

---

214) Lenin, "Karl Marx", *CW*, Vol.21, pp.56~57. (강조는 인용자)
215) ibid., p. 57.
216) 앞서 주 214)의 레닌의 말처럼 우리는 여기서 계급투쟁을 객관적이고 자연사적인 발전법칙과의 통일 속에서 볼 것을 강조한다. 왜냐하면 이제까지 종종 계급투쟁 환원론이라는 형태의 기형적 방법들이 제기되어 왔기 때문이다. 대표적인 것은 포르시네프일 것이다. 이외에 "생산력이냐 계급투쟁이냐"라는 식의 터무니없는 형이상학적 문제제기에서도 이러한 견해의 일단이 발견되며, 또 사적 유물론=역사이론이고 역사=계급투쟁의 역사이므로 사적 유물론=계급투쟁의 이론이라는 형식논리적 추론에 의해 역사의 제 계기를 일면화시키는 경우도 있다. 또 어떤 논자는 산업혁명을 자본이 노동을 '실질적으로 포섭'하기 위한 계급투쟁이라고 주장하는데, 이렇게 보면 모든 생산도 계급투쟁이 되며 그렇지 않은 것은 하나도 없게 된다. 공장법 제정 이전의 자본은 노동을 실질적으로 포섭하지 못하고 있었던가? 그렇지 않다면 공장법 제정도 '실질적 포섭'을 위한 계급투쟁이었는가? "공장법의 일반화로 인해 산업혁명이 가속화되었다"는 맑스의 말은 이러한 '계급투쟁론'과 무관한 말인가? 이는 계급투쟁이야말로 생산력이라고 하는 포르시네프 주장과 마찬가지로 일면적이고 공허하다. 세계가 모두 하나의 연관된 전체라는 사실은 모든 형태의 환원론을 가능하게는 하지만 그것은 과학적 인식에 백해무익하다. 포르시네프, 「封建制度の基本的經濟法則の問題にょせて」, 『封建社會の基本法則』, 有斐閣, 1956, p.19.; 민두기(편), 「중국에서의 역사동력논쟁: 계급투쟁인가 생산력인가」, 한울, 1984.; 민정우, 「식민지사회의 성격규명을 위한 일 시론(I)」, 『녹두서평』 1호, 1987, 257~258쪽.; 브라이튼(Brighton) 노동과정그룹, 「자본주의적 노동과정」, 허석렬 편, 『노동과정』, 이성과현실사, 1986, 103~104쪽.
이러한 발전법칙과 계급투쟁의 관계에 대한 철학적 기초는 자유와 필연에 대한 변증법적 견해이다. 이에 대해서는 『반-뒤링론』(*Anti-Dühring*) 1부 11장(자유와 필연) 및 『유물론과 경험비판론』(*Materilism and Empirio-Criticism*) 3장 6절을 참고하라.

일단 두 가지 길에 대한 이해의 일단을 살펴보기로 하자. 농업경제학의 교과서적 서술은 다음과 같다.

> 농업의 자본주의적 발전에는 각국의 원시적 축적과 근대 시민혁명의 존재방식에 따라 기본적으로 두 가지 형태가 나타난다. 첫째는 지주경영의 개조를 통해 농노제의 잔존물을 소멸시키는 개량적인 방법으로, 이것을 '프러시아형의 길'이라고 한다. 둘째는 그것을 〔농노제의 잔존물을〕 지주적인 거대 토지소유의 폐지에 의해 소멸시키는 혁명적 방법으로, 이것을 '미국형의 길'이라고 한다.
> 첫번째의 경우에 농노제적 지주경영은 농민에게 수십 년 이상 아주 괴로운 수탈과 채무노예상태를 강제하고, 한편으로는 소수의 대농을 만들어 내면서 서서히 부르주아적·융커적 경영으로 성장·전화해 간다. 두번째의 경우에 지주적 경영은 존재하지 않거나, 혹은 봉건적 영지를 몰수하여 세분하는 혁명에 의해 부서진다. 이 경우에는 농민이 우세하고, 농민은 농업을 대표하는 유일한 자로서 자본주의적 농업기업가로 전화한다. 이 후자의 길이야말로 농노제를 일소해서 농업자본주의를 보다 자유롭게 발전시킨다.[217]

이것이 흔히 얘기되는 '두 가지의 길'의 개략적 내용이다. 그런데 이에 대한 해석이나 '두 가지의 길'의 역사적 위상에 대한 해석에는 상당한 편차가 존재한다. 혹자는 봉건적인 생산양식 내에 존재하는 상급소유권과 하급소유권이[218] 부르주아시대로 이행되는 속에서 어느 하나가 다른 하나로 전화되어 가는 것(상급소유권이 인정되고 지배력을 행사하게 되는

---

217) 우메카와 쓰토무(梅川勉) 외, 『농업경제학개론』, 신대섭 역, 청사, 1983, 49~50쪽.

것)을 위로부터의 길, 즉 지주적 진화의 길로서, 아래로부터의 길, 즉 농민적 진화의 길과 대비시킨다. 여기서 한걸음 더 나아가 일본공산당日共조차 포기한 일본 강좌파의 시체를 아직도 매장하지 못한 채 썩은 냄새를 풍기고 있는 시바하라 다쿠지芝原拓自,[219] 고타니 히로유키小谷汪之[220] 등은 이를 자본주의화과정의 상이한 유형으로 '별도의 길'로서 '정립'시킨다. 여기에서 염두에 두고 있는 것은 '두 가지 길'에 대한 이러한 평면적이고 유형론적인 해석방법이다. 이러한 해석은 '두 가지 길'이란 것이 농업에서 자본주의화하는 두 형태라는 것을 망각하고 그것을 통해 관철되는 법칙의 본질적 성격을 무시한 채, 각각이 갖는 특수한 측면을 그 특수성이 나타나게 되는 근거, 즉 계급투쟁과 분리시켜 평면적 지표로 바꾸어 놓고는 그것을 다시 별도의 '독립된 것'으로 상승시키는 베버적 변(糞!)증법에 입각해 있다. 이제 이런 방법으로 '업적을 일반화'하면 그 유형은 프러시아형 및 아메리카형뿐만 아니라 일본형, 중국형, 조선형, 브라질형, 니카라과형, 이집트형 …… 등등의 무수히 많은 '특수유형'이 'n개의 길' (이때 n은 각 역사적 시대마다의 나라의 수의 총합, 즉 $\sum_{i=1}^{k} h_i N_i$로 될 것이다!) 로서 제시될 수 있게 된다. 이에 대한 비판에 들어가기 전에 우선 '두 개'

---

218) 이는 쉽게 말하면 영주·지주 등의 토지에 대한 명목적 소유권(상급소유권)과 농노·전호 등의 토지에 대한 점유·경작권(하급소유권)으로서 이러한 중층적 소유가 봉건사회의 특징을 이룬다. 박현채, 「토지문제의 역사적 전개와 인식」, 『한국 자본주의와 민족운동』, 한길사, 1984, 138~143쪽.

219) 芝原拓自, 『所有と生産様式の歴史理論』, 青木書店, 1974[『경제사총론』, 편집부 역, 일월서각, 1984], 제5장.

220) 小谷汪之, 『マルクスとアジア』, 青木書店, 1979('반봉건적 토지소유성립의 논리」, 장시원 편, 『식민지반봉건사회론』, 한울, 1984). 고타니(小谷)의 주장에 대해서는 잠시 후에 좀더 세밀하게 검토해 보겠다. 고타니는 1930년대 강좌파의 대표적 이론가의 하나인 히라노 요시타로(平野義太郎)의 『반봉건적 지대론』에 대해 언급하면서, 그것이 일본이나 러시아에 한정해서 쓴 것을 비판하며 '업적의 일반화'를 주장한다. "소위 강좌파의 반봉건적 토지소유론은 학문적으로 뛰어난 업적임에도 불구하고 일반적으로 선진 영국 자본주의와 후진 일본 자본주의라고 하는 대비의 틀에서 벗어나지는 못하였다."(고타니 히로유키, '반봉건적 토지소유성립의 논리」, 장석원 편, 『식민지반봉건사회론』, 237~238쪽의 주) 그런데 그 전통의 공식적 당사자인 일본공산당조차도 농업이론[반봉건제, 기생지주제에 기초한 '특수한' 농민분해론(?)]과 국가론[절대왕제로서 천황제라는 반봉건적 상부구조(?)]은 커다란 오류였음을 자인하고 있는바, 이러한 고타니류의 발상은 원칙 없이, 내용의 의미도 모르는 채, 그저 정교함만을 즐기며 시체를 부여안고 부활을 기도하는 종교적·스콜라적 아카데미즘에 다름아니다!

의 길에 대한 올바른 인식에서 출발해야 될 것이다. 이러한 올바른 인식의 요체는 **발전법칙과 계급투쟁에 대한 통일적 이해**이다.

이러한 '길'의 구분이 레닌에 의해 정식화된 것이고 그의 논지가 전거로 되고 있기 때문에 레닌의 논의에서 출발할 수밖에 없다. 이러한 '두가지 길'의 정식이 체계화된 것은 1905년의 혁명과정 속에서 역사와 대중에 의해 시험된 제 계급의 농업강령을 검토하면서, 그리고 러시아 사민당의 농업강령을 체계적으로 검토하면서였다. 이때 이 성과를 정리한 것이 「제1차 러시아혁명기에 있어서 사회민주주의의 농업강령: 1905~1907」[221]이다. 이러한 검토와 정리가 필연적으로 요구되었던 것은 1905년의 혁명 이후 제 계급, 특히 카데츠Kadets: 입헌민주당를 중심으로 한 부르주아지들의 요구와 농민들의 열기로 인해 촉진되게 된 소위 스톨리핀 개혁이 야기했던 사상적·이론적 혼란에 대해 검토하면서, 농업정책의 기본노선을 분명히 하여 투쟁의 전열을 가다듬기 위해서였고, 혁명과 개량의 문제가 계급투쟁을 통해서 보여 주는 구체적 성과상의 차이를 명확히 하는 데까지 구체화한 것이었다. 뒤에 밝혀지겠지만 여기서 문제되고 있는 중심은 혁명과 개량의 문제였고 계급투쟁의 문제였다.

우선 그 본질적 성격에 대한 논의에서 시작하자.

투쟁의 중심은 러시아에 있어서 농노제의 잔존물 중 가장 명백한 체현물이고 가장 강고한 대들보인 봉건적 라티푼디아(대농장)이다. 상품생산 및 자본주의의 발전은 틀림없이, 그리고 필연적으로 이러한 잔존물에 종지부를 찍을 것이다. 그러한 측면에서 러시아는 **오직 하나의** 길만 only one path을, 즉 부르주아적 발전의 길을 갖고 있을 뿐이다.[222]

레닌 스스로가 강조하는 것이지만 여기서 이러한 **오직 하나의 길**을 새삼 강조하는 것은 흔히 '두 가지 길'이 갖는 이러한 **본질적 동일성**을 무시하면서 양자의 차별성만을 소리높이 외치기 때문이다. '두 가지 길'에 대한 정식은 이를 전제하는 것이고, 그렇기 때문에 농업에 있어서 **자본주의화**의 두 가지 길인 것이다. 이러한 인식 위에서 다음과 같은 질문이 던져지는 것이다.

> …… 우리가 러시아 토지소유제에 있어서 농노제가 필연적으로 소멸할 것이라고 말할 때, 또 우리가 부르주아민주주의적인 농업혁명이 필연적이라고 말할 때 과연 이런 것이 하나의 특정한 형태로in one definite form만 일어날 것인가? 그렇지 않으면 다양한 제 형태로 일어날 수 있을 것인가?[223]

이 질문에 대해 레닌은 그 앞에서 인용한 전제 위에서 다음과 같이 대답한다.

> 그러나 발전의 두 가지 형태가 있을 수 있다. 농노제의 잔존물은 지주경제[자체의] **전환**의 결과로서 소멸할 수 있으며, 또한 지주적 대농장의 **폐지**의 결과로서 소멸할 수도 있다. 즉 그것은 **개량**에 의해서도 가능하며 또한 **혁명**에 의해서도 가능하다. 부르주아적 발전은 대지주경제를 선두로 하여, 그것이 점차적으로 보다 더 부르주아적으로 되고 점차 봉건적 착취방법을 부르주아적인 것으로 대체함으로써 진행될 수 있

---

221) Lenin, "The Agrarian Programme of Social-Democracy in the First Russian ReVolution, 1905~1907"[이하 (1907)로표기). *CW*. Vol.13. pp.217~429.
222) ibid., p.239. 여기의 강조는 저자 자신이 하고 있는 것이다.
223) ibid., p.238.

다. 그것〔부르주아적 발전〕또한 소농민경제를 선두로 하여, 그것이 혁명적 방법에 의해 사회적 유기체social organism에서 봉건적 대농장의 '병적 파생물' excrescence을 제거함으로써 진행될 수 있으며, 그리하여 그것〔봉건제의 파생물〕없이 자본주의적 경제의 길을 따라 자유롭게 발전할 수 있는 것이다.[224]

이러한 관점의 맹아는 이미 1902년에도 확인할 수 있으며, 1905년의 「두 가지 전술」은 이러한 관점이 전면에 부각된 저술이었다. 「러시아 사회민주주의의 농업강령」(1902)에서 그는 발전법칙과 농업강령이 설 근본원칙으로서 ①(자본주의 발전에 질곡이 되고 있는) 구래의 농노제도의 잔존물을 제거할 것, ②농촌에 있어서 계급투쟁의 자유로운 발전을 도모함을 제시하면서, 특히 후자에 대해 다음과 같이 쓰고 있다.

우리는 러시아에서의 농업관계 영역에 있어서 계급투쟁이 또한 중요한 요소라고 주장한다. 우리는 우리의 전체 농업정책을(그리고 당연한 결과지만 우리의 농업강령도 또한) 이러한 사실 및 그로부터 야기되는 모든 결과에 대한 확고한 인식에 기초해 두고 있는 것이다. 우리의 주요하고 직접적인 목표는 농촌에 있어서 계급투쟁의 자유로운 발전을 위한 길을 분명히 하는 것이고, 국제적인 사민주의운동의 궁극적 목표인 프롤레타리아트에 의한 정치권력의 장악 및 사회주의사회를 위한 기초건설을 지향하는 프롤레타리아트의 계급투쟁의 자유로운 발전을 보장할 수 있는 길을 명백히 하는 것이다. ……
농촌에 있어서 계급투쟁의 자유로운 발전의 길을 분명히 하기 위해서

224) ibid., p.239.

는 농촌 주민 사이에 존재하는 자본주의적 출발점을 지금 현재 **깔고 누워 있으며**overlie, 그것의 발전을 저지하는 농노제의 모든 유물을 제거할 필요가 있다.[225]

이것은 '두 가지 길'을 인식하게 된 실천적 동기와[226] 그것을 가능하게 한 관점을 보여주고 있다. 객관적 법칙의 관철로 귀결되는 바의 결과는 본질적으로 동의할 수 있으나(앞서 자본주의화라는 '유일한 길'로 표현되었듯이), 그 관철을 매개하는 계급투쟁에 따라 그 결과는 또한 상이할 수 있다. 이러한 관점은 「두 가지 전술」에 전면화되어 있다.

맑스주의는 프롤레타리아트로 하여금 …… 그것[부르주아혁명]에 있어서 가장 정력적인 역할을 할 것을, 일관된 프롤레타리아적 민주주의 및 혁명을 결론에 이르기까지 완수되도록 하기 위해 가장 결연하게 싸울 것을 가르친다. 우리는 러시아혁명이 갖는 **부르주아적 한계를 걷어치울 수는 없다**. 그러나 우리는 **이 한계를 광범위하게 확대시킬 수 있으며**, 그리고 이러한 한계 내에서 우리는 프롤레타리아트의 이익을 위하여 그들의 직

---

225) Lenin, "The Agrarian Programme of Russian Social-Democracy"(1902), CW, Vol.6, p.146. 여기서 제시되고 있는 것은 그가 농업에 있어서 강령이나 정책을 수립하는 제 원칙으로 삼고 있었던 것이고, 그가 생각하는 민주주의 혁명의 의의의 핵심에 해당한다. 이것이 구체적 조건에 따라 다양한 형태로 전개되었던 것이고, 그것은 상황에 따라 변할 수밖에 없는 것으로 된다. 이러한 원칙하에서 그 변화를 이해하지 못할 때 우리는 그의 이론이나 강령의 변화를 '구체적'(?) 상황에 따른 무원칙한 변화로 포착할 수밖에 없게 될 것이다. 이런 관점을 보여 주는 예는 일본의 강좌파나 노농파에서 무수히 보인다. 예를 들면 고타니(小谷), 앞의 글. 노농파 입장의 해석으로는 渡邊寬, 『レーニンの農業理論』, 御茶の水書房, 1963. 또 최근에 나온 조동희, 「러시아의 민주주의혁명과 노농동맹」, 『녹두서평』, 1호, 1987도 그러하다. 그런 의미에서 원칙과 조건의 통일인 현실성이라는 관점에서 그의 이론이나 정책변화를 볼 것이 요구된다.
226) 이러한 실천적 동기, 즉 계급투쟁의 자유로운 발전을 보장할 수 있는 길을 분명히 한다는 것은 매우 중요한 것으로 프롤레타리아트가 제시하는 제 강령 수립의 원칙을 규정한다. 예를 들어 농업강령은 농촌에 있어서 계급투쟁의 자유로운 발전을 도모하고, 그 위에서 계급투쟁의 올바른 방향을 프롤레타리아적 지도성과 통일시킴으로써 노농동맹을 완수하기 위해 설정되는 것이다. 따라서 **노동자계급**과 농민적 계급의 각각의 이해와 그 이해가 일치는 프롤레타리아트의 주도성을 전제로 하며, 두 계급 간의 관계를 고려하는 속에서 동맹의 객관적 전제로서 농업강령을 설정하게 되는 것이다.

접적인 요구 및 장래의 완전한 승리를 위해 역량을 준비할 수 있게 해주는 제 조건을 확보하기 위하여 싸울 수 있으며 또한 싸워야 한다.[227]

그리하여 "우리가 …… 결정적인 승리로 혁명을 이끌 수 있을 정도로 충분히 강하다면 [혁명은] 농민과 프롤레타리아적 요소가 지배적인 혁명이 될 것이다"고[228] 한다. 즉 혁명의 객관적 성과는 그것을 쟁취하기 위해 그 속에 뛰어들어 투쟁하는 제 계급의 주체적 실천에 따라 그 범위가 변할 수 있으며, 그 성과 또한 각 계급이 참여하여 투쟁한 정도에 따라 상이하게 얻어낼 수 있다는 것이다. 이런 관점이 결여된다면 필연적으로 주체적 실천과 분리된 **객관적 법칙의 절대화**로서 '객체주의'로 귀결될 수밖에 없으며, 이는 실제 제2인터내셔널 및 멘셰비키들에 의해 보여진 바 있다. 나아가 이를 더 극단화하면 혁명과 개량의 질적 차이를 단계에 대한 객체주의적 동일성 속에 녹여 버리고 별다르지 않은 것으로 간주하게 될 수 있으며, 이것이 실제 레닌이 가장 우려하고 있던 당대의 문제였다.[229]

농업에 있어서 자본주의화라는 '오직 하나의 길'이 갖는 다양한 형태들을 두 가지의 **전형성** 속에서 대비코자 했던 앞의 관점은 무엇보다도 이러한 철학에 근거하고 있는 것이었다. '두 가지 길' 이론에 있어서도 마

---

227) Lenin, "Two Tactics of Social-Democracy in Democratic ReVolution", *CW*, Vol.9, p.78. 여기서 확인되는 민주주의혁명을 보는 원칙은 앞에서 농업문제와 농업강령을 보는 그것과 완전히 동일하다. 이 원칙을 보지 못하고 당시의 조건에 따라 구체화된 전술(예를 들면 제헌의회 소집)만을 고립적으로 파악하여 채택하는 것은 앞서 비판한 무원칙한 이해의 하나가 될 것이다.

228) ibid., p.75.

229) 이는 'The Agrarian Programme of Social-Democracy in the First ReVolution, 1905~1907'에서 소위 '두 가지 길'이 바로 뒤에 '혁명에 있어서 농업강령의 두 가지 노선'에 대해 언급하면서, 그 중심을 스톨리핀의 개혁안에 대한 검토와 사회민주주의자가 그것을 지지해야 하는가 하는 것에 놓고 있음을 보면 분명해진다. 우리는 여기서 훈고학을 할 생각은 없으며 또 그럴 능력도 없으나 최소한 '왜곡된' 사실 및 이론에 대한 검토를 위해 '본래적 문제의식'과 '본래적 이론'은 어떤 것이었는가를 볼 필요가 있다고 생각된다. 이에 대해 '외래사상'이나 '사대주의(?)의 딱지를 붙인다 해도 할 수 없는 일이다. 단지 이런 딱지를 붙이는 사람들이 이에 관해 무엇을 얘기하고 있는가를 잘 생각해 보라고 권하고 싶다.

찬가지다. 이것은 이 각각의 이행노선이 완전히 상이한 결과로 귀결됨을 논증하는, 예컨대 하나는 (반)봉건제 유지, 다른 하나는 봉건제의 폐기라는 결과로 귀결됨을 증명하는 것이 될 수는 없다. 오히려 자본주의화, 봉건제의 극복이라는 **동일한** 결과를 지향하면서도 그것을 주도하는 계급, 그것이 수행되는 철저한 정도와 수행되는 속도, 그리고 무엇보다도 수행되는 과정이 갖는 계급적·계급투쟁적 의미, 이것이 프롤레타리아트의 입장에서 볼 때 상이한 것으로서 위치지어지는 것이며, 이는 혁명의 관점과 혁명적 실천을 견지하는 데 있어서 결정적 중요성을 갖는다는 것이다.

이것이 더욱 문제로 되는 것은 이 '두 가지의 길'을 완전히 상이한 자본주의 발전법칙의 유형으로 간주하여 '아시아적' 혹은 '비서구적 발전법칙'을 '창조'해 내는 특수주의, 주관주의와 관계해서이며, 또 한국에 있어서 농지개혁에 대한 평가를 중심으로 해서 소위 '위로부터의 길', '지주적 진화의 길'은 자본주의화 혹은 탈脫봉건이란 것과는 무관하다고 하는 주장과[230] 관계해서이다.

이러한 논지에 대해 비판하기 전에 '두 가지 길'에 대한 정식적 규정을 좀더 인용해 보자.

부르주아혁명의 객관적으로 가능한 이런 두 가지 길에 대해 우리는 그 각각을 프러시아적 길과 아메리카적 길이라고 부를 것이다. 첫번째 경우에서는 봉건적인 지주경제가 서서히 부르주아적·융커적 지주경제로 진화해 가는바, 이런 지주경제는 농민들을 수십 겹의 가장 혹독한 착취

---

230) 이는 현재의 '반봉건론'과도 비슷한 연관성을 갖고 있다. 대표적인 견해로는 황한식, 「현행소작제도의 성격에 관한 고찰」, 박현채 편, 『농업문제의 새로운 인식』, 돌베개, 1984; 「한국농지개혁연구」, 최장집 편, 『한국현대사 I』, 열음사, 1985; 「미군정하 농업과 토지정책」, 『해방전후사의 인식 II』, 한길사, 1985. 그런데 최근 황 교수 '조차' 이전 입장을 포기한 것은 특히 주목된다. 황한식, 「개방체제하의 한국농업의 성격」, 박현채 외 편, 『한국경제론』, 까치, 1987.

와 예속에 묶어 놓는 동시에, 다른 한편에서는 소수의 Grossbauer('대농민')을 발생시킨다. 두번째 경우는 어떠한 지주경제도 없거나 그렇지 않으면 혁명에 의해 깨져 버림으로써 봉건적 토지estates들이 몰수되거나 분할되어 버린 경우이다. 그 경우에는 농민이 유일한sole 농업경작인agent이 되거나 [경작자 중] 지배적인 것으로 되며 자본주의적 농부로 전화해 간다. 첫번째 경우에서는 봉건적 예속으로부터 봉건적 지주인 융커의 토지 위에서 노역과 자본주의적 착취에로의 전화가 진화의 주된 내용을 이루고 있다. 두번째 경우에는 가부장제적 농민[봉건적 농민]이 부르주아적 농부로 전화하는 것이 그 주된 배경을 이루고 있다.[231]

여기서 저자는 왜 '두 가지 길'만을 얘기했던 것일까? 만약에 이를 자본주의로 이행하는 제 '유형'으로 파악하고자 했다면 이행에 있어서 또 다른 유형은 나올 수 없었던가? 그렇다면 '두 가지'로 제한해서 말한 것은 혹자의 비판대로 지나친 단순화의 결과물일 뿐일까?[232] 만약 그렇지 않다면 '두 가지 길'은 무엇 때문에 '두 가지'인 것일까?

여기서 우리는 바로 앞에 진행된 논의로 다시 돌아가야 한다. 즉 저자가 어떤 관점에서 문제를 파악하고 있는가, 그리고 왜 그 논의를 전개하고 있는가 하는 점에 대한 전제적 이해가 결여되어 있을 때 우리는 방금의 '두 갈래의 길'을 정태적·평면적으로 유형론으로서, 그리하여 **비교의 관점**에서 파악하게 될 것이다. 이상에서 말한 '두 가지' 길은 **자본주의**

---

231) (1907), p. 239.

232) 물론 법칙관철이 상이한 제 조건에서 상이한 형태를 띠게 된다는 것을 법칙의 보편성으로 '환원' 해서 이해해야 한다는 것은 결코 아니다. 반복하지만 그것은 출발점이고, 그렇기 때문에 그 출발점의 본질은 분명하게 되어야 하며, **그것**의 **구체화**된 형태로서 파악되어야 한다는 것이다. 그런 의미에서 '유형' 이란 방법이 위치지어진다면 그것은 부정할 수 없다. 여기서 문제 삼는 것은 다양한 제 요인이 보편성을 축으로 각각의 수준에 따라 입체적으로 결합되어 있는 것을 평면적 지표로 바꾸어 병렬적 제 유형으로 전락시키는 것이고, 특수주의적 유형론의 선언이다. 유형은 법칙이 특수한 조건 속에서 나타나는 특수한 경우로서, **전형**으로서 파악되어야 한다.

화에 있어서 본질적으로 상이한 성격을 갖는 전형이며, 이것은 앞서 반복했듯이 지주에 의한 개량의 길과 농민에 의한 혁명의 길이라는 '두 가지'일 수밖에 없는 것이다. 그리고 이 두 가지 길은 그 공통의 경제적 귀결로서 자본주의화를 향해 가는 길이다. 따라서 이행의 여러 가지 개별적 고유형태가 있을 수 있지만 더 이상의 길을 찾는 것은, 무수히 많은 계급 개념이 무용한 것처럼, 쓸데없는 일이다. 나아가 이것을 '선진국형의 길'과 '후진국형의 길', 혹은 '서구적인 자본주의화의 길'과 '비서구적인 길'로 양분한다면, 이는 '두 가지 길'의 핵심을 말살하고 평면화된 몇몇 지표로써 수없이 새로운 길을 만드는 '자유스러운' liberal 관광지도로 전락하고 말 것이다. 이들은 지금 여행을 하려 하고 있는 것일까? 그러나 우리는 여행자가 될 수 없으며 우리 앞에는 오직 '하나'의 길만이 있는 것이다.

이런 의미에서 상급소유권과 하급소유권에서 논의를 출발하는 박현채 선생의 견해는[233] 핵심을 보지 못하고 있는 것이라 할 수 있다. 더욱이 상·하급의 중층적 토지소유가 형식적으로는——이는 의당 내용상 변화도 의미하며 이는 계급관계의 성격변화이다——폐지되어 있는, 그리하여 부르주아적 일물일권주의가 법적인 것으로 인정되어 있는 사회에서 봉건

233] "직접적 생산자인 농민적 요구의 지속적 관철이 아닌 새 지배관계의 형성과 자기이해를 지키기 위해 교지를 다하는 지배계급의 노력은 역사에서 봉건제의 청산에 의한 근대적 토지소유의 생성에의 길을 근본적으로 다른 두 개의 것으로 만들기에 이른다. 곧 상급소유의 통합에 의한 배타적 독점권으로서 근대적 토지소유의 생성의 길을 농민적 변혁의 길과 지주적 개량의 길에서 찾게 한다는 것이다. 농민적 변혁의 길이 되는 밑으로부터의 길은 농민적 소유인 하급소유가 변혁적인 방법으로 관념적인 허위의 소유인 상급소유를 흡수 또는 수탈함으로써 이루어진다. …… 이것에 대하여 지주적 개량의 길은 역사적 진보의 길에 역행하면서 상급소유가 본래적 소유로 되는 농민적 점유, 곧 하급소유를 흡수 또는 수탈함으로써 이루어진다."(박현채, 「토지문제의 역사적 전개와 인식」, 『한국 자본주의와 민족운동』, 한길사, 1984, 143쪽.) 박 선생은 여기서 전자의 예로 프랑스혁명을 들고 후자의 예로 영국의 인클로저와 후발자본주의국 및 식민지에서의 근대적 토지소유성립을 든다. 박 선생의 논지가 이러한 예로 귀결된 것은 그것이 소위 '두 가지 길'과는 상당히 다른 것임을 보여 준다. 박 선생의 것은 본래적 봉건제의 폐지시기를 문제로 삼고 있다. 그리고 이러한 논지는 상급소유와 하급소유의 분리가 없었던 미국에는 적용될 수 없으며, 또한 영국을 '위로부터의 길'에 포함시키는 데서 보이듯이 문제조차 그 초점이 빗나가 있다. 이런 방법대로 한다면 레닌은 러시아에서 두 가지 길의 가능성에 대해 이야기할 수 없을 것이며, 단지 농노해방 등의 근대적 소유제 수립기를 '위로부터의 길'이었다고 해석하는 데 머물고 말았을 것이다.

잔재가 계급투쟁발전에 방해가 되고 그러한 것들에 대한 척결이 문제가 되면서 '두 가지 길' 이론이 제기된 것임을 생각할 때, 박 선생의 '해석'은 논지에서 빗나간 것임이 분명하며, 그 내용도 계급투쟁의 문제가 중심에 놓이지 못하게 되어 앞에서와 마찬가지의 정태적 '유형론'으로 귀결되고 만다.

일본에서는 이 '두 가지 길'을 소위 '특수 러시아'의 문제로 보는 경향이 큰 흐름을 이루고 있다. 이는 전전戰前 일본에 있어서 이론적 조류를 지배하던 강좌파적 이론이 아직까지도 영향력을 미치고 있음을 보여 주는데, 논자에 따라서 그 잔재의 '보존' 정도가 상이하나, 그 잔재를 '온존·강화'된 것으로서 끌어안고 있는 사람들도 있다.

우선 토지소유, 농업의 이행형을 규정하는 제1의 문제는 누가 자본주의적 농업경영의 중심적 담당자인가, 자유로운 생산자 농민층인가 그렇지 않으면 구 영주층인가 하는 것이다. 그리고 이러한 제1의 문제에 대응하여 어떠한 토지소유가 배타적이고 일물일권적一物一權的인 근대적 토지소유로 전화, 법인法認되는가, 농민적 토지소유인가 아니면 영주적 토지소유인가라는 문제이다.[234]

위와 같은 관점이 더욱 분명하게 드러나는 것은 고타니 히로유키小谷汪之의 글에서이다. 이 글과 이 사람의 관점·방법은 한국의 연구자들에게 상당히 큰 영향력을 끼쳤는데,[235] 그렇기 때문에 이 사람의 글에 대해서는 세세하게 살펴볼 필요가 있다. 일단 여기에서는 「반봉건적 토지소유성립의 논리」라는 논문의 소위 '두 가지 길 이론'에 대해서만 살펴보자.[236]

---

234) 시바하라 다쿠지, 『경제사총론:소유와 생산양식의 역사이론』, 편집부 역, 일월서각, 1984, 179쪽.

그가 여기에서 도출하려고 하는 바는 무엇보다도 '아시아적 후진성'을 러시아에서의 '반봉건적' 토지소유성립사를 통해 '고유하게' 도출해 내고 그것에 레닌의 도장을 찍는 일이었다. 그는 『러시아에서 자본주의의 발전』(1899)에 대해서 다음과 같이 이야기한다.

이와 같이 『발전』의 단계에서 저자는 농민층의 양극분해적 '기본경향'에 관한 일반론적 인식(이런!)에 역점을 두고 있는 것이다. 따라서 『발전』에는 '분여지를 가진 임금노동자'를 '후진'제 지역에 특수한 농민층분해과정으로부터 필연적으로 재생산되고 퇴적되어 가는 존재로서, 즉 특수한 (이런!) 역사적 형태로서 파악하는 관점은 아직 없었다고 보아야만 한다.[237]

그 다음에는 1902년의 「농업강령」을 검토하면서 전체적으로 다음과 같이 '평가'(이런!)한다.

이 단계에서 '농노제도의 직접적 산물인 고역제도'(이는 labour-service system의 번역어인데, 부역제도라는 말이 타당할 것 같다)가 파괴되면 "농민은 하나의 계급으로서의 특성을 잃고 농촌 프롤레타리아트와(대·중·소·극소의) 농촌 부르주아지로 분해하여 간다"고 하면서, 즉 후발자본주의국으로서의 러시아 농촌사회에 있어서 농민층분해방향의 특수한(이런!) 구체적인 방향의 인식보다도 계속 농민층의 양극

235) 안병직, 「식민지반봉건사회론의 이론적 구조」, 『산업사회연구』 1호의 토론 발제문 ; 정성진, 「제국주의와 주변자본주의」, 같은 책, 42~43쪽 ; 장시원, 「식민지반봉건사회론」, 같은 책, 15, 40~43쪽.
236) 고타니 히로유키, 「반봉건적 토지소유성립의 논리」, 장시원 편역, 앞의 책, 228~239쪽.
237) 같은 책, 228~229쪽.

분해라는 '기본적 경향'을 검출하는 데 역점을 두고 있었던 것이다.

그러나 이 「러시아사회민주당의 농업강령」에서 주목해야 할 것은 후에 '두 개의 길에 대한 이론'으로 정식화된 사고방식이 이미 여기에서 싹트고 있었다는 점이다. …… 이 단계에서 이미 그는 '분여지를 가진 임노동자층'이 단지 과도기적으로만 존재하는 것이 아니라 '끊임없이 창출되는' 존재, 즉 **구조적으로 재생산되는 존재**(이런!)라는 사실을 깨닫고 있었던 것이다.[238]

여기에서 너무도 명백한 것은 무엇보다도 우선 소위 '기본법칙에 대한 일반론적 인식'과 '특수한 방향'이 완전히 별개의 것으로 취급되며, 그리하여 일반론으로서의 농민분해는 특수한 것으로서의 두 가지 길 이론과 서로 배타적인 것으로서 대립하고 있다는 것이다. 조금 후에 이는 '명시적으로' 쓰여진다.

여기[「제1차 러시아혁명기에 있어서 사회민주주의의 농업강령 : 1905 ~1907」]서 농업에서의 자본주의적 발전은 농민층의 양극분해라고 하는 일반론으로 일원화시키지 않고 **역사적 조건의 차이에 따라 상이한 길을 걷는다**고 하는 소위 '두 개의 길 이론'적 사고방식이 명시적으로 주장되고 있음을 볼 수 있다.[239]

그런데 과연 이 같은 '명시적' 주장이 얼마나 문헌적 근거가 있는 것인지에 대해서조차 우리는 다시 묻지 않을 수 없다. 이를 검토하기 이전

---

238) 같은 책, 230~231쪽.
239) 같은 책, 233쪽. (강조는 인용자)

에 고타니小谷의 주장을 좀더 인용하는 것에 대해 양해를 구하고 싶다. 고타니는 「제1차 러시아혁명기에 있어서 사회민주주의의 농업강령 : 1905~1907」에 대해 다음과 같이 '평가' 한다.

> 농민 수의 과반수를 점하는 이 빈농=반半프롤레타리아층이 농민층의 양극분해의 진행에 의해 언젠가는 소멸해 버릴 존재가 아니라 **구조적으로 끊임없이 재생산되고 퇴적되어 가는** 독자적 농민층이라고 한다면, 이 빈농=반프롤레타리아층을 러시아혁명의 세력으로 조직하는 것은 사활이 걸린 중요성을 가진 일일 것이다. 이러한 필요성(독자적 농업강령을 만들 필요성)에서 농업에서의 자본주의적 발전과 농민층분해에 관한 이론의 중점을 농민층의 양극분해 경향의 검출이라고 하는 일반적 틀로부터(이런!) 러시아적 특수성 인식의 방향으로(이런!) 이동시켰다. ······ 그러나 이 '두 개의 길 이론' 이라 불리는 관점 자체는 러시아 농업에 있어서도 언젠가는 자본주의적 생산관계가 지배적이 될 것이라는 전망을 계속 가지고 있다는 점에서 초기의 양극분해론에 연결되는 측면을 가지고 있으며, 따라서 현재의 우리가 그대로 계승할 수 없는 측면을 가지고 있는 것이다.[240]

당장 이에 대해 이의를 제기하고 싶은 사람이 많겠지만 잠시만 참아주길 바란다. 여기에서 고타니 스스로 자인하고 있는 것은 자신이 행하는 레닌의 이론에 대한 문헌학적 해석이 별로 본래의 그것과는 상관없다는 것이다. 우리는 고타니가 여기에서 대체 무엇을 '계승' 하려고 하는지 살펴보지 않을 수 없다. 그가 여기에서 발견하고 있는 사실은 "초기에 『자

---

240 이 같은 책, 232~233쪽. (강조는 인용자)

본론』을 그대로 재구성한 것과 같은 **양극분해론을 극복**(?이런!)하고 후진 러시아 농촌의 특수성을 파악해 가는 과정(? 이런!)은 바로 자본주의 그 자체에서 창출된 것으로서의 '아시아적 특수성'의 발견 ……"이라는 참 으로 개성적인 '거듭 발견'이다. 이 대단한 발견을 기초로 그는 소위 '아 시아적 후진성'의 실체적 내용에 대해 다음과 같이 주장한다.

> …… 자본주의가 창출한 세계시장에 편입되어 농업의 상업화가 강요
> 된 후진 제 지역에 있어서는 자본주의(식민지의 경우에는 본국자본주의)
> 를 위한 본원적 축적을 강행하는 수단으로서 '사적 토지소유'가 법인
> 되고 그것을 축으로 하여 농민층분해가 진행되기 시작한다. 그 과정에
> 서 '토지를 가진 임노동자', 즉 빈농=반프롤레타리아 계층은 과도기
> 적 현상으로서가 아니라 구조적으로 재생산되고 퇴적되어 간다. ……
> 즉 기생지주제는[241] 자본주의의 세계시장 지배하에서 농업의 상업화가
> 강요되고 인간의 노동력까지도 광범하게 상품화되면서도 농업경영 자
> 체의 자본주의화는 저지된다고 하는, 후진 제 지역에 특유한 조건하에
> 서 비로소 성립하는 독특한 토지소유관계라고 할 수 있다.
> …… 이러한 의미에서 근대 아시아에 있어서 기생지주제는 바로 반봉
> 건적 토지소유로 불리어야 하는 것이다. …… 이 반봉건적 토지소유야
> 말로 '아시아적 후진성'의 '실제적 내용' …….[242]

우선 전체적으로 그릇된 관점과 그릇된 세계관이 이미 약 80년 전에 완성된 글의 내용조차 바꿔 놓았다는 데 대해 놀라움을 금할 수 없다. 한

---

241) 이상의 틀을 받아들이는 논자들은 이 기생지주제 대신에 소위 '식민지적 (기생)지주제'를 설정하며, 그 내용은 거의
    그대로 빌려 쓰고 있다.
242) 같은 책, 236~237쪽.

마디로 이는 제대로 읽지 않아 오독한 결과이거나, 그 글을 읽지 못한 사람들에 대한 사기일 뿐이다. 무엇보다도 놀라운 '창의성'은 두 가지 길을 프러시아적 조건에서의 특수한 발전법칙인 것처럼 말하고는 거기에서 **아시아적 특수성**을 도출한다는 것이다. 프러시아가 아시아 지도에 나온다는 것은 매우 놀라운 발견이다! 그리고 아시아적 특수성이라면 프러시아나 일본과 식민지 조선, 인도에서의 '길'이 같은 길이라는 것인데, 결국 제국주의 나라에서의 그것과 식민지에서의 그것이 동일하다는 것이 영국과 프러시아, 일본에서의 그것은 같다는 것보다 얼마나 더 설득력이 있을는지? 그에게 오직 중요한 것은 소위 '세계자본주의의 규정성'이며, 이는 자본주의와는 완전히 상이하다. 실제로 이것은 일본에서의 기생지주제를 소위 '세계자본주의'의 규정에 의한 '반半봉건제'라고 보는 데서 명백하게 드러난다. 즉 오직 영·미의 최선진(**제일 먼저** 발전한) 자본주의국과 여러 국의 구별이 있을 뿐이다. 그렇기 때문에 이들은 그토록 아시아적 운운하면서도 '남미적 길'과 '아프리카적 후진성'을 개념화(?)할 필요를 느끼지는 못했던 것이다. '세계자본주의의 규정성'에 대해 강조하면서도 실제로 그 '세계자본주의'의 운동법칙과 본질, 그 규정성의 내용에 대해서는 별로 언급하지 않으며, 제국주의시대의 특징과 제국주의에 대해서는 일언반구도 비치지 않고, 괴이하게도 '서'西와 아시아가 대립한다.[243]

　　이러한 소위 '아시아적 특수법칙'을 만들기 위해 행하는 해석은 알튀세르조차 놀랄 정도로 신비한 '징후발견적 해독'이다. 우선 『발전』에서 「1905~1907 농업강령」에 이르는 길이 소위 '일반 이론'에 입각한 교조적 분석에서 '특수 러시아의 자본주의적 분해법칙'에 이르는 도정이라고

---

243) "제국주의가 세계에 창출해 가는 양극구조에 있어서 그 중심에 존재하는 '서'(西)야말로 항상 자신의 대극에 창출한 자신의 모습과는 유사하지 않은 사회에 '아시아적'이라는 각인을 찍고, 그 '아시아적인 것'을 아시아 스스로가 자신의 책임으로 짊어져야 할 숙명으로서 감수할 것을 강요한다." 같은 책, 238~239쪽.

하는 데 대해 놀라움을 금할 수 없다. 물론 여기서 보편·특수의 변증법을 재론할 필요는 없으리라 생각하며 또 그럴 여유도 없다. 그런데 고타니는 빈농=반프롤레타리아트의 증대가 마치 일반 이론과는 인연이 먼 특수성이라고 하면서 『발전』 단계에서는 이를 발견할 수 없다고 한다. 정말로 그러한가?

『발전』에서는 소위 '분여지를 가진 임노동자층'에 대해서 2, 3장 전체에 걸쳐서 논급하고 있다. 또 이미 『발전』 단계'(?)에 있어서 파악된 농민 분화 및 분해, 즉 농촌부르주아지 및 농촌프롤레타리아트로의 분해는 한편에서의 '분여지를 가진 임노동자층'의 광범한 '퇴적' 과정을 의미한다. 즉 고타니적 '특수'는 『발전』 단계'에서도 이미 파악되어 있었으며, 따라서 초기와 후기의 구별은 전혀 그 근거가 없다. 우선 『발전』의 2장에서 그는 러시아에서의 농민분화에 대해 요약하면서 '일반 이론적'으로 적고 있다(이 장은 모든 특수주의자가 『자본론』의 '일반론'을 '그대로' 옮겨 적은 것이라고 간주하는 부분이다).

농민들 사이에서의 모든 경제적 제 모순의 총체는 우리가 농민분화라고 일컫는 것을 구성한다. 농민들 스스로도 이 과정에 대해 매우 유사하고 명확하게 '탈농민화' depeasantising라고 특징짓고 있다. 이 과정은 낡은 가부장제적〔봉건적〕 농민의 전적인 해체와 **새로운 유형**의 농촌거주자 창출을 의미한다. …… 그 과정은 결코 소유의 '분화'에 제한되지는 않는다. 구래의 농민은 '분화'될 뿐만 아니라 완전히 해체되어 더 이상 존재하지 않게 되며, 그것은 완전히 새로운 유형의 농촌거주자에 의해 구축된다. 이 새 유형의 농촌거주자는 상품경제와 자본주의적 생산이 지배하는prevail 사회의 토대를 이룬다. 이들 유형은 곧 농촌부르주아지(이들은 일단 주로 프티부르주아지이다)와 농업에 있어서 상품생산자계급이며, 농업임노동자인 농촌프롤레타리아트이다. 특히 명심해야 할 것은 자본주의적 농업의 형성과정에 대한 순수 이론적 분석은 소생산의 분화가 이러한 과정에 있어서 중요한 요소라는 것을 지적해 준다는 사실이다.[244]

그렇다면 그는 『발전』 단계 부터 고타니가 말하는 '특수법칙' 으로서 '아시아적 후진성' 을 인식했던 것인가? 이에 대해서도 우리는 완전히 부정하지 않을 수 없다. 이러한 사실은 그의 가장 초기 저작에 속하는 「인민의 벗이란 무엇인가, 그들은 사민주의자와 어떻게 투쟁하는가?」(1895)에서도 확인할 수 있다.

〔'인민의 벗'에 의하면〕 만약 노동자가 전혀 토지를 갖지 않는다면, 그곳에는 자본주의가 존재한다. 만약 그들이 토지를 갖는다면〔이것이 앞서 말한 '분여지' 이다――인용자〕 그곳에는 더 이상 자본주의가 존재하지 않는다. …… 그들〔인민의 벗〕은 자본주의――**아직 비교적 낮은 발전수준에 있는 자본주의가 그 어디에서도 노동자를 토지로부터 완전하게 분리시키지 못한다는 사실**을 알지 못한다.[245]

이러한 관점은 『발전』에서 다음과 같이 단적으로 표현된다. "자본주의 경제는 즉시 나타나지 않으며 부역경제corvée도 즉시 사라지지 않는다."[246] 그는 『발전』 가운데 **농민분화와 농촌프롤레타리아트**에 대해 말하면

244) Lenin, "The Development of Capitalism in Russia", CW, Vol 3, pp 173~174
245) PF, p.209.
246) "The Development of Capitalism in Russia", p.194.

서 반프롤레타리아트, 즉 '분여지를 갖는 임노동자'가 러시아에 있어서 전형적이라는 사실을 거듭 지적하고 있다.

또 하나의 새로운 유형[하나는 농촌부르주아지로, 바로 앞에서 이에 대해 서술하고 있다]은 농촌프롤레타리아트로서 **분여지를 갖는 임노동자계급** the class of allotment-holding wage-workers이다. 토지를 전혀 갖지 못한 사람들도 포함하는 빈농이 여기에 해당한다. 그러나 러시아 농촌프롤레타리아트의 가장 전형적 대표층은 분여지를 갖는 경작노동자allotment-holding farm labourer, 날품팔이노동자day labourer, 비숙련노동자, 건축노동자 혹은 기타 분여지를 갖는 노동자allotment-holding worker 등이다.[247]

그러면서 동시에 이러한 **반프롤레타리아트의 보편성**에 대해 다음과 같이 쓰고 있다.

첨언해야 할 것은 우리 주위의 문헌들이 자본주의는 자유로운 무토지의 노동자를 요구한다고 하는 이론적 명제에 대한 지극히 판에 박힌 stereotyped 이해를 담고 있다는 것이다. 이 명제는 **주된 경향을 지적**하는 것으로서는 극히 올바르다. 그러나 자본주의가 **농업에 관철되어 가는 것은 매우 완만한 속도로, 지극히 다양한 형태로써이다.**[248] 농촌노동자에게 분여지를 제공하는 것은 농촌에서의 고용주 자신들의 이해를 위해 매우 광범하게 행해지며, 이것이 바로 분여지를 갖는 농촌노동자가 모든 자본주의국에서 발견되는 유형인 이유이다.[249] 이러한 유형은 상이한

---

247) ibid., p.177.
248) 이는 우리가 사회구성체의 의미와 기본모순의 의미에 대해 논하는 데서 나왔던 논지이다.

제 나라에서 상이한 제 형태를 취한다. 영국의 코티저cottager는 프랑스나 라인지방의 소소유농민small-holding peasant과 상이하며, 후자는 프러시아의 크네흐트Knecht와 다르다. 이들 각각은 고유한 농업체계 및 농업에 있어 생산관계의 고유한 역사의 궤적을 따라 탄생하는 것이다. 그러나 이러한 사실이 경제학자들로 하여금 **그들 모두를 동일한 농촌프롤레타리아트의 유형으로 분류하는 것**classing을 방해하지는 않는다.[250]

그리고 농촌프롤레타리아트에게서 발견되는 분여지는 "그의 노동력을 붙잡아두기 위한 것"이었으며 이러한 '분여지를 갖는 농촌노동자'는 모두 자본주의국에 보편적으로 나타난다는 것이다.[251]

또 1907년의 저작에서는 소위 러시아에 있어서 반프롤레타리아트의 구조적 재생산과 퇴적이 그것의 실천적 의미와 함께 포착되었다고 하는 주장 또한 터무니없다. 실제로 고타니 자신이, **계승할 수 없는 것으로서** '양극분해의 일반론'이 '남아 있다'고 인정하듯이 레닌의 입장은 소위 『발전』단계와 별로 다른 것이 없다. 이 글에서는 아무리 뜯어보아도 '반프롤레타리아트의 구조적 재생산·퇴적'이라는 내용은 없다. 오히려 명시적으로 농민의 분화·분해 양상을 논증하며, **이전과 다름없이** 노농동맹과 농업강령의 계급적 의미에 대해 쓰고 있는 것이다.[252] 빈농의 실천적 중요성은 농민 내부에서의 계급분해를 보면서부터, 즉 프롤레타리아화하는 농민과 부르주아화하는 농민의 계급적 분화와 구별, 그리고 계급투쟁

---

249) 이는 이미 앞의 발전과 전일화에 대해서 논하는 자리에서 영국의 '경우조차' 예를 들면서 살펴본 바이기도 하다. 이는 식민지 조선에 있어서 소위 '반봉건제'에 대한 올바른 이해를 위해 극히 중요한 것이며, 이후 반봉건적 생산관계에 대해 논의하는 자리에서 재론될 것이다.

250) Lenin, "The Development of Capitalism in Russia", p.178.

251) ibid., p.321.

252) 이 책의 제1장에서는 당시의 통계자료에 근거하여 농민분해의 구체적 분석이 행해지고 있는데, 이 중 어느 하나만 보아도 소위 '일반론'적인 농민분해상이 제시되고 있음을 확인할 수 있다.

의 가능성을 봄으로써 가능했던 것이지 반프롤레타리아트의 퇴적을 봄으로써 포착할 수 있었던 것은 아니었다.[253] 그렇기 때문에 그는 실제로 「인민의 벗」에서부터 농민분화·분해의 의미와 그것이 갖는 적대성 및 노농동맹의 중요성에 대해 주장할 수 있었고, 더 나아가 그러한 계급동맹에 있어서의 제 원칙에 대해서도 제시할 수 있었던 것이다.[254]

고타니의 논의 가운데 더욱 한심한 것은 이러한 '분여지를 가진 임노동자층'의 형성을 '두 가지 길 이론'으로 '발전'(?)시킨 부분이다. 고타니는 "역사적 조건에 따라 상이한 길을 걷는다"는 것으로 '두 가지 길 이론'을 특징짓는데, 이 말이 의미하는 것은 이제까지 고타니의 인용구에서 '대담하게' 드러나 있듯이, 러시아를 포함한 제 나라를 소위 '아시아적 길'이라는 '이행의 유형'으로서 '특수하게' 파악하는 것이었고, 이는 결국 러시아에서 소위 '위로부터의 길'이 필연적이고 '특수법칙적인' 것임을 보여 주는 것이었다. 이것은 '두 가지 길 이론'이 어째서 제기되었는가를 다시 생각해 보게 한다. 이런 입장에서라면 그 이론은 단지 러시아의 역사와 현재(당시의)를 단지 '특수법칙적으로' 파악하며, 그리하여 '위로부터의 길'로서 유형화하는 데 머물게 된다. 즉 '위로부터의 길'과 '아래로부터의 길'은 이미 선택의 여지가 없는 것으로 되며, 이미 채택된 한 길이 문제가 될 뿐이라는 것이다. 그러나 다시 반복하건대 '두 가지 길 이론'은 당시 러시아에 있어서 '혁명'과 '개혁'의 갈림길, 즉 두 가지 가능성 앞에서 정식화된 것이고, 그것은 러시아가 '위로부터의 길'을 갈 수밖에 없다는 것으로써 어찌할 수 없는 현실을 인정하는 것이 아니라, 오

---

253) 이에 대한 관점은 PF에서부터 명확히 되고 있으며(pp.279~281), 이러한 것은 그가 1903년에 쓴 "To the Rural Poor"에서 극명히 드러난다. 이에 대해서는 박영현, 「농업문제에 관한 연구 노트」, 『한국 자본주의와 농업문제』, 아침, 1986을 참조할 것.

254) 이에 대해서는 PF, p.288. "The Agrarian Programme of Russian Social Democracy", CW, Vol. 6, pp.109~115, pp.121~122.

히려 러시아의 갈 길은 아메리카적 길일 수 있으며 또 그래야 한다는 것을 주장하는 것이다.

이처럼 소위 '두 가지 길 이론'이 왜곡된 것은 무엇보다도 계급투쟁이라는 것을 단지 **객체적 지표**로 만들어 버리고 정태적·평면적인 역사적 조건으로 고정화시켜 버렸기 때문이다. 그 결과 본래는 러시아에 있어서 계급투쟁에 따라 현실화될 수 있는 가능성으로서 제시된 두 가지 길은, 어찌할 수 없는 생명력을 잃은 두 가지의 특수법칙으로 유형화되며, 이리하여 두 가지 길이 서로 (자립해서) 대립하고 있는 것으로 된다. 이는 본질과 그 현상형태를 법칙과 조건의 통일 속에서 계급투쟁을 축으로 보지 못한 소치이며, 그 결과 **단일법칙**과 계급투쟁의 관계, 그리고 특수성의 위상은 '특수적인' 제 유형으로 분해되어 버리고 만다. 이것이 소위 '두 가지 길 이론'에 대한 '두 가지 해석방법'을 가능케 한 신이론의 정체였다. 먹구름에 가린 왜곡된 관념의 '하늘'은 '저 푸르른' 원칙과 현실성의 생명력을, 묘자리마저 빼앗긴 '회색의 이론'으로 바꿔 놓은 것이다.

6) 보론 : 박현채 선생의 사회구성체론 비판

이제 장황하던 특수성의 장에 종지부를 찍게 되었다. 그런데 이제는 넘어서야 할 것이 있는바, 이에 대해 간략히 검토해 보기도 하자. 이제까지의 한국사회에 대한 논쟁에서 특히 사회구성체적 이론과 관계해서 문제가 되었던 것이 ── 그것에 긍정적이든 부정적이든 ── 박현채 선생의 논지였다. 박 선생의 부분적인 논지는 이미 여기에서 일부 검토되었으나 그 각각에 대해 세세한 비판을 하지는 못했고, 또 계속 전체적인 구체적 비판을 하기는 곤란한 듯하다. 이는 박 선생 자신의 논리가 체계적으로 서술된 적이 그리 많지 않고, 각각의 이론 ── 예를 들어 사회구성체론, 민족경제론, 농업이론, 노동운동론, 국가독점자본주의론 …… ── 이 어떤 일관된 입장에서 구체적이고 전체적인 연관으로서 제시된 적이 없기 때문이기도 한데, 이는 박 선생 스스로의 논지에 대한 '오해'를 초래한 것이기도 하며, '이해할 수 없는'(?) ─ 이는 흔히 몰이해라고 '치부'된다 ─ 이론으로 되도록 하기도 한 것이다.

실제로 박 선생의 논리는 '파편적'이라 할 정도로 조각조각 분리되어 있다. 그의 농업이론은 노동문제 및 국가독점자본주의에 대한 이론과 거의 관련이 없으며, 식반론과 사회구성체론은 각각의 살림을 차리고 있고, 단계나 성질은 서로 무관하며, 그의 국가독점자본주의론은 민족문제 및 제국주의문제 등과는 완전히 외면적이고, 민족경제론·농업문제·노동문제 등은 사회구성체론과는 별개로서 '독립'되어 있다. 예를 들어 그는 현대 한국사회를 자본주의사회구성체라고 하면서 농업부문에 있어서 기본모순은 반봉건적 토지소유관계라고 하며, 국가독점자본주의단계 설정 ─ 그것은 한국에 대한 총체적 규정이어야 함에도 불구하고 ─ 역시 농업문제나 민족경제론과의 관계 속에서 전개된 적이 없다. 그리고 그의 '제' 이론의 총합이 매우 다양한 범위에 걸쳐 상당히 고전적인 이론적 토대 위에서 이루어짐에도 불구하고 민족문제와 민족해방의 관점이 여타의 것과는 외면적인 관계 속에 머물러 있다는 것, 특히 국가독점자본주의와 따로 논다는 것은 그의 '상당히'(?) 정통적인 이론에 커다란 구멍을 내어 놓고 있다. 이러한 '제' 한계는 소위 한국사회성격에 대한 빗나간 논쟁을 초래한 일부 요인이기도 하며, 사회구성체론의 공허함을 증명하는 논거로 되기도 했다.

이제 여기서는 사회구성체 개념 및 사회구성체론과 관계된 몇 가지 문제점을 검토해 보겠다. 박 선생에 의하면,

사회구성체는 한 사회의 경제적 기초인 일정한 생산양식이 자기에게

알맞은 상부구조를 가질 때 지배적인 생산양식에 따라 사회구성체 혹은 경제구성체로 된다. …… 일정한 생산양식이 존재하는 데 필요한 사회의식의 부분을 그 생산양식의 상부구조라 한다. 또 생산양식과 상부구조는 함께 되어 사회구성체 혹은 사회체제라고 불리고 일정한 사회구성체에 특유한 생산관계를 그 경제적 토대라고 한다. 따라서 사회구성체는 내부적으로 **균형되고 조화된 하나의 전체**이고 **객관적으로 존재**하는 하나의 역사적 사실이다. …… 그리고 생산양식과 사회구성체 간의 상호관계는 다음과 같이 말할 수 있다. 기본적인 생산양식은 인류의 역사발전의 일정한 시대(사회구성체)와 거의 대응하고 있다. 그러나 그 시대 사이에는 **과도기**가 있고 **거기에는 두 개 또는 그 이상의 생산양식이 서로 공존**한다. 그리고 특정한 생산양식에 의해 특징지어지는 시대에 있어서조차 **다른 생산양식의 유물이 오랫동안 존재**하고 굳건히 살아남는 경우도 있다. 가령 자본주의시대에는 많은 나라에서 봉건적 생산양식의 요소가 존재하고 있었으며 지금도 존재하고 있다. 그러나 개개의 역사적 시대를 일정한 생산양식과 같이 보는 데는 **지배적인 생산양식**, 즉 그 생산관계가 사회의 경제관계의 발전에 결정적인 영향력을 미치는 생산양식이 항상 고려된다. …… 또한 그것은 과거에 지배적이었던 생산양식의 유물만이 아니라 때로는 장래의 사회에서 지배적인 것이 될 생산양식의 맹아인 경우도 있다.[255]

여기에서 일단 우리는 박 선생이 사회구성체를 '객관적으로 존재하는 역사적 사실'로서 간주하려는 것[256]에 대해 동의를 표하고 싶다. 이미

255) 박현채, 「현대 한국사회의 성격과 발전단계」, 『창작과 비평』, 57호, 322~323쪽. (강조는 인용자)
256) "…… 사회구성체는 인간의 의지나 의식과 상관없이 존재하는 사회발전의 객관적 창조물이다."(같은 책, 324쪽)

앞서 말한 것처럼 사회구성체는 분명히 객관적 실재이고 사회구성체 개념은 그 실재의 반영이다. 그러나 이것은 별로 널리 인정되지 못한 사실이었다. 혹자는 사회구성체를 이념형이라는 관념의 구성물로 간주하였고, 혹자는 또 그러한 논의에 대해, 즉 사회구성체론 및 사회구성체 논쟁에 대해 공허하고 아카데믹하다고 공박하기도 했다. 그리고 이런 관점에서 분석 및 실천에 **유용**한 것이라면 그것이 옳다, 혹은 그것이 좋다라는 실용주의pragmatism가 합리화되어 왔다(과연 유용성·실용성이 개념의 아버지인가? 유용한 것, 실용적인 것은 진리인가?라는 근본적인 물음을 이러한 실용주의 사상에 대해 다시 한번 던지고 싶다).

한편 사회구성체의 실재성·객관성을 인정(?)하는 경우에도 대부분은 '사회구성체=사회'라는 식의 구조주의적인 개념에 사회구성체를 한계지어 버리고, 이러한 '객관적 실재'로서의 사회구성체는 추상적 개념인 생산양식이 둘 이상 접합된 것이라고 하며, 실제로는 사회구성체 개념을 폐기해 버리는 경우가 대부분이었다. 물론 이들은 입으로는 사회구성체를 더욱 실천적으로(!) 쓰기 위해, 정황conjuncture의 분석에 쓰기 위해 그렇게 한다고 말하고 있으나, 과연 그렇게 했다고 사회구성체 개념의 구체성과 동태성이 보장되는가?[257] 그것에 대해 '계급투쟁의 장'이니, '생산양식 간 이행의 장'이니 '전선 및 전투가 배치되는 장'이니 하는 과격한(?) 용어들로 정의를 해도 우리가 거기에서 얻은 것은 '공간적 의미' —— 장場이라는 의미에서 —— 이상은 아니며 거기에서 받은 인상은 난삽할 정도의 과격한(?) 용어로 실제적인 공허함을 치장했던 알튀세르적 맑스주의의 '이론주의' 이상은 아니다. 그리하여 이 또한 사회구성체 및 제 개념을 실용주의와 주관주의가 만들어 놓은 공동묘지에 매장해 버리게 된다.

이렇다고 했을 때 박 선생의 (상당히 추상적인) 제 논지가 그 내용상의 제 허점에도 불구하고 상당수의 사람들에게 설득력을 갖고 있었음은 어느 정도 이해가 간다. 최소한 그는 합법칙적 개념으로서 사회구성체 및 유물론적 역사법칙을 객관적 실재로서 인정하고 있었던 것이다. 이것이 갖는 의미에 대해서는 이미 앞서 상술하였기 때문에 여기서 더 이상 언급할 필요는 없을 것이다. 또한 박 선생의 논지에서 적극적으로 인정할 수 있는 것은 사회구성체를 지배적인 생산양식과 그 상부구조의 전체로서 파악하면서도 동시에 사회구성체가 여타의 잔재적 또는 맹아적 생산양식을 포함하고 있다는 것을 배제하지 않고 있다는 사실이다. 그러면서 그는 그러한 제 관계를 사회구성체의 기본적인 경제법칙을 축으로 하여 파악하고 있다는 것이다.[258] 그 결과 한 사회구성체를 그 사회구성체에 특유한 생산관계 및 그에 근거한 경제법칙을 통해 이해할 수 있었다.

어떤 사회구성체의 작동양식을 이해하는 열쇠는 그 구성체에 특유한 생산관계에서 생기는 경제법칙이다. 왜냐하면 그와 같은 법칙은 일정한 구성체의 생산관계의 특수한 특질의 표현이기 때문이다. …… 기본경제법칙은 일정 종류의 생산수단의 소유에서 생긴다. 〔그것은〕 인간행

---

257) 구조주의적 사회구성체 개념이 정태적이라는 사실과 실제로 이것이 어떠한 분석의 수단도 될 수 없음을 구조주의자 스스로도 절감한 듯하다. 그래서 윤소영 교수는 개념을 동태화하기 위하여 Gesellschaftsformation을 '사회형성'이라고 부를 것을 제안하고 있다(윤소영, 「한국사회성격 해명에 있어서 올바른 이론적 입장의 확정을 위하여」, 『한신경제학토론』, 제8611호, 1986, 46~47쪽). 그러나 번역어를 바꿈으로써 문제가 해결될 것이었다면 이미 그것은 문제가 아니었을 것이다. 왜냐하면 문제는 formation을 그대로 쓰는 프랑스에서 수입된 것이기 때문이다. 윤 교수의 경우 사회구성체는 생산양식의 실존 제 조건(?)으로서 주요모순에 대응한다고 하며 이는 또한 '정세'와 동치되고 있다. 그러나 그의 논문의 마지막 면에 있는 그림에서 보이듯이 양자는 완전히 분리되어 하나는 '이론'의 영역으로, 다른 하나는 정세분석의 영역으로 들어가 버리고 있으며, 양자는 단지 '+'라는 외면적 결합사만으로 '묶여야 한다'고 선언되어 있다. 실제로 여기서 정세분석은 포기되어 있으며, 구조주의 본래의 주관적 관념론이 재확인되고 있을 뿐이다. 모순의 실존 제 조건이나 주요모순에 대응하는 사회구성체(사회형성)란 또 무엇인가? 여기서 확인되는 것은 한마디로 말해 구조주의적 개념과 동태성 간의 불화가 낳은 딜레마이다! 편향으로서의 객체주의는 자신의 결점을 주관주의의 '자유로운' 논리로 메우는 경우가 많은데, 그런 의미에서 발리바르나 발리바리언(혹은 알튀세리언)들이 마오를 차용하고 있다는 것은 어떤 시사점을 준다.

258) "…… 사회구성체를 구분하는 것은 작동양식으로서의 경제법칙, 그것도 사회구성체의 기본적 경제법칙에서이다."(박현채, 같은 책, 323쪽)

위의 상호작용과 이것에 대응하는 경제법칙 또한 규정한다. 따라서 일정한 사회구성체의 기본경제법칙은 그 구성체의 그 밖의 모든 특수경제법칙을 규정한다.[259]

이상의 제 요소는 박 선생의 사회구성체 개념이 갖는 변증법적 계기의 싹을 포함하고 있으며 이것이 박 선생이 '이제까지' 버텨올 수 있었던 근간의 하나였다. 그러나 실제로 근대에 있어서의 식민지 조선과 현대의 한국에 대한 박 선생의 연구가 사회구성체론과 그리 연관이 없어 보이는 것, 그리고 박 선생 스스로 사회구성체적 규정과 단계규정, 성질을 구분(차라리 '분리'라고 하는 것이 타당할 것이다)하면서 사회구성체적 규정과 성질을 독립시켜둔 것은 대체 무엇 때문이고 또 어떤 의미를 담고 있는가? 사회구성체를 '전체'로 규정하면서 실제로는 식민성과 반식민성, 농업부문과 자본주의부문 등의 부분화된 범주들이 기계적으로 병치되는 것은 무엇 때문인가? 이는 무엇보다 박 선생의 사회구성체론이 정태적이고 균형론적이라는 데서 야기되는 것이다. 그는 사회구성체를 지배적 생산양식과 그에 조응하는 상부구조가 **내부적으로 균형되고 조화된 하나의 전체**라고 하는바, 이런 식으로 사회구성체의 안정성을 전제로 할 때 **균형을 절대화**할 가능성이 있으며,[260] 이렇게 될 때 사회구성체의 **안정성과 균형은 정태화된 지표로 환원**되어 버리게 된다. 균형은 그 자체가 대립물의 투쟁과 통일의 소산이며 그런 의미에서 불균형의 소산이고 일시적이다. —— 이렇게 '균형'이라는 개념으로 사회구성체를 파악할 때 사회구성체의 안

---

259) 같은 책, 324쪽.
260) "······ [식민사회]가 과도기적이 아니라는 것인데, 식민사회의 불안정성을 계속 말하고 있어 ······ 그런 불안정한 것이 어떻게 기본적인 사회구성체란 거지? 이것은 있을 수 없어."(「월례발표회 토론정리 : 식민지반봉건사회론의 쟁점」, 『산업사회연구』 1집, 1986, 300쪽).

정성을 동태적으로, 즉 발전과정을 통해 만들어져 가고 계급투쟁에 의해 그 본질이 변화될 것으로서 이해할 수 없게 되어, 사회구성체 자체를 하나의 **'균형 잡힌 도식'으로 유형화**하게 되는 것은 필연적이며, 발전법칙은 이렇게 '균형 잡힌 도식'의 연결과정으로 된다.

그리하여 발전하는 것, 형성되는 것으로서의 사회구성체와 개별 사회를 통일적으로 보는 데 실패하게 되며, 실제 사회의 분석에는 경제제도적 분석, 성질분석 등이 사회구성체와의 구체적 연관을 상실한 채 도입되는 것이다. 이 때문에 식민지반봉건사회로서의 식민지 조선에 대해 논급할 때는 자본주의사회구성체라는 규정은 뒷전으로 밀려나며, 식민성과 반봉건성에 대한 본질적 이해, 농업부문과 자본제부문이라는 서로 대립되는 것도 아닌 상이한 수준의 두 부문의 기계적 병치가 나타나게 된다. 이리하여 식민지 조선은 사회구성체적으로는 자본주의사회구성체이며 특수하게는 식민지반봉건사회라고 하면서도, **자본주의사회구성체적 법칙과 식민지반봉건사회의 규정성·성질은 어떠한 관계가 있는지 거의 언급되지 않게 되고,** 경제제도적 분석을 행하는 데서는 '식민지반봉건사회구성체'를 주장하는 입장과 별로 다를 것 없는 주장을 하게 된다. 여기에서 보편법칙으로서 자본주의사회구성체와 특수규정으로서 식민지반봉건사회는 '별거' 하고 있음을 발견하게 된다.

이는 곧 사회구성체론의 의미에 대한 이해의 결여를 의미하기도 하는바, 이는 박 선생의 농업문제에 대한 논지에서 명확하게 드러난다. 그는 일제하 조선과 현금의 한국사회를 자본주의사회구성체라고 하면서 기이하게도 아직까지도 농업에 있어서 반봉건적 토지소유관계가 지배적이라고 하며, 지주-소작관계의 재생산(및 강화)을 운위한다. 그렇다면 그것은 자본주의사회구성체임을 부정하는 것은 아닌가? 그렇지 않다면 농업부문의 입구에는 자본주의사회구성체적 경제법칙이 관철되지 못하도록 하는 장승이라도 서 있단 말인가? 그 경우 '자본주의가 지배적'이라는 의미는 대체 어떻게 해석되어야 하는가? 이러한 정태론은 한 사회에 사회구성체적 규정을 내리는 데 있어서 또 하나의 오류를 낳는다. 그는 '지배적인 우클라드'는 '기본적으로 상층구조(상부구조)와의 관계하에서만 주어진다'고 하며, 이 점에 따라 사회구성체적 규정의 '지표'는 상부구조의 성격으로 귀결되게 된다. 이는 역사이론에서 전도된 표상을 보여 준다. 왜냐하면 '지배적인 것으로 된(되어가는) 생산양식'이 그 자신에 조응하는 상부구조를 만드는 것이지, 상부구조가 그 생산양식을 지배적인 것으로 하는 것은 아니기 때문이다.[261] 혹은 다른 경우 '지배적'이란 규정은 순환논리에 빠지게 된다. 즉 상부구조에 의해 지원받은 생산양식이 지배적인 것인데, 지배적 생산양식은 역으로 상부구조에서 지원받은 것이라고 하는 동어반복적 강변으로 되는 것이다.

더 나아가 보면, 특수 및 개별에 대한 관계설정상에도 문제의 맹아가 포착된다.[262] 박 선생은 종속이론, 주변부자본주의론, 식민지반봉건사회론에 대한 비판을 총괄하면서 다음과 같이 쓰고 있다.

개별을 개별로 파악해서 좁은 외연을 갖고 새로운 법칙을 자의적으로 창출하고 서술하는 것과 **보편적인 법칙을 매개로 하여 개별을 인식하고 그 개별의 특수성을 명백히 하는 것**과는 기본적인 차이가 있다. 당위적인 역사인식의 방법은 보편적인 법칙 —— 그것이 법칙적인 데서 완벽한

---

261) 만약 이렇게 되면 상부구조를 갖는 '지배적' 경제제도나 사회구성체는 여타의 상부구조가 수입 내지 침입되지 않는 한, 그 지배의 영원함을 구가하게 될 것이다. 이것은 앞에서 말한 안정 내지 균형의 절대화와 관계된다.

262) 『창작과 비평』, 57호에는 특집으로 박 선생의 논문과 이대근 교수의 논문이 함께 실려 있었는데, 이 논쟁적인 글의 결말은 모두 '보편성(일반성)과 특수성'의 문제로 되어 있음으로써 '특수'의 문제와 그에 대한 이해가 중요하다는 것을, 그리고 그에 대한 인식의 차이가 있다는 것을 단적으로 보여 준다. 이 교수의 오류는 이미 이 장의 제일 앞에서 본 바 있다.

것은 아니라 할지라도 —— 을 매개로 하여 개별을 인식하고, 그 개별의
특수성을 명백히 하는 것이어야 한다.[263]

물론 여기서 말하려는 바는 보편법칙 자체를 부정하고 개별을 보편
에 대립시키며, 개별에 대한 인식을 단지 개별자가 갖는 고유성에 제한하
고, 때로는 이렇게 파악된 개별의 '독특성'을 일반화시키기도 하는 방법
론에 대한 비판이라는 의미에서 정당하며, 이는 이제까지 충분히 검토한
바이기도 하다. 그럼에도 불구하고 여기에는 문제의 소지가 있는바, 이를
분명히 하기 위해 '과감하게' 비판해 보겠다. 여기서 핵심은 보편법칙이
라는 것이 객관적 실재라기보다 오히려 **개별**의 특수성을 인식하는 데 사
용될 뿐인 '방법적 도구'로 될 수 있다는 사실이다. 즉 여기서 보편법칙은
개별 및 '개별의 특수성'을 판단하는 기준으로서 베버적 이념형과 비슷한
것으로 될 수 있으며, 이때 '개별의 특수성'은 개별의 특정한 요소로서 보
편과 대립되는 이념형적 지표에서의 '일탈'(차이)에 불과한 것으로 된다.
이리하여 박 선생의 논지는 식민지 조선 또는 한국에 대해 자본주의사회
구성체라는 딱지를 붙이는 이상의 진전이 없었던 것이고, 실제로 '개별의
특수성', 구체적 '성질'에 대한 분석은 다른 이론을 빌리게 되었던 것이
다. 이것은 일관싱이 결여된 세 논시가 병렬적으로 생산되었던 원인이기
도 한 듯하다.[264]

이런 '과감한' 비판을 통해 명확히 하고자 하는 것은 무엇보다도 우
선 보편법칙이 객관적 실재라는 것, 그리고 **특수성**이 개별과 보편의 **차이**

263) 박현채, 「현대 한국사회의 성격과 발전단계」, 『창작과 비평』, 57호, 345쪽.
264) 맹야에 머물러 있던 문제를 이렇게 키운 것에 대해서는 양해를 구하고 싶다. 그러나 이는 단지 비판을 위한 비판을
  하기 위해 그런 것은 아니다. 오히려 이러한 세밀한 검토만이 박 선생 이론의 장점을 살리고 또 올바른 이론을 정립하
  는 데 기여할 것이라는 생각에서이다.

가 아니라는 것이다. 특수성은 오히려 보편성의 자기전개에 있어 필연적으로 수반되는 **보편성 그 자체의 한 계기**다. 따라서 개별의 특수성도 **보편성의 전개 속에서, 그것과의 관련 속에서** 이해되어야 하며, 한 사회가 갖는 특수성은 그것의 사회구성체적 발전과의 관계 속에서 설명되어야 한다. 그렇지 않을 때 한국사회(개별)의 보편성은 자본주의사회구성체, '특수한 성질'은 예속성·관료성 등과 같은 서로 무관하고 파편적인 나열에서 머물게 될 것이다. 그런 의미에서 **특수성은 '보편의 특수화'와 '개별의 특수성'을 포함하는, 보편과 개별이 통일되는 발전과정**이라는 것, 그리고 **이러한 보편과 개별의 통일과정이 변증법적 전체로서 '현실'을 의미한다**는 것이다.

이제까지 사회과학의 철학적 제 원칙과 그것의 방법론적 범주화에 대해 장황하게 고찰했다. 그 논리가 얼마나 설득력이 있었는지는 필자가 판단할 수 있는 문제는 아닐 것이다. 그러나 분명한 것은 그러한 원칙들이 어디에서나 철저하게 고수되고 풍부화되어야 한다는 것이고, 스스로 행하는 모든 사고의 방법적 틀이 되어야 한다는 것이다. 이제 이러한 틀을 가지고 사적 유물론 혹은 사회구성체론의 중요한 범주 및 원칙에 대한 이해를 시도해 보아야 할 것이다. 그리고 그러한 개념들을 정확히 이해함으로써 제 이론이 갖는 실천적·정치적 함의들을 포착하고, 제 편향들을 극복함으로써 물질적 '힘'의 발전에 일조하면서 그것의 일 구성부분으로 전화될 수 있는 것이다. 우리는 주관주의에게 만가를 불러주어야만 한다.

IV

사회구성체론의 근본개념과 제 문제

1. 서설

이제까지 우리의 논의는 사회과학의 철학적 제 전제 위에서 사회구성체론의 제 원칙에 대해 논의해 왔다. 그리고 그 속에서 사회구성체론의 의미와 사회구성체의 개념에 대한 변증법적·유물론적 해석 및 적용의 토대를 마련할 수 있었다고 생각된다. 그런데 그 영역에 머물렀을 때 제 논점에 대한 총체적 이해와 그 지양Aufhebung은 추상적 요구수준에서 완전히 벗어나지 못할 것임은 분명하다. 그러한 제 원칙은 구체적이고 역사적인 내용을 담는 범주들의 체계와 구체적 문제를 보는 최소한의 전체적 틀로까지 나아가야만 한다. 그런 의미에서 우리는 사회구성체론의 핵심적인 제 측면을 그 근본개념을 통해서 조명해 보아야 한다. 그런데 여기서도 문제는 수월하지 않으며 공통의 지반도 그리 넓지 못함을 발견할 수 있다. 사적 유물론의 근본적 제 개념과 그것이 필연적으로 수반하는 제 원칙들에 대한 이해에 있어서조차 근본적으로 다른 수많은 이견들이 있다는 것이다. 예를 들면 생산력은 무엇인가? 생산관계의 '본질'은 무엇을 근거로 파악되어야 하는가? 특히 '반봉건제'는 어떻게 이해되어야 하며 그것의 본질이 봉건제라는 규정은 타당한가? 만약 그렇다면 그 근거는 무엇이고 그것과 기존의 사적 유물론의 체계는 본질적 이견을 담고 있지 않는가? 또 국가는 무엇이며 한 사회에 국가가 존재하는가의 여부는 어떤 근거에 의해 논의되어야 하는가? 또 이때 상부구조는 토대에 조응한다는 법칙은 수정 내지 폐기되어도 좋은 것인가? 등등.

이것은 단지 '이론적' 영역에만 머무는 것은 아니며, 또한 그것이 '이론적 실천'에 의해 제기된 것은 더욱 아니다.[1] 애초에 논쟁의 시작도 그랬지만 이는 일정한 실천적 함의를 분명히 하고 정치적 노선을 나름대로 제시하려고 하는 과정에서 제시된 것이었다. 그런데 아직도 문제해결의 전망은 그리 분명하게 제시되지는 못한 것이 사실이다. 또한 문제제기한 내용이나 그것에 대한 의미부여조차 올바른 전체상 속에서 분명하게 되고 있는 것도 아니며, 어떤 경우에는 스스로가 제시하는 견해가 '실제로' 의미하는 것조차 오해하고 있는 경우도 적지 않았다. 그리고 이제는 분명해진 바이지만, 문제의식이 옳다고 해서 그것의 근저에 있는 견해나 내용이 옳다는 것은 아니며 따라서 문제의식의 중요성만으로 내용에 대한 비판을 피해 갈 수는 없다. 따라서 종속이론이나 주변부자본주의론이 담고 있는 민족해방의 관점이 중요하다고 하여(물론 이것이 '옳은' 것인가는 다른 문제일 것이다) 그것이 '왜 틀렸는가'라는 문제를 다시 제기하는 것은 분명 그릇된 것이고 말 그대로 '지양'의 관점을 결여한 것이다. 다른 한편 문제의식의 올바른 계기들을 수용하면서 그것을 포괄하는 전체 틀을 제시하지 못할 때 그것의 비판 역시 불완전할 수밖에 없을 것이다.

---

[1] 소위 '이론적 실천'이라는 '별도의' 실천은 '철저한' 아카데미즘이며, 그 철저함은 도가 지나쳐 이론과 실천의 양분, 현실의 대상과 과학적 인식의 대상이라는 이원적 분해로까지 나아가는데, 이는 알튀세르 자신의 말대로 극단의 '이론주의'이며 그 근저에는 주관적 관념론이 자리 잡고 있다. 이는 다른 한편 '이론가'의 지나친 겸양 내지 자기비하도 포함하고 있는데, 이러한 '이론적 실천'의 실천가들이 우리 주위에는 의외로 많다. 주관주의의 영향하에 있는 대부분의 논자들이 그러한데, 이는 그들의 활동양식에까지 철저히 삼투해 있는 듯하다. 이것이 극복되어야 할 대상임은 분명하다.

예를 들어 식민지반봉건사회론에 대한 올바른 비판은 그것이 제기된 가장 주요한 문제의식인 민족해방의 문제를 올바르게 볼 수 있으며, 자신에 대한 비판의 관점에서 볼 때 스스로의 비판의 대상이 되지 않는 일관된 틀을 제시할 때 비로소 완결된다는 것이다.

결국 문제의식을 올바로 정립하여 발전시키는 것과, 그리고 그 해결의 전망을 제시하는 것은 올바른 사적 유물론이 이론체계 및 원칙, 그리고 개념적 진리성과 배치되는 것이 아니라 오히려 그것과 양립할 수 있으며, 또 양립할 때에만 그 진리성으로써 정당성을 밑받침할 수 있게 된다. 바꿔 말하면 개념이나 이론체계의 진리성은 정당한 문제의식 및 그 해결의 전망과 변증법적으로 통일됨으로써 구체화되어야 한다.

이제 본장에서는 이러한 구체화과정의 한 고리로서 사회구성체론에서 필수적으로 요구되는 근본적 개념들과 이론틀을 검토하고자 한다. 그리고 그러한 검토의 초점은 한국의 근대 역사를 이해하고 현재의 사회를 분석하는 데 필요한 방법론 가운데 핵심적인 문제의 하나인 '반봉건제'와 생산양식의 이론에 맞춰질 것이고, 그것을 중심으로 사회구성체론과 관계된 제 문제점들을 검토하고자 한다.

2. 생산력 개념에 대하여 : 생산력과 생산관계의 상호관계

우선 우리는 다음과 같은 질문을 던지는 데서 시작해야 한다. "생산력이란 무엇인가?" 부르주아 경제학자라면 이를 "투입량에 대한 산출량의 비율이다"라고 할지도 모른다. 이것은 흔히 그들이 생산성이라고 표현해 온 바다. 그러나 여기에는 단지 투입량과 산출량이라는 지극히 부분적인 객체 간의 관계만이 표현되어 있으며, 여타 개념과의 구체적 연관성을 상실한 것으로서 추상적이다. 또한 이 개념에 입각한다면 생산성은 각각의 부분에 대한 고립된 적용만이 가능하여 **전 사회적인 생산력 수준**을 의미하는 바의 생산력과는 전혀 거리가 먼 파편적인 의미를 갖고 있다. 이는 또 생산력은 무엇보다 **사회적** 생산력이란 것을, 그리고 **노동**의 사회적 생산력이라는 것을 은폐한 채 이러한 **노동**의 사회적 생산력을 단지 투자되는 **자본**의 생산력으로 표시한다는 의미에서 부르주아 이데올로기에 불과한 것이다.[2]

사회구성체론으로써 역사를 이해하는 유물론적 역사이론은 전체 사회의 역사를 포착함에 있어서 생산관계에서 출발하며, 또한 그것을 그 기초인 생산력과의 통일 속에서 이해할 것을 요구한다. 그런데 생산력이란 무엇이며 그것이 생산관계와 관계를 맺는다는 것은 무엇인가? 그리고 그 양자의 관계는 어떻게 파악되어야 하는가?

맑스는 『독일 이데올로기』Die deutsche Ideologie에서 다음과 같이 말하고 있다.

모든 인간 역사의 최초의 전제는 당연히 살아 있는 인간적 개인들의 실존die Existenz lebendiger menschlicher Individuen이다. 분명히 되지 않으면 안 될 최초의 사실은 **이러한 개인의 신체적 조직과 그에 따른 여타의 자연에 대한 그들의 관계이다**die körperliche Organisation dieser Individuen und ihr dadurch gegebenes Verhältnis zur übrigen Natur. 물론 우리는 여기서 인간 그 자체의 물리적인 제 성질이나 인간이 스스로 그 속에 처해 있음을 발견하는 자연적 제 조건——지질학적, 산수학적山水學的, orohydrographisch, 기후적 및 여타의 제 관계——에 대한 고찰로 들어갈 수는 없다. 모든

---

2) *Das Kapital*, Bd.1, *MEW*, Bd.23, SS.341~353을 보라. 여기에서는 노동의 사회적 생산력이 자본의 생산력으로 나타나게 되는 과정이 훌륭하게 설명되어 있다.

역사 서술은 이러한 자연적 제 기초와 인간의 행위에 의해 수행되는 역사 속에서의 그것의 변형에서 출발해야 한다.[3]

즉 **노동과정** 속에서 인간은 노동을 통해 자연에 작용하면서 그것과 **일정한 관계**를 맺는다. 이때 자연과 인간이 맺는 일정한 관계가 곧 생산력이다.[4]

"노동은 무엇보다도 자연과 인간 사이의 일 과정, 즉 인간이 자기 자신의 행위를 통해서 자신과 자연 사이의 질료변환Stoffwechsel을 매개하고 규제하고 통제하는 일 과정이다. 인간은 하나의 자연력으로서 자연질료 그 자체에 대립한다. 그는 자연질료Stoff를 자기 자신의 욕구에 적합한 형태로 취득하기 위하여 자신의 신체에 속하는 자연력인 팔, 다리, 머리, 손 등을 운동시킨다. 그는 이러한 운동을 통해서 자신의 외부의 자연에 작용하고 이것을 변화시키며 동시에 이런 식으로 자기 자신의 본성을 변화시킨다."[5] 그리고 이러한 노동과정은 "합목적적인 활동, 즉 노동 그 자체와 노동대상 그리고 노동수단"이라는 단순한 계기Moment들로 구성된다.[6] 이처럼 노동과정에 있어서 자연을 지배하고 변형시키기 위해 인간에 의해 사용되는 제 힘을 생산력이라 한다. 이런 관점에서 **생산력은 생산수단**(노동대상과 노동수단)**과 생산자 간의 관계**로서 정의될 수 있다.

그런데 여기서 분명히 해야 할 것은 변증법적 유물론 및 사적 유물론에 있어서 모든 개념은 **관계**Beziehung를 표현한다는 것이다. 예를 들어 자본이란 개념은 실제로 **자본관계**, 그리하여 자본-임노동관계를 표현하는

---

3) *Die deutsche Ideologie, MEW*, Bd.3, SS.20~21. (강조는 인용자)
4) G. A. Kozlov ed., *Political Economy: Capitalism*, Progress Publishers, 1977, p.15. ; J. Stalin, *Dialectical and Historical Materialism*, International Publishers, 1975, p. 28.
5) *Das Kapital*, Bd.1, S.192.
6) ibid., S.193.

것이며,[7] 자본의 발전은 **자본관계의 발전**을 의미한다. 또 자본의 재생산은 자본관계의 재생산을 의미한다. "자본주의적 생산과정이 관계 속에서 혹은 재생산과정으로서 고찰된다면 상품만을 생산하는 것은 아니며, 또 잉여가치만을 생산하는 것도 아니다. 그것은 자본관계 그 자체를——한편에는 자본가를 또 다른 한편에는 임노동자를——생산하고 재생산하는 것이다."[8] 또한 자본이 자본으로 되는 것은 노동과 결합함으로써이고, 자본은 스스로를 재생산하는 속에 임노동을 재생산한다. "자본은 임노동을 전제로 하고 임노동은 자본을 전제로 한다. 그것들은 서로를 제약하며 또 서로를 만들어 낸다. 한 직물공장의 한 노동자는 면포만을 생산해 내는가? 그렇지 않다. 그는 자본을 생산하는 것이다."[9] 이런 의미에서 자본은 임노동과 '동일하다'고 할 수 있는 것이고,[10] 이처럼 '관계'로서 개념들이 위치지어지기 때문에 변증법에서는 '대립물의 동일성'과 '대립물의 상호전화'를 일반적으로 운위할 수 있는 것이다. "어떤 조건에서도 자신의 대립물, 반대물Gegenteil로 전화되지 않는 현상이란 있을 수 없다."[11]

　　앞의 인용문에서도 알 수 있듯이 생산력 또한 관계를 나타내는 개념이다. 생산력을 관계로서 인식한다는 것은 그것을 구성요소들의 합으로 보는 방법과 대비된다. 앞서 논급한 것처럼 생산력은 투입량과 산출량 간의 비례적 관계로 환원될 수 없으며, 또 노동수단이나 기계의 발전 정도로 환원될 수도 없다. 또한 생산기술, 축적된 경험으로 환원될 수도 없다. 다시 말해 어떤 작업도구나 기구도 그것이 특정한 역사적·사회적 관계

---

7) "**자본**은 또한 하나의 사회적 생산관계이다. **그것은 부르주아적 생산관계**이며 부르주아사회의 생산관계이다." "Lohnarbeit und Kapital", *MEW*. Bd.6, S.408.

8) *Das Kapital*, Bd.1, *MEW*, Bd.23, S.604.

9) "Lohnarbeit und Kapital", S.410.

10) "자본과 임노동은 동일한 관계의 양 측면."(ibid., S.411.)

11) 슈틸러, 『모순의 변증법』, 양운덕·김재용 역, 중원문화, 63쪽.

속에서 포착되지 않는 한 경제학적 범주로서의 생산력이 될 수 없다. 기계 자체를 그 구체적 관계와는 무관하게 경제학 범주로 파악했던 프루동을 비판하며 맑스는 다음과 같이 쓰고 있다.

> …… 분업, 경쟁, 신용 등과 나란히 **기계**를 경제학적 범주로 만드는 것은 전혀 터무니없는 일이다.
> 기계가 경제학적 범주가 아닌 것은 쟁기를 끄는 소가 그러한 것과 마찬가지이다. 현금에 있어 기계의 **응용**은 우리의 현재의 경제체제가 갖는 제 관계 중의 하나이다. 그러나 기계가 사용되는 방식은 기계 그 자체와는 전적으로 구별된다.[12]

또한 그는 기계와 대공업에 대해 논급하는 곳에서, 도구Werkzeug와 기계Maschine의 구별, 혹은 전자에서 후자로의 전화轉化에 대한 수학자와 기계학자 및 영국의 경제학자들의 비역사적이고 추상적인 설명을 비판하면서 다음과 같이 쓰고 있다. 즉 그들은

> 도구는 단순한 기계라고, 또 기계는 복잡한 도구라고 설명하고 있다. 그들은 이때 본질적 구별은 전혀 보지 않으며 …… 단순한 역학적 힘Potenz까지도 기계라고 부르고 있다. …… 그러나 경제학적 견지에서 보면 이러한 설명은 전혀 소용이 없다. 왜냐하면 그 설명에는 **역사적 요소**historische Element가 결여되어 있기 때문이다.[13]

---

12) "Letter from Marx to P. V. Annenkov"(December 28, 1846), *Marx Engels Collected Works*, Vol.38, International Publishers, 1975, p.95.
13) *Das Kapital*, Bd.1, *MEW*, Bd.23, S.392. (강조는 인용자)

이에 반해 맑스는 생산자와 도구가 어떠한 관계에 처해 있는가에 의해서 도구와 기계의 본질적 구별이 나타난다고 한다. 즉 "본래적 도구eigentliches Werkzeug가 인간으로부터 하나의 기제Mechanismus로 넘어감에 따라 단순한 도구 대신에 기계가 등장한다"[14]는 것이다. 다시 말해 인간이 그 도구의 "본래적 조정자"eigentlicher Operateur인가 아니면 "단순한 원동력"bloßer Triebkraft인가라는[15] 것이 구별의 출발점을 제공하며, "수많은 동종同種의 도구를 작동시키고 단일한 동력에 의해 움직여지는 기계"에[16] 의해 노동자들이 대체됨으로써 기계의 시대가 시작된다는 것이다.

그리고 그는 더 나아가 이러한 기계 자체와 그것의 자본주의적 사용을 구별한다.[17] 이것은 기계가 자본주의적 **생산관계** 속에서 위치지어짐으로써 발생하는 것으로서 기계 자체가 갖는 것이 아니다. 그런 의미에서 **생산자와의 직접적 관계 속에서 기계가 갖는 본질**(도식적으로 표현하면 그것의 생산력적 규정성)은 생산과정 속에서 인간들이 맺는 관계, 즉 **생산관계 속에서 그것이 행하는 역할**과 구별되지 않으면 안 된다.

이상의 논지에서 분명한 것처럼 생산력은 그것을 구성하는 요소로 분해, 환원될 수 없고 오히려 관계를 표시하며, 그 속에 제 요소의 발전을 총괄하는 개념이다. 다시 말해 앞에서 말한 근본적 구성요소, 즉 **생산수단과 생산자가 결합되는 방식, 즉 그들 간의 사회적인 결합관계**가 생산력에 대한 규정에서 일차적인 중요성을 갖는다. 이런 의미에서 생산력은 **사회적 생산력**이다. 양자의 결합은 생산 속에서 노동을 매개로 이루어지며, 이때 노동이 행해지는 방식은 양자의 결합과 동일물의 양 측면을 이룬다. 그런

---

14) *Das Kapital*, Bd.1, *MEW*, Bd.23, S.394.
15) ibid., S.395.
16) ibid., S.396.
17) ibid., SS.462~470.

의미에서 생산력은 **노동의 사회적** 생산력이다.[18]

그런데 생산력의 이러한 측면을 포착하기 위해 무엇보다도 중요한 것은 이러한 관계의 발전 정도로서의 분업이며, 또한 분업 그 자체는 생산력의 중요한 일 계기를 이룬다. 나중에 다시 언급하겠지만 분업이 배제된 생산력 개념은 필연적으로 요소 이론화하게 된다. 또 한편으로 분업은 생산력에 의해 생산관계가 규정되는 과정을 매개한다. 이제 노동의 사회적 생산력에 대해 좀더 검토해 보자.

맑스는『독일 이데올로기』에서 생산의 구성요소에 대해 다음과 같이 쓰고 있다.

> 〔우리가 출발점으로 삼는 현실적인 제 전제들은〕 **현실적인 제 개인과 그들의 행위** …… 그리고 그들 자신의 행위에 의해 산출된 것 모두를 포함하는 그것들의 **물질적 생활 제 조건**Lebensbedingungen이다.[19]

여기서는 사적 유물론의 출발점으로서 생산력의 구성요소를 물질적 생산조건과 현실적 개인, 즉 생산자와 그들의 행위(노동)로 들고 있다. 이때 물질적 생산조건은 자연 및 과거노동이 대상화된 생산물로서,[20] 생산의 객관적 요인이 되고 있으며, 생산자는 그 주관적(주체적) 요인이 되고 있다. 이 양자의 통일은 노동을 통해서이며 이렇게 볼 때 노동은 양자의 통일을 매개하는 생산력의 일 계기이다. 그런데 '노동'은 그것만으로는

---

18) ibid., SS.349~350.

19) *Die deutsche Ideologie*, MEW, Bd.3, S.20. (강조는 인용자)

20) "……각각의 모든 생산력은 획득된 힘이며 이전 활동의 산물이다. 따라서 생산력은 실제적인(practical) 인간적 에너지의 소산이다. 그러나 이 에너지 그 자체는 인간이 스스로가 그 속에 처해 있음을 발견하는 바의 제 조건에 의해서, 이제까지 획득되어 온 바의 생산력에 의해서, 그리고 그들 이전에 존재했으며 그들이 만든 것이 아니라 그 이전 세대(generation)의 산물인 사회형태에 의해 제약된다." ["Letter from Marx to P. V. Annenkov"(December 28, 1846), p.95].

추상적이어서, 역사적 개념으로서 생산력에 포함되기 위해서는 구체적인 노동양식[21]으로서의 역사성을 획득하지 않으면 안 된다. 즉 노동과정에 있어서 생산수단과 노동자 간의 구체적 관계를 포착하기 위해서는 그것이 **어떠한 형태의 노동에 의해 매개되는가** 하는 것이 중요하다.[22] 이때 노동은 사회적 노동이지 않으면 안 된다. 그리고 여기서 '사회적'이라 함은 어떠한 조건 아래, 어떤 방식으로, 어떤 목적 때문에 하든 간에 **다수 개인의 협동**Zusammenwirken mehrer Individuen이라는 의미에서이다. 즉 일정한 생산양식 혹은 산업단계는 언제나 일정한 협동양식 또는 사회적 관계와 결합되고 있으며, 그리고 **이 협동양식은 그것 자체가 하나의 생산력이라는 것**[23]이다.

다시 말해 노동양식은 무엇보다도 협동양식으로 표현되며[24] 이는 생산수단이라는 객관적 기초 위에서 이루어진다. 생산력은 이러한 협동양식을 포함하고 있으며 이 자체가 자연에 대한 인간의 관계를 담고 있다. 분업은 이러한 협동양식에 근거하며 그 자체가 일정한 협동양식을 의미한다. 그리하여 **"한 나라의 생산력이 어느 정도 발전하고 있는가는 분업의 발전 정도에 의해서 가장 잘 나타난다"**.[25]

여기서는 생산력과 분업의 밀접한 관련이 명시적으로 표현되고 있다.[26] 생산력이 분업을 포함하는 것은 분명하다. 이러한 분업의 발달은 생

---

21) "직접적 생산자에 대한 생산조건 소유자의 직접적 관계 ─ 이 관계의 다양한 제 형태는 의당 항상 노동의 방법, 따라서 노동의 사회적 생산력의 일정한 발전단계에 조응하고 있다." *Das Kapital*, Bd. 3, Ullstein Verlag, 1971, S. 738.
22) 林直道, 『史的唯物論と經濟學』(下), 大月書店, 1971, p.35 참조. 매개로서의 노동이 대상적 구조 그 자체의 드러남이라는 것은 이런 의미에서이다.
23) *Die deutsche Ideologie*, MEW, Bd.3, SS.29~30. (강조는 인용자)
24) 이 협동양식은 '노동하는 인간 및 그들의 복합체'(林直道, 앞의 책, p.35)로 표현될 수도 있다.
25) *Die deutsche Ideologie*, SS.21~22.
26) 이러한 관점은 「임노동과 자본」(1848)에서 더욱 분명하게 확인된다. 여기서는 노동의 생산력 발달을 운위하면서 항상 분업의 발전과 기계의 개량이나 도입을 함께 구체적으로 예시하고 있다.

산과 그 생산물의 전유가 별개의 개인에게 속할 가능성을 담고 있다. 즉 "분업의 다양한 발전단계들은 그만큼의 상이한 소유형태로 된다Die verschiedenen Entwicklungsstufen der Teilung der Arbeit sind ebensoviel verschiedene Formen des Eigentums. 즉 분업의 각각의 단계는 또한 원료Material, 도구 Instrument 및 노동생산물에 대한 관계 위에서 맺는 제 개인들 간의 관계를 규정한다."[27]

그리고 뒤에 가서는 이러한 분업이 정신적 노동과 육체적 노동의 분화로 나아가고, 그리하여 "분업과 생산도구에 직접적으로 기초하는 인구의 양대 계급으로의 분화가 나타난다"고 한다.[28] 이러한 분화는 "노동의 방법, 따라서 노동의 사회적 생산력의 일정한 발전단계에 조응하는 직접적 생산자와 생산조건 소유자의 직접적 관계"의 "다양한 제 형태"를 의미하며 이것은 한마디로 생산관계를 의미한다. 생산력과 생산관계의 조응은 이처럼 분업을 매개로 하여 진행된다. 이는 후술하겠지만 생산력과 생산관계 간의 관계를 올바르게 이해하는 데 있어 매우 중요한 계기를 제시하고 있다.

이제 이러한 논지가 『자본론』에서는 어떻게 발전되고 있는가를 검토해 보자. 그런데 이것을 검토하기 전에 『독일 이데올로기』에서의 분업 개념의 미분화未分化와 그러한 개념적 미분화가 갖는 의미를 짚고 넘어가야 한다.

여기에서 분업 개념은 아직 '작업장 내 분업' 또는 '매뉴팩처 내 분업'과 '사회적 분업', 나아가 '계급으로의 분화' 등으로의 개념적 분화가 진행되지 않고 있다. 그리하여 그것은 때로는 '협동양식'이라는 의미에서

---

27) *Die deutsche Ideologie*, S.22. 이 문장 바로 뒤에는 소유의 역사적 제 형태에 대한 논의가 진행된다.
28) ibid., S.50.

사용되고 있으며, 다른 곳에서는 '사적소유'[29]와 동일한 의미로 쓰이고 있다. 즉 "분업과 사적소유는 동의적 표현이다. 여기에는 동일한 것이 전자의 경우에는 활동과 관련하여, 후자의 경우에는 활동의 산물과 관련하여 표현되고 있는 것이다."[30] 그런 의미에서, "모순에 빠지지 않을 유일한 가능성은 오직 분업이 지양될 때에만 존재한다"[31]고도 말하고 있는 것이다. 이때 '분업의 지양'이 '계급관계의 지양'임은 말할 것도 없다.

이러한 **개념적 미분화는 분업 그 자체가 생산력의 구성부분이면서 동시에 생산관계의 구성부분이라는 사실에 기인한다.** 생산관계상의 계급적 분화는 작업장 내 분업 및 사회적 분업에 기초하며, 또한 그러한 계급적 분화 자체가 사회적 분업의 일부분이며 결과물이라는 것이다. 이렇다고 할 때 생산력과 생산관계의 상호규정적 변화를 매개하는 것이 분업임은 명백하다. 이러한 것은 『자본론』에서도 확인된다. 『자본론』 1권에서 상대적 잉

---

29) 사적소유라는 말 자체의 완전한 실현태는 자본주의에서 발견되지만, 그렇다고 사적소유를 자본주의와 동치시키는 것은 그 말을 문맥 속에서 파악하는 데 실패하도록 한다. 초기 저작에서도 그렇고 『독일 이데올로기』 및 후기의 『자본론』에 이르기까지 사적소유는 계급으로 분화된 사회의 소유형태 일반을 지칭한다. 즉 이것은 사회적 소유와 대비되는 말이지 사적소유의 불완전한 형태로서의 '공동체적 소유'에 대립하는 것은 아니다. 실제로 그러한 대비에서 나오는 것은 자본주의와 비자본주의라는 몰개념적인 혼동밖에는 없다. 이러한 혼동의 대표적인 경우는 민정우의 논문일 것이다(민정우, 「식민지사회의 성격구명을 위한 일 시론 (1), 『녹두서평』 1호, 276~280쪽). 그는 『자본론』 1권의 24장(영어판은 32장)에 나오는 "자기소유에 기초한 사적소유(의 해소"([die Auflösung) des auf eigener Arbeit beruhenden Privateigentums)를 (그는 이것 대신 "자기가 번 사적소유"를 인용한다) 단순상품생산 소경영양식의 해소로 간주한다. 그러나 그가 인용하는 자술리치(Zasulich)에게의 편지에서도 보이듯이 그것은 "사적소유의 한 형태에서 다른 형태의 사적소유로의 전화"이고, 이는 직접생산자와 생산수단의 본원적 결합의 분리에 다름아니며 그런 의미에서 그것은 타인노동에 기초한 사적소유로서의 자본주의와 대비되는 본원적 소유형태(여기서는 특히 봉건제)의 해소를 의미한다. 실제로 이런 혼동을 예견한 맑스는 프랑스어판 『자본론』에서 그것을 "자기 노동에 기초한 소유"라고 고쳐 쓴다고 한다(宮嶋博史, 「朝鮮史硏究と所有論:時代區分についての一提言」, 東京市立大, 『人文學報』 167號, 1984, pp.28~29). 이리하여 민정우 씨는 본원적 축적을 단순상품생산에서 자본제적 생산의 이행으로 파악한다. 그러나 본원적 축적은 분명 전 사회적 수준에서 사회적 생산관계의 변화를 의미하는데, 대체 단순상품생산이 지배적인 사회가 어떻게 있을 수 있는지, 또 있다고 한다면 봉건제에서 그것으로의 이행을 설정할 수 있는지, 그리고 그것이 과연 『자본론』에서 서술되고 있는 역사적 사실과 일치하고 있는지는 의문이다. 봉건제와 자본제 사이에 단순상품생산의 시대를 끼워 넣어야 하는 걸까? 후술하겠지만 본원적 축적은 "생산수단과 노동력의 본원적 결합을 분해하는 역사적 과정"(Das Kapital, Bd.2, MEW, Bd.24, S.29)에 다름아니다(이에 대해서는 다음 절을 보라). 따라서 자술리치에의 편지에서도 보이듯이 사적소유는 사회적 소유에 대비되는 계급적 소유 일반을 지칭한다.

30) Die deutsche Ideologie, S.32.

31) ibid., S.32.

여가치의 생산과 노동력 가치의 하락에 대해 말하면서 맑스는 생산력의 변화를 그 **노동수단**과 **노동방법**에 대해 설명하여 이렇게 쓰고 있다.

> 만일 그[제화공]가 같은 시간 내에 2켤레의 장화를 만들려면 [이전에는 1켤레를 만들었던 것으로 가정되어 있다—인용자] 그의 노동의 생산력이 2배로 되지 않으면 안 되며, 그리고 이 생산력은 그 **노동수단** 또는 그 **노동방법**Arbeitsmethode 혹은 **양자의 동시적 변화** 없이는 2배로 될 수 없다. 그러므로 그 노동의 생산 제 조건에 있어서, 즉 그의 생산양식, 따라서 노동과정 자체에 있어서 하나의 혁명이 일어나지 않으면 안 된다. 여기서 우리가 **노동의 생산력의 고양**Erhöhung der Produktivkraft der Arbeit이라고 한 것은 일반적으로 그것에 의해서 한 상품의 생산에 필요한 사회적 노동시간이 단축되고, 이리하여 보다 적은 노동이 보다 많은 사용가치를 생산하는 힘을 획득하게 되는 **노동과정상의 변화**eine Veränderung im Arbeitsprozeß를 말하는 것이다.[32]

한편 그는 '협업'에 대한 장을 다음과 같이 시작하고 있다.

> 자본주의적 생산은 …… 실제로 동일하게 개별적 자본이 수많은 노동자로 하여금 동시에 일하도록 하며, 이리하여 노동과정이 그 범위를 확대하여 생산물을 (양적으로) 보다 확대된 규모로 공급하게 될 때에 비로소 시작된다. 보다 많은 수의 노동자가 같은 시간에 동일한 공간에서 (혹은 굳이 표현하자면 동일한 노동분야에서) 동일한 종류의 상품 생산

32] *Das Kapital*, Bd.1, MEW, Bd.23, S.333. (강조는 인용자) 이때 노동수단이 노동대상을 배제하는 좁은 의미로 사용됐다고 보기는 힘들 것 같다. 노동수단의 변화는 필연적으로 노동대상의 변화를 야기하며, 이런 의미에서 이후에서는 '잠정적으로' 노동수단을 생산수단의 의미로 이해하는 것이 옳은 듯하며, 그것의 '직접적' 표현으로 보는 것이 옳을 것 같다.

을 위하여 동일한 자본가의 지휘하에서 일을 한다는 것은 역사적으로
또 개념적으로 자본주의적 생산의 출발점을 형성한다. **생산양식 그 자**
체Produktionsweise selbst**에 관한 한, 예컨대 매뉴팩처는 그 초기에는 동시에**
동일한 자본에 의하여 사용되는 노동자의 수가 보다 많다는 것 이외에는
준프트적 수공업과 거의 구별되지 않는다.[33]

그리고 이것의 의의를 다음과 같이 요약한다.

노동양식Arbeitsweise**이 그대로 있는 경우에조차도 보다 많은 수의 노동자**
의 동시적 사용은 노동과정의 대상적 제 조건에 있어서 하나의 혁명을 일
으킨다.[34]

이리하여 생산력이 사회적 생산력으로서 갖는 의미가 분명해진다.

고립된 노동자에 의해 사용되는 기계적 힘의 총합은 분리할 수 없는 동
일작업, 예를 들면 무거운 화물을 들어올린다든지, 크랭크를 돌린다든
지, 거리에서 장애물을 제거한다든지 하는 것과 같은 작업을 많은 사람
들이 함께 행하는 협업에서 전개되는 사회적 잠재력과는 상이한 것이
다. 그 같은 경우[후자의 경우] **결합된 노동의 효과는** 고립된 노동에 의
해서는 전혀 산출될 수 없는 것이거나, 엄청난 시간을 치르고서야 산출

33] ibid., S.341. (강조는 인용자) 소위 '생산양식 자체'로써 역사적 제 시대의 특징을 요약하려 하는 경우(민정우, 앞의 논문),
이 말을 어떻게 해석할지 궁금하다. 이는 생산관계가 배제된 생산양식 '자체'라는 개념(이는 실제로 생산 방식 으로 번역
되어야 한다)이 흔히 사용되는 '생산양식'을 대체함으로써 실제로는 생산관계를 빼버리게 됨을 의미한다. 민정우의 경
우는 소위 '교통양식'이라는 신조어(이는 맑스가 사용한 것과는 다르게 사용된다)로 이 빈자리를 메우고 있으며 그것이 갖
는 모호함을 이용해 아무것이나(어떤 때는 '가격의 불안정성'을, 또 어떤 때에는 '상품경제'를, 또 다른 때에는 '노동자의 조
직'을) 다 그리로 끌어들인다. 그가 상품수출만을 포착할 뿐 '자본수출'의 의미를 이해하지 못한 것도 우연이 아니다.
34] ibid., S.343. (강조는 인용자)

될 수 있거나, 그렇지 않으면 지극히 미흡한 정도로만 산출될 수 있을 것이다. 여기서 중요한 것은 협업을 통한 개인의 생산력의 증대일 뿐만 아니라, **즉자·대자적인 집단력**an und für sich Massenkraft**이라고 해야 할 새 로운 생산력의 창조이다.**[35]

이제 생산력이 사회적 생산력이라는 것이 분명해졌으며, 생산력이 분업을 포함한다는 사실도 명확해졌다. 여기서는 집단력 자체가 생산력 으로서 간주되고 있는 것이다. 생산력으로서의 생산수단에 대한 이해 역 시 이러한 맥락에 놓여져야 하며, 그런 의미에서 생산 제 수단은 **노동의 사회적 조건** 또는 **사회적 노동의 객관적 조건**이고 그 자체가 사회적 성격을 갖는다. 예를 들어 협업에 의한 제 생산수단의 절약은 "노동과정에서 그 것을 **다수인이 공동소비함**으로써 발생한다. 그리고 제 생산수단은 다수의 사람이 단지 공간적으로만 모여 있을 뿐, 협력하여 일하지 않는 경우조차 도 개별적으로 자립한 노동자 혹은 소규모 장인Kleinmeister의 분산적이며 상대적으로 비용이 많이 드는 제 생산수단과는 구별되는 **사회적 노동의 제 조건** 또는 **노동의 사회적 제 조건**으로서의 성격을 획득한다. **노동수단의 일부는 이 노동과정 자체가 사회적 성격을 획득하기도 전에 이미 그러한 사회 적 성격을 획득한나".**[36]

노동의 사회적 성격 또는 노동의 사회적 생산력과 생산수단의 사회 적 성격의 발전으로 표현되는 생산력의 발전은 노동과정 자체가 사회적 과정으로 전화되는 것으로 되며, 이리하여 자본주의의 출발점이 만들어 진다.

---

35) ibid., S.345. (강조는 인용자)
36) ibid., S.344.

주어진 어떤 경우에 있어서 결합된 노동일der kombinerte Arbeitstag이 이렇듯 증대된 생산력을 갖게 되는 이유가, 그것이 노동의 역학적 능력을 증대시키기 때문이든지, 노동의 공간적 활동범위를 확대하기 때문이든지, 생산의 규모에 비하여 공간적 생산 장소를 축소시키기 때문이든지, 결정적 시기에 많은 노동을 적은 시간에 유동流動시키기 때문이든지, 각 개인의 경쟁심을 자극하여 그의 활기를 긴장시키기 때문이든지, 다수인이 참여하는 동종同種의 제 직무에 연속성과 다면성의 각인을 찍기 때문이든지, 각종의 제 작업을 동시에 하는 까닭이든지, 제 생산수단을 그것의 공동사용에 의하여 절약하기 때문이든지, 또 개별적 노동에 대하여 사회적 평균노동의 성격을 부여하기 때문이든지 간에 어쨌든 **결합된 노동일의 독특한 생산력은 노동의 사회적 생산력 또는 사회적 노동의 생산력이다. 이러한 생산력은 협업 자체에서 발생한다.**[37]

…… 보다 많은 수의 임노동자를 동일한 노동과정에 있어서 동시적으로 일을 시킨다는 것은 자본주의적 생산의 출발점을 형성한다. 이 출발점은 자본 자체의 현존재Dasein와 일치한다. 그러므로 만일 한편으로는 자본주의적 생산양식이 노동과정을 사회적 과정으로 전화시키기 위한 역사적 필연성으로서 나타난다면, 다른 한편으로는 노동과정의 이러한 사회적 형태는 노동과정의 생산력을 증대시킴으로써 노동에 대한 보다 효율적인 착취를 위하여 자본에 의해 이용되는 방법으로 나타난다.[38]

이러한 이해를 보다 풍부하게 하기 위해서 우리는 '분업과 매뉴팩

---

37) ibid., SS.348~349.
38) ibid., S.354.

처', '기계와 대공업'을 계속 인용할 수도 있을 것이다. 그러나 그것은 쓰는 사람에게나 읽는 사람에게 지나치게 번거로운 부담이 될 것이라고 생각되기에 더 이상의 서술은 하지 않겠다. 그런데 끝으로 강조해야 할 것 ──이것은 이제까지의 혼란과도 밀접한 관계가 있으며 자본주의사회에서는 이러한 혼란이 흔히 나타날 수 있는 토대가 갖춰져 있다──은, 앞에서 생산력이 **사회적** 생산력이라 한 데서도 알 수 있듯이, 노동의 사회적 생산력이라는 것이다. 물론 생산력 발전을 그저 노동으로 환원하는 것은 그것을 생산수단으로 환원하는 것과 마찬가지로 터무니없는 것이라는 사실을 부정하지는 않겠다. 맑스도 한 사회에서의 생산력 발전을 촉발시키는 두 요인은 시대에 따라 다를 수 있다는 것을 인정한다.[39] 그런데 모든 생산력 발전이라는 것은 노동 및 생산수단의 사회화 정도에 따라 진행되는 것이며, 이처럼 사회화된 힘의 근원은 무엇보다도 노동의 사회화에 있다는 것, 그리고 생산수단의 발전은 그것의 객관적 조건을 구성한다는 것은 결코 간과되어선 안 된다. 앞에서 본 생산력 개념에 대한 오해의 '일' 요인은 이처럼 생산력은 무엇보다도 '노동의 사회적 생산력'임을 간과하고 그것을 '자본의 생산력'으로 착각한 데 있다. 이러한 가능성에 대해 맑스는 이미 다음과 같이 지적하고 있다.

노동력의 소유자는 그가 노동력의 판매자로서 자본가와 매매하는 한 노동자이지만 그는 단지 그가 소유하고 있는 것, 즉 그의 개인적인 개별 노동력을 판매할 수 있을 따름이다. 이 관계는 자본가가 한 개의 노동력이 아니고 백 개의 노동력을 구입한다거나, 또는 한 명의 노동자가

---

39) "생산양식의 변혁은 매뉴팩처에 있어서는 노동력을 그 출발점으로 하며 대공업에 있어서는 노동수단을 출발점으로 한다."(ibid., S.391)

아니라 상호독립적인 백 명의 노동자들과 계약을 체결한다거나 해도 결코 변하지 않는다. 그는 백 명의 노동자들을 협업시키지 않은 채 그들을 사용할 수 있다. 그러므로 자본가는 백 개의 자립적 노동력의 가치를 지불하나, 그는 백 개의 **결합된 노동력의 가치를 지불하지는 않는다.** 자립적 제 인격으로서 노동자들은 각각 따로 떨어져 있는 것이며, 그들은 동일자본과 관계를 맺으나 상호 간에는 관계를 맺지 않는 것이다. **그들의 협업은 노동과정에서 비로소 시작된다.** 그러나 노동과정에 있어서 그들은 이미 자기 자신에 속하지 않게 된다. **노동과정에 들어감으로써 그들은 자본에 합체된다.** 제 협동자로서, 하나의 활동적 유기체의 제 성원으로서 그들 자체는 자본의 하나의 특수한 존재양식에 지나지 않는다. 따라서 **노동자가 사회적 노동자로서 전개하는 노동력은 자본의 생산력이다.** 노동의 사회적 생산력은 노동자가 일정한 생산 제 조건하에 놓이자마자 무상으로 전개된다. 그리고 자본은 그들을 이러한 제 조건하에 두는 것이다. 노동의 사회적 생산력은 자본에게는 아무런 비용이 들지 않으므로, 또 한편 그것은 노동자의 노동 자체가 자본에 속하기 이전에는 노동자에 의하여 전개되지는 않는 것이니, 그것은 **자본이 그 본성상 소유하는 생산력으로서 자본의 내재적 생산력으로서 현상한다.**[40]

이상의 논의에서 분명해진 것처럼 생산력은 생산수단과 생산자 간의 관계를 의미하며, 그 구성요소들이 결합되면서 수반하는 다양한 노동양식과 노동하는 인간들의 복합체가 생산력의 구체적 규정에서 일차적인 의미를 갖는다. 그리고 분업은 그 자체가 생산력의 가장 중요한 한 계기

40) ibid., SS.352~353.

를 형성하며, 그것은 또한 생산력 발전에 따른 생산관계의 변화를 매개한다고 하였다. 그리고 이러한 견해는 생산력의 발전을 그 각각의 구성요소로 소급하는 요소 이론과 구별된다. 그런데 그 구별은 어떤 의미를 지니며, 이상의 견해에서 생산력과 생산관계는 어떠한 관계를 맺는가?

생산력과 생산관계 간의 관계는 **내용과 형식 간의 관계로** 파악된다.[41] 즉 생산력은 생산관계의 내용이며, 생산관계는 생산력의 형식이다. 이 양자는 분리될 수 없으며, 이러한 **내용과 형식으로서의 생산력과 생산관계의 통일체가 생산양식이다.** 이런 의미에서 내용과 형식은 질료와 형식 간의 관계와 구별된다.[42] 질료는 그 자신에 고유한 형식을 반드시 스스로의 내부에 가지지 않는 반면, 내용은 스스로에 고유한 형식을 필연적으로 수반한다. 그런 의미에서 "내용은 **형식의 내용으로의 전화** 이외의 어떤 것도 아니며, 형식은 **내용의 형식으로의 전화** 이외의 어떤 것도 아니다."[43] 그리하여 "내용은 첫째로 그 자신에 속하며 동시에 그에게 본질적이기도 한 **형식과 질료를 갖추고 있으니,** 이런 의미에서 **내용은 곧 질료와 형식의 통일**인 셈이다."[44]

이러한 내용과 형식의 관계는 생산력의 개념을 이해함에 있어서 나타나는 편향을 포착하고 그것을 생산관계와의 관계 속에서 이해하는 데 매우 중요하다. 무엇보다 흔히 나타나는 오류는 앞서 본 것처럼 생산력을 그 구성요소로 환원시키거나 기술적 요소로 환원시키는 요소론적 생산력이다. 이렇게 파악하면 생산력의 변화는 생산관계와의 연관을 상실한 외

41) 『세계철학사 III』, 녹두, 1985, 86, 89쪽.; 콘스탄티노프, 『철학의 기초이론』, 편집부 역, 두레, 1986, 171쪽.
42) 질료와 형식 및 내용과 형식 간의 관계가 어떻게 다른가는 다음을 참조하라. 아지사카 마코도(鰺坂眞) 외 편, 『헤겔 논리학 입문』, 권오걸 역, 한마당, 1983, 70~72쪽 ; 헤겔, 『대논리학 II : 본질론』의 제1장 3장 중 121~131쪽 ; 『철학의 기초이론』, 168~171쪽.
43) G. W. F. Hegel. *Enzyklopädie I*, 133절.[메처, 「헤겔과 예술사회학을 위한 철학적 절차」, 여균동 이 편역, 『헤겔미학 입문』, 종로서적, 1983, 18쪽에서 재인용.(강조는 인용자)]
44) 헤겔, 『대논리학 II : 본질론』, 임석진 역, 지학사, 1982, 129쪽.

면적 개념으로 되며, 이럼으로써 생산력의 발전은 생산관계 변화와의 연관도 상실하게 된다. 생산력의 발전은 생산관계와 무관하게 자립적으로 수행되며 생산관계 변화에 의한 생산력에의 반작용도 들어설 여지가 없게 된다. 더욱이 이제까지 본 것처럼 생산력이 사회적인 힘, 사회적 생산력이라는 사실은 이해될 수 없게 된다.

이는 생산력과 생산관계의 개념이 내용과 형식의 연관이 아니라 질료와 형식 간의 관계로서 파악되고 있음을 의미한다.[45]

앞에서 인용한 헤겔의 말처럼 내용 안에는 형식적인 측면과 질료적인 측면이 존재한다. 이것은 생산력 개념이 기본적인 구성요소와 그 요소들 간의 관계의 통일로 파악되어야 함을 의미한다. 특히 후자는 생산관계에 대한 직접적 제약조건을 이루며 오히려 **생산관계의 일 구성부분**을 이룬다. 즉 **생산관계로 전화된 생산력이 생산관계의 중요한 일 계기를 이루고 있다**는 것이다. 이러한 말의 의미는 앞서 기계에 대한 본질 규정을 언급한 부분에서 쉽게 이해될 수 있다.

그런데 이는 또한 사회구성체론으로서의 사적 유물론 체계에서 중요한 의미를 갖는다. 다음 장에서 논급되겠지만 생산수단과 생산자 간의 관계가 어떠한가는 곧 일정한 형태의 노동양식을 의미하며, 이것이 '직접

---

45) 이에 대한 보다 상세한 비판은 テーケイ・フェレンツ, 『社會構成體論』, 羽仁協子 譯, 未來社, 1977의 서문을 참조하라. 퇴케이(F. Tökei)는 여기서 주로 스탈린의 『변증법적 유물론과 사적 유물론』을 비판하고 있는데 그 비판이 좀 지나치다. 그는 스탈린에게 아카데믹한 치밀함조차 요구하고 있다. 우리는 현대 한국의 사회성격에 대한 논쟁에서 생산력에 대한 기초의 이해가 이러한 방식으로 행해지고 있음을 쉽게 확인할 수 있다. 수많은 논자들이 한국에 있어서 생산력 기초의 결여로써, 혹은 생산력 수준의 저급성으로써 한국사회를 특징짓고 있으며 '여기서' 한국사회의 '성격'을 도출해내기도 한다. 그러나 그들 모두에 공통된 것은 그것이 저급하다, 혹은 결여되어 있다는 구체적 내용을 전혀 제시하지 않으며 그것을 논의·논증하기 위한 최소한의 기준이나 이론도 제시하지 않는다. 대개는 서구의 선진자본주의 나라를 기준으로 막연하게 낮다고 할 뿐이다. 대표적인 것은 장상환, 「종속적 관료독점자본주의의 위기」, 『연세춘추』 1023호(1985년 9월 23일자); 「한국 자본주의의 구조와 성격 : 신식민지관료독점자본주의의 시각에서」, 『현단계』, 한울, 1987, 132쪽; 박현채, 「민족자본의 형성과 변천」, 『한국 경제구조론』, 일월서각, 1986, 63쪽. 이는 여타의 발전도상국을 기준으로 막연하게 한국의 생산력이 높다고 하는 것과 동일한 것이다.

적 생산자와 생산조건 소유자의 직접적 관계', 즉 생산관계를 규정하며, 그 자체가 이러한 생산관계의 일 계기를 이룬다. 예를 들어 직접생산자가 여타의 생산수단과 동일하게 나타날 때 이것은 노예제적 관계의 기초를 이루며 그것의 일 계기를 이룬다. 다른 한편 직접생산자가 생산수단, 특히 토지의 부속물로서 생산수단에 관계할 때 이는 농노적 관계의 기초를 이룬다. 반면 직접생산자와 생산수단의 이러한 본원적 결합이 해체되고 양자 모두가 자본에 의해 구매됨으로써만 현실적 생산의 구성요소로서 결합될 때, 이는 직접생산자를 임노동자로서 자본주의적 생산관계 속에 편입시킨다.

이처럼 생산자와 생산수단의 관계는 그 자체로서 생산관계 전체를 이루는 것은 아니지만 특정한 생산관계 성립의 전제이며, 또한 그 생산관계의 일 계기('생산관계로 전화한 생산력')를 이룬다.[46] 이처럼 생산관계의 일 계기로서의 생산력은 한 사회에 대한 사회구성체론적 이해에 있어서 매우 주요한 의미를 갖는다.

생산의 사회적 형태가 어떠한 것이든 간에 노동자와 생산수단은 언제나 생산의 요인이다. 그러나 전자나 후자 각각은 그것이 서로 분리된 상태에서는 단지 가능적으로만 그럴 뿐이다. 무릇 [현실적으로] 생산이 행해지기 위해서는 양자가 결합되지 않으면 안 된다. **이러한 결합이 행해지는 특수한 방식 내지 양식이 사회구조의 다양한 경제적 시대를 구별짓는다.**[47]

---

46) 이처럼 생산력을 자신의 내적 계기로 포괄했을 때 생산관계는 이미 생산력과 생산관계의 통일로서 생산양식을 의미하며, 생산자와 생산수단 소유자 간의 직접적 관계라는 의미의 생산관계와는 구별되는 한 사회의 '총체로서의 생산관계'를 의미한다.
47) *Das Kapital*, Bd.2, *MEW*, Bd.24, S.34. (강조는 인용자)

이 인용문은 생산력적 관계가 생산관계 내에서 점하는 위상을 분명히 함으로써 그것이 사회구성체론적 분석에서 갖는 의미를 명시하고 있다. 이러한 이해는 또한 다음의 인용문에서도 분명하게 보인다.

> 멸망한 동물종족의 신체를 인식하는 데 있어서 그 유골의 구조가 중요한 것과 마찬가지로 소멸한 경제적 사회구성체에 대해 판단하는 데 있어서 **노동수단의 유물**은 똑같은 중요성을 갖는다. 무엇이 만들어졌는가가 아니라 **어떻게, 그리고 어떤 노동수단을 가지고 만들어졌는가 하는 것이 제반 경제적 시대를 구분한다. 노동수단은 인간의 노동력 발전의 측정기일 뿐만 아니라 그 안에서 노동이 행해지는 바의 사회적 관계의 지시이기도 하다.**[48]

이제 이러한 인식 위에서 생산관계에 대한 개념적 검토 및 제 논점들을 살펴보기로 하자.

3. 생산관계에 관한 몇 가지 문제 : 반봉건적 생산관계의 본질에 대하여

여기서 다루고자 하는 문제는 봉건적 생산관계와 자본주의적 생산관계의 문제, 좀더 축약한다면 자본주의적 생산관계의 본질은 어떠한 것인가 하는 문제다. 그리고 이는 소위 '반봉건적 생산관계'와의 관련 속에서 제기되며 반봉건제의 본질적 성격은 어떠한 것인가라는 방식으로 질문은 던져진다. 좀더 구체적으로 '반봉건적 토지 소유관계', '반봉건적 지주-소작관계'는 본질적으로 '봉건적'인가? 또는 '자본주의적인가?'라는 문제

---

48) *Das Kapital*, Bd.1, *MEW*, Bd.23, SS.194~195. (강조는 인용자)

다. 그리고 이러한 규정에 근거하여 '반봉건제' 자체에 대한 올바른 파악이 가능해질 것이며, 그것이 생산양식적 범주 및 사회구성체적 범주와의 관련 속에서 올바르게 위치지어질 수도 있을 것이다. 그럼으로써만 우리는 '반봉건제'에 대한 지극히 다양한 제 개념의 (악무한적) 연쇄에서 '해방'되어, 그것을 이론적·실천적 발전을 위한 '디딤돌'로서 정립할 수 있게 될 것이다.[49]

이러한 검토가 그 실체를 갖기 위해서는 그것이 직접적으로 문제가 되고 있는 일제하 농업에 있어서 생산관계와 농지개혁 이후 한국의 농업 부문에 있어서 생산관계에 대한 구체적 연구를 포함해야 하나, 여기서는 서설적 틀만을 제시하는 수준으로 제한하고자 하며, 논지는 주로 소위 '반봉건제'에 대한 '각종'의 정의와 해석에 대한 검토 및 고전적 사회구성체론에 입각한 시각의 정립이라는 방법론적 수준에 제한될 것이다.

우리는 봉건적 생산양식을 결정적으로 구분짓는 계기Moment에 대해서 살펴보아야 하는데, 이를 위해서는 생산양식의 구성요인과 그것들의 내적관계에 대해 검토해야 한다. 생산양식은 흔히 '생산력과 생산관계의 통일'이라고 이야기된다.[50] 생산양식을 어떻게 정의하든 간에 봉건적 생

---

49) 이를 위해서는 이제까지 논의한 모든 원칙이나 범주들이 전제가 된다. 특히 반봉건제를 올바르게 이해하는 것은 분명히 올바른 보편과의 관계 속에서이며, 그것은 '보편의 특수화'라는 앞에서의 이해방식에 따라 파악되어야 한다. 그리고 앞장에서 논의한 생산력 개념 또한 이와의 관계 속에서 매우 중요하다.

50) 생산양식을 이처럼 '생산력과 생산관계의 통일'로서 보는 견해에 대해 '과학으로서는 용납할 수 없는 모호함'이라고 분노하는 견해도 있다(시바하라 다쿠지(芝原拓自), 『경제사총론 : 소유와 생산양식의 역사이론』, 편집부 역, 일월서각, 1985, 20쪽). 이러한 논지는 대개 『자본론』 1권 중 '기계와 대공업'에 나오는 생산양식(생산방식)의 개념으로 그것을 '제한 해서' 쓸 것을 주장하며, 그리하여 '노동과정에서의 기술적·사회적 결합양식'이 생산양식이라고 한다. 민정우 씨의 '생산양식 자체'도 동일하다(민정우, 「식민지사회의 성격구명을 위한 일 시론(1)」, 『녹두서평』 1호, 1987, 260~267쪽).

그러나 이는 지극히 일면적인 왜곡이다. "아시아적, 고대적, 봉건적 및 부르주아적 생산양식을 경제적 사회구성체의 전진적 제 시대로 들 수 있다"(『경제학비판』 서문)는 데서 단적으로 보이듯이, 생산양식이란 "생산력의 특정한 발전단계에 조응하는 생산관계"를 의미하며, 그런 의미에서 '생산력과 생산관계의 통일'이다. 이는 『자본론』의 논리적 구조에서 보아도 분명하다. 『자본론』 1권은 누구나 이중성 및 상품이 이중성에 기초하여 다음과 같이 쓰고 있다. "상품 자체가 사용가치와 가치의 통일인 것과 마찬가지로 그것의 생산과정은 노동과정과 가치형성과정의 통일이어야만 한다"(Wie die Ware selbst Einheit von Gebrauchswert und Wert, muß ihr Produktionsprozeß Einheit von Arbeitsprozeß und

산양식과 자본주의적 생산양식, 또는 봉건적 사회구성체와 자본주의사회 구성체의 '본질'을 규정함에 있어서 생산력과 생산관계에 대한 이해 및 그에 근거한 생산양식과 사회구성체 파악이 중심적 문제가 되어 왔다. 특히 생산(제)관계Produktionsverhältnisse의 본질을 어떻게 규정하는가는 '반봉건적 토지 소유'에 대한 해석에 있어서 결정적 역할을 하고 있다고 보아도 좋은 것이다. 그런데 이제까지 진행되어 온 논의는 생산관계의 본질을 그 자체로서만 자의적으로 규정해 온 반면, 생산력과 생산관계의 통일적 이해 위에서 파악하는 경우는 그리 많지 않았다고 생각된다. 이는 앞에서 본 것처럼 생산력에 대한 변증법적 이해를 결여한 데에도 기인하는 것이나, 하나의 개념에 대해 추상적으로(즉, 고립시켜) 도식화하던 방식의 소산이라고도 생각된다. 즉 봉건적 생산관계 또는 반봉건적 생산관계를 규정함에 있어서 그것의 생산력과의 관계 및 사회구성체와의 관계에서 갖는 변증법적 의미들이 논의된 바가 거의 없거나 왜곡되고 천박한 것이 대부분이었다는 것이다. 이제 이를 좀더 상세히 이해하기 위해 우리는 생산(양식)의 구성요소 및 그들 간의 관계에 대해 논의하지 않으면 안 된다.

여기서 생산력과 생산관계의 얘기를 또다시 끄집어낸 것은 이제까지처럼 생산관계를 생산력으로부터 분리시켜 그것의 본질을 규정하는 경우, 봉건적 생산관계와 자본제적 생산관계의 구분에 있어서 극복할 수 없는 혼돈이 생기기 때문이다. 즉 생산관계 검토 이전에 생산관계는 생산력의 '형식'이고, 생산력은 생산관계의 '내용'이라는 것을 다시 한 번 분명

Wertbildungsprozeß sein).[*Das Kapital*, Bd.1, S.201.] 생산양식에 대한 올바른 관점은 이상과 같은 것을 포괄하지 않으면 안 되고, 따라서 '가치형성과정'이 배제된 노동과정만에서의 결합양식으로 정의되는 생산양식 개념은 일면적이다. 다시 말해 일반적인 의미의 생산양식에서 생산관계를 배제해선 안 된다는 것이다. 물론 맑스가 생산양식을 여러 가지 내포를 갖는 것으로 사용하고 있다는 사실 자체를 부정할 수는 없다. 그러나 전체 이론체계의 구조 속에서 그 개념의 '일반적' 의미가 위치지어져야 한다고 할 때, 생산양식은 분명히 '생산력과 생산관계의 통일'로 이해되어야 한다. '생산양식'이란 개념이 생산양식 속의 특정한 측면만을 지칭하여 사용되는 경우에 대해서는 林直道, 『史的唯物論と經濟學』(下), p.28을 참조.

히 해야 하며, 생산관계의 본질을 그것의 내용인 생산력과 무관하게 규정하는 것은 불가능하거나 착각인 경우가 대부분임을 명확히 해야 한다. 내용은 형식으로 전화된 어떤 것이고, 그런 의미에서 생산력은 생산관계의 일 계기를 구성하고 있다. 이렇지 못할 때 필연코 생산관계의 형식주의에 빠지게 되며, 이는 공허하고 자의적인 생산관계의 본질론을 무수히 낳게 되는 것이다.

우선 생산의 구성요소 및 그들 간의 관계에 대해 살펴보자.

생산의 사회적 형태가 어떠한 것이든 간에 **노동자와 생산수단**은 언제나 생산의 요건이다. 그러나 그 어느 한쪽도 서로 분리된 상태에서는 단지 가능적으로만 그러할 뿐이다. 무릇 [현실적으로] 생산이 행해지기 위해서는 양자가 결합하지 않으면 안 된다. **이 결합이 행해지는 특수한 방식 내지 양식이 사회구조의 다양한 경제적 시대를 구별짓는다.**[51]

여기서 말하고 있듯이 **노동자와 생산수단**은 생산이 어떠한 방식으로 행해지든 간에 생산의 구성요소이다. 그런데 생산이 행해지기 위해서는 **또한 제반 생산조건에 대한 소유자를 —— 즉 비노동자를 ——** 생산 그 자체의 구성요소로서 갖지 않을 수 없다. 이는 곧 노동자, 즉 직섭생산자와 생산조건 소유자, 즉 비노동자 간의 관계를 자신의 형식으로서 수반하게 될 필연성을 담고 있다. 맑스는 다음과 같이 말한다.

불불잉여노동이 직접생산자로부터 착출되는 독특한 경제적 형태는, 생산 그 자체로부터 직접 자라나면서 또한 자신도 규정적으로 생산에 반작용

---

51) *Das Kapital*, Bd.2, *MEW*, Bd.24, S.34.

하는 바의 **지배-예속관계**를 규정한다. 또한 이 관계 위에서 **생산관계 자체로부터 성장하는 경제적 공동체**Gemeinwesen**의 전체적 형태가** 세워지며, 이로써 동시에 그것에 독특한 **정치적 형태도** 건축된다. 직접생산자에 대한 생산조건 소유자의 직접적 관계das unmittelbare Verhältnis der Eigentümer der Produktionsbedingungen zu den unmittelbaren Produzenten——이 관계의 다양한 제 형태는 의당 **노동의 방법**Art und Weise der Arbeit, 따라서 **노동의 사회적 생산력의 일정한 발전단계**에 조응한다——이 관계야말로 항상 우리가 그 위에서 사회구조 전체, 따라서 주권-종속관계의 정치적 형태, 요약하면 그때그때의 독특한 국가형태의 가장 깊은 비밀, 그 숨겨져 있던 기초를 발견하게 되는 바의 관계인 것이다. 이것은 **동일한 경제적 기초**——주요 조건에서 보면 동일하다——가 **무수하게 다양한 경험적인 사정**empirische Umstände, 즉 자연조건이나 종족관계 등 외부로부터 작용하는 역사적인 제 영향을 통해서 현상에 있어 무한한 제 변화나 명암Variationen und Abstufungen을 보여 줄 수도 있다는 사실을 방해하지 않는다. 이러한 제 변화나 명암은 단지 이러한 경험적으로 주어진 제 사정들을 분석할 때만 이해되는 것이다.[52]

여기서 사회구조 전체의 토대로서 명시적으로 제시되고 있는 것은 직접생산 그 자체에서 생겨나는 바의 '직접적 생산자에 대한 생산조건(생산수단) 소유자의 직접적 관계'이다. 즉 맑스는 특정한 생산관계를 역사적 맥락 속에서 구분하게 하는 것은 무엇보다 **생산자와 생산수단 간의**

---

52) *Das Kapital*, Bd.3, *MEW*, Bd.25, SS.799~800. (강조는 인용자) 이 인용문의 후반부는 맑스가 보편법칙과 개별적 제 현상을 어떻게 이해하고 있는가를 보여 준다. 이는 앞에서의 우리의 논지가 맑스와 연속선상에 있음을 확인해 준다. 여기서 염두에 두고 있는 '반봉건제'의 다양한 정의는 보편과 개별을 이처럼 통일적으로 이해할 능력의 결여를 보여 준다. 개별적 현상의 근저에서 이러한 보편법칙을 찾아내는 것이 우리의 과제라 할 것이다.

관계 및 **생산자와 생산수단 소유자의 직접적 관계**임을 분명히 하고 있다. 그런데 맑스는 또 다음과 같이 말한다.

> 이 **잉여노동이 직접적 생산자, 즉 노동자로부터 착출되는 형태**야말로, 제반 경제적 사회구성체, 예컨대 노예제 사회와 임노동제 사회를 구별짓는다Nur die Form, worin diese Mehrarbeit dem unmittelbaren Produzenten, dem Arbeiter, abgepreßt wird, unterscheidet die ökonomischen Gesellschaftsformation z. B. die Gesellschaft der Sklaverei von der Lohnarbeit.[53]

여기서는 맑스가 경제적 사회구성체의 토대로서 생산관계 속에 착취형태도 포함하여 이해하고 있음을 볼 수 있다. 이상에서 알 수 있는 것은 생산의 사회적 형태와 무관하게 생산이 행해지는 과정 속에는 생산수단과 노동자(직접생산자), 그리고 생산조건의 소유자로서의 비노동자가 언제나 그 구성요소로 있을 수밖에 없다는 것이다. 그리고 이들 요소들이 어떠한 형태로 결합되는가, 즉 이들 요소들이 서로 간에 어떠한 관계를 맺는가, 사회구조 전체가 어떤 경제적 시대로서 파악될 수 있는가의 문제를 규정한다.

이 요소 중 생산수단과 노동자가 맺는 관계는 앞서 말한 것처럼 특성한 **노동의 방식**으로서 생산관계로 전화한 생산력, 즉 생산양식의 생산력적 측면을 이룬다. 이는 또한 노동과정의 구체적 형태를 특징짓는데, 이럼으로써 그것은 생산과정[이는 노동과정Arbeitsprozeß과 가치형성과정 Wertbilaungsprozeß의 통일]의 구체적인 한 계기를 구성한다. 그런데 이것은 단지 노동자와 생산수단의 관계만으로 제한되는 것은 아니며, 오히려 양

---

53) *Das Kapital*, Bd.1, S.231. (강조는 인용자)

자의 결합으로써 생산이 행해지는 데에는 비노동자의 특정한 관계형태 또한 요구된다. 이럼으로써 생산은 구체적인 노동양식을 통해서 행해질 수 있다. 그리고 이러한 구체적 **노동양식**(이는 지금 생산관계나 생산양식과 구별되어 쓰이고 있다)은 노동과정에 있어서의 특정한 지휘·통제방식을 포함하고 있다.[54]

다른 한편 생산조건 소유자와 직접적 생산자의 관계가 생산양식의 다른 한 측면을 이룬다. 이는 비노동자와 노동자 간의 관계처럼 보이지만, 실제로는 생산수단에 대한 **소유관계**로서 생산수단을 내부에 포함하고 있다. 이렇듯 특정한 생산관계에는 앞서 말한 생산수단과 노동자 간에 맺는 특정한 관계가 전제되며, 이때 비노동자가 생산과정 속에서 차지하는 위치는 생산수단에 대한 소유형태와 함께 특정한 **전유형태** 혹은 **착취형태**를 규정한다. 그리고 이런 의미에서 전유형태는 (생산수단에 대한) 소유형태에 의해 규정된다. 맑스는 다음과 같이 쓰고 있다.

지주의 수입, 즉 그가 전유專有하는 바의 가용可用한 잉여생산물은 그것

---

54) 발리바르는 이것을 '물적 수취연관'이라고 한다(발리바르, 『역사과학의 기초범주』, 김윤자 역, 한울, 1984, 14쪽). 그러나 Aneignung이나 Appropriation은 **생산수단에 대한 수취(전유)**뿐만 아니라 **생산물에 대한 수취(전유)**를 포함하며, 오히려 고전의 경우에는 후자의 의미로 쓰이는 경우가 많다(예를 들면 Engels, "Die Entwicklung des Sozialismus von der Utopie vor Wissenschaft", MEW, Bd.19, SS.213~214, S.223). 그런 의미에서 수취(전유)양식이나 수취(전유)관계는 착취양식과 같은 의미로 사용된다. 반면 발리바르식의 용어법에 따르면 수취연관은 착취관계를 표시하는 소유연관과 대비가 된다. 이는 용어사용상의 혼돈을 야기시키기도 하는데, 이후 우리는 맑스나 엥겔스가 쓴 것처럼 수취(전유)양식 (Aneignungsweise)이란 개념을 사용하겠다. 그리고 **생산수단**에 대한 전유(Aneignung: 自己化)는 생산형태와 관계된 것으로서 '노동방식'이란 의미로 이해되어야 한다. 이에 대해서는 이후 좀더 분명해질 수 있을 것이다.
일본의 시바하라 다쿠지(芝原拓自)는 이를 '생산양식'으로 간주하면서 이에 대한 일면적 강조로 '새로운' 역사이론 체계를 제시하는데, 이는 분명히 잘못된 것이다(이에 대해서는 林直道, 『史的唯物論と所有理論』, 大月書店, 1974, pp.171~182을 참조하라). 또 민정우 씨는 그의 논문(「식민지사회 성격구명을 위한 일 시론(1)」, 『녹두서평』 1호, 262쪽의 13번 각주)에서 이러한 시바하라의 일면성을 지적하고 있으나, 그가 제시한 소위 '생산양식 자체'라는 개념은 묘하게도 시바하라의 생산양식 개념과 일치하고 있으며, 그런 의미에서 생산양식은 생산수단과 노동력(자)의 **지휘통제관계**로만 파악되고 있다. 그리고 그의 생산관계 개념 또한 시바하라의 그것과 동일하게 사용되고 있다(시바하라 다쿠지, 『경제사총론: 소유와 생산양식의 역사이론』, 19~20쪽과 민정우, 앞의 논문, 260~267쪽을 비교해 보라). 이러한 혼동은 그가 선택적(실제로는 절충적)으로 사용하는 발리바르의 용어에 기인하는 바도 크다.

의 명칭을 무엇이라고 붙이든 간에 여기[봉건제]에서는 전체 불불잉여 노동이 직접적으로 전유되는 정상적이고 지배적인 형태이다. 그리고 **토지 소유는 이러한 전유의 토대를 형성한다.**[55]

생산수단에 대한 소유관계는 이처럼 특정한 생산력 수준에 조응하는 생산관계의 총체를 의미하며, 생산력을 전제하는 이러한 생산관계는 전자와 함께 생산양식의 다른 한 계기(측면)를 형성한다.

요약하면 생산양식에 대한 올바른 이해를 위해서 우리는 무엇보다도 ㉠직접생산자인 노동자와 생산수단의 관계로서 '노동과정의 기술적 · 사회적 결합양식'(이후에는 이를 '**노동양식**'이라고 지칭하겠다)과 ㉡직접적 생산자와 생산수단 소유자 간의 직접적 관계로서, 이는 ①생산수단에 **대한 소유형태**와 ②생산물에 대한 **전유형태**를 포착해야 한다. 이때 **소유형태는 생산수단을 매개로 한 노동자와 비노동자 간의 관계**라고 할 수 있으며, **전유형태는 생산물을 매개로 한 노동자와 비노동자 간의 관계**라 할 수 있을 것이다. 그런데 이때 노동양식은 단지 노동자(Arbeiter: A)와 생산수단(Produktionsmittel: Pm)만의 관계가 아니라, 그 속에 생산수단 소유자(Eigentümer: E)도 관계의 일 요소로서 포함하며, 소유형태나 전유형태 역시 A와 E 간의 관계뿐만 아니라, Pm 역시 관계의 일 요소로서 포함한다. 이는 나중에 다시 거론하겠다.

전前자본주의사회의 모든 형태를 자본주의사회와 구별짓게 하는 것은 무엇보다도 '소유와 노동의 본원적 결합'으로서[56] "각개의 독립적 노

---

55) *Das Kapital*, Bd.3, S.812. 노동생산물에 대한 전유(Aneignung)는 자신의 생산물에 대한 전유와 타인의 생산물에 대한 전유로 구분된다(Engels, ibid., S.214의 주를 보라). 이때 후자, 즉 타인의 생산물에 대한 전유가 곧 '착취'(Ausbeutung, Exploitation)이다.

56) "자본관계는 노동자와 노동실현의 제 조건에 대한 소유 사이의 분리를 전제로 한다." (*Das Kapital*, Bd.1, S.742.)

동개체와 그의 노동조건과의 결합Verwachsung을 기초로 한 사적소유"로[57] 특징지어진다. 즉 생산자인 노동자는 생산수단, 특히 본원적 생산수단인 토지에 소속되어 있는[58] 부속물로서 존재한다. 예컨대 노예는 특정의 개인적individuell 소유자에 속한 물Sache일 뿐이며 자신의 노동력 지출의 주체가 아니라[59] 단지 '말하는 생산수단'에 불과하다. 한편 "농노적 관계 속에서 생산자는 가축과 마찬가지로 토지land 그 자체에 있어서 재산의 일계기로 나타나며, 대지soil의 부속물appendices로서 존재한다."[60] 이는 '노동과 그것의 물적sachlich 전제조건의 자연적 통일'이란[61] 공통의 특성을 갖는바, 아직도 노동이 그의 노동수단 및 노동대상으로부터 분리되지 못하고 있다는 것을 의미하며, 이는 자연에 속박되어 있는 노동생산력의 다른 표현이다. 레닌은 지주corvée경제가 존재하기 위해 필요한 제 조건을 자연경제의 지배적 위치, 토지에의 긴박, 농민의 인신적 예속, 낮고 정체된 기술적 조건 등으로 들면서 토지에의 긴박에 대해 다음과 같이 쓰고 있다.

> 그와 같은 경제[코르베corvée경제]는 직접적 생산자가 일반적으로는 생산수단을, 특수적으로는 토지를 할당받을 것을 요구한다. 나아가 그는 토지에 긴박되어 있다. 왜냐하면 그렇지 않았을 때 지주는 일손을 확보할 수 없기 때문이다. 따라서 코르베하에서와 자본주의경제하에서 잉여생산물을 획득하는 방법은 정반대이다. 전자는 생산자가 토지를 분여받은 것[생산수단과 결합되어 있는 것]에 기초하고 있는 반면, 후자는

57) *Das Kapital*, Bd.1, S.789.
58) ibid., S.742.
59) Karl Marx, *Grundrisse:Foundations of the Critique of Political Economy*(이하 *Grundrisse*), tr. by M. Nicolaus, Penguine, 1973, p.464.
60) *Grundrisse*, p. 465.
61) ibid., p. 471.

토지를 잃은〔생산수단으로부터 분리된〕생산관계에 기초하여 있다.[62]

이는 전자본주의에서 생산자가 생산수단과 맺는 관계를[63] 자본주의적 관계에서의 그것과 극명하게 구분하게 해준다. 이러한 본원적 결합의 시기에 토지는 노동자를 자신의 휘하에 거느리고 있는 생산의 중심적 계기가 된다. 그리고 이처럼 생산수단과 노동자 간의 본원적 결합이 해체되지 않는 한, 즉 토지로부터 '해방' 되지 않는 한, 자본주의적 관계는 생각할 수 없다. 이 경우 한쪽에 퇴적되는 화폐가 있다고 해도 그것은 단지 상인자본, 고리대자본이라는 전기적 형태에서 회전목마처럼 빙글빙글 맴돌고 있을 뿐이다.

봉건제는 앞서 말한 것처럼 생산자가 본원적 생산수단인 토지의 부속물로 나타나는 것으로, 여기에서 노동과 소유는 **직접적으로** 결합되어 있으며, 이러한 생산수단의 직접적 소유자(이는 물론 공동체Gemeinwesen에 의해 매개되지 않으면 안 된다)가 스스로 노동하는 것이라는 의미에서 여타의 전자본주의적 사회와 공통된 특징을 갖는다. 그럼에도 불구하고 그것이 노예제와는 상이한 생산관계로 나타나게 되는 기저에는 생산력 발전이 존재하고 있다. 즉 노예제와 봉건제에서 노동자와 생산수단의 관계는 상이하다. 노예제의 경우 노동자는 생산수단과 마찬가지로 노예주의 소유물로 나타나고, 생산수단에 대한 어떠한 권리도 없으며, 단지 노예주의 명령에 따라 집단적으로 노동한다. 반면 봉건제의 경우 노동자와 생산수단의 직접적 결합은 노동자의 보유권Besitz으로 나타나며 노동자는 스스로 독립적으로 노동한다. 이때 지주는 생산수단에 명목적으로만 관계

62) Lenin, "The Development of Capitalism in Russia", *CW*, Vol 3, p 192 (인용문 안의 〔 〕는 인용자)
63) 자연경제적 수준에 매여 있는 한, 노동력과 생산수단의 직접적 결합은 해소될 수 없으며, 이러한 역사적 시대에 있어서 토지로부터 생산자의 분리는 다름아닌 죽음을 의미한다.

하며(상급소유권), 실제로는 노동자를 통해서만 관계할 수 있다. 따라서 잉여노동에 대한 그의 착취는 경제외적 강제를 통해서 수행되게 된다.

더 나아가 분명한 것은 직접적 노동자 자신이 생산수단 및 자신의 생계수단에 필요한 생산수단과 노동조건의 '보유자' Besitzer로 남아 있는 곳에서는 그 형태가 어떠하든 간에 소유관계는 동시에 직접적인 지배-예속의 관계로 나타나며, 따라서 직접적 생산자는 자유롭지 못한 사람으로서 나타난다. 이러한 부자유는 부역노동Fronarbeit을 수반하는 농노제로부터 단순한 공납의무bloßen Tributpflichtigkeit에 이르기까지 점차 약화되어 간다. 이 경우 직접적 생산자는 우리의 가정에 의하면 그의 노동의 실현 및 그의 생존수단 생산에 필요한 객관적 제반 노동조건, 그 자신의 생산수단을 보유하고 있다. 그는 자신의 농사뿐만 아니라 농촌 가내공업을 독립적으로 경영한다betreibt. 이러한 독립성Selbständigkeit은, 인도의 예에서 본 바와 같이 이러한 소농적 형태가 크든 작든 자연경제를 이루고 있는 한 폐기되지 않는다. 왜냐하면 여기서 문제가 되고 있는 것은 독립성과 명목적 지주 간의 대립von der Selbständigkeit gegenüber dem nominellen Grundherrn이기 때문이다. 이러한 조건하에서 명목적 지주를 위한 잉여노동은 단지 경제외적 강제außerökonomischen Zwang——이것이 취하는 형태가 어떠한 것이든 간에——에 의해서만 착출될 수 있다. 이는 노예가 자신에게는 속하지 않는 생산조건들을 가지고 노동하며, 또 독립적으로 노동하지 않는 노예제나 플랜테이션 경제와 구별된다. 따라서 인격적 예속관계는 필연적이다. 즉 그 정도가 어떠하든 간에 존재하는 인격적 부자유persönliche Unfreiheit, 그리고 토지의 부속물로서 토지에 긴박되어 있다는 것——이것이 진정한 의미에서의 속박 Hörigkeit im eigentlichen Sinn이다——이 그것이다.[64]

봉건제에서 소유는 이중적인 것으로 나타난다. 즉 생산수단에 대한 직접생산자의 관계행위와 생산수단(및 그 일부로서——생산 제 조건으로서——직접생산자)에 대한 형식적 소유자의 관계행위로 나타나는바, 이때 전자는 보유·점유Besitz로서 후자는 소유Eigentum로 표현되며, 이것이 하급소유권 및 상급소유권이라는 법적(상부구조적) 형태로 나타난다. 이는 또한 기본적인 착취형태로서 잉여노동을 필요노동과 분리시켜 직접적 강제에 의해 전유하는 경제외적 강제를 내적으로 요구하고 있으며, 이는 '신분적 예속'을 필연화한다.[65]

…… 그러한[코르베corvée적] 경제체계를 위한 한 조건은 지주에 대한 농민의 신분적(인신적) 예속이다. 만약 지주가 농민에 대한 직접적 권력을 갖지 못했다면 그는 일정량의 토지를 갖고 자신의 땅farm을 경작하는 사람으로 하여금 그를 위해 일하도록 할 수는 없었을 것이다. 따라서 '경제외적 강제'는 필연적이었다.[66]

여기에서 앞서 정리한 생산양식 개념에 따라 봉건제 생산양식의 본질적 성격을 분명히 해보자. ① A—Pm의 관계는 A와 Pm 양자가 직접적

---

64) *Das Kapital*, Bd.3, SS.798~799.

65) "노임이라는 형태는 필요노동과 잉여노동으로서 노동일 분할의 모든 흔적을 없애 버린다. 일체의 노동이 지불노동으로 현상한다. 부역노동(Fronarbeit)에 있어서는 농노(Fröner)가 자기 자신을 위해 하는 노동과 영주를 위한 강제노동이 공간적 및 시간적으로 명확히 감성적으로 구별되어 있다. 노예노동에 있어서는 노동일 중 그 자신의 생활수단을 위한 가치를 보전하는 데 지나지 않는, 그리하여 실제로 노예가 자기 자신을 위해 노동하는 부분조차 그의 주인을 위한 노동으로 나타난다. 그의 모든 노동이 불불노동으로서 나타난다. 임노동에 있어서는 이것에 반하여 잉여노동, 즉 불불노동조차 지불노동으로 나타난다. 앞의 경우에는 **소유관계**가 자기 자신을 위한 노동을 은폐하고, 이 경우에는 **화폐관계**가 임노동자의 무상노동을 은폐한다."(*Das Kapital*, Bd.1, S.562. 강조는 인용자)

여기서도 착취형태가 상이하게 나타나는 근저에 **생산수단 소유관계**를 상정하고 있음을 볼 수 있을 것이다. 맑스는 생산수단 소유관계에서 나오는 제 착취형태가 경제적 사회구성체의 시대를 구분하게 한을 이미 지저한 바 있다. 그러나 이는 분명히 '생산수단' 소유관계를 전제로 하여 성립되는 것이라는 것이 망각되어서는 안 된다.

66) Lenin, "The Development of Capitalism in Russia", *CW*, Vol.3, pp.192~193.

으로 결합된 것으로서(이는 아직도 자연경제에서 벗어나지 못한 것을 의미한다) A는 Pm의 부속물로서 토지에 긴박되어 있다.[67] ②그러나 노예와는 달리 농노(A)는 '생산 제 조건(Pm)'에 대한 보유자Besitzer'로서 독립적인 경영을 한다. 토지(Pm)에 대한 관계행위는 이중적이어서 이러한 보유 이외에 명목적인 소유가 따로 존재한다. 토지 소유자는 노동과정에 직접 개입하지 않으며 A를 통해서만 Pm에 관계한다. ③따라서 그는 명목적 지주에 불과하며 노동생산물에 대한 지주적 전유는 생산과정의 내부에서 행해질 수 없다. 즉 경제외적 강제를 통해서만 잉여노동의 착취가 가능하다. 이는 소위 '신분적 예속'을 필연적으로 수반하며, 이렇게 착취된 잉여생산물은 봉건지대라는 형태를 취한다.

이때 주의하지 않으면 안 될 것은 **이상의 제 관계 위에서** 착취되는 잉여생산물이 봉건지대라는 점이다. 봉건지대를 단지 자본주의적 **지대**와의 대비 속에서 도출하려고 하는 경우,[68] 이는 필연적으로 지대로 착취되는 잉여생산물의 양적인 문제로, 즉 지대율로 해결되며 이는 봉건적 관계를 무엇보다 생산관계에서부터 보지 않은 채, 단지 생산물의 분배관계로부터 규정하는 것으로 되고, 이는 명백히 분배주의·유통주의적 오류로 귀결된다. 잉여**생산물**의 분배관계인 지대율로써 생산관계, 즉 **생산수단**의 분배관계를 규정할 수는 없는 일이다. 만약 그렇게 된다면 이는 유통주의로 들어서게 됨을 의미한다는 것이다. 이에 대해 맑스는 다음과 같이 말한다.

---

67) A와 Pm의 이러한 결합이 분리되는 것이 곧 '토지로부터의 해방'인데, 이는 자본주의의 가장 근본적인 전제이다.

68) 이때 지대율로부터 그 지대의 성격을 '봉건제의 본질이 온존되어 있는 것', '봉건적인 것'으로 규정하고, 그 위에서 '반봉건적 생산관계'는 그 지대가 무엇보다 봉건적이기 때문에' 본질적으로는 '봉건제의 본질'이 온존된 채 형식적으로 재편된 것이라고 한다. 여기서 우리는 본질규정을 하는 순서가 '완전히' 뒤집혀 있음을 본다. 즉 **지대가 생산관계의 본질을 규정한다는 것이다!** 1986년 서울의 건물주들도 명백히 봉건 지주다! 이들이 '형식적으로 재편'이라고 할 때 지칭한 것이 무엇인지는 좀더 후에 보기로 하자.

분배가 **생산물의 분배**로 나타나기 전에 먼저 그것은 ①생산수단의 분배와 ②동일한 관계가 좀더 특수화된 것으로서 다양한 생산형태 속으로의 사회성원들의 분배(특정한 생산관계 아래로의 개인들의 포섭)로 나타난다. 생산물의 분배가 생산과정에 포함되고 생산의 구조를 규정하는 이러한 분배의 단순한 결과라는 것은 분명하다.[69]

따라서 소작료가 전 잉여노동을 착취한다고 하여 ——이때 문제되는 것은 일반적으로 병작반수竝作半數이다—— 그러한 지주–소작관계를 본질적으로는 봉건적이라고 하는 주장이 기본적인 사적 유물론의 원칙과 엄청나게 멀리 떨어져 있다는 것은 더 논할 필요도 없다. 단지 여기서 이러한 것에 대해 언급하는 것은, 이러한 지대론적 봉건제론이 소위 반半봉건제의 본질이 봉건제임을 논증하는 주된 논거였다는 것, 그리고 현재의 한국 사회가 반봉건사회임을 증명하는 논거가 되고 있다는 것 때문이다. 분명한 것은 이러한 주장의 전후에 '교조주의'와 '사대주의'에 대한 비판으로 방어벽을 쌓는다고 해서 그 주장이 교조주의와 사대주의를 '넘어선' 올바른 주장이 되는 것은 아니라는 사실이다. 고전에 기초하거나 고전의 개념을 '아직도'(이런!) '한국에서'(이런!) 사용하는 것이 교조주의라면 우리는 교조주의라고 불리는 것을 기꺼이 받아들일 것이다. 왜냐하면 고전 이론들은 '과거' '다른 나라에서' 성공한 혁명 때문에 옳은 것이 아니라, 오히려 그것들이 옳은 것이었기 때문에 그것에 기초하는 운동이 성공할 수 있었다고 생각하기 때문이다. 또 교조주의나 수정주의는 **원칙**과 **조건**에 대한 구체적 검토 속에서 극복되는 것이지, 조건이 비슷한 지역에서의 경험이 그저 채택됨으로써 극복되는 것은 아니기 때문이다. 그리고 잠

---

69) *Grundrisse*, p.96.

시 성공한(?) 운동의 경험이 제시하는 이론이 모두 옳은 것은 아니다. 그 일례로 우리는 소위 '세 개의 세계론'을 들 수 있을 것이다. 제국주의의 모든 측면을 고찰하는 대신에 전 세계를 단지 제국주의와 피억압민중 간의 모순으로 일면화시키고, 제국주의를 하나의 '정책'으로 간주하여 자국의 이해와 대립되면 모두 제국주의라는 딱지를 붙이는 소위 '세 개의 세계론'은 그 이론의 논거를 단지 '교조주의에 대한 비판의 언사'로만 제시하고 있을 뿐이다. 그것에 의하면 소련과 미국은 동일하게 제국주의 나라로서 세계 대부분의 나라에 적대되는 '제1세계'이고, 일본·서독·영국 등 선진자본주의 나라는 무엇 때문인지 '제2세계'로 되며, 많은 자본주의 나라와 사회주의 나라들이 '제3세계'가 된다. 그리고 몇 개 나라를 제외한 사회주의 나라는 소련 제국주의의 식민지로 된다.[70] 이에 대한 더 이상의 비판이 여기서 진행될 여유는 없다. 그러나 여기서 다시 한 번 강조하고 싶은 것은 실용주의는 교조주의에 대한 올바른 비판을 할 수 없으며 오히려 그것과 한 형제라는 것이다. 스스로의 고전에 대한 몰이해, 즉 과학에 대한 몰이해를 교조주의 비판으로 은폐하려는 시도는 이제는 더 이상 허용될 수 없다.

또 반봉건을 내용상으로는 봉건제가 잔존하면서 형식만 자본주의적 형태로 해소된 것으로 간주하는 경우도 많은데,[71] 이 주장이 실제로 염두에 두고 있는 것은 앞의 지대론적 입장과 극히 비슷하다. 이들에 의하면 생산수단-생산자 관계나 생산자-생산수단 소유자 관계 및 신분적 예속은 단지 형식에 불과한 것이기 때문에, 그것이 해소되어도 '봉건지대의

---

70) 「マオイズドの '三個の世界論' 批判」, 『世界經濟と國際關係』 45集 참조.
71) 이런 주장은 일제하 토지조사사업 이후 농업에 있어서 생산관계를 반봉건제라고 보는 **대부분의** 논자들이 주장하며, '농지개혁'에 대한 평가에도 적용된다. 이들은 생산양식의 내용이 무엇이고 형식이 무엇인지에 대해서도 전혀 이해하지 못하고 있다.

법칙이 관철된다면' (이런!) 그 내용은 봉건적인 것이라는 것이다. 이에 대해서는 더 이상의 비판이 필요없으리라고 본다. 한마디 덧붙여 주고 싶은 것은 변증법의 '용어'를 사용한다고 해서 변증법적 사고를 하는 것은 결코 아니라는 것이다. 내용과 형식의 변증법적 관계에 대해 알고 있다면, 형식만 변화하고(그것도 거의 해체되어 그에 대립되는 형태로 되고) 내용은 보존된다는 논리가 완전히 새로운 논리학적 창조물임을 알 수 있을 것이다.[72] 더 한심한 것은 무엇이 내용이고 무엇이 형식인가를 전혀 이해하고 있지 못하고 있다는 사실이다. 이들은 이러한 비판에 대해서도 '교조주의'라고 욕설을 퍼부을지 모르겠다. 개념이나 법칙을 무지의 힘을 빌려 과감하게 수정하는 이러한 비난의 말은 결코 '비난'이 될 수 없을 것이다.

논의를 다시 본래의 주제로 옮기자. 이상의 기준에 의해 봉건제의 본질을 검토했다고 했을 때 동일한 기준에 의해 자본주의의 본질은 어떻게 규정될 수 있을 것인가? 맑스는 자본주의의 **역사적 전제**로서 본원적 축적ursprüngliche Akkumulation에 대해 쓰면서 다음과 같이 말하고 있다.

화폐나 상품이 본래부터 자본이 아닌 것은 생산수단이나 생활수단이 그렇지 않은 것과 마찬가지이다. 그것늘은 **자본으로의 전화**Verwandlung in Kapital를 필요로 한다. 그런데 이 전화 자체는 다음과 같은 일정한 사정 아래에서만 행해질 수 있다. 즉 한편으로는 자신이 가지고 있는 가치액Wertsumme을 타인의 노동력을 구입함으로써 증식해야만 하는 화폐·생산수단 및 생활수단의 소유자, 다른 한편으로는 자기 자신의 노

---

72) 흔히 대부분의 사이비변증법론자들은 형식을 외피·껍데기라는 의미로 사용하며, 내용과 형식의 변증법을 전혀 이해하지 못하고 있다. 최근의 일례로는 조민, 「한국 자본주의의 성격규정」, 『한신학보』, 86호, 1986년 9월 30일자에서 보이는 내용·형식의 새로운 변증법이 있다.

동력의 판매자이며 따라서 노동의 판매자인 자유노동자라는 두 개의 매우 다른 종류의 상품 소유자들이 서로 접촉하지 않으면 안 된다는 사정이 그것이다. 자유노동자라 함은 그들 자신이 노예나 농노들과 같이 직접적으로 생산수단에 속하는 것도 아니고, 또한 자영농민 등의 경우와 같이 생산수단이 자신에게 속하여 있는 것이 아니라, 오히려 그들은 생산수단으로부터 자유라는, 즉 분리되어 있다는 이중의 의미에 있어서다Freie Arbeiter in dem Doppelsinn, daß weder sie selbst unmittelbar zu den Produktionsmitteln gehören, wie Sklaven, Leibeigne usw., noch auch die Produktionsmittel ihnen gehören, wie beim selbstwirtschaftenden Bauer usw., sie davon vielmehr frei, los und ledig sind. 이러한 상품시장의 분극작용Polarisation des Warensmakts과 더불어서 자본주의적 생산의 기본적인 제 조건die Grundbedingungen이 부여된다. **자본관계는 노동자와, 노동을 실현하기 위한 제 조건의 소유 사이의 분리를 전제로 한다**Das Kapitalverhältnis setzt die Scheidung zwischen den Arbeitern und dem Eigentum an den Verwirklichungsbedingungen der Arbeit voraus. 자본주의적 생산이 제 발로 일어서자마자 그것은 이상에서 말한 분리Scheidung를 유지할 뿐만 아니라, 더욱더 커다란 규모로 그것을 재생산한다. 그러므로 자본관계를 창조하는 과정은 **노동자를 그의 노동 제 조건으로부터 분리시키는 과정——한편으로는 사회적 생활수단과 생산수단을 자본으로 전화시키고, 다른 한편으로는 직접적 생산자를 임노동자로 전화시키는 과정**——이외의 어떤 것도 아니다. 소위 **본원적 축적은 생산자**Produzent**와 생산수단**Produktionsmittel**의 역사적 분리과정**에 다름아니다. 그것이 '본원적'인 것으로 나타나는 것은 그것이 자본 및 자본에 대응하는 생산양식의 전사前史, Vorgeschichte를 이루기 때문이다.[73]

여기서 무엇보다 근본적이고 중요하게 간주되고 있는 것이 노동자와 노동 제 조건, 즉 생산수단은 물론 생활수단 전체의 역사적 분리과정 historische Scheidungsprozeß임은 분명하다. 이전의 일체의 생산양식은 노동과 소유 그리고 노동자와 생산수단이 직접적으로 결합된 위에 서 있었다. 반면 자본주의적 생산의 전제인 자본관계의 창출은 노동자와 그 노동 제 조건 간의 결합을 파괴하여 그 양자를 분리시키고, 그 각각을 서로 분리된 양극에 쌓는 것을 의미하는 것이며, 여기에서 자본주의는 '출발한다'.

화폐가 자본으로 전화되기 위한 본원적 전제조건은 상품생산과 상품유통만이 아니었다. 상품시장에서 가치와 화폐의 소유자와 가치를 창조하는 실체wertschaffenden Substanz의 소유자, 생산-생활수단의 소유자와 노동력의 소유자가 서로 구매자와 판매자로서 마주치지 않으면 안 되었던 것이다. 노동생산물과 노동 자체의 분리, 객체적 노동조건과 주체적 노동력 사이의 분리가 곧 자본주의적 생산과정의 현실적으로 주어진 기초였다.[74]

자기의 노동력의 판매(자기 노동의 판매라는 형태, 즉 노임의 형태로서의)가 고립된 현상으로서가 아니라 상품생산의 사회적으로 표준적인 전제로서 표시된다는 것, 그리하여 화폐자본이 사회적 규모로 이곳에서 [자본의 유통과정에 대한 연구에서] 고찰되는 기능 $G - W \langle {A \atop Pm}$을 행한다는 것 ── 이것은 **생산수단과 노동력 간의 본원적 결합을 분해하는 역사적 제 과정을 상정한다.** 그 제 과정의 결과로 인민의 다수를 이루는,

---

73) *Das Kapital*, Bd.1, *MEW*, Bd.23, S.742. (강조는 인용자)
74) ibid., S.595. "노동력은 판매되기 전에 제 생산수단으로부터, 활동의 대상적 제 조건으로부터 분리되어 존재한다." (*Das Kapital*, Bd.2, *MEW*, Bd.24, S.36).

이러한 생산수단 비소유자로서의 노동자들과 그것[생산수단]의 소유자로서의 비노동자들이 대립한다.[75]

이러한 "자기 노동에 입각한 사적소유"auf eigner Arbeit beruhenden Privateigentums,[76] 더 엄밀히 말하면 "각개의 독립된 노동개체와 그의 노동조건과의 결합을 기초로 하는 사적소유"auf Verwachsung des einzelnen, unabhängigen Arbeitsindividuums mit seinen Arbeitsbedingungen beruhende Privateigentum[77]에서 전제되어 있는 노동과 생산수단의 결합이 해체·분리된다는 것은 무엇보다도 "농촌인민으로부터의 토지수탈"이라는[78] 폭력적 과정에 기초하고 있다.

[이러한] 분리과정의 역사에 있어서 역사적으로 획기적인 것은 …… 다수 대중이 돌연히 그리고 폭력적으로 그들의 생활유지수단으로부터 분리되어 새처럼 자유로운 프롤레타리아트vogelfreie Proletarier로서 노동시장에 방출된 순간이다. 농촌의 생산자, 즉 농민으로부터의 토지수탈은 이전 과정의 기초를 형성한다. 이 수탈의 역사는 나라가 다르면 색채 Färbung도 다르고 순서도 다르며, 역사적 시대가 다르면 통과하는 단계도 다르다.[79]

이처럼 노동자와 생산수단이 분리됨으로써, 이전에는 본원적 생산

---

75) *Das Kapital*, Bd.2, S.38. (강조는 인용자)
76) *Das Kapital*, Bd.1, S.789.
77) ibid., S.790.
78) ibid., S.744.
79) ibid., S.744. (강조는 인용자) 수탈과정의 색채가 나라마다 상이할 수 있다는 것이 본원적 축적의 본질을 보지 못하게 하지는 못한다. 여기서는 그것이 관철되는 **현상형태**의 다양성에 대해서 쓰고 있을 뿐이다.

수단이었고 노동자가 그에 소속되어 있던 토지는 이제 단지 노동의 객관적 제 조건의 하나를 이루는 것으로 된다. 그리고 상품경제의 일정한 정도의 발전이라는 전제 —— 이는 자본주의 이전부터 발전한다 —— 하에서 토지는 상품으로 전화한다. 이러한 토지의 상품화는 토지가 이제는 더 이상 본원적 생산수단이기를 그쳤다는 것, 그리고 노동자와의 본원적 결합이 해체되었다는 것을 보여 준다.

자본주의적 관계에는 무엇보다 토지에 대한 직접적 결합이 부정되어 있고, 토지는 상품으로서 생산의 객관적 조건의 하나로 된다. 그리고 토지가 상품화된다는 것은 물론 이와 함께 소유관계의 변화를 담고 있다. 봉건제의 경우 토지에 대해서는 지주적 소유 및 농민적 소유의 양자가 공존하고 있었으며, 이것이 법적으로는 상급소유권과 하급소유권을 구성하고 있었다. 이제 생산수단, 특히 토지가 상품화됨으로써 그것은 이제 더 이상 노동자의 소유물이기를 멈추며, 노동자로부터 떨어져 나간다. 그리하여 생산수단에 대한 소유는 이제 일원화되고, 그것은 노동자라는 생산의 주체적 요인의 대극에 비노동자의 소유로서 쌓이며, 노동자에 대해 대립하게 된다. 이러한 생산수단 소유관계의 변화는 생산 제 요소의 배분으로 나타나며, 이는 생산물의 분배에 선행한다.

그리하여 이 경우에 있어서 $G - W \left\langle {A \atop Pm} \right.$ 이라는 행위의 근저에 놓여져 있는 사실은 배분이다. 하지만 이것은 소비수단의 배분이라는 보통의 의미에서의 배분이 아니라 생산의 제 요소 —— 그 중에는 대상적 요인이 한편에 집적되어 있고, 다른 한편에 노동력이 그 대상적 요인으로부터 고립된 채 존재한다 —— 그 자체의 배분이다.[80]

80) *Das Kapital*, Bd.2, S.38. 본절의 주 69의 인용문을 참고하라.

그리고 이러한 생산수단 소유관계의 일원화는 법(상부구조)적으로는 근대적·부르주아적 소유제도, 즉 일물일권—物—權주의의 확립으로 귀결된다. 이런 의미에서 토지의 상품화 또한 자본주의적 관계의 출발점의 한 계기를 구성한다고 할 수 있는 것이다.

자본주의는 그것 없이는 이 생산양식이 존재할 수 없는 바의 제 모순을 농업주민 사이에 매우 확대·강화시켰다. …… 자본주의가 출현하기 이전 러시아에서는 농업은 신사들gentry의 사업이었고, 한편에서는 지주적 도락hobby이었으며, 다른 편에서는 의무·책무였다. 현금의 경제체계에 있어서 구시대의 잔존물인 부역체계labour-service system는 이러한 특성을 매우 확고히 해주었다. 자본주의는 **최초에는 토지를 상품으로 전화시킴으로써** 토지보유land tenure에 있어 사회신분체계를 붕괴시킨다. 농부의 생산물은 판매되고 또한 사회적 고려의 주제로 되기 시작한다.[81]

여기서도 분명히 되고 있는 것은 생산수단, 특히 토지로부터의 해방이라는 새로운 생산수단 소유관계의 일 측면이 사회적 신분체계를 그 뿌리에서부터 붕괴시켰다는 사실이다. 이처럼 토지로부터 해방된 노동자의 존재는 자본관계의 전제요 출발점이며, 이와 동시에 토지는 상품이 되어버린다. 이것은 소위 '이중의 의미에서 자유로운' 근대적 무산자의 최초 전제이다. 이에 근거하여 또 하나의 전근대적 예속은 해체되기 시작한다.

이제까지 러시아 농업에 있어서 자본주의가 갖는 역사적으로 진보적인 역할에 대해 얘기한 것을 요약한다면, 그것은 농업생산의 사회화일 것

---

81) Lenin, "The Development of Capitalism in Russia", *CW*, Vol.3, p.313.

이다. 사실 농업[에서의 자본주의]은 **상층신분의 특권적 지위 및 하층신분의 의무를 보통의 상업적 및 공업적 지위로 전화시켰다.** 경작자의 노동생산물은 시장에 대한 사회적 고려에 부딪히게 되었고, 구태의연하고 단일한 형태를 갖던 농업은 기술적인 것으로, 다양한 형태의 상업적 농업으로 전화되었다. 지역적 고립성과 소농민의 분산성격은 붕괴되었다. **다양한 형태의 예속**bondage **및 인격적 의존성은 노동력의 판매와 구매라는 비인격적 상호행위**transaction**에 의해 대체되었다.** 이들 모두는 단일화 과정의 전 연결고리로서, 농업노동을 사회화하고 시장의 무정부적 유동성 내에 존재하는 모순을 심화시키며, 고립된separate 농업기업의 개인적 성격과 대규모의 자본주의적 농업이 갖는 집단적 성격 간의 모순을 격화시킨다.[82]

신분적 예속의 해체는 노동력에 대한 또 하나의 전자본주의적 사슬이 끊어지는 것을 의미하며, 이럼으로써 노동력의 처분권을 노동자에게 넘겨 주게 되고, 이리하여 생산수단이라는 노동의 대상적 제 조건에서 분리된 노동자는 자신의 노동력이라는 노동의 주체적 조건만을 소유하고 있는 근대적 무산자로 전화된다. 이러한 '이중의 의미에서의 자유', 즉 생산수단으로부터의 자유와 신분적 예속으로부터의 자유는 노동력의 상품화라는 자본관계의 전제로서 본원적 축적의 핵심적 계기가 된다.

직접적 생산자인 노동자는 토지에 긴박되어 타인의 농노 또는 예농인 상태를 폐기한 후에야 비로소 자기의 인격을 자유로이 처분할 수 있다. 시장이 있는 곳에는 어디든지 자신의 상품을 가지고 가는 노동력의 자

82] ibid., p.317. (강조는 인용자)

유로운 판매자가 되기 위해서는 그는 한걸음 더 나아가 준프트의 지배, 또는 준프트의 도제·장인제도 등의 장애가 되는 노동규정으로부터 벗어나야만 했다. 이리하여 생산자를 임노동자로 전화시키는 역사적 운동은 한편으로는 예속이나 준프트적 강제로부터 생산자를 해방시키는 것으로 나타난다. 〔……〕 다른 한편으로는 이들 새로운 피해방자들은 그들의 생산수단과 구래의 봉건적 제 제도에 의해 주어지는 그들의 생존상의 모든 조건들을 빼앗긴 후에야 비로소 그들 자신의 판매자가 된다. 그리고 그들의 이러한 수탈의 역사는 피와 불의 글자로서 인류의 연대기 가운데 기록되어 있다.[83]

이러한 전제 위에서 상품생산은 비로소 **자본주의적 상품생산**으로 전화한다.[84] 상품생산의 발전 및 상업자본의 축적이 자본주의적 상품생산의 **전사**前史를 이루는 것은, 이처럼 이중의 의미에서 자유로운 노동자가 존재하지 않는 한 그것이 자본관계로 들어올 수 없기 때문이다. 이상의 것에 대해 퇴케이는 맑스의 견해를 요약하여 다음과 같이 쓰고 있다.

네번째의〔또는 여기에서 문제되고 있는 관점에서는 두번째의 (이는 자본주의적인 것을 말한다―인용자)〕 기본형태에 대한 결정적인 한 규정은 바로 **노동과 소유가 이 직접적이고 특수적인 공동체**Gemeinwesen**에 뿌리내리고 있는 사태의 폐기**이고, **모든 생산물과 활동의 교환가치 속으로의 해소**이며, 그 결과로서 **생산에 있어서 모든 강고한 인격적(역사적) 의존관계의 해소**이고 …… 생산자 상호 간의 전면적 의존성의 해소이다(Grundrisse,

---

83) Das Kapital, Bd.1, MEW, Bd.23, S.743.
84) Das Kapital, Bd.2, MEW, Bd.24, S.34.

일역본, p.77). 이것이 발달된 상품생산의 최초의 형태이다. 이것은──미발달한 형태 또는 종속적인 형태로서의 상품생산은 일찍부터 이미 존재하고 있었지만──**상품관계**, 즉 사는 자와 파는 자의 관계가 생산 그 자체에 침투한다는 것, 아니 더욱이 그 기본관계로 되는 것은 이 경우에 처음으로 널리 행해졌다는 것이다(『자본론』 2권, 일역본, p.143). 즉 노동자와 자본가는 서로 파는 사람과 사는 사람으로서 대립하고 있는 것이다.[85]

일단 사태가 이렇게 되면 토지 및 신분적 예속으로부터 '해방'된 노동자들에게 노동력 판매는 더 이상 자의적인 것이 되지 않는다. 그것은 이제 경제적 필연이 된다.

그것[자본제적 생산과정]은 노동자로 하여금 살기 위해서는 부단히 그의 노동력을 **팔지 않으면 안 되도록 하며**, 또한 자본가로 하여금 부자가 되기 위하여 부단히 노동력을 살 수 있도록 한다. 자본가와 노동자가 구매자와 판매자로서 상품시장에서 서로 대립한다는 것은 **이제는 우연이 아니다**. 한편(노동자를) 그 노동력의 판매자로서 부단히 상품시장에 노도 내넌지며, 그리고 그 자신의 생산물을 다른 한편(자본가)의 구매수단으로 전화시키는 것은 이 과정 자체의 정식이다. 실제로 노동자는 그가 자신을 자본가에게 팔기도 전에 자본에 속하고 있는 것이다.[86]

이러한 노동력의 상품화는 이상에서 말한 제반의 전제적 조건을 집

---

85) Ferenc Tökei, *Á Tarsadalmi Formák Elméletéhz*, Kossuth, 1968[テーケイ, 『社會構成體論』, 羽仁協子 譯, 未來社, 1977, pp.130~131. (강조는 인용자)]
86) *Das Kapital*, Bd.1, S.603. (강조는 인용자) 이를 맑스는 경제적 예속(ökonomische Hörigkeit)이라고 불렀다.

약한다.[87] 즉 노동력의 상품화는 '토지와 생산자의 본원적 결합의 해체', '모든 생산과 활동의 교환가치 속으로의 해소(전체적인 상품화폐경제로의 포섭)', '인격적 예속의 해소' 등을 전제로 해서만 성립되며, 그것들을 표현하는 것이기도 하다. 따라서 노동력의 상품화는 자본주의로의 이행에 있어서 출발점이자 무엇보다도 중요한 계기가 된다. 이에 대해서는 이미 고전에서 거듭 강조되고 있다.

G—A〔노동력과 화폐(자본)의 교환, 자본의 입장에서는 노동력의 구매—인용자〕는 **화폐자본의 생산자본으로의 전화의 특징적 계기이다.** 왜냐하면 그것은 화폐형태로 선불된 가치가 자본으로, 즉 잉여가치를 생산하는 가치로 전화되는 **본질적 조건**이기 때문이다. G—Pm〔생산수단의 구매〕은 G—A에 의하여 구매된 노동량을 실현시키기 위하여 필요할 따름이다. ……

G—A는 일반적으로 자본주의 생산양식에 대하여 특징적인 것으로 간주된다. 그러나 그것은 결코 이미 서술한 이유——즉 노동력의 구매가 노동력의 가격인 노임의 보전에 필요한 것보다 많은 물량의 노동의 제공을 약속한다는 이유, 즉 선불된 가치의 자본화를 위한, 또는 동일한 것이지만 잉여가치의 생산을 위한 근본조건인 잉여노동의 제공을 약속한 하나의 구매계약이라는 이유——에서가 아니다. 오히려 그것의 형태, 즉 노임의 형태로 화폐로써 노동이 구매되기 때문이다.[88]

87) '노동력의 상품화'에 대한 기초의 이해는 지극히 평면적이고 일면적인 경우가 많으며 그나마 무시되고 있다. 대부분의 논객들은 '반봉건제'의 본질을 봉건적이라고 하면서 생산수단과 생산자의 관계는 물론, '노동의 상품화' 등에 대해서는 거의 언급하지 않는다.
88) *Das Kapital*, Bd.2, S.35. (강조는 인용자)

그리고 이때

화폐가 이러한 형태로 지출될 수 있는 것은 단지 노동력이 제 생산수단
(노동력 자체의 생산수단으로서의 생활수단을 포함한)으로부터 분리상태
에 있기 때문이고…… 이 관계가 생기는 것은 화폐의 본성에 의한 것이
아니며, 오히려 그 관계가 존재함으로써 단순한 화폐기능이 자본기능
으로 전화될 수 있는 것이다.[89]

이것은 농업에 있어 자본주의의 출발과 그 발전을 이해하는 데 매우
중요한 계기이며, 더욱이 어떤 시대(예를 들면 식민지 조선)의 생산관계가
본질적으로 자본주의적인가의 여부를 판단하는 데 결정적 역할을 한다.
이는 또 반봉건제가 본질적으로 자본주의적인 것인가, 봉건제적인 것인
가의 문제를 해결함에 있어서 가장 핵심적인 계기가 된다. 이에 대해 레
닌은 다음과 같이 강조한다.

자본주의 생산양식의 발전에 대한 맑스의 이론은 그것이 공업에 적용
되는 것과 마찬가지로 농업에 적용된다. 자본주의의 근본특징과 상이
한 제 형태는 결코 혼동되어서는 안 된다. 농업에 있어서 자본수의 체
계를 창출해 내는 과정이 갖는 독자적인 기본특징들characteristic basic
features과 고유한 제 형태에 대해 검토해 보자. 이러한 과정[자본주의화
과정]이 나타나게 되는 원인cause[본질적 계기라는 의미―인용자]은 이
중적이다. ①상품생산, 그리고 ②생산물뿐만 아니라 노동력이 상품이
라는 사실. 이처럼 노동력이 교환 속으로 편입될 때 모든 생산은 자본

89) ibid., S.38.

주의적인 것으로 되고, 프롤레타리아트라는 하나의 고유한 계급이 창출된다.[90]

이러한 과정에서 경제외적 강제는 신분체계의 붕괴와 함께 해소되어간다. 그런데 노동력의 판매가 필연적인 것으로 됨에 따라 이러한 경제외적 강제는 경제적 강제로 전화되고, 토지의 부속물이던 노동자는 이미 자본의 부속물로, 자본의 일부로 전화된다.

로마의 노예는 쇠사슬로써 그의 소유자에게 긴박되어 있었으나, 임노동자는 눈에 보이지 않는 실로써 그의 소유자에게 긴박되어 있다war gebunden.[91]
사회적 견지에서 보면 노동자계급은 직접적인 노동과정 밖에서조차도 혹은 노동용구와 마찬가지로 자본의 부속물Zubehör에 불과하다.[92]

이제 이러한 상품화된 노동력은 그것의 대극에 있는 생산수단과 결합되지 않으면 안 된다. 왜냐하면 이 양자는 "그 분리상태에서는 가능적으로만" 생산의 요인이고, "무릇 생산이 행해지려면 그것들은 결합되지 않으면 안 되기" 때문이다.[93]

그〔노동자〕의 노동력의 생산적 활동은 노동력이 판매되는 결과로 제 생산수단과 결합하게 되는 순간에 비로소 가능하게 된다. 그리하여 노동

90) Lenin, "Marxist View on the Agrarian Question in Europe and in Russia", CW, Vol. 6, p. 340.
91) Das Kapital, Bd.1, S.599.
92) ibid., SS.598~599.
93) Das Kapital, Bd.2, S.42.

력은 판매되기 전에는 생산 제 수단, 노동력의 활동의 대상적 제 조건으로부터 분리되어 존재한다. 이러한 분리상태에서는 노동력은 그것의 소유자를 위한 제 사용가치의 생산에 사용될 수도 없고, 또 그것들[상품]의 판매에 의하여 그 소유자가 생활할 수 있는 제 상품의 생산에도 사용될 수 없다. 그런데 노동력이 판매되어 제 생산수단과 결합하게 되자마자 노동력은 생산 제 수단과 같이 그 구매자의 생산자본의 일 구성부분이 된다.[94]

그리고 생산에 있어 불가피한 이러한 결합이 자본주의적 형태에 독특한 것으로 되는 것은 "이 관계는 노동력 실현을 위한 제 조건, 즉 생활수단과 생산수단이 타인의 소유로서 노동력의 소유자로부터 분리되어 있다는 그러한 사실"에서[95] 야기된다. 이 결합은 사회적 매개에 의해 보증되고 그 독자적인 형태로 규정되어야만 한다.[96]

자본주의 이전의 제 생산양식에서는 이러한 결합이 본원적 상태에서 즉자적인 것으로 존재해 왔다. 반면 자본주의에서는 일단 이러한 본원적 결합의 해체와 A, Pm의 분리가 전제되어 있기 때문에, 이것은 새로운 결합의 매개물을 요구한다. 즉 생산수단으로부터 분리된 노동력의 존재만으로는 부족한 것이나. 맑스는 자본주의에 있어서 이러한 결합력에 대해 다음과 같이 적고 있다. "$G-W{A \atop Pm}$ 즉 화폐자본을 생산자본으로 전화시킴으로써 자본가는 생산의 대상적 요인과 인적 요인 간의 결합을 이 요인들이 상품으로 이루어지고 있는 한에서 실현한다."[97] 즉 노동력은 그

---

94) ibid., S. 36.
95) ibid., S. 37.
96) テーケイ, 『社會構成體論』, p.134.
97) *Das Kapital*, Bd.2, S.33.

것이 상품이라는 사실로 인하여 생산수단과 결합될 수 있으며, 생산수단 역시 앞서 본 것처럼 상품으로서 노동력과 결합된다.[98]

그런데 상품으로서의 노동력과 상품으로서의 생산수단이 실제로 결합하는 것은 양자가 모두 화폐자본과 교환될 때, 즉 화폐자본이 생산자본으로 전화될 때이다. 일정 정도의 자본이 '본원적'으로 축적되는 과정은 무산노동자의 창출과 함께 소위 '본원적 축적' 과정의 일 계기를 이룬다. 자본에 의해 구매되지 않는 한, 노동은 아무런 가치도 생산하지 못한 채 소실되어 가기 때문이다. 따라서 본원적 축적과정은 노동력과 생산수단의 분리, 그리고 자본의 지배하에서의 재통일과정을 의미한다.[99] 이때 근대적 산업자본으로 전화하는 자본이 어떻게 축적된 것인가, 혹은 그 이전에 어떠한 형태를 취하고 있었는가 하는 것은 근대적 임노동자가 그 이전에 어떤 형태를 취하다가 창출되었는가가 중요하지 않는 것과[100] 마찬가지로 별로 중요하지 않다. 매뉴팩처에서 성장한 자본이 상인자본이었던가 또는 고리대 자본이었던가는 별로 큰 의미가 없으며, 오히려 이제 그것이 **어떤 방식으로 존재하는가**, 즉 노동력 구매에 의해 잉여가치를 생산하는가 그렇지 않은가가 결정적인 중요성을 갖는다는 것이다.

본원적 축적을 이렇게 이해할 경우[101] 여기서 보다 중요하고 결정적 의미를 갖는 계기는 노동과 소유가 분리됨으로써 이중의 의미에서 자유로운 근대적 무산자가 창출된다는 사실이다. 이는 이미 앞에서 확인된 바이지만 요약하여 재론한다면 노동력이 상품으로 존재하지 않는 한 화폐는 자본으로 전화될 수 없기 때문이다. 이에 관해 맑스는 '농노해방'이

---

98) 이와 관련하여 퇴케이(Tökei)의 견해를 비교해 보라(テーケイ, 앞의 책, p.134).
99) 여기서 '양자의 재통일'이라 함은 자본-노동관계의 성립을 의미하는 것이지, 분리된 전체 무산자가 생산수단과 **이전처럼** 결합된다는 의미는 아니며 **그렇게 될 수도 없다.**
100) *Das Kapital*, Bd.2, S.31.
101) 본원적 축적에 대한 몰이해는 상당히 광범하여 뿌리가 깊다. 이에 대한 비판은 잠시 후 진행될 수 있을 것이다.

후의 러시아에서의 토지 소유자들의 불평을 들어 더욱 선명히 하고 있다. 맑스는 그들에게는 이중의 불평이 있다고 한다.

첫번째는 화폐자본의 부족이다.…… 생산을 자본주의적으로 경영하려면 자본이 바로 노임의 지불을 위하여 화폐의 형태로 부단히 수중에 있지 않으면 안 된다. 그러나 그것에 관하여 토지 소유자들은 안심해도 좋다. 기다리다 보면 좋은 일도 있듯이 산업자본가는 자기 자신의 화폐만이 아니라 타인의 화폐l'árgent des autres도 맘대로 한다.
그러나 보다 특징적인 것은 두번째 불평이다. 즉 비록 화폐는 있어도 구매할 노동력이 충분한 정도로, 그리고 언제나 자유로이 그것을 처분할 수 있도록 존재하지 않는다는 점인데, 그 이유는 러시아의 농촌노동자는 촌락공동체의 토지공유의 결과로 아직도 그의 생산수단으로부터 분리되어 있지 않기 때문이고, 따라서 아직 완전한 의미로서의 '자유로운 임노동자'가 아니기 때문이다. 그런데 이 자유로운 임노동자가 사회적 규모로 현존한다는 것이 G—W, 즉 **화폐의 상품으로의 전화**를 **화폐자본의 생산자본으로의 전화**로서 표시할 수 있게 하는 불가결의 조건인 것이다.[102]

그렇기 때문에 맑스는 본원적 축적을 다음처럼 요약하는 것이다.

자본의 본원적 축적, 즉 자본의 역사적 발생사라는 것은 무엇을 말하는 것인가? 그것이 노예 및 농노의 임노동자로의 직접적 전화, 따라서 형태변환이 아닌 한 그것은 **직접적 생산자의 수탈**, 즉 **자기의 노동에 입각**

102) *Das Kapital*, Bd.2, S.39. (강조는 인용자)

한 **사적소유의 해소**를 의미하는 데 불과하다.[103]

그리고 『자본론』 3권 지대론의 거의 마지막 부분에서 맑스는 자본주의적 생산양식의 토대에 대해 다음과 같이 명제적으로 요약하고 있다.

토지에 대한 사적소유와 직접적 생산자의 토지로부터의 축출——여타 사람들의 토지에 대한 비소유를 포함하는 일부 사람들의 사적 토지 소유——은 자본주의적 생산양식의 토대이다.[104]

그리고 토지는 이제 본래적 생산수단의 위치를 상실하며(이것이 곧 자연경제의 해체이며 '자연으로부터 인간의 해방'이다), 여타의 생산수단과 마찬가지로 상품으로서 화폐를 매개로 한 자본가의(일원적) 소유물로 된다. 이것이 화폐가 자본으로 전화되기 위한 최소한의 전제이다. 이에 대해 맑스는 다음과 같이 쓰고 있다.

화폐의 자본으로의 전화는 상품교환에 내재하는 제 법칙의 기초 위에서 전개될 것이며, 그리하여 제 등가물의 교환은 그 출발점으로 간주된다. …… [자본가의] 유충에서 나비로의 발전은 유통계에서 일어나지 않으면 안 되지만, 동시에 유통계에서 일어나서도 안 되는 것이다.[105]

[이러한] 변동은 오직 상품의 현실적 사용가치, 즉 상품의 소비에서 발생할 수 있을 뿐이다. 한 상품의 소비에서 가치를 끄집어내려면 우리의

---

103) *Das Kapital*, Bd.1, *MEW*, Bd.23, S.789.
104) *Das Kapital*, Bd.3, *MEW*, Bd.25, S.821.
105) *Das Kapital*, Bd.1, SS.180~181.

화폐 소유자는 유통계 내에서, 즉 시장에서 하나의 상품, 즉 그것의 사용가치 자체가 가치의 원천이라는 독특한 성질을 갖는 상품, 그리하여 그것의 현실적 소비 자체가 노동의 대상화, 즉 가치창조인 하나의 상품을 발견해야만 한다. 그리고 화폐 소유자는 시장에서 이같은 특수한 상품을 발견해야만 한다. 그리고 화폐 소유자는 시장에서 이같은 특수한 상품, 즉 노동능력Arbeitsvermögen 혹은 노동력Arbeitskraft을 발견한다.[106]

이러한 조건이 만들어짐에 따라 생산의 대상적 제 조건은 자본으로 되며[107] 노동자는 이제 **임노동자**Lohnarbeiter**로서**, 즉 **자본주의적 노동자**로서 소유자인 자본가와 관계를 맺게 된다. 이럼으로써만 그는 자신에게서 분리되어 나간 생산의 대상적 제 조건과 결합될 수 있고 자신의 생존 또한 유지할 수 있게 된다. 이제 자본과 노동은 서로를 제약하며 또한 서로를 만들어 낸다.

자본은 노동력과 교환됨으로써만, 임노동을 활동시킴으로써만 증대할 수 있다. 임노동자의 노동력은 단지 자본을 증대시키며, 자기를 노예화하는 바로 그 권력을 강화하는 조건하에서만 자본과 교환될 수 있다.[108]

이는 곧 자본주의적인 전유형태의 성립을 의미한다. 맑스는 이러한 자본주의적 전유형태를 여타의 것과 비교한다.

---

106) ibid., S.181.
107) "흑인은 흑인이다. 일정한 관계하에서만 그는 노예로 된다. 면방적 기계는 면화의 실을 뽑는 기계이다. 일정한 관계하에서만 그것은 자본이 된다. 이 관계에서 떼어낸다면 그것은 자본이 아니다."("Lohnarbeit und Kapital", *MEW*, Bd.6, S.407)
108) "Lohnarbeit und Kapital", S.410.

노동력이 언제나 **상품**인 것은 아니다. 노동이 언제나 임노동, 즉 **자유노동**freie Arbeit인 것은 아니다. 소가 농부에게 그의 용역Leistungen을 팔지 않는 것과 마찬가지로 **노예** 또한 노예주에게 그의 노동력을 팔지 않는다. 노예는 그의 노동력과 함께 그의 소유주에게 한꺼번에 모두 팔린다. 그는 한 사람의 토지 소유자에서 다른 사람의 토지 소유자에게 넘겨질 수 있는 하나의 상품이다. 그는 **그 자신**이 하나의 상품이며 노동력은 **그의** 상품이 아니다. **농노**는 그의 노동력의 일부만을 판매한다. 그는 토지 소유자로부터 임금을 받지 않는다. 오히려 토지 소유자가 그로부터 공물을 받는다.

농노는 토지에 소속하며 그것의 성과물을 토지 소유자에게 제공한다. 반면에 **자유노동자**는 그 자신을 판매하며 사실상 그 자신을 부분적으로만 판매한다. …… 노동자는 생산수단 소유자에게도 속하지gehört 않으며 토지에도 속하지 않는다. 오히려 그의 매일의 생활의 8시간, 10시간, 12시간, 15시간이 그것을 구매한 사람에게 속할 뿐이다.[109]

그리하여

임금Arbeitslohn이라는 형태는 필요노동notwendige Arbeit과 잉여노동Mehrarbeit, 지불노동bezahlte Arbeit과 불불노동unbezahlte Arbeit으로 노동일을 나누던 모든 흔적을 없애 버린다. 일체의 노동이 지불노동으로 나타난다. 부역노동에 있어서 농노Fröner의 자기 자신을 위한 노동과 영주를 위한 그의 강제노동은 공간적 및 시간적으로 분명하게 감성적으로 구별되어 있다. 노예노동에 있어서는 노동일 중 노예가 자기 자신의 생활

---

109) "Lohnarbeit und Kapital", S.401.

수단의 가치를 보전하는 데 불과한 부분, 그리하여 실제로는 노예가 자기 자신을 위하여 노동하는 부분조차 그의 주인을 위한 노동으로 나타난다. 그의 모든 노동이 불불노동으로 나타난다. 임노동에 있어서는 이것과 반대로 잉여노동, 즉 불불노동조차 지불노동으로서 나타난다. 전자의 경우에는 소유관계Eigentumsverhältnis가 노예의 자기 자신을 위한 노동을 은폐하고, 후자의 경우에는 화폐관계Geldverhältnis가 임노동자의 무상노동Umsonstarbeit을 은폐한다.[110]

그리고 이상과 같은 관계가 정립되기 위한 본질적 조건을 다음과 같이 요약하고 있다.

①한편에서는 산 노동능력이 **실존수단**Existenzmittel, **생활수단**Lebensmittel, **노동능력**Arbeitsvermögens의 자기보전 수단으로부터뿐 아니라 산 노동의 **조건**으로부터 분리된 채 단지 **주관적** 실존으로서 현존하는 것, 즉 이러한 완전한 추상〔고립〕 속에서 노동이 살아 있을 가능성. ②다른 한편에서 발견되는 가치 혹은 대상화된 노동은 산 노동능력을 재생산하거나 유지하는 데 요구되는 가치나 생산물의 생산뿐만 아니라 잉여노동의 흡수, 그리고 그에 필요한 객관적 원료objektive Material를 공급하는 데 필요한 대상적 제 조건을 제공하기에 충분한 정도의 사용가치의 축적이어야만 한다. ③양 측면 간의 자유로운 교환관계freies Austauschverhältnis, 즉 화폐유통 양극 간에 하나의 관계가 주인과 종 간의 관계가 아니라 교환가치에 입각해 있어야 한다. 따라서 이는 곧 생산자에게 그의 필요물을 직접 제공하지 않으며, 오히려 교환을 통해 매개되는 생산, 따라

---

110) *Das Kapital*, Bd.1, S.562.

서 소외된 노동fremden Arbeit을 직접적으로 강탈해 가지는 않으며, 그것을 노동자 자신으로부터 구매하고 교환해야 하는 생산, ④한쪽 측면 ── 즉 대자적으로 존립하는 독립적인 가치라는 형태로 노동의 대상적 제 조건을 나타내는 쪽의 측면은 그 스스로를 **가치**로서 표현해야 하며, 직접적 소비나 사용가치의 창조가 아니라 가치를 정립하는 것, 자기증식, 화폐를 만드는 것을 궁극적 목적으로 간주하는 것.[111]

이상의 제 논의 속에서 자본주의적 생산양식의 본질적 계기들을 단순화의 무리를 무릅쓰고 도식화해 보면 다음과 같이 요약될 수 있을 것이다. ①자본주의 성립의 전제는 생산력 발달 및 그에 따른 자연경제의 해체, 즉 이는 봉건제하에서의 고립적 생산을 극복하고 생산의 사회적 성격이 전면화됨을 의미한다. 이는 곧 A─Pm의 본원적 결합이 해체되고 토지가 상품화되며 노동자는 토지로부터 해방됨을 의미한다. ②이는 동시에 Pm에 대한 A의 권리, 즉 보유권(점유권) ──이는 흔히 '경작권'으로 나타난다. 일제하 토지조사사업 이후 '경작권'의 상실이 무엇을 의미하는가를 생각해 보라! ──이 해소되고 Pm에 대한 소유가 일원화됨을 의미한다.[112] 그리고 그에 따라 A에서 분리된 Pm은 비노동자(nA)의 손에 집적되고(이것은 이후 A와 결합함으로써 자본으로 된다), Pm에서 분리된

---

111) *Grundrisse*, pp.463~464(*Grundrisse der Kritik der politischen Ökonomie, MEW*, Bd.42, SS.367~368).
112) 이러한 생산수단 소유관계의 일원화는 소위 '일물일권주의'(一物一權主義)라는 부르주아적 입법원리가 되고, 일원화된 소유권의 보호는 자본주의사회의 전 법체계의 일차적 원칙이 된다. 즉 '일물일권주의'의 정립은 이상과 같은 생산수단 소유관계의 변화가 상부구조에 반영·관철됨을 보여 주는 것이다. 이런 의미에서 '형식'의 변화 근저에는 '내용'의 변화가 있는 것이다. '일물일권주의'의 확립을 생산관계의 본질과 무관한 '형식적'(이런) 변화라고 하는 반봉건적 토지 소유론이 내포하는 오류는 '일물일권주의'라는 법적 형식의 확인만으로 생산관계의 변화를 환원시켜 파악하는 것과 마찬가지의 오류에 빠져 있다. 즉 생산수단 소유관계가 일원화됨과 동시에 그런 법적 형식이 만들어지지 않을 수도 있으며, 법적 형식이 만들어진다고 그것이 완전하게 전면화된다는 것도 아니다. 그런데 그런 법적 형식이 소유관계의 실질적 변화와 '무관하게' 어떻게 만들어질 수 있을 것인가?

A는 무산자로 되며 그의 노동력은 상품으로 된다. ③이에 따라 봉건적 생산에서 수반해야 했던 경제외적 강제는 더 이상 필요없는 것으로 되며, 이제는 서로의 상품을 '자유롭게' 판매할 자유가 경제외적 강제를 경제적 강제로 대체시켜 버린다. 이제 임노동자는 자신의 잉여노동을 '직접적으로' 강탈당하지는 않는다. 자유로운 임노동자로서 A는 자신의 노동력을 상품으로서 '등가' 교환의 원리에 따라 판매한다. 그리고 상품화된 노동력은 또한 상품화된 Pm과 결합되는데, 이때 자본가의 G(자본으로 전화되는 화폐)를 매개로 한다. 그럼으로써만 A는 생산할 수 있으며 스스로의 가치(노동력)를 유지하며 생존할 수 있다. 반면 자본가는 노동력의 사용가치인 노동을 소비함으로써 그가 지불하는 노동력가치를 넘어서는 잉여가치를 '전유' 한다. 이러한 자본주의적 전유법칙은 이제는 어느덧 '등가' 교환의 원리를 '넘어서서' 그 반대물로 되어간다.[113]

이제 이러한 논의에 기초해서 반봉건제에 대한 여러 가지 본질규정에 대해 검토해 보자. 봉건제든 반봉건제든 또는 자본제든 간에 그것은 무엇보다도 하나의 생산관계 혹은 생산양식을 표현하는 것이고, 따라서 생산의 제 구성요소인 노동자와 생산수단, 그리고 비노동자 간의 관계에 대한 규정이 검토되지 않으면 안 되는 것이다. 이런 이유 때문에 우리는 최소한 생산수단과 노동자 간의 관계 (노동양식) 및 생산수단 소유관계, 그리고 생산물의 전유형태를 검토해야 한다고 하였고, 이러한 기준에 입각하여 봉건제 및 자본주의의 본질적인 계기들을 그 연관 속에서 고찰하였다.

---

113) 이상의 요약을 또 다시 평면화하여 '자본주의' 라는 이념형의 지표로 간주하는 것은 이제까지 전개되어 온 논리를 그 근본부터 부정하는 것으로 될 것이다. 왜 우리는 그토록 길게 변증법과 사회구성체론의 제 원리를 논의해 왔던가를 다시 생각해 보아야 한다. ①, ②, ③의 순서는 자의적인 것이 아니다. 이는 생산양식의 가장 근본적인 계기(측면)에서 부터 논리적이고 역사적인 필연성(논리와 역사의 직접적 동일시는 아니다에 따라 전개된 것이다. 이것은 추상→구체라는 변증법적 서술방법에 의해 이해되어야 한다.

이제 '반봉건적 토지 소유론'[114]과 그들이 제시하는 봉건제의 본질에 대해 살펴보자. 무엇보다 전형적인 '반봉건적 토지 소유론'은 다음과 같은 장시원 교수의 주장에서 보인다.

일반적으로 반봉건적 토지 소유란 '봉건적 토지 소유가 철저히 폐절되지 않고 그 본질을 남기면서 상품경제의 침투에 대응하여, 따라서 그 사회가 전체로서 자본주의적 발전방향으로 나아감에 대응하여 타협적

114) 반봉건제가 문제로 되고 그 '개념적 발전' (?)이 진행된 것은 조선에 있어서 식민지시대를 식민지반봉건사회 또는 식민지반봉건사회구성체라고 규정하는 가운데 일제하 조선 농업에서의 생산관계를 '반봉건적 토지 소유'로 특징짓는 과정에서였다. 이는 당시 조선 혁명운동의 전략문제와의 관계 속에서 긴요한 문제로서 논쟁의 형태로 제출되었던 것이며, 이와 비슷한 맥락의 논지와 그를 둘러싼 논쟁은 비슷한 시기 중국과 일본에서 진행된 바 있다.* 이 논쟁은 실제 당시 조선사회를 분석할 수 있었던 모든 사람에 영향을 끼쳤고, 더욱이 일본에서의 강좌파적 입장은 조선의 대다수 지식인들에 대해 막대한 영향을 미친 것이었다. 조선에 대한 본격적인 사회과학적 분석을 시도한 것은 박문규(朴文圭)의 「農村社會分化의 起點으로서의 土地調査事業에 관하여」였다.** 그 뒤 강좌파적 시각으로 철저하게 무장한(?) 인정식(印貞植), 이청원(李淸源) 등은 일제하 조선에 대한 분석을 명확하게 강좌파적 시각으로 규정지어 버린다. 여기서는 이러한 제 연구에 대해서, 그리고 중국 및 일본의 논쟁에 대해서 자세히 논할 여유는 없다. 단지 지적해 두고 싶은 것은 이제까지 경제사로서 학습한 것의 대부분이 강좌파의 절대적 영향력하에 있었던 것은 물론, 베버적 아카데미즘(e.g.大塚久雄)에 의해 왜곡된 것이었다는 것, 번역된 논문 역시 대부분 강좌파의 잔재를 청산해 버리지 못했던 것이 대다수이며, 식민지 조선에 대한 연구의 주류는 전형적인 강좌파의 시각을 그대로 답습한 것이었다는 것이다.*** 우리가 여기서 '강좌파'의 정통이론의 제 원칙에 대한 편향을 좀 심한 편향으로 간주하고, 노농파에 비해서 좀 심하다 싶을 정도로 비난하는 것은 내용에 대한 평가의 차이도 있지만, 후자는 그 오류가 충분히 지적되었으며, 그 입장의 지지자도 한국에서는 별로 찾아보기 힘들고, 따라서 크게 문제될 것이 없는 반면, 전자는 한국의 전 하늘을 덮고 있는 먹구름과도 같이 조선 및 한국에 대한 연구의 시야를 심하게 제한하고 있음에도 불구하고 그에 대한 비판이 거의 행해진 적이 없었고, 별로 반성한 적도 없어 현재의 일본에서보다 더욱 고리타분한 유물이 되었기 때문이다.
〈보주〉 * 임영태 편, 『식민지시대 한국사회와 운동』, 사계절, 1985 참조. 이 책의 편자는 위 책에서 인정식의 논쟁사 정리로 당시 조선사회성질논쟁을 소개하고, 또 일본 자본주의 논쟁도 강좌파의 변호사적 논지로 일관하고 있는 지극히 편향되고 자기비판할 줄도 모르는 조잡한 논문으로 소개하고 있다. 실제 편자 자신도 논쟁에 대해 별로 객관적인 평가를 하지 못하고 있는 듯하며, 더욱이 소개 자체가 지나치게 일면적으로 된 것은 매우 유감이다. 60년대 일본공산당 내부에서도 국가의 성격과 농업문제에 대한 이론이 그릇된 것이었음을 인정하였던 것이 무엇을 의미하는가는 잘 생각해 볼 필요가 있다. 물론 그 시체의 썩은 냄새를 풍기고 있는 소위 '신강좌파'의 족쇄는 아직도 한국의 학계를 꽉 채워놓고 있지만 말이다. 앞의 책에서 "중국사회성질논쟁" 역시 강좌파의 입장인데 고야마(小山)보다는 좀 낫다. 그러나 하니 고로(羽仁五郎)의 주관주의를 계승하겠다는 머리글은 이 논문의 본질적 한계를 보여 준다.
** 朴文圭, 「農村社會分化の起點としての土地調査事業に就いて」, 京城帝國大法學會, 『朝鮮社會經濟史研究』, 1933.
*** 그렇지 않은 것은 또한 반대 편향인 '노농파'의 방법을 그대로 답습한 것이 '예외적으로' 있을 뿐이다. 대표적인 것은 김준보의 『농업경제학 서설』, 고대출판부, 1967; 『한국자본주의사 연구 I, II』, 일조각, 1970, 1974; 「자본주의와 소농경제」, 고려대 석사학위논문 정도가 있다. 황한식 교수는 토지조사사업시대 일제하 토지 소유를 "봉건적 본질이 관철되는 반봉건적 토지 소유"라고 하면서 이것은 "김준보 교수를 제외한 대부분의 농업경제학자들의 공통된 규정"이라고 주를 달고 있다(「한국농지개혁사연구」, 최창집 편, 『한국현대사』, 열음사, 1985, 481쪽).

으로 재편'(三好四郞, 『半封建的土地所有論』, 邊江書院, 1956, p.19)된 토지 소유를 규정하는 말이다. 즉 이것은 '소수의 토지 독점에 의한 소유의 집중과 고립분산적 소농경영의 지배적 존재'라는 봉건제 생산양식의 본질이 온존된 채 사적 토지 소유(지주 또는 농민에 의한)와 토지의 상품화가 실질적으로 합법화됨으로써 농민층분화가 진행하되, 농업자본가와 농업노동자로 분해해 가는 고전적 자본주의의 발전과정에서와는 달리 일극一極에 지주, 타극他極에 토지가 없거나 토지가 적은 광범한 농민을 형성한다는 점에 그 기본적 특징이 있다. 그러므로 반봉건적 토지란 그 본질에 있어서는 봉건적인데 그 양상에 있어서 여러 가지 측면에서 변형되어 있을 뿐이며, 상품경제의 법칙과 자연경제의 법칙이 생산과정 내부에서 상호보완적인 동시에 대립적으로 작용하는 단계에 있어서의 토지 소유를 지칭하는 말이라고 할 수 있다.[115]

황한식 교수는 권태섭權泰燮을 인용하면서 다음과 같이 쓴다.

반봉건적 토지 소유는 해당 사회가 전체적으로 상품경제의 침투 및 자본주의적 발전방향으로 정치定置됨에 대응하여 토지개혁이 본격적으로 실시되지 않고 봉건적 토지 소유가 철저히 폐설되지 않으며 그 **본질**(직접적 생산자인 농민과 토지 소유자의 **직접적 관계**)을 잔존시키면서 타협적으로 재편된 토지 소유이다. …… 구체적으로 이것은 사적 토지 소유와 토지의 상품화가 존재한다는 점에서 봉건적 토지 소유와 구별되며, 분할지적 토지 소유=독립자영농과는 달리 한편으로 계급으로서의 지주가 존재하고, 다른 한편 토지가 없거나 적은 농민이 지배적으로 존재

---

115) 장시원, 「식민지하 조선의 반(半)봉건적 토지 소유에 관한 연구」, 『경제사학(經濟史學)』 4호, 1980, 38~39쪽.

하는 토지 소유이다. 반봉건적 토지 소유가 **본질적으로 봉건적인 한** 이러한 토지 소유는 경제외적 강제의 강약과 관계없이 봉건지대 법칙을 관철하는 것이다.[116]

더 인용할 것도 없이 이 정도면 '반봉건적 토지 소유론'의 논지가 무엇인지는 알았으리라 생각한다. 이 외에 많은 연구자들의 정의를 인용할 수 있으나, 모두에게서 공통되는 반봉건적 토지 소유론의 핵심은 **봉건제의 본질이 온존된 채 형식적·타협적으로 재편된 토지 소유관계**라는 것이다. 이에 대해 논평하기 전에 좀더 '풍부하게' 이들이 봉건제의 본질의 잔존으로서 반봉건제를 주장하는 논거를 살펴볼 필요가 있다. 반봉건적 토지 소유론에서 지표로 삼는 봉건제의 본질규정은 ㉠ '소수의 토지독점에 의한 소유의 집중과 고립분산적 소경영의 지배적 존재'[117] ㉡ '직접생산자인 농민과 토지 소유자 간의 **직접적 관계**' 외에도 ㉢ '모든 잉여노동의 지대로의 흡수라는 봉건지대'가 봉건제의 본질을 규정한다고도 한다. 이 외에도 ㉣ '경제외적 강제에 의한 착취' 등이다. 이 각각은 그 나름의 자본주의에 대한 인식과의 대비 속에서 '도출'되거나 고전에서 '동원'된다. ㉠은 '생산이 사회적 성격을 갖는 자본주의[생산의 사회적 성격과 소유(전유)의 자본주의적 성격 간의 모순]'에 대비되고 있으며, ㉡은 『자본론』 3권 지대론에서 보이듯이 자본주의적 농업에서의 계급관계를 직접생산자인 농업노동자-자본가-지주라는, 자본가가 **매개된** 관계로 보면서 그것에 대비해 농민-지주라는 **직접적** 관계가 봉건제의 본질이라고 보고 있는 것이

---

116) 황한식, 앞의 책, 482쪽. (강조는 인용자) 이 인용문에는 권태섭, 『조선경제의 기본구조』, 동심사, 1947, 102~104쪽의 인용주가 달려 있다. 권태섭 역시 대표적인 봉건파의 논객이다.
117) "봉건적 토지 소유의 본질은 가장 일반적으로는 소수자의 토지독점과 고립분산된 소경영의 지배적 존재로 규정할 수 있다." [미요시 시로(三好四郞), 「(반(半)봉건적 토지 소유론」, 장시원 편, 『식민지반봉건사회론』, 한울, 1984, 202쪽의 주 4번.]

며, ⓒ은 농업자본가에게 돌아가는 자본주의적 이윤의 실현을 보장한 위에서 초과이윤이 지대로 전화된다는 자본주의적 지대론과의 대비에서 도출된다. ⓔ은 봉건적 사회구성체에서는 비생산자의 생산자에 대한 경제적 지배력의 불완전함 때문에 생산자에 대한 경제외적 강제를 통해서만 잉여노동의 착취가 가능하다는 데 반해, 자본주의에서는 경제적 강제만으로도 잉여노동의 착취가 충분히 보장되며, 또 그러한 자본주의적 관계는 모든 인신적 예속으로부터의 해방을 오히려 전제로 한다는 사실에서 도출된다.

이 중 ⓒ의 경우에 대해서는 앞서 잠시 언급한 바 있다. 여기서 그 논지를 다시 요약한다면, 봉건적 관계에서 행해지는 착취의 주된 형태가 봉건지대인 것이지, 그저 전 잉여생산물이 모두 지대로 된다고 해서 그것이 봉건지대인 것은 아니라는 것이다. 이런 식으로 그 관계의 본질을 규정하게 될 때 그 주장은 '생산물'의 분배관계와 '생산수단'의 분배관계, 즉 생산수단 소유관계를 구별하지 못한 채 전자의 기준으로 생산관계의 본질을 규정하게 되는 전도된 방법으로서 유통주의에 빠질 수밖에 없다. 실제로 이들은 병작반수 여부 또는 소작료율 등으로써 봉건적인가 자본주의적인가를 확인하려고 하게 된다. 이들은 직접적 생산자의 존재형태나 생산수단과 생산자 간의 관계, 생산수단과 생산수단 소유자의 관계, 그리고 생산자와 생산수단 소유자의 관계 등은 별로 안중에 없고 단지 잉여노동의 전유관계, 그것의 특수한 전형태인 지대의 비율을 들어 '쉽게' (무책임하게!) 자본주의적이니 반봉건적이니 하는 판단을 내리는 것이다.

이러한 논지에 따르면 봉건지대는 전 잉여노동을 포함하는 것이고, 자본가의 몫인 이윤을 제외한 초과이윤만이 지대로 되는 경우 그것이 자본제적 지대라고 한다. 그래서 "지대가 이윤을 규정하면 봉건지대이고, 이윤이 지대를 규정하면 자본제적 지대"라고 한다. 이런 의미에서 이는

ⓛ과 동일하다. 그러나 잉여가치의 어떤 부분이 지대로 되는가 하는 것으로써 지대의 본질을 규정할 수 없다. 왜냐하면 자본주의하에서도 임금이나 이윤의 일부가 지대로 될 수 있기 때문이다. 맑스는 자신의 지대론 서설Einleitung에서 이러한 가능성과 실제의 예를 노동자-자본가-지대의 관계설정이 갖는 의미와 함께 중심적인 문제로 들고 있다. 그는 다음과 같이 말한다.

> 여기[아일랜드]에서 차지농Pächter: 소작농은 일반적으로 소농이다. 그가 자신의 임차의 대가로 지주에게 지불하는 것은 그의 이윤, 즉 그가 노동수단의 소유자와 마찬가지로 일정한 권리를 가지고 있는 그 자신의 잉여노동의 일부를 흡수할 뿐만 아니라, 그가 다른 여타의 조건하에서도 동일한 노동량의 대가로 받아야 하는 바의 정상적인 임금의 일부조차 흡수한다.[118]

즉 "자본주의적 생산이 행해지는 나라에서조차 토지의 생산물[이것이 보통 지대라는 형태의 초과이윤으로 되는 것이다-인용자]과 어떠한 관계도 없는 고율지대를 뽑아낼 수 있다"[119]는 것이다.

또한 이들은 소위 '반봉건제'에서 문제가 되는 소작농을 묘하게도 자본주의적 차지농과만 비교한다. 이는 이들의 방법론이 봉건적 지대의 지불자인 농노와 자본주의적 지대의 지불자인 자본주의적 차지농의 대비에서 나온 것이기 때문에, 소작농은 '어쩔 수 없이' 농노나 자본주의적 차지농에 비교될 수밖에 없다. 이들의 논지에는 반프롤레타리아트라는

---

118) *Das Kapital*, Bd.3, *MEW*, Bd.25, SS.638~639.
119) ibid., S.639.

개념은 스며들 여지가 없다. 이리하여 소작농이 자본주의적 차지농보다는 농노에 '가까운 것'(?!)으로 간주되게 되고, 따라서(!) 이들은 본질적으로 봉건적인 것으로 된다. '소작농'이 토지와의 본원적 결합에서부터 분리된 존재라는 것, 그리고 토지(및 생산수단)와의 '재결합'은 토지를 수탈당한 무산자의 계약에 의한 차지借地에 의해 이루어진다는 것이 이들의 눈에는 전혀 보이지 않는다. 그렇지 않으면 이러한 것은 단지 '형식'(이런!)일 뿐이라고 한다.[120] 이들은 단지 '소작농'이 고율지대를 수탈당한다는 사실, 그리고 이와 더불어 토지를 경작하고 있다는 것만으로 봉건제의 본질을 '발견'하는 것이다. 이들이 소작농을 대비시키는 계급은 봉건적 농노와 자본주의적 차지농, 그리고 '완전한' 무산자로서의 프롤레타리아트뿐이다.

이러한 논지와 비슷한 입장에서 '소작농'을 봉건적인 것으로 간주하는 또 하나의 논거는 ⓛ이다. 봉건제는 생산자와 토지 소유자의 **직접적** 관계로 특징지어진다는 것인데, 이 역시 자본주의적 지주와의 '대비' 속에서 나온 것이다. 즉 봉건제의 경우에는 직접생산자인 농민이 토지 소유자(실제로 이 소유는 부분적이다)인 지주와 직접적 관계를 맺는 데 반해, 자본주의의 경우에는 직접생산자인 농업노동자와 자본주의적 지주가 자본주의적 차지농을 매개하여 관계를 맺는다는 것이다. 자본주의적 지주와 자본주의적 차지농이 일치할 수 있음에도 불구하고, 이것을 구분하는 것은 실제로 차지농을 매개로 해서 초과이윤이 자본주의적 지대로 전화된다고 하는 것을 염두에 두고 있기 때문인 것이고, 따라서 이 견해는 앞의 '지대론적 견해'와 거의 동일한 오류를 그대로 안고 있다.

---

120) 이들은 소작인이 봉건적 존재일 수도, 자본제적 존재일 수도 있다는 것을 인정하지 않는다. 그들은 토지조사사업을 통해 농민의 토지에 대한 경작권이 점차 박탈되어진다는 사실을 말하면서도 그것이 무엇을 의미하는지 모르고 있다.

더욱이 생산자와 생산수단 소유자의 관계가 직접적인가 매개적인가 하는 것으로써 봉건제와 자본주의를 구분할 경우, 그 관계의 직접성은 여타의 전자본주의적 생산관계를 구분하는 기준이 될 수 없음이 명백하며, 또한 자본주의적 관계와의 대비도 자본주의적 농업경영과의 대비만을 의미할 뿐이다. 노동자와 자본가가 맺는 직접적 관계는 '일단' 추상될 수밖에 없는 것이며, 따라서 여기에서 상정되는 자본주의적 관계라는 것은 노동자-자본가-자본제적 지주라는 삼분도식에 매이게 된다.

맑스가 『자본론』 3권에서 자본주의적 지대에 대해 설명하고 있는 것으로써 자본주의와 봉건제를 구분하려 하게 될 때, 필연적으로 자본주의의 영역은 엄청나게 축소되어 버리고 말 것이다. 왜냐하면 농업에 있어서 자본주의의 발전은 공업에 있어서의 그것보다 훨씬 완만하여 지극히 다양한 형태를 취하기 때문이고,[121] 더욱이 불균등발전의 법칙이 전면화되는 독점자본주의시대에는 그것을 제약하는 조건이 훨씬 강해지기 때문이다(물론 그렇다고 이때 농업에 있어서 이윤 및 초과이윤이 결코 존재할 수 없다고 말한다면 이 또한 오류일 것이다).

또 맑스의 지대론을 노동자-자본가-지주의 소위 '3대 계급' 도식을 정형화한 것으로 보는 데 대해서도 이견이 있다. 맑스에 의하면 이 도식은 자본주의적 농업에서 발생하는 **초과**이윤의 연원을 설명하기 위해서 제시된 것이며,[122] 그 요체는 지대로 전화되는 초과이윤 역시 노동자가 생산하는 잉여가치의 특수한 일 형태에 불과하며, 이것이 자본가를 매개로 전화되는 것이기 때문에 그 연원이나 본질이 더욱 은폐되어 있다는 것을 폭로하여 당시 지주계급의 반동적 정책을 근저에서부터 공격하는 것이었

121) Lenin, "Marxist Views on the Agrarian Question in Europe and in Russia", *CW*, Vol.6, pp.340~341.
122) *Das Kapital*, Bd.3의 제37장['지대론' 서설(Einleitung)].

다. 이는 당시 영국에서 '곡물법'의 제정문제를 둘러싸고 지주와 자본가 간, 그리고 그들 각각의 이해를 대변하는 정치경제학자들에 의해 초미의 관심사로서 논쟁에 부쳐지고 있었던 것이다. 이와 관련하여 우리는 맑스 의 다음과 같은 말을 이해할 필요가 있다. 그는 『자본론』 1권에서 고전경 제학, 특히 리카도의 경제학에 대해 비판하면서 다음과 같이 쓰고 있다.

> 그러나 [리카도는] 다른 경제학자와 마찬가지로 잉여가치를 잉여가치 로서, 즉 이윤·지대 등과 같은 잉여가치의 특수한 제 형태로부터 독립 해서는 일찍이 연구해 본 일이 없다. 이것이 그의 분석을 심히 복잡한 것으로 만들었다.[123]

그는 또 1867년 8월 24일자 엥겔스에게 보낸 편지에서 자신의 저서 에 대해 다음과 같이 쓰고 있다.

> 나의 저서[『자본론』 1권을 지칭한다]의 특징은 첫번째, (사실 모든 이해 는 여기에 달려 있다) 바로 제1장에서 지적된 노동의 이중성이며, 이에 따라 노동은 혹은 사용가치로서 혹은 교환가치로서 나타난다는 것이 다. 두번째, 이윤·이자·지대 등의 특수형태와는 상관없이 잉여가치를 취급하고 있다는 것이다.

다시 말해 지대의 근원을 잉여가치의 생산에서 찾는다는 것, 그리고 이윤·이자와 마찬가지로 지대 역시 이렇듯 생산된 잉여가치가 취하는 특 수한 분배형태에 불과하다는 것이다.

---

123) *Das Kapital*, Bd.1, *MEW*, Bd.23, S.546.

이러한 점을 망각한 채 지대론으로써 봉건제와 자본주의를 파악하려 하게 되면 필연적으로 자본주의적 농업을 정태적으로 파악하게 되고, 그 빛깔은 장밋빛으로 되며, 자본주의는 조잡한 이념형으로 전락한다.

이러한 지대론에 제한된 자본주 이해는 필연코 소경영과 자본주의적 경영 간의 사이에 지나치게 긴——그래서 흔히 '접합'으로 이해되거나 봉건제의 본질을 갖는 반봉건제의 온존·강화로 표시되는 기간——과도기를 설정하게 되며 자본주의적 경영이라는, 자본주의가 거의 완숙한 형태를 자본주의의 이념형적 모델로 삼게 된다.[124] 이는 아직까지도 '봉건제는 아직도 끝나지 않았네'라는 노래를 부르게 하는 것으로, 앞에서의 안 교수처럼 아직도 한국(의 농업)은 자본주의라고 할 수 없다고 하게 될 것이 틀림없다.

다음에는 경제외적 강제의 유무로써 봉건제 및 자본주의의 본질을 파악하려는 견해를 살펴보자. 경제외적 강제만으로 봉건제의 본질을 파악하는 경우는 별로 없다. 오히려 이것은 '반봉건제'의 본질이 봉건적이라는 주장에 반대하여, 이미 봉건적 성격을 벗어났다는 주장을 하기 위한 논거로 제시되었던 것이다. 이에 대해서는 두 가지 대답이 발견된다. 하나는 히라노 요시타로平野義太郞 등처럼 당시 반봉건제로 파악되던 일본에 '국가적 강제' 등에서 보이는 제반 '경제외적 강제'가 실제로 광범하게 존재하고 있었다는 논지인데(이는 당시의 천황제를 절대왕제로 파악하는 것과 관련되어 있다), 이는 경제외적 강제에 대한 몰이해 때문에 가능했

---

124) 농업에서의 자본주의화를 '자본주의적 경영'이라는 틀에 '비추어' 보는 경우가 많은데, 이는 생산양식의 주요한 계기들을 일면화된 이념형(이 경우는 '이상형'이 더 맞을 듯하다)으로 대체해 버리게 되는 결과로 된다. 실제로 이러한 농업에서의 자본주의적 경영을 기준으로 보면 자본주의의 영역은 극히 제한되는데, 이는 그것이 자본주의의 지배가 전사회적 규모로 완성될 때 나타나기 때문이다(*Das Kapital*, Bd.2, SS.111~112). 이런 관점에서 다음의 주장을 검토해 보라. "농업이 **자본주의화하기 위한 조건**은 산업이윤율이 전기적 이윤율보다 클 것, 대경영생산물의 생산가격이 소경영생산물의 비용가격보다 작을 것이다."(박섭, 「식민지반봉건사회론에 대한 검토: 고타니(小谷)의 이론을 중심으로」,(1987), 13쪽. 강조는 인용재)

다. 왜냐하면 국가가 경제적 관계에 개입하는 것은 모든 계급사회에서 동일하게 나타나며, 자본주의라고 해서 그것이 순전히 경제적 관계의 '외부'에서만 빙빙 돌 리는 없기 때문이다. 현대의 자본주의 나라에서의 파시즘은 이것을 단적으로 보여 준다.

경제외적 강제는 무엇보다도 신분적·인격적 예속을 의미하는 것이다. 이는 노동과 소유의 결합이 해체되지 않는 한에서 존재하며, 그것이 완전히 해체되게 됨에 따라 필연적으로 소멸한다. "자본주의는 최초에는 토지를 상품으로 전화시킴으로써 토지보유land tenure에서의 사회적 신분 체계를 붕괴시켜 버린다"[125]는 것이다.

또 하나의 대답은 경제외적 강제로써 봉건제의 본질을 규정하는 것은 잘못된 것이며, 오히려 봉건적 토지 소유관계가 경제외적 강제를 수반한다는 것을 분명히 하여야 한다는 전제 위에서[126] "반봉건적 토지 소유가 본질적으로 봉건적인 한 이러한 토지 소유는 경제외적 강제의 강약과 관계없이 봉건지대 법칙을 관철하는 것이다"라고 주장한다.[127]

우리는 이 주장의 전제가 옳다는 것을 인정하며 이에 대해서는 이상에서 논의된 바이다. 그러나 이 사람이 주장하는 봉건제의 본질이 방금 검토한 것처럼 전혀 근거가 없는 것이거나 자의적인 것이었음을 접어둔다고 하더라도, 반봉건제가 본질적으로 봉건적인 것이 '아니라고' 한다면, 오히려 경제외적 강제의 강약과 '관계없이' (실제로 관계가 없지 않다!) 그것이 봉건적이라고는 할 수 없을 것이다. 이들의 경우 문제는 근본적으로 그들이 봉건제라고 제시하는 본질규정이 별로 근거없고 자의적인 것이라는 데 있다.

---

125) Lenin, "The Development of Capitalism in Russia", CW, Vol.3, p.313. 본절이 주 81이 인용문을 참고하라.
126) 황한식, 「한국농지개혁사연구」, 최장집 편, 『한국현대사』, 열음사, 1985, 482쪽.
127) 같은 책, 482쪽. 본절의 주 116을 보라.

여기서 경제외적 강제에 대해 첨언하자면 그것의 '완전한' 해소가 자본주의의 '지표'로는 될 수 없으나, 기본적인 인격적 예속관계의 해소는 노동력 상품화의 전제로서 요구된다는 것이고, 봉건제 또는 자본주의와 '관계없는' 것은 아니라는 것이다. 최소한 노동력을 자신의 의지대로 판매할 자유조차 없을 때 노동력이 상품화될 수는 없는 것이니까.

한편 '인신적 해방'이 '해방령'이란 형태로 공식화된다고 해도 토지와 노동의 **본원적 결합이 완전히 해소되지 않는 한** 경제외적 강제는 결코 해소되지 않는다. 예를 들어 공유지로부터 아직 해방되지 않은 상태에서는 지주적 경제나 부역체계가 완전히 붕괴되지 않으며, 경제외적 강제도 부분적으로 잔존할 수 있기 때문이다. 레닌은 러시아 농촌에서 자본주의적 경제로 이행하는 것이 순조롭게 진행되지 못한 이유에 대해 쓰면서 다음과 같이 말하고 있다.

코르베corvée 경제체계는 농노제의 폐기에 의해 그 토대를 상실했다. 이 체계의 모든 주된 기초는 파괴되었다. ……농민의 농장farm은 지주의 그것과 분리되었다. 농민은 그의 토지를 되사들였고buy back, 그것의 전적인full 소유자가 되었다. 방금 본 것처럼 자본주의적 경작체계를 받아들인 지주들은 완전히 반대극적인 토대를 가지고 있었다. 물론 완전히 상이한 체계로의 그같은 이행은 즉시 일어나지는 않는바, 이는 두 가지 상이한 이유 때문이다. 첫번째, 자본주의적 생산에 요구되는 제 조건이 아직은 갖춰져 있지 않았다. …… 다른 하나의 이유는 구래의 **코르베 경제체계는 그 토대가 붕괴되었으나 아직 완전하게 파괴되지는 않았다**는 것이다. 농민들의 농장은 지주의 그것으로부터 완전히 분리되지는 않았다. 왜냐하면 후자는 농민분여allotments의 매우 핵심적인 부분, 즉 '절취지'cut-off lands, 삼림, 목초지, 관개지, 방목지 등을 여전히 소유하고 있었기 때문이다. 이러한 토지들 또는 토지사용권easement right이 없다면 농민들은 절대로 독립적인 경작을 할 수 없고, 그에 따라 지주들은 부역체계labour-service system라는 형태로 구래의 경제체계를 유지할 수 있었다. '경제외적 강제'를 행사할 가능성은 물론 시의적인 농민속박peasants' temporarily-bound status, 집단적 책임, 체벌corporal punishment, 공공사업에의 강제노동 등의 형태로 남아 있었다.[128]

그럼에도 불구하고 코르베 경제체계의 토대가 붕괴된 것, 그리하여 이전과는 달리 "토지에서 분리된 생산자에 기초"한[129] 경제체계로 되었다는 것은 명백하며, 이런 의미에서 바로 '본질적으로' 자본주의적 생산관계를 토대로 하는 자본주의사회구성체라는 것은 이제는 주지하는 바일 것이다.

끝으로 "소수의 토지독점에 의한 소유의 집중과 고립분산적 소경영의 지배적 존재"가 봉건제의 본질이라는 주장에 대해 살펴보자.[130] 이는 1950년대 중반에 행해진 봉건제의 기본모순과 기본법칙에 대한 논쟁에서 정리된 내용에 기초하고 있는 '듯하다'.[131] 그 논쟁을 총괄하는 가운데 **"봉건제의 기본모순은 생산과정의 개인적 성격과 봉건적 대소유 간의 모순"**

---

128) Lenin, "The Development of Capitalism in Russia", CW, Vol.3, pp.193~194.

129) ibid., p.192. 토지에서의 분리를 협애하게 글자 그대로 파악하게 된다면 필경 앞에서 본 고타니식의 왜곡으로 인도될 가능성이 크다. 이는 '토지를 갖지 않는다'는 의미가 아니라 '토지와의 본원적 결합이 해소된다'는 의미이며, 따라서 '분여지를 갖는 임노동자'는 토지를 갖고 있음에도 불구하고 토지로부터 분리된, 그리하여 생산수단의 본원적 긴박에서 벗어난 자본주의적 존재로 파악되는 것은 당연한 일이다. 근대적 소농이 토지를 갖고 있다 하여 '토지로부터 분리' 되지 않았다고 할 수 있을 것인가? 그렇다면 분할지적 농민은 전자본주의적인 계급인 것으로 된다! 하긴 농민 '계급' (이런!)을 그저 절대적인 봉건계급으로 간주하는 경우도 있긴 하지만(이는 이노 류이치(井野隆一) 외, 『레닌의 농업이론』, 편집부 역, 미래사, 1986의 「서론」(이는 '편집자'의 '작품'이다), 12쪽을 보라).

130) 이는 또 흔히 '대토지 소유와 분산적 소경영[의 모순]'으로 표현되기도 한다(장상환, 「농지개혁과정에 관한 실증적 연구」, 『해방전후사의 인식 II』, 한길사, 1985, 296쪽). 실제 의미는 앞의 것과 비슷하다.

131) 山岡亮一 編譯, 『封建社會の基本法則─その同盟歷史學界の論爭と成果』, 有斐閣, 1956. 이 책에서 제시되고 있는 제 논지들은 그간 많은 논자들에 의해 '나름대로' 원용되어 왔다. 그러나 위 논쟁의 성과가 과연 제대로 이해되고 수용되고 있는지는 의문이다.

이라고 정리되고 있다.[132] 그런데 여기서 제시되고 있는 두 가지 규정은 겉으로는 거의 비슷하게 보이지만 실제로는 본질적으로 상이하다.

후자의 규정은 생산양식으로서 봉건제를 파악하면서 생산력과 생산관계 간의 모순을 그것의 기본모순으로 이해하는 데서 나온 것이다.

이에 대해 스카스킨과 메이만은 다음과 같이 쓰고 있다.

봉건제하에서 봉건적 소유는 생산과정의 개인적 성격과 결부되어 있다. 자신의 노동수단에 대한 직접생산자의 사적소유도 또한 소규모생산, 즉 생산과정의 개인적 성격에 조응하고 있다.[133]

봉건사회에서 토지는 농민의 것이 아니라 영주의 것이었다. 농민은 토지에 긴박되었고 영주의 (불완전한) 소유물이었기 때문에 자신의 노동조차 자기의 뜻대로 처분할 수 없었다. 이리하여 착취자의 대소유, 즉 봉건적 소유는 소규모생산, 생산과정의 개인적 성격과 대립된다. 생산과정의 개인적 성격은 봉건적 소유와 적대적으로 모순되게끔 된다. 이것이야말로 봉건제 생산양식의 기본모순이고 사회의 대립, 즉 영주와 농노 간의 대립으로도 현상한다.[134]

다시 말해 위의 규정에서 말하는 '생산과정의 개인적 성격'은 우리가 이제까지 보아온 것처럼 봉건적 생산양식이 갖는 **생산력적 측면**을 의

---

132) 「封建的構成體の基本的經濟法則について: 討論の總括によせて」, 같은 책, p.220. 이는 원래 스카스킨과 메이만에 의해 체계적으로 정리되어 제출된 논문에서 정식화되고 있던 것이다. 「封建的構成體の基本的經濟法則について」, 같은 책, p.133. 그런데 이 논문에서는 「총괄」에서와 같은 정리의 의미를 흐리는 약간의 혼돈이 보인다. 이에 대해서는 계속 논의하겠다.
133) 같은 책, pp. 147~148.
134) 같은 책, pp. 147~148.

미하며, 착취자(지주)의 대소유, 봉건적 대소유는 그것의 **생산관계적 측면**으로서 생산수단에 대한 봉건적 소유관계를 의미한다. 이는 위의 양 측면을 **형태론적**으로 이해하는 것과 구별되는바, 소경영(소생산)적 **형태**와 대규모의 토지 소유집중이 동시에 나타나는 것을 의미하는 것이 아니라는 것이다.

이는 흔히 봉건제를 '대토지 소유와 분산적 소경영 간의 모순'이라 하면서, 소경영이 (양적으로) 우세하게 존재하는 한편, 대토지 소유 또한 존재하는 현상을 들어 '봉건제의 본질 온존'을 논하는 근거가 되어 왔다. 앞에서 인용한 미요시 시로三好四郎(및 수많은 반봉건론자)의 규정 또한 그러하며, 이를 인용하는 장시원 교수도 예외는 아니다.

물론 스카스킨과 메이만의 견해 자체 내에도 이러한 형태론적 견해의 가능성이 혼재된 형태로 포함되어 있다. 즉 '대규모' 생산(자본주의적 생산)과 대비되는 '소규모' 생산과 착취자의 '대' 소유의 대립을 위의 기본 모순에 부수하여 논의하고 있는 것이다. 이것이 전면화되면 '대규모' 소유와 '소규모' 경영의 형태론적 규정으로——이는 필연적으로 정태적 이념형으로 전화된다——될 수도 있는 것이다. 이에 관해서 다음과 같은 총괄을 보자.

봉건제의 주요한 경제적 모순은 **생산과정의 개인적 성격과 봉건적 대소유 간의 모순**이라고 주장하는 몇몇 토론참가자의 의견은 올바르다고 생각된다. 이 모순을 소소유와 봉건적 소유 간의 모순으로 바꿔 버려서는 안 된다. 소소유란 개념은 이러한 소유의 성격 그 자체를 명확히 해주지 않는다. 즉 **소소유란 봉건적인 것일 수도, 부르주아적인 것일 수도 있다** 뿐만 아니라 앞에 말한 바처럼 봉건제 시대에 있어서 농민의 소유는 그 본질상 소유라고 할 수 없다. 생산과정의 개인적 성격과 봉건적 대소유 간의 모순은 생산관계가 생산력의 성격에 조응하지 않는다는 사실을 표현하는 것이 아니다. 이 모순은 봉건적 구성체가 애초에 존재했을 때부터 그에 내재한, 고유한 것이었고 봉건적 구성체가 발전해감에 따라 이 모순은 격화되었다. …… 이러한 모순(생산과정의 개인적 성격과 봉건적 대소유 간의 모순)은 봉건지대의 모든 갈등을 맹아로 포함하며, 농민과 봉건영주 간의 적대관계로서 겉으로 드러나게 된다.[135]

여기에서는 '봉건제의 기본모순'의 규정에서 말하고자 하는 핵심이 분명히 드러난다. 소소유와 봉건적 소유 간의 모순으로 대체하려는 시도에 대한 비판에서도 분명하듯이 생산과정의 개인적 성격을 '소규모' 생산이나 '소규모' 경영, 그리고 '소' 소유와 같은 '조그만'의 형태론으로 이해해선 안 된다. 소소유와 마찬가지로 소생산이나 소경영은 봉건적인 것일 수도 있고, 자본주의적인 것일 수도 있는 것이다. 다시 말해 생산과정의 개인적 성격은 봉건적 생산양식의 생산력적 측면이라는 것이다.

또한 소규모생산만이 봉건제에서는 지배적일 수 있으며, 따라서 그것이 봉건제의 본질을 규정한다고 보는 견해에 대해서 다음과 같이 쓰고 있다.

봉건제하의 소규모생산과 대규모생산 간의 상호관계의 문제도 커다란 논쟁을 불러일으켰다. …… 세뇨리(프랑스어의 seigneurie), 즉 세습지하에서도 물납공조를 대규모로 운반하고, 수취하고, 보존하고, 판매하는 업무가 봉건영주에게 할당되었다. 공조의 지배하에서는 봉건영주는 대개는 자신의 가축떼, 과수원, 포도원, 양봉장, 제분소 등을 가지고 있

135] 같은 책, p.220. (강조는 인용자)

었다. 봉건국가가 장악하고 있는 아시아의 대규모 관개경영을 부정할 수는 없다. **대규모 부역경영**에 관해서 이야기하자면 그것이 단순협업은 물론 분업의 다양한 요소나, 또한 농업기술상의 다양한 개량도 어느 정도 수용한다는 사실도 익히 주지하는 바이기 때문에 더더욱 **이러한 경영을 부정할 수는 없다.**[136]

물론 맥락은 약간 다르지만, 이는 분명 '소경영과 대토지 소유'라는 형태론에 대한 비판의 논거가 되기에 충분하다.

그런데 그렇다고 한다면 '생산과정의 개인적 성격과 봉건적 대소유 간의 모순'은 어떻게 이해되어야 하는가? 생산과정의 개인적 성격이라는 것은 무엇보다도 생산수단과 직접생산자 간의 관계를 의미한다. 즉 그것은 노동자가 토지의 부속물로서 토지에 긴박되어 있으면서 그 생산수단에 대한 일정 정도의 권리(즉 보유권)를 갖고 있다는 사실에 다름아니고, 이것이 바로 생산과정의 개인적 성격의 내용이다. 그리고 그것은 '흔히' 소생산이라는 형태로 나타난다. 다시 말해 직접적 생산자는 아직 토지에의 긴박에서 벗어나지 못하고 있으면서도 "그의 노동의 실현 및 그의 생존수단의 생산에 필요한 객관적인 제반 노동조건, 그 자신의 생산수단을 보유하고 있다. **그는 자신의 농사뿐만 아니라 농촌가내공업을 독립적으로 수행한다**".[137]

그리고 봉건적 대소유란 봉건적인 토지 소유관계에 다름아니며, 이것이 이상에서의 생산력적인 측면과 더불어 봉건적인 생산양식을 구성하고, 이러한 양자의 통일이 봉건제의 기본모순이라는 것이다. 그런 의미에

---

136) 같은 책, pp.224~225. (강조는 인용자)
137) *Das Kapital*, Bd.3, S.798. (강조는 인용자) 본절의 주 64를 보라.

서 이는 오히려 이제까지 전개해 온 우리의 논지와 정확하게 일치한다. 이를 이렇게 이해하지 않을 때, 기본모순의 양 측면은 서로 병립되면서 정태적인 이념형의 지표로 되고 말 것이라는 것은 분명하다. 이제 앞에서 인용한 '대토지 소유와 소경영 간의 모순'이라는 예에서 이를 좀더 확인해 보자.

이 기준에 따르면 생산 제조건에 대한 생산자 및 소유자의 관계 행위가 단지 '대토지 소유' 및 '소규모경영'이라는 형태론적인 내용으로 대체되어 있으며, 가장 근저적인 기준이 되는 생산의 제 요소 간의 관계는 전혀 개입될 여지가 없이 그저 외면될 뿐이다. 또한 노동력의 본질적 존재양식도 여기서는 문제시되지 않아서, 토지 및 신분적 예속으로부터의 해방이라는 자본주의적 기준의 '자유로운' 노동력도 대토지 소유 및 소경영이라는 외적 형태와 부합되면 봉건제의 본질이 담겨져 있는 것으로 간주된다. 이들에 의하면 소유의 일원화 또한 대토지 소유와 소규모경영이 존재한다면 자본주의적인 것으로 볼 수 없으며, 신분적 예속이나 경제외적 강제도 마찬가지다. 즉 앞에서 우리가 제시한 일체의 기준 및 자본주의의 본질적 '관계'들은 '대토지 소유와 소경영'이라는 형태규정 앞에서는 전혀 무력하고 무용한 것으로 되고 만다.

이들의 기준에 의하면 봉건 지주의 대토지 소유하에서 행해지는 토지의 부속물로서 농노의 노동──이는 대개 소영경의 형태를 띤다──과, 토지로부터 분리된 근대적 무산자가 자본주의 부분에 흡수되지 못하여 지주(이들을 대토지 소유자라고 가정하자)의 토지를 빌려 소작을 하는 노동은 전혀 본질적인 차이가 없으며, 단지 그 '형식'상의 차이만이 있을 뿐인 것으로 된다.[138] 이리하여 후자는 봉건제의 본질이 그대로 남아 있는 채 단지 '형식만이'(이런!) 재편된 '반봉건적 토지 소유'라는 것이다! 이 얼마나 '유용한' 개념인가! 무척이나 광범한 적용대상을 갖고, 여타의 모든 기준은 그저 '외피' 라는 의미에서 '형식적인 것' 으로 간주할 수 있는 이 규정에 대해서는 별로 대책이 안 선다. 이 개념에 입각해 '강좌파' 의 잔재들은 아직도 전전戰前의 일본이 반봉건사회였다고 주장할 수 있는 것이다. 반봉건적 토지 소유를 주장하는 대부분의 논자가 이 같은 논지에 입각한 미요시 시로三好四郎나 이노우에 하루마루井上晴丸 등의 저서를 인용하고 있음은 이들의 개념이 '어디에서' 날아온 것인가를 확인할 수 있게 한다. '아직도' 봉건사회의 미망에서 헤어나오지 못하고 있는 이 사람들을 돈키호테의 뒤를 따르는 산초판사라고 불러준다면 지나친 비난이 될 것인가?

여기서 논의를 좀더 진전시키기 전에 잠시 '일반화된 오류' 를 하나 짚고 넘어가자. 그것은 소위 '본원적 축적' 에 대한 오해이다. 이 경우 우리는 우선 세 가지 형태를 문제로 삼을 수 있다. 하나는 그것의 '논리적' 의미조차 이해하지 못하거나 오해하고 있는 경우이다. 그들의 주장을 직접 들어보자.

식민지사회에서 본원적 축적과정은 어디까지나 제국주의자들을 위한 과정이었으며, 식민지사회 내부에서의 민족자본의 창출을 위한 그것이 아니었나는 섬을 항상 념심할 필요가 있다. 물론 '자본주의사회구성 체' 설에서는 '본래의 의미에서 본원적 축적과정이 진행된 것이 아니라 일본 제국주의에 의한 식민지경제의 기초사업이 강행되었음을 의미하

138] 미야지마 히로시(宮嶋博史)는 본원적 축적에 대한 한 연구에서 이러한 점에 대해 다음과 같이 지적한다.
    "종래의 연구에서는 이러한 **전근대** '전호적' (佃戸的) 농민과 **근대** 지주제하의 소작농이 갖는 차이가 충분히 인식되지 않았다고 생각된다." 宮嶋, 「朝鮮史研究と所有論: 時代區分について의 提言」, 『人文學報』 167號, 1984, p. 43.
    이는 우리의 논지에 의하면 매우 타당한 지적이라고 생각되며 이러한 차이에 대한 인식이 제대로 진행되지 못한 것은 이상과 같은 봉건제에 대한 오해에 기인한다고 본다.
    장시원 교수는 이러한 지적에 대해 별로 심각하게 고려해 보지도 않고, 이는 단지 일국사적인 순조로운 발전에서 나타난 논리를 식민지에 그대로 적용시킨 것으로 비난한다.

는 것'이라는 유보조건을 달면서도, 그럼에도 '그것이 본원적 축적과
정과 같은 측면을 갖고 있음을 부정할 수 없다'(권영욱, 「구식민지 경제
연구 노트」)고 함으로써 식민지사회에서의 본원적 축적과정의 특질에
대한 이해를 흐리게 하고 있다. 그러나 식민지사회에서의 본원적 축적
과정은 본원적 축적과 같은 측면을 갖고 있었던 것이 아니라, 어디까지
나 제국주의자들을 위한 과정이었다. 설령 이 과정에서 민족자본의 형
성을 위한 어느 정도의 객관적 조건이 마련된 것은 사실이라 하더라도,
그것은 어디까지나 제국주의자들의 원망願望에 반하는 불가피한 결과
였음을 유의해야 할 것이다.[139]

이대근 교수는 방금 장 교수가 인용한 권영욱의 문장에 대해 "그는
바로 이 유보조항 문구 속에서 본원적 축적에 대한 논리적 혼란을 불러일
으키고 있다"[140]고 비난하면서 본원적 축적에 대한 자신의 '논리정연한'
견해를 다음과 같이 피력하고 있다.

일제에 의한 토지조사사업 및 임야조사사업을 원시적 축적〔본원적 축
적〕의 계기로 삼는 데 대해서도 문제가 없지 않다. ……그것이 일본 자
본주의발달에 있어서는 국내 농업의 희생 없이 본원적 축적에 이바지
했다는 평가를 가능케 하겠으나, 식민지 조선에 있어서는 그것이 오히
려 식민지 지주제의 창출과정으로 이해되어야 한다는 입장을 뿌리칠
수 없기 때문이다. …… 일제는 적어도 이 기간(1920년대)까지는 식민
지 한국 경제를 자본주의화시키고자 했다기보다는 오히려 **전근대적인**

139) 장시원, 「식민지반봉건사회론」, 이대근·정운영 편, 『한국 자본주의론』, 까치, 1984, 39~40쪽.
140) 이대근, 「한국 자본주의의 성격에 관하여」, 『창작과 비평』 57호, 355쪽의 주 17.

반봉건적 토지 소유를 강화해 간 것으로 해석하는 쪽이 옳지 않는가 하는 것이다.[141]

이들 모두가 앞에서 본 것처럼 주관주의적인 방법에 기초하고 있다는 것은, 여기서 토지조사사업 등에 대해 단지 그들은 제국주의의 의도나 원망(한국 경제를 자본주의**화시키고자 하는가** 여부)을 문제로 하고 있다는 것에서도 분명하다. 이러한 '도덕적 비판'에 대해서는 더 이상 언급하지 않겠다. 이들이 여기서 문제로 되는 것은 본원적 축적을 이해하는 한에서이다.

이들에 의하면 토지조사사업 등의 일련의 과정은 본원적 축적이라고 할 수 없으며, 오히려 그것은 식민지 지주제를 창출함으로써 전근대적 관계를 강화한 것으로 이해되거나, 또는 식민지에서 본원적 축적은 '어디까지나 제국주의자들을 위한 과정일 뿐'이라고 한다. 이 교수가 명시적으로 말한 것처럼(이에 대해서 '봉건파'적 입장을 갖는 사람들은 대부분 동의한다), 그것을 반봉건적 토지 소유라는 전근대적 관계를 강화해 가는 것으로서 파악할 때, 이는 우선 토지조사사업 등 일련의 과정이 갖는 객관적 의미 ── 부분적으로는 앞의 장 교수도 '불가피하게' 인정할 수밖에 없던 ── 는 물론 본원적 축적과정에 대한 논리적·역사적 이해의 결여를 보여 주고 있음을 분명하게 알 수 있다. 이러한 것에 대해서는 이제까지 전개해 온 우리의 논지를 검토했다면 쉽게 이해할 수 있을 것이다.

그러한 몰이해를 자신있게 강변할 수 있는 것은 소위 '반봉건제'에 대한 자의적 정의라는 주관주의에 그 기초를 두고 있다. 이런 자의적 정의는 식민지 조선의 농업에서 보이는 지주-소작관계를 해석할 수 있는

---

141) 같은 책, 354쪽. (강조는 인용자)

틀을 당시 상황에 근거하여 '새로이' 구성해 놓고는 그 틀이 실제로 역사적으로 증명되는 것인 양하는 실용주의적 주관주의의 순환논리에 불과하다. 이들은 봉건적 사회구성체나 자본주의사회구성체의 필연적 기초에 대해서, 그리고 본원적 축적이 갖는 경제적 내용에 대해서 별로 관심이 없으며, 토지조사사업 등의 '사업'이 경제적으로 어떤 역할을 하였고 그 결과 창출된 새로운 노동자의 존재양식은 어떠한가 등에 대해서도 별로 검토해 보지 않는다. 단지 그들이 정의한 '반봉건제의 봉건적 본질'이 확인된다고만 주장할 뿐이다. 이들은 '봉건적 임노동자'라는 개념을 만들어 낼지도 모르는 일이다.

또 장 교수처럼 토지조사사업 등이 '불가피하게' 민족자본 형성을 위한 어느 정도의 객관적 조건을 만들어 주었다 해도 그것은 민족자본 창출을 위한 과정이 아니었다고 하는 데서도 읽을 수 있는 것은 본원적 축적을 단지 민족자본의 형성과정으로만 파악하고 있다는 것이다. 이들의 이론 속에는 생산수단, 노동자 및 비노동자의 제 관계가 설 땅이 없다. 따라서 불가피하게 인정하는 것이 겨우 민족자본 형성의 객관적 조건이 어느 정도 만들어졌다는 정도인 것이다.

장 교수는 또한 미야지마宮嶋가 한국에서 본원적 축적의 계기를 토지조사사업에서 구하는 데 대해 반대하면서, 전혀 '논리적이지 못한' 그리고 전혀 타당하지 않은 비판을 하고 있다. 미야지마에 의하면 "이조시대를 통하여 성장해 온, 농민의 자기 노동에 기초하는 소유가 근대의 지주제하에서 결정적으로 부정되고, 경영자로서의 성격을 상실해 가는 소작농은 생산수단에서 분리된 존재로서의 성격이 주된 것이었다".[142] 이 논거 중의 하나는 지주가 소작인에 대해 적극적으로 개입한다는 것이었다. 이에 대해 장 교수는 "일제하의 소작농 중에서 토지경작에 기초하는 농민으로서의 성격보다 임노동수입에 기초하는 농민으로서의 성격이 더 강한 존재가 발견되는 것은 사실이지만" 그것은 조그만 불행에 지나지 않고 "대부분의 소작농은 오히려 자기의 책임과 계산하에서 농업경영을 하는 존재로 파악된다"고 한다. "따라서 일제하의 소작농은 생산수단에서 분리된 존재로서가 아니라 오히려 식민성과의 상호규정 속에서 성립한 반봉건적 지주–소작관계라는 특질을 갖는 성격으로 이해"할 것을 강변하고[143] 있다.

여기서 미야지마가 파악한 소작농이 일부인가 대부분인가는 논외로 하더라도, '생산수단으로부터 분리된 노동자'에 대해 올바르게 이해한다면 이러한 존재가 말 그대로 존재할 수 있다는 것이 무엇을 의미하는지는 명확하다 할 것이다. 양적으로 늘어가는 것, 그것에 관해서는 맑스식으로 표현하면 "기다리다 보면 좋은 일도 있는 법이다". 어쨌든 여기서 분명한 것은 장 교수가 본원적 축적에 대해 완전히 오해하고 있다는 것이다. 일국 내에서 내재적으로 진행된 것이든 외부의 충격과 강제에 의해 행해진 것이든 본원적 축적의 본질은 동일하다.

한편 다른 하나의 경우에는 오히려 문제가 좀 덜하나, 분명히 혼동의 가능성을 내포한 채 개념이 협소하게 왜곡되어 지나치게 넓게 사용되고 있다.

1, 2차 경제개발계획의 총량적인 성공에도 불구하고 양적인 계획목표 달성과 차관에 의한 자본축적에의 참여를 위한 무원칙한 차관도입 경쟁은 일부 관료자본의 경제외적인 원시적 축적[본원적 축적]을 가능하게 하면서는 광범한 부실기업을 낳게 된다.

142] 宮嶋博史, 앞의 논문, p.43.
143] 장시원, 앞의 논문, 40쪽.

부실기업의 광범한 발생과 도산, 그리고 이의 성업공사를 매개로 한 싼 값의 불하는 한국 자본주의에서 그간에 일련의 자본의 본원적 축적에 또 다른 자본의 본원적 축적의 계기, 즉 부실기업에의 참여에 의한 자본의 본원적 축적이라는 자본 상호 간의 수탈에 의한 축적과정을 가져 오는 것처럼 보였다. ……72년에 소위 8·3조치 …… 이것은 한국 자본주의의 역사에서 또 하나의 자본의 원시적 축적[본원적 축적]의 계기로 된다.[144]

이러한 주장에 당면해 우리는 상당히 당황하지 않을 수 없게 된다. 한국 자본주의의 역사에서 본원적 축적과정은 대체 몇 번이나 있었던 것이며 또 앞으로는 몇 번이나 더 남았는가? 아니면 자본주의의 역사는 '끊임없는 본원적 축적과정의 역사'로서 파악되어야 하는가? 그렇다면 대체 자본주의의 **전사**로서 본원적 축적의 의미는 무엇인가?

박 선생이 본원적 축적기를 1910~1924년(또는 1919년) 정도로 보고 있음은 주지의 사실이다. 그럼에도 불구하고 이처럼 본원적 축적의 계기를 계속 설정하고 있는 것은 무슨 이유에서인가? 이는 본원적 축적을 '경제외적 계기로 인한 자본의 일시적 축적의 기회' 정도로 보고 있기 때문이다. 이를 표현하기 위해 박 선생은 본원적 축적 앞에 '자본의'란 관형어를 계속 붙이고 있는 듯하다. 그러나 이 역시 본원적 축적에 대한 오해에서 기인한다. 본원적 축적은 자본주의의 출발점으로서 **자본관계** 형성·발전의 제 전제를 창출해 내는 과정을 의미한다. 따라서 앞에서 본 것

144) 박현채, 「한국 자본주의 전개의 제 단계와 그 구조적 특징」, 『한국경제구조론』, 일월서각, 1986, 45~46쪽.
　　김형기 교수의 다음 논지도 참조. 김 교수는 본원적 축적을 토지조사사업 등에 대해서 구하면서도 다음과 같이 쓴다. "1950년대에는 본원적 축적의 제1과정, 즉 무산자의 임노동자로의 전화는 크게 제한되고 있었다." 이렇게 되면 '제1과정'은 자본주의화에 따라 계속 진행되고 제2과정은 그것이 흡수되는 계기마다 확인할 수 있게 될 것이다().

처럼 이는 무엇보다도 "생산의 대상적 제 요인인 Pm과 그 주체적 요인인 A 자체를 분리시키는 과정"인 것이다. 따라서 이는 "자본주의의 전사"를 이루는 것이고, 말 그대로 **자본관계의 "발생적"**ursprüngliche **축적**인 것이다.[145] 화폐나 자금이 어떤 계기로 형성된다든지 부실기업 등을 접수한다는 것은 이미 생산된 가치가 그 소유권자를 이전하는 것뿐으로서, 이는 흔히 자본의 집적이나 집중(특히 집중)으로 표현된다. 몰락하는 자본을 대자본이 흡수하는 것은 자본주의사회의 어디에서나, 특히 공황기에는 무수히 나타나는 것이고, 이는 자본의 발생적 축적도 아니며 더욱이 관계로서의 자본, 다시 말해 자본관계의 '발생적' 축적이 아닌 것은 자명하다 할 것이다.

한편 정성진 교수는 주변에서의 본원적 축적이 중심에서와 '다르게' 진행되며, 이에 따라 자본주의의 기본법칙, 예를 들면 자본-노동의 양극화 경향, 가치법칙 등등이 '수정'되면서 관철된다고 한다. 그러면 '정 교수의' 본원적 축적론은 대체 어떠한 것인가?

중심에서는 자본-노동으로의 양극화과정에서 양극화 그 자체가 본원적으로 발생했다. 자본관계의 본원적 발생, 즉 원시적 자본축적 과정은 주지하듯이 가치법칙의 관철에 의한 소상품생산자의 양극분해라는 경제적 과정과 유혈적·폭력적 방법에 의한 자본관계의 강제적 창출이라는 경제외적 과정으로 구성되어 있다. 그런데 중심에서의 원시적 자본축적의 기본과정은 그 경제적 과정이었다. 즉 중심에서 원시적 자본축적은 폭력적인 경제외적 과정을 수반하면서도 기본적으로는 가치법칙

---

145) 예를 들면 '본원적 축적'이나 '원시적 축적'이나 모두 ursprüngliche Akkumulation의 번역어인데 어의상 전자가 더 적합하다. 왜냐하면 ursprüngliche는 Ursprung(본래 이는 원천, 기원, 근원, 기초 등의 뜻이다)에서 연원하는 것으로서 자본관계의 발생의 전제라는 의미에서 '발생적인' 이란 뜻으로 해석해야 할 것이기 때문이다.

의 관철을 기초로 한 경제적 과정에 의존한 것이었다. 가치법칙의 관철에 의한 소상품생산자의 몰락, 이들의 보다 우월한 생산조건을 갖춘 소상품생산자에의 임금노동자로의 고용, 이를 통한 자본관계의 초기적 발생, 바로 이것이 중심자본주의 발생과정 축도라고 할 수 있다.

……

그런데 주변에서의 자본관계의 본원적 창출의 기본선은 중심과는 달리 원시적 자본축적의 경제외적 과정이었다. 주변에서 자본관계는 기본적으로 주변이 제국주의에 폭력적으로 통합되는 과정에서 발생하였다. 물론 주변에서도 제국주의에 통합되기 이전에 자본주의의 맹아가 존재했던 지역이 있었다. 그러나 이러한 자본주의 맹아는 제국주의에 통합되는 과정에서 철저하게 말살되었다.[146]

여기에서 우리는 '실재로부터 해방된' 개념을 본다. 대체 이러한 (중심에서의) 본원적 축적개념은 무엇에, 그리고 어디에 근거한 것일까? 본원적 축적을 자본관계의 발생으로 본 것은 타당하다. 그러나 그것이 '가치법칙의 관철에 의한 양극분해'로 인해, 또 폭력적인 방법으로 창출된다는 것은 대체 무엇을 의미하는가?(우리는 이것에 대해 주지하고 있지 못하다.) 본원적 축적이 중심에서는 정말로 경제적 과정을 기본으로 진행되었던가? 그리고 그 다음에 그려 놓은 축도는 과연 중심자본주의 발생의 축도인가?

여기에서 양극분해라는 '경제적 과정'이 자본주의적 관계를 발생시킨다는 것은 정치경제학적 전제 위에서 보면 지극히 자가당착적이고, 따라서 전도된 '축도'를 그릴 수밖에 없게 한다. 왜냐하면 양극분해에는 이

---

146) 정성진, 「제국주의와 주변자본주의」, 『오늘의 책』 5호, 1985, 37~38쪽.

미 자본-임노동관계가 전제되어 있는 것이고, 이때 분해되는 소생산자도 자본주의적 관계 위에서 존재하는 **근대적** 계급이기 때문이다. 오히려 양극분해는 노동과 소유의 분리를 전제로 해서만 있을 수 있는 것이고, 따라서 '노동생산물과 노동 그 자체', 즉 생산의 대상적 요인과 그것의 주체적 요인의 분리를 전제로 하여 나타나는 본원적 축적과정의 결과인 것이다.

가치법칙에 의해 본원적 축적이 진행한다는 것은 그것이 경제적 과정으로서 진행된다는 것과 동일한 말인데, 이는 역사적으로도 논리적으로도 있을 수 없는 일이다. 정 교수와 같은 특수주의자들이 주변과는 너무도 멀리 떨어져 있는 것으로 생각하는 고전적 자본주의 또는 중심자본주의의 전형이며, 소위 '그저 원리론'(고전원리론이 이미 아니다)의 모델로 되고 있는 영국에서의 본원적 축적의 진행과정에서조차 그러한 일은 일어나지 않았다. 오히려 그곳에서 나타났던 것은 소위 '토지의 강제적 수탈', '피의 입법' 등이고 '노예제'의 근대적 부활(또는 노예제와 자본주의의 접합?) 등이다. 만약 정교수가 그가 말했던 사실들을 발견했다면 그는 '없는 것'을 볼 수 있는 탁월한 능력 —— 소위 '징후발견적 해독력' —— 을 갖고 있음에 틀림없다(현대에 있어 이 능력의 본산이며 수출지는 프랑스이며 그들의 교황은 아직도 신부들을 키워 내고 있다). 오죽하면 맑스는 다음과 같이 쓰고 있을까?

대체로 유럽에서의 임노동자들의 은폐된 노예제도는 신세계에서의 노골적인 노예제도를 발판으로 필요로 했던 것이다. 자본주의적 생산양식의 '영구적 자연법칙'〔이것이 가치법칙이다〕을 낳기 위해서는, 즉 한편의 극에서는 사회적인 생산수단 및 생활수단을 자본으로 전화시키고, 다른 한편의 극에서는 인민대중을 임노동자, 즉 자유로운 '노동빈민'──이것은 근대사의 제작물이다──으로 전화시키기 위해서는 이러한 수고가 필요하였다. 만약 화폐라는 것이 오지에Augier의 말처럼 '얼굴에 자연적인 핏자국을 묻히고 이 세상에 나온 것'이라면 자본은 머리끝부터 발톱까지 모든 털구멍에서 피와 오물을 흘리면서 이 세상에 나오는 것이다.[147]

혹시 매뉴팩처 등에 의한 자본주의적 관계의 '경제적 발생'을 생각하고 있다면 이 역시 착각이다. 그러한 것이 부분적으로 자본주의적인 성격을 가지고 있는 것은 사실이지만, 그 자체가 아직은 자본주의의 근간이 될 수는 없는 것이었고, 더욱이 자본주의적 관계를 창출해 가는 것으로는 될 수 없었다. 이것이 자본주의적 관계 위에 서기 위해서는 폭력적인 A와 Pm의 분리과정Scheidungsprozeß이 그 전제로 되어야 했다. 그리고 이러한 분리과정은 **전면적으로** 행해지지 않으면 안 되었다. 왜냐하면 그 과정이 부분적인 것인 한, 그것은 토지의 부속물인 노동자를 다른 토지 소유자에게 넘겨 주는 것으로 되고 말기 때문이다. 이러한 분리과정의 결과로 생겨난 무산자──아직은 흡수되지 못한 무산자들을 붙잡아두기 위해서 "15세기 및 16세기 전반에 걸쳐 서유럽 전체에서 방랑죄에 대하여 '피의 입법'이 행하여졌던 것"이고,[148] 이것은 일부에서는 18세기까지도 남아 있었다.[149]

이러한 과정이 경제적 과정을 기본으로 해서 행해진다는 것은 그 신부들의 '성경'에나 나올 말이다. 따라서 정 교수의 축도는 전혀 지을 수 없는 건물의 설계도처럼 완전히 그릇된 관점의 주관적 생산물에 불과하

---

147) *Das Kapital*, Bd.1, SS.787~788.
148) ibid, S.762.
149) ibid, SS.762~770 참조. S.765에서는 프랑스와 네덜란드의 예가 나오는바, 프랑스에서는 17세기의 예를 들고 있다.

며, **이에 대비해서 제시되는** 주변부의 특수성 또한 전혀 근거가 없는 것임은 명백하다.[150]

이러한 논의에 기초하여 처음의 문제로 되돌아가자. 우리는 앞에서 두 가지의 문제를 제기한 바 있었다. 즉 반봉건제를 봉건제의 본질이 온존된 채 틀만이 바뀐 것으로 이해해야 하는가? 그리고 그러한 반봉건제의 개념이 일제하 조선 및 한국사회에 적용될 수 있는가?

이제까지의 논지에 의하면 봉건제의 본질이 보존되는 반봉건제라는 개념은 별로 타당성이 없다고 결론지을 수 있다. 반봉건제라는 개념이 완전히 자본주의적인 관계로 발전해 가는 과정에서 나타나는 지주-소작관계를 지칭하는 서술적 개념으로 사용되지 않고, '타협적 재편' 등으로 인해 봉건제의 본질이 잔존되고 있다는 의미에서의 반봉건제라고 사용될 경우, 그리하여 '반자본제'와는 완전히 상반되는 것으로 사용된다면, 이는 새로이 발명해 낸 개념으로 스스로의 발을 묶고 눈을 가리는 결과로 귀결될 것이라는 것이다. 다시 말해 반봉건제는 본질적으로 봉건제가 아니라, 오히려 **본질적으로는 자본주의적**이라고 할 수 있다. 그것은 소위 '반봉건적 토지 소유'가 형상상으로는 지주-소작관계를 취함에도 불구하고 그때의 소작농은 이전의 봉건적 부역농민이라는 존재와는 본질적으로 상이한 것으로서, 생산수단(특히 토지)으로부터 분리되고 경제외적 강제에서 벗어나 있다는 의미에서 이미 봉건제를 탈각한 자본주의의 전제로서 존재하는 '자유로운 노동력'의 소유자라는 것이다. 따라서 그것은 '반자본제'라는 의미와 동일하게 사용될 수 있다. '봉건파'가 주장하는 '반봉건제'는 일제하 조선에 대해서는 물론 여타 대상에 대해서도 적용될 수 없다.

---

150) 이외에도 민정우 씨와 같은 방식의 지극히 '독특한' 이해방식도 있다. 이에 대해서는 이 장의 주 29를 보라.

더욱이 '반봉건제'의 '반'에 강조점을 찍으면서 이는 '세계사적 규정성'을 의미한다느니 하고 강변하는 주장은 이미 '대지'를 떠난 것이다. 이는 내적인 발전법칙에 대한 부정을 담고 있으며, 필연적으로 구조주의적 함정으로 나아간다. '식민성'과 '반봉건성'이 해괴하게 결합되어 **서로를 강화하면서 재생산한다.** '식민지사회구성체론'은 이 논리의 귀결점 —— 이 과정에서 무수하게 많은 무원칙한 절충이 행해진다 —— 을 보여 주는 것이다.

그렇다면 일제하 조선 농업부문에서의 생산관계는 어떻게 파악되어야 하는가? 다시 말해 '반봉건적'제 현상에 대해서 대체 어떻게 이해해야 할 것인가?

앞에서 제시된 봉건제와 자본주의에 대한 논의에 기초해서 기존의 연구성과를 검토해 볼 때, 토지조사사업 및 임야조사사업 등 1910년 이래 일본에 의해 행해진 제 사업이 조선에 있어서 본원적 축적을 수행한 것으로 평가된다. 그것은 식민지화 이전에 조선사회에서 발전되어 온 소유제 관계에 근거하여 토지와 농민 간의 본원적 결합을 해체함으로써 근대적(부르주아적) 토지 소유관계를 확립하였으며, 이에 따라 직접생산자였던 농민들은 그들의 경작권을 상실하고 —— 이는 소작계약으로 대체되며 그 실질적인 권한은 지주에게 돌아간다 —— 새로운 형태의 소작농으로 되어간다. 이는 소작농들이 토지와의 본원적 결합에서 분리된 상태로 되어감을 의미하고, 나아가 '식민지적 농정'과 식민지의 상업적 농업이 발전해감에 따라 지주의 경작지 개입이 심해지게 되며, 그와 함께 이들은 경영자로서의 성격을 점차 상실해 생산수단으로부터 분리된 근대적 '노동빈민'으로 되어간다. 이런 의미에서 이상의 일련의 과정을 조선에 있어서 본원적 축적과정으로 보는 것은 전적으로 타당하다.

문제는 이렇게 생산수단에서부터 분리된 존재가 어째서 근대적 임

노동자로 되지 못하고(물론 근대적 임노동자로 되는 부분은 존재하며 그 수
또한 점차 증대한다) 소작농의 형태로 남아 있느냐는 것이고, 자본주의화
되었다면 의당 진행되었어야 할 계급분화·분해가 '진행되지 않고' 지
주-소작관계가 증대하는가 하는 것이다.

　　이에 대해 논의하기에 앞서 잠깐 앞에서 장시원, 이대근 교수의 문제
제기에 대해 언급하고 넘어가자. 그들은 토지조사사업을 단지 '제국주의
자들을 위한 과정'이었다고 하면서 '조선 경제의 자본주의화 계기'로 보
는 논리에 반대했었다. 이는 '제국주의자들을 위한 과정'과 '조선 경제의
자본주의화'를 추상적으로 대립시키는 데서 나오는 주장이다. 대체 '제
국주의자를 위한 과정'이란 무엇인가? 식민지경제화인가? 식민지경제화
는 그럼 어떤 것을 말하는가? 그것은 자본주의화와 대립·배척하는가?
일제의 원료공급지와 상품수출지〔소위 '미면(米綿) 교환체계'〕화인가? 그
것은 자본주의화에 대립하는가? 토지조사사업은 그를 위해 대체 무슨 역
할을 한 것인가?

　　이들이 '제국주의자를 위한 과정'과 '조선 경제의 자본주의화'를 대
립되는 것으로 파악하는 것은 제국주의에 대한 몰이해에 근거한다. 왜냐
하면 제국주의의 가장 중요한 특징의 하나는 자본수출인바,[151] 이를 위해
서는 식민지에 대해 상품시장은 물론 노동시장을 창출할 것이 요구된다.
따라서 직접적 생산자를 그의 본원적 생산수단으로부터 강제적으로 분리
해내는 작업이 필연적으로 요구된다.[152] 이것이 조선에서 엄청난 비용을

---

151) Lenin, "Imperialism, the Highest Stage of Capitalism", *CW*, Vol.22, pp.240~245.
152) 맑스는 자본주의에 있어서도 이러한 재편이 자본의 논리에 내포되어 있다고 본다. *Das Kapital*, Bd.1, SS.741~761
또 『자본론』, 2권 제1장(화폐자본의 순환)에서는 다음과 같이 쓰고 있다. "자본주의적 생산의 기초조건이 만들어 내는
이러한 조건─즉 임노동자계급의 현존(Dasein einer Lohnarbeiterklasse)─은 모든 상품생산으로 하여금 자본주의
적 상품생산으로 이행할 것을 요구한다. 이러한 자본주의적 상품생산이 발전함에 따라서 그것은 모든 낡은 형태의 생
산─주로 직접적인 자기욕구에 입각하고 있으며 생산물 중의 과잉분만을 상품으로 전화시킬 뿐인 모든 낡은 형태의
생산에 대해서 파괴적이고 분해적인 작용을 한다. 자본주의적 상품생산은 우선 생산물의 판매를 주요한 관심사로 하

들여 토지조사사업 등을 굳이 행한 이유이고 실제로 이들 제 사업을 통해 조선 경제는 본원적 축적이라는 본질적 변환기를 맞게 되는 것이다. 따라서 제국주의자들은 '자신의 이익을 위하여' 조선 경제를 자본주의화시킬 계기를 마련했던 것이고, 여기에는 하등 문제 될 것이 없다. 물론 이것이 제국주의의 반동성을 필연적으로 야기시키는 바이긴 하지만.[153]

이제 다시 중심적 문제로 되돌아가자. 어째서 지주-소작관계가 '증대되는가?' (이는 일시적이다! 실제로 1930년대 공업화 이후 그 비율이 감소한다) 바꿔 말해 어째서 '반봉건제'란 말이 필요했으며, 그것을 우리는 어떻게 이해해야 하는가?

이미 우리는 이 시기 소작인이 본질적으로 근대적 계급이라고 하였던바, 이들은 '반¥프롤레타리아트'로서 개념 지어질 수 있다. 왜 이들은 근대적 프롤레타리아트로 되지 못했으며, 반¥프롤레타리아트는 증대되었는가? 그것은 '봉건파'의 주장처럼 발전법칙이 '특수'해서도 아니며 봉건적 본질이 남아 있어서도 아니다. 또 일부 논자의 주장처럼 식민성에 의해 재생산되고 강화되는 반봉건성 탓도 아니다. 그것은 단지 **적체된 것**에 불과하다. 반프롤레타리아트의 수가 줄지 않고 오히려 느는 것은 토지에서 축출된 사람들이 **아직** 프롤레타리아화하지 못한 상태에서 늘어나기

고 있어서 처음에는 외견상으로는 생산양식 자체를 공격하지 않는다. 이는 예를 들면 중국인이나 인도인, 아라비아인 등의 제국민에 대해 자본주의적 세계시장이 끼친 최초의 영향이 그러했던 것과 마찬가지이다. 그러나 그 다음에 그 자신의 뿌리를 내린 곳에서 그것은 생산자의 자기 노동에 입각하든가 또는 단지 과잉생산물만을 상품으로 판매할 뿐인 상품생산의 모든 형태를 파괴한다. 자본제적 상품생산은 처음에는 **상품생산을 일반화**하고 그 다음에는 점차 상품생산을 **자본주의적 상품생산**으로 전화시킨다."(*Das Kapital*, Bd.2, S.41~42, 강조는 인용자) 여기서 자본주의적 상품생산이(토지로부터 분리된) **상품화된 노동력**에 기초하고 있음은 말할 것도 없다. 그리고 이를 위해서는 직접생산자를 토지로부터 분리시키는 작업이 강행되어야 함은 말할 것도 없다. 다시 말해 자본수출을 통한 착취에는 '본원적 축적의 강행'이 전제되며, 이것이 토지조사사업 등을 필연화하는 것이다. 여기서 확인되는 또 하나의 사실은 『자본론』과 『제국주의론』이 갖는 연속성이다.

153) 이에 대해서는 마키 사네히코(眞木實彦), 『제국주의론』, 박민 역, 한울, 1986의 역자 후기 「 『제국주의론』과 한국사회 분석의 몇 가지 문제』의 제2절을 참조(특히 303~304쪽).

때문이며, 이들이 반‡프롤레타리아트로 남아 있는 것은 이들을 흡수하여 프롤레타리아트로 전환시킬 자본주의적 산업이 **아직** 발달하지 않고 있기 때문이다. 이에 대해 맑스는 다음과 같이 말한다.

> ……충격적·강력적 토지수탈에 의하여 축출된 사람들, 이 의지할 곳 없는 프롤레타리아트〔여기서는 토지에서 분리된 무산자를 의미한다―인용자〕는 그들이 세상에 나오는 것과 같은 속도로 신흥 매뉴팩처 속으로 흡수되기는 불가능하였다.[154]

왜냐하면 토지수탈에 의해 토지로부터 분리된 사람들을 창출하는 과정은 필연적으로 일시적·전면적일 수밖에 없으며, 반면 신흥의 자본주의적 산업이 발전하는 것은 완만히 진행될 수밖에 없기 때문이다.[155] 이러한 이유로 인해 그 같은 과도기에 있어서 서구에서는 소위 '피의 입법'이 20여 년 동안 존재하였던 것이다. 소위 '피의 입법'이란 토지로부터 분리된 채 아직 임노동자로 흡수될 수 없었던 사람들이 부랑자로 되는 것을 피로써 금지시켰던, 그리하여 임노동자의 풀pool을 강제로 유지하고자 했던 부르주아지의 법적 장치에 불과했다. 이 경우 근대적 무산자들이 이러한 형태로 나타났던 것은 여기서는 수탈된 토지가 양의 방목장 등과 같이 이들을 별로 필요로 하지 않는 형태로 귀결되었기 때문이다.

---

154) *Das Kapital*, Bd.1, S.762.
155) 더욱이 후진자본주의국에서 자본주의 초기에 지주경제체계가 상당한 기간 잔존하며 자본주의화가 급속히 진행되지 않는 것(물론 이렇다 해도 영국보다는 빠르다)은 내생적인 자본주의적 생산의 제 조건이 결여되어 있고 지주경제가 완전히 파괴되지 않기 때문이다. 어쨌든 "자본주의 경제는 즉시 나타나지 않으며 코르베(corvée)도 즉시 사라지지 않는다."(Lenin, "The Development of Capitalism in Russia", *CW*, Vol.3, pp.193~194)
"독립적이고 지도적인 힘으로서 자본이 농업에 이처럼 유입되는 것(Dieser Eintritt des Kapitals als selbständiger und leitender Macht in den Ackerbau)은 한꺼번에 전체 생산부문에서 일어나지 않으며, 오히려 점진적으로 특수한 생산부문(in besondren Produktionszweigen)에서 일어난다."(*Das Kapital*, Bd.3, SS.809~810)

한편 식민지 조선에 있어서 수탈된 토지는 다시 직접생산자를 필요로 하였고, 그에 따라 일단 토지로부터 '분리'된 사람들이 소작계약을 매개로 다시 토지를 경작하게 되었던 것이며, 그리하여 이들은 소작농 또는 부분적인 소작농(자소작농) 등의 반半프롤레타리아트라는 형태로 적체되게 되었던 것이다.[156] 이것은 보편법칙이 식민지 조선에서 관철되는 특수한 방식이었으며(보편과 개별의 통일: 보편의 특수화!) 이런 의미에서 소작농은 반근대적 계급이라고 할 수 있는 것이다.

이러한 형태 자체에 매몰됨으로써 특수성 자체를 별도의 보편으로 만들어 아시아 또는 식민지에서 나타나는 '특수한'('고유한'으로 읽으라!) 보편법칙으로 '발전' 시킨 것이 이제까지 검토한 봉건파적 '반봉건제'였던 것이다. 이들이 식민지에서의 본원적 축적은 그 성격을 달리한다고 하면서 보편법칙 자체를 수정하려 한 것은 이러한 맥락에 맞는 '새로운' 법칙을 발명해 내기 위해서였던 것이다. 소위 '반봉건적 토지 소유론'을 '성립' 시키기 위해 고타니小谷가 행했던 엄청난 왜곡은 이러한 발명에 레닌의 도장을 찍기 위해서였던 것이다.

레닌은 『러시아에서 자본주의의 발전』에서 이와 비슷한 양상으로 진행되었던 러시아 농촌에서의 농민분화에 대해 기술하는 가운데 농민의 토지임차를 두 가지로 구분하고 있다. 즉 하나는 '이윤확대'profitable expansion를 위한 것이고 또 하나는 생존을 위한 '절박한 필요'out of dire need 때문이라는 것이다.[157] 전자가 자본주의적 차지농이라고 한다면 후자는 명백히 식민지 조선에서 지배적으로 존재하던 반半프롤레타리아트이

---

156) 이와 비슷한 양상이 러시아에서도 발견되는데, 앞에서 인용한 것처럼 레닌이 '분여지를 갖는 임노동자'로서 반(半)프롤레타리아트가 모든 자본주의국에 일반적이라고 했던 것은 이러한 이유에서였다. 이에 대한 구체적 인식을 위해서는 『러시아에서 자본주의의 발전』이 도움될 것이다.

157) Lenin, ibid, p.200. 이러한 구분도 없이 모든 소작농을 그저 '차지 일반'으로서 자본주의적 차지와 비교하는 것이 얼마나 터무니없는 것인가!

다. 그리고 바로 이러한 '절박한 필요' 때문에 발생하는 차지가 잔존하는 부역체계의 근간을 이루는 것이고, 식민지 조선의 경우에는 농촌에 있어서 전근대적 제 관계의 토대를 이루는 것이다.

자연경제 및 중농의 붕괴가 심화되면 될수록 부역체계는 자본주의에 의해 더욱더 활발하게 구축될 수밖에 없다. 따라서 당연하게도 부농은 부역체계의 토대로서 간주될 수 없다. 왜냐하면 농민으로 하여금 최악의 보수를 받으면서 그 자신의 경작에 대해 파괴적인 역할을 하는 일을 할 수밖에 없도록 하는 것은 바로 [이러한] '절박한 필요'이기 때문이다.[158]

여기서 이러한 '절박한 필요'에 의해 최악의 조건에서도 분여지分與地를 경작할 수밖에 없는 존재가 곧 반프롤레타리아트이다. 이에 대해 레닌은 다음과 같이 쓰고 있다.

다른 새로운 유형의 농촌 거주자는 농촌프롤레타리아트rural proletariat, 즉 분여지를 갖는 임노동자계급the class of allotment-holding wage-labourer이다. 이것은 빈농에 해낭하며 여기에는 토지를 선혀 갖지 못한 존재도 포함된다. 그러나 러시아 농촌프롤레타리아트의 가장 전형적인 대표층은 분여지를 갖는 농업노동자, 날품팔이日用노동자, 비숙련노동자, 건축 노동자 혹은 여타의 분여지를 갖는 노동자이다.[159]

158) ibid, p.207.
159) ibid, p.177.

또한 토지나 생산수단을 '소유'한 사람들이 어떻게 자본주의적 존재일 수 있는가, 혹은 토지로부터의 해방이 그처럼 '불완전한' 사람들이 어떻게 자본주의적 존재인가라는 문제에 대해 그는 이미 답한 바 있다.

그들〔소위 '인민의 벗'〕은 자본주의 —— 아직 비교적 낮은 발전수준에 있는 자본주의는 그 어디에서도 노동자를 토지로부터 완전하게 분리시키지 못한다는 사실을 알지 못한다.[160]

그러나 이러한 반프롤레타리아트는 실제로 토지에 긴박된 존재가 아니고, 따라서 '흡수지'가 있으면 당연히 이동이 가능한 존재이며, 이는 자본주의적 발전에 따라 현실화한다. 30년대의 공업화 이후 식민지 조선에서 소작농의 비율이 줄어드는 것은 이것이 현실화하고 있음을 보여 주는 것이며,[161] 이는 부역체계 또는 전근대적 관계의 점진적 해체 가능성을 의미한다. 즉 "자본주의적 임금노동의 발전은 바로 부역체계의 뿌리를 제거해 버린다. 다음과 같은 연관, 즉 농민분화와 자본주의에 의한 부역체계의 제거 사이에 존재하는 연관을 극복하는 것은 지극히 중요한 일이다."[162] 이러한 '반봉건적' 유제로서의 부역체계 해체의 **가능성**은 자본주의적 관계의 발전과 봉건유제에 반대하는 **계급투쟁에 의해 현실성으로 전화**한다. 이것이 자본주의사회구성체였던 당시의 러시아나 식민지 조선에서 반봉건反封建의 과제나 민주주의적 변혁의 핵심대상으로 되었던 이유이다.[163]

---

160) *PF*, p.209.
161) 김홍상, 「8·15 이후 한국 농업의 전개과정과 소작제 : 한국 자본주의의 발전과 관련하여」, 서울대 석사학위논문, 1987, 21쪽. ; 김홍상 외, 『한국 자본주의와 농업문제』, 아침, 1986, 59, 164쪽 참조.
162) Lenin, "The Development of Capitalism in Russia", pp.208~209.

그런데 1930년대 들어 식민지 조선에서 소작농의 비율이 감소하게 되나 그것은 매우 완만하게 진행된다. 이런 이유로 인해 '새 법칙'의 고안자와 그 추종자들은 스스로의 틀에 대해 별로 의심하지 않아도 되었다. 그러나 이 또한 소위 '새로운 (특수)법칙'에 기인하는 것이 아니다. 이것은 당시 공업화를 수행한 자본이 대부분 일본의 독점자본이 수출된 것으로서 그 자본 및 생산의 집적·집중정도가 매우 높았음으로 인해[164] 그 자본의 수입량에 비해 그것에 의해 흡수될 수 있는 노동력 인구의 수는 적었기 때문이다.

이러한 이유로 인해 공업화의 진행에 비해 소작농의 프롤레타리아화정도, 즉 소작농 인구비율의 감소 정도는 상대적으로 더욱 완만할 수밖에 없었던 것이다. 이것은 농촌에서 봉건적 제 관계가 계속 잔존하게 된 또 하나의 요인이며, 이러한 이유로 인해 봉건적 잔재는 농촌에서의 계급투쟁 발전에 대한 제약으로 계속 남아 있었다.

또 한편 이렇게 적체된 반프롤레타리아트의 과잉은 지대율을 매우 높은 정도로 유지하는 것을 가능하게 하였으며, 이는 농업에 있어서 새로운 생산방법의 채용 및 자본주의적 관계의 발전을 저해하는 요인으로 되고, 그리하여 반봉건적 유제의 해체를 저지하는 요소로 된다.

그리고 이러한 고지대율과 낮은 생산력수준은 식민지적 상업적 농업이 그토록 발전함에도 불구하고 그것이 자본주의적 경영으로 발전하는 것을 저지한다.

---

163) Lenin, "The Agrarian Programme of Russian Social‑Democracy"(1902), *CW*, Vol.6의 제2절을 보라.

164) 이에 대해서는 권영욱, 「일본 제국주의하의 조선의 노동사정 : 1930년대를 중심으로」, 도비타 유이치 외, 『1930년대 민족해방운동』, 편집부 편역, 거름, 1984를 참조. 레닌은 「제국주의론」에서 다음과 같이 쓰고 있다. "기업이 대규모적인 것일수록 노동은 더욱더 생산적이기 때문에 생산이 집적[집중]은 노동자의 집적[집중]보다 훨씬 급속하게 진행된다."(*CW*, Vol.22, p.177) 따라서 집적·집중의 정도가 높은 자본일수록 동일한 자본량에 대한 노동력의 흡수 정도는 급속히 저하한다.

이상의 제 요인이 근본적인 생산양식의 재편에도 불구하고 자본주의적 관계로의 급속한 전화를 늦추고 농촌에 반봉건적인 잔재들을 광범위하게 잔존시킨 조건이 된다. 즉 그것이 보편법칙의 특수적 관철(보편의 특수화!)을 규정하는 조건이었다. 이리하여 당시 식민지 조선의 혁명운동에 있어서 반反봉건의 과제는 반反제국주의의 과제와 함께 민주주의적 변혁의 내용을 구성하게 되며,[165] 이것이 당시 사회의 특수성 —— 보편과 개별의 통일! 보편의 특수화! —— (의 일부)을 '반봉건제'에서 발견하게 되는 근거인 것이다. 그리고 이때 반봉건적 잔재를 제거하는 것은 직접생산자가 그것의 기초인 반半프롤레타리아트로서, 소작농으로서 지주에 매여 있는 관계를 철폐하는 것, 다시 말해 농민의 계급투쟁에 의한 토지혁명으로써 농민적 토지 소유를 확립하는 것(또는 아메리카적 길)으로 되었던 것이다.[166]

이런 의미에서 우리는 보편으로서 자본주의사회구성체라는 규정을 식민지 조선에 적용시키면서 또한 동시에 특수로서 (식민지)반봉건사회론을 식민지 조선에 적용시킬 수 있는 것이며, 이렇게 볼 때에만 양자의 연관은 보편법칙에 근거한 올바른 구체성을 획득하게 된다. 다시 말해 봉건제의 본질을 탈락한 것으로 파악하는 한 '반봉건제'는 전체 사회의 자

---

165) 이것이 자본주의사회구성체의 기본모순에 기초한 올바른 주요모순의 개념에 해당한다. 마오의 저서에 대한 훈고학적 결론인 기본모순=주요모순은 주요모순이란 개념의 무용화와 폐기에 지나지 않으며, 또한 기본모순에 대한 혼동을 야기한다(민정우, 앞의 글을 보라).
166) 이상과 같은 관점에 설 때 식민지 조선에 있어서의 혁명운동과 민족해방운동, 노동운동, 농민운동의 구체적 연관을 각각의 정확한 위상 속에서 볼 수 있다. 반제반봉건의 과제가 민족해방운동과 민주주의적 변혁의 내용을 규정하며, 그 중심은 당연히 당시 주요모순의 직접적 담지자인 노동자와 농민의 동맹으로 되고, 그 근저에는 기본모순에서 도출되는 프롤레타리아트의 헤게모니가 놓이게 되는 것이다. 식민사회(구성체)론에서는 노동운동이나 프롤레타리아 헤게모니가 이해될 수 없으며 주력 역시 농민에서 찾게 된다(이는 식민사회가 자본주의사회구성체임을 부정하는 한 마찬가지로 적용된다. 그렇지 않은 경우는 식반사회론과는 '무관하게' 덧붙여질 뿐이다). 다른 한편 봉건유제의 해체과정과 자본주의적 발전과정에 대한 이러한 인식방법은 반봉건(反封建)이라는 민주주의적 변혁의 과제가 어떻게 변화해 나가는가를 볼 수 있게 해준다. 이에 대해서는 다음 기회에 상술할 수밖에 없을 것 같다.

본주의사회구성체적 규정과 전혀 모순되지 않으며, 오히려 그런 한에서만 '반봉건제'는 **전체** 속에서 올바른 의미에서의 특수성을 포착하는 것으로 된다.

물론 여기에서는, 식민성이라는 문제는 추상되어 있어서 논의가 일정한 한계를 가질 수밖에 없었다. 이 또한 식민지 조선에 있어서 자본주의사회구성체적 발전과의 연관 속에서 파악해야 하며, 이럼으로써 식민지반봉건사회로서의 특수성을 포착한다는 것의 의미도 분명해질 수 있을 것이다. 그러나 이에 대한 논의는 제국주의론에 대한 일정 정도의 이해를 전제로 한 위에서 파악해야 하므로 그것은 다음에 별도의 기회를 빌려야 할 것으로 생각된다(이런 의미에서 이 논문은 완결된 것으로 볼 수 없다).

여기서 '반봉건제'를 특수성으로 파악한 것의 계급적 의미를 분명히 해보면, 그것은 식민지 조선에서의 특수성을 보편법칙의 전제 위에서, **전체 사회와의 연관 속에서** 분명히 함으로써 당시 전략의 핵심문제인 계급동맹의 과제를 선명하게 할 수 있고, 동시에 당면한 변혁의 구체적 내용을 명확하게 파악할 수 있었던 것이다. 그러나 여기서 마지막으로 재삼 강조하고 넘어갈 것은 이러한 특수성의 포착의 근저에는 자본주의사회구성체적 보편성, 계급분해의 일반성이 깔려 있는 것이고, 이것이 전체 사회 제 부문과의 연관 속에서 파악될 때 특수성을 포착하게 한다는 사실이다.

4. 토대와 상부구조의 문제: 국가의 존재와 본질에 대하여

이제까지 우리는 사회구성체론 및 그것의 원칙적 제 문제에 관하여 현재 문제가 되고 있는 것, 또는 논쟁 가운데에서 논점으로서 제기된 것에 대해 논의해 왔다. 이러한 논의에 기초하여 우리는 사회구성체론에 관한 또 하나의 문제를 중요한 원칙의 하나와 더불어 검토해 보고자 한다.

그 문제는 다음과 같다. (신)식민지에는 국가가 존재하는가? 그 국가는 토대와의 일정한 조응관계에서 벗어나 비조응하는 것으로서, 또는 '탈구', '전치'dislocation된 상태로 존재할 수 있는가? 이때 상부구조는 토대와 조응한다는 사적 유물론의 기본원칙은 '이제는 더 이상 옳지 않은 것'으로서, 또는 '식민지에서는 적용되지 않는 것'으로서 폐기될 수 있는가?[167] 그렇지 않으면 '식민지'라는 규정은 '토대와 상부구조가 조응하지 않는'[168] 이행 또는 과도기에 대한 규정인가?

우선 토대와 상부구조의 '조응'에 대한 문제를 살펴보자. 여기서는 소위 '상대적 자율성'이라는, 무척이나 모호한——이 역시 알튀세르의 '공적'이다——용어로써 '수정주의자' 및 '공식주의자'의 비난을 피하고 있으나 사적 유물론과는 상당히 거리가 있는 '새로운 국가론'[169]에 대해서 언급할 생각은 없다. 또한 역사적 발전, 특히 자본주의의 단계 변화와 그에 따른 이론의 발전은 전혀 무시한 채 엥겔스마저도 맑시즘에서 추방시켜 '극단'의 교조적 형태로 극단의 수정을 합리화하는 소위 '국가 도출론'에 대해서도 언급할 생각이 없다. 왜냐하면 그것들은 모두 그 고유의

---

167) 한신학보 기획부, 「올바른 변혁이론의 정립을 위하여」, 『한신학보』, 1986년 11월 3일자 ; 주익종, 「식민지반봉건사회론에 대한 검토 : 한국 근대사에 관한 논쟁을 중심으로」, 1987, 12쪽.

168) 이런 식으로 "이행기에는 일반적으로 토대와 상부구조가 조응하지 않는다" 라는 명제를 사적 유물론에 밀수입하는 경우가 매우 많다[예를 들면, 호시노 아쓰시(星埜惇), 『사회구성체[이행]론 서설』, 최현 역, 사계절, 1984, 26~27쪽]. 여기서 한걸음 더 나아가 "일반적으로 토대와 상부구조가 비조응상태에서 접합되어 있을 수 있다" 는 명제가 버젓이 맑스의 가면을 쓰고 나타나는 경우도 비일비재하다[예를 들면 알튀세르, 발리바르 등의 구조주의자, 히라노 요시타로(平野義太郎) 등의 일본 강좌파와 이것의 극단화로서 고타니 히로유키(小谷汪之)류의 논리]. 그러나 이들의 이러한 논리는 그들이 정태적 시각과 형이상학적[반(反)변증법적] 개념으로써 토대의 '접합'을 '발견할 수' 있었던 것처럼 조응이란 말을 즉자적으로, 직접적으로 일치하는 것으로 파악하여 그 개념이 갖는 동태성——우리는 이미 이와 비슷한 경우를 소위 '전일화'의 예를 통해 충분히 입증했다——을 분쇄해 버린 덕분임은 말할 것도 없다.

169) 대표적인 것으로는 Nicos Poulantzas, *Political Power and Social Classes*, NLB, 1973(『정치권력과 사회계급』, 조형제 외 역, 풀빛, 1986); Bob Jessop, *The Capitalist State*, New York University Press, 1982(『자본주의와 국가』, 이양수·이선용 역, 돌베개, 1985), 이들의 국가론은 대개의 경우 그람시(A. Gramsci)에 그 이론적 연원을 두고 있는데, 그에 따라 그람시 스스로 겪어야 했던 정치적 패배의 경험까지 수용할 수밖에 없었던 듯하다. 『옥중수고』에 연원하는 국가론은 그것이 아무리 '옥 밖에서' 만들어졌다 해도 '옥중'의 경험이 과대하게 반영되었으리라는 것은 분명하다. 이것과 구조주의가 '접합'(이런)될 수 있었다는 사실은 그 '접합의 연관'이 어떠한 것이었는가를 생각하게 해준다.

난삽함으로 인해 '다행히도' 별로 영향을 미치지 못하고 있다고 생각되기 때문이다——아직도 그의 연구자들만이 '론' 속에서 헤매고 있다. 한국 사회에 대한 연구에서 문제가 되는 것은 토대와 상부구조의 '괴리'(이는 구조주의자의 용어를 빌려 쓴 것이다)인데, 이는 대개 일본에서 수입된 것이다. 일본의 강좌파 이론, 신강좌파 이론은 구조주의의 접합이론과 매우 유사한 틀을 갖고 있는데, 여기서는 직접적으로는 한국에 직수입된 것을 대상으로 하여 후자의 문제점도 동시에 지적할 수 있을 것이다.

우선 토대와 상부구조의 '괴리', '탈구'의 가능성이 전면적으로 지적되고 그리하여 현실적으로 가능한 것으로 비화되는 것은 '이행기' 또는 '과도기'가 문제로 되면서였다. 즉 '이행기' 또는 '과도기'에는 토대와 상부구조가 조응하지 않는다는 것이다. 예를 들어보자. 신강좌파의 거두인 호시노 아쓰시星埜惇는 다음과 같이 쓰고 있다.

…… 이 사회구성체의 질은 결국에는 경제구조에 있어서의 질=규정적 경제제도만이 그것을 나타내고 있다고 할 수 있다.

그러나 뒤에서 문제로 되는 사회구성체의 이행기에 있어서는 오히려 경제구조의 질과 정치적 상부구축[상부구조]의 질이 역사적 본질에서 종종 어긋나는 경우가 일반적이다. 예를 들면 영국의 부르주아혁명(정치적 상부구축의 변질, 부르주아적 정치제도의 규정성 성립)과 산업혁명(경제구조의 변질, 부르주아적 경제제도의 규정성 성립) 사이의 실로 1세기에 걸친 기간의 사회구성체에는 기본적으로 정치적 상부구축의 역사적 본질이 부르주아적이고, 경제구조 그것은 아직 봉건적=반봉건적이라는 사태가 존재한다.[170]

170 이 호시노 아쓰시, 앞의 책, 26~27쪽.

이렇게 말하면서 그는 이것을 봉건적 사회구성체도 아니고 자본주의사회구성체도 아닌 '과도적 사회구성체'(이런!)라고 한다.[171] "비극은 이렇게 막이 오른다!" 이것이 더욱 확대되는 것은 고타니小谷를 보면 확인된다.

······ 자본주의, 제국주의에 의해서 지배되거나 종속된 식민지·반식민지에서는 토대에 조응하여 상부구조가 형성되는 것이 아니다. 거꾸로 상부구조에 의해 토대 쪽이 규정된다. 따라서 주요한 생산관계(반봉건적 토지 소유)에 의해 상부구조의 성격까지 표현하는 것은 전도된 인식이고, 오히려 토대에 규정성을 미치고 있는 상부구조의 성격을 별도로 표시하는 것이 옳다고 생각된다.[172]

이리하여 그는 식민지시대의 사회를 '식민지반봉건사회구성체'라고 '체계화'한 "귀중한 연구성과"[173]를 낼 수 있었던 것이다.

따라서 '이제는' 식민지사회를 굳이 토대와 상부구조가 일치하는 사회로 볼 '필요'가 없어졌으며, 이 위에서 그 뿌리를 의식하든[174] 의식하지 않든 간에[175] '토대와 상부구조의 조응'이란 '강박관념'은 폐기되고, 이론은 그 '족쇄'로부터 해방된다(이런!). 접합이론 및 구조주의적 '자율성론' ── 즉 토대와 상부구조의 '탈구', '괴리', '접합' ── 이 '무리 없이' 수입되었던 것은 이러한 인식에 힘입은 바 매우 크다.

---

171) 같은 책, 27쪽.
172) 小谷汪之, 「近代におけるアジア社會」, p.334. 이와 비슷한 내용은 고타니 히로유키, 「(반)식민지반봉건사회구성의 개념규정」, 장시원 편역, 『식민지반봉건사회론』, 한울, 1984, 349~351쪽 참조.
173) 장시원, 같은 책, 41쪽.
174) 같은 책, 41쪽.
175) 이는 한국에서의 국가와 그 토대 간의 관계를 설명할 때 종종 출현하는데, '최근의' 식민지반봉건사회론이 말하는 **반봉건적** 파시즘의 신이론도 이에 속한다.

이제까지의 논의에 동의해 온 독자라면 직관적으로 이러한 논리가 그릇된 것임을 인식할 수 있었을 것이다. 그리고 무엇 때문에 이러한 황당한 '연구성과'가 나왔는지도 대개는 포착했으리라고 본다. 그러나 이를 좀더 명확히 인식할 필요가 있다. 이제 좀더 이 '해방자'의 정체를 살펴보자.

무엇보다도 이러한 인식에 공통되게 흐르는 것은 변화와 발전이라는 운동 속에서 대상을 동태적으로 인식할 능력의 결여로 야기되는 정태적 도식주의이다. 사회구성체는 일정한 토대(또는 '경제구조')와 그에 조응하는 상부구조의 결합체라는 정태적 도식으로 된다.[176]

예를 들어 부르주아적 '경제구조'에 부르주아적 '정치구조'가 결합해 있어야만 자본주의사회구성체라는 것이고, 그렇지 않은 것은 '과도적 사회구성체'라는 것이다. 여기에서 드러나는 것은 '조응'이란 곧 일치된 상태로 파악되고 있다는 것이다. 따라서 부르주아적 경제구조는 존재하지만 '별로 부르주아적이지 않은' 정치구조가 그것과 공존할 때, 그것은 '토대와 상부구조의 괴리·비조응' 등으로 '개념화'되는 것이다. 그리고 이러한 상태라고 '생각되는' 모든 사회에 이러한 '괴리·탈구·비조응'을 일반화시키는 것이다.

그러나 우리는 앞에서 특수성에 대해 논하는 절에서 변증법적 유물론 및 사적 유물론에 기초한 모든 과학은 변화와 발전과정 속에서 그 발전과정 자체를 포착해야 한다고 논했었다. 그리고 오해되고 있는 것의 일례로서 소위 '전일화'에 대한 장황한 논구를 행한 바 있다. 즉 '전일화'는 '한 종류의 모두 일치된 어떤 **상태**'를 지칭하는 것이 아니라, 말 그대로 '모든 영역에 질적 지배력을 갖는 관계가 확대되고 침투되어 전체가 점차

---

176) 이를 솔직하게 보여 주는 대표적인 것은 역시 호시노 아쓰시, 앞의 책, 16쪽 또는 138쪽.

하나로 **되어 가는 과정**'이라고 했던 것이다. 이러한 인식방법은 '토대와 상부구조의 조응'이란 문제에도 마찬가지로 적용된다(전일화에는 이러한 '조응'도 포함되는 것이다). 즉 질적인 지배력을 갖는 생산관계가 정치적·법적·이데올로기적 제 영역으로 침투·확대되어 가면서, 그것들을 자신의 안정성을 담보하는── 다르게 표현하면 계급지배를 유지하는── 재생산기구로 변화시켜 가는 과정이 곧 '토대와 상부구조의 조응'인 것이다. 우리는 이러한 예를 이미 영국에서의 전일화과정, 특히 공장입법의 확립과정에서 볼 수 있었다.[177]

또 '조응하다' entsprechen란 말 자체도[178] 이러한 동태성을 담고 있다. 물론 어원학적 회상에 빠질 필요는 없지만 위의 내용을 보다 명확하게 이해하기 위해서 entsprechen이란 말에 대해서 살펴보는 것은 도움이 된다. entsprechen은 '나타나다'라는 의미를 갖는 sprechen과 '생성, 발전, 변질 또는 어떤 상태로의 이동'을 나타내는 접두사 ent가 결합된 것으로 보통 '~에 상응하다', '~에 조응하다'로 번역되지만, 그 내용상으로는 '~을 나타내는 상태로 변화됨', '~에 상응하는 상태로 변화됨'을 의미한다. 즉 entsprechen 자체가 동태적인 의미가 강조되고 있는 말인 것이다. 그리고 '그 위에 법적·정치적 상부구조가 성립하는erhebt 바의 현실적 토대'라고 할 때, erheben 또한 원래 '일으키다', '높이 올리다'

---

177) 이에 대해 보다 구체적으로 파악하기 위해서는 『자본론』 1권의 8장(영역본은 10장)을 참조하라. 앞에서 호시노(星野)가 이해하고 있는 영국에서의 자본주의화과정은 그 내용에 있어서도 그릇된 것임을 잠시후 알 수 있을 것이다.

178) "Vorwort", *Zur Kritik der politischen Ökonomie*(『정치경제학 비판』의 서문)에서 이에 해당하는 부분의 원문은 다음과 같다. "In der gesellschaftlichen Produktion ihres Lebens gehen die Menschen bestimmte, notwendige, von ihrem Willen unabhängige Verhältnisse ein, Produktionsverhältnisse, die einer bestimmten Entwicklungsstufe ihrer materiellen Produktivkräfte entsprechen. Die Gesamtheit dieser Produktionsverhältnisse bildet die ökonomische Struktur der Gesellschaft, die reale Basis, worauf sich ein juristischer und politischer Überbau erhebt, und welcher bestimmte gesellschaftliche Bewußtseinsformen entsprechen."(*MEW*, Bd.13, S.8)

등의 동태적 의미를 내포하고 있는 것이다.

이상에서와 같은 변증법적 발전의 틀을 놓치고 조응을 '일치된 상태', 즉 토대-상부구조의 정태적 도식에 '비추어 볼 때' 적합한 상태로 간주하게 되는 것은 사회구성체의 형성·발전이라는 동태적 의미를 전혀 파악할 수 없게 하며, 그에 따라 수많은 '과도기'를 상정하게 되고, 그리하여 '비조응'도 가능하게 되어 '괴리·탈구'로 일반화되었던 것이다.[179]

더욱 한심한 것은 이런 '일반 이론'을 제시하는 호시노의 논거와 그가 사회구성체의 이행을 파악하는 '질과 성질의 변(糞!)증법'이다. 그에 의하면 부르주아적 경제제도의 규정성이 1세기 이전에 부르주아적 정치구조가 성립한다고 한다. 그렇다면 부르주아적 정치구조는 대체 무엇 때문에 성립하는 것인가? 하늘에서 떨어지다 나뭇가지에 먼저 걸리고 나중에 '땅으로' 내려와서 그 '규정성을 세우는' 것인가? 이는 부르주아적 경제제도의 규정성에 대한 '개성 있는' 정태적 파악과도 관계가 있다. 대체 부르주아적 경제제도가 산업혁명 이후 성립한다는 것은 무엇을 기준으로 해서 말하는 것인가?[180] 이러한 점이 갖는 오류에 대해서는 이미 앞 절에서 논의한 바 있으므로 여기서는 더 이상 언급하지는 않겠다. 하지만 이

---

179) 호시노 아쓰시(星埜惇) 등의 정태적 도식에 의해 이행기를 파악하게 될 때 일반적으로 상이한 상·하부, 예를 들면 자본주의적 상부와 봉건적 하부가 그려질 수밖에 없을 것이고, 이것이 '이행기의 과도적 사회구성체'가 된다. 여기에 이미 모든 '불행'이 다 내포되어 있다.

180) 이는 자본주의의 '확립'을 분명히 하겠다는 생각에서 소위 '확립'의 제 지표를 창출해 내려는 시도의 결과이기도 하다. 이는 강좌파의 성전(聖典)인 야마다 모리타로(山田盛太郎)의 『日本資本主義分析』에서 제시되는 것이며, 이에 따라서 '확립'에서만 자본주의의 경제제도를 확인할 수 있을 뿐이라는 생각이 이러한 '부르주아적 경제제도 없는 부르주아 상부구조'라는 인식을 가능하게 했던 것이다. 이러한 견해가 식민지 조선이나 한국은 자본주의가 아니라는 주장의 근저에 깔려 있는 것이다(장시원 교수의 논문, 「한국 근대사에 있어서 '식민지반봉건사회론'의 적용을 둘러싼 이론적, 실증적 제 문제」(1987)는 이를 명시적으로 보여 준다[17, 19~20쪽]).

맑스는 자본주의의 '지배'를 여러 가지 의미로 점점 심화시키면서 사용하는데, 대표적인 것만 보면, 앞서 본 것처럼 상품생산유통관계의 자본제적 상품생산으로의 전화, "산업자본이 사회를 정복하는 정도"(Das Kapital, Bd.2, S.56.)에 의해 표현되는 지배력을 논하고 있다. | 1아가 지배외 안선은 자본주의적 생산양식의 전 사회적 규모화로서, 이는 농촌생산자의 임노동자화에서 확인된다고 한다(ibid., SS.111~112). 동태적으로 자본주의를 이해한다면 이것은 오히려 당연한 것이다. 따라서 '확립'의 지표를 찾으려는 시도는 필연코 정태적 유형론으로 된다.

견해가 명백히 맑스의 그것과는 상반된다는 것만은 지적할 필요가 있을 것이다.

맑스는 '자본주의적 생산양식의 출발점이 되는 축적', 즉 본원적 축적에 대해 쓰면서 다음과 같이 말한다.

> 영국에서 농노제는 14세기 말경에는 사실상 소멸되었다. 인구의 압도적 다수는 당시, 그리고 15세기에는 더욱 현저하게 자유로운 자영농민들——그들의 소유가 어떠한 봉건적 간판에 의하여 은폐되어 있다고 하더라도——로서 구성되어 있었다.[181]

> 자본주의적 생산의 최초의 단서는 이미 14세기 및 15세기에 지중해 연안에 위치한 약간의 도시에서 잠재적으로 나타나고 있었지만, 자본주의의 시대는 16세기부터 비로소 시작된다. 자본주의의 시대가 출현하는 곳에서는 농노제의 폐기가 그보다 훨씬 이전에 완성되어 있었고, 또한 중세의 정점인 자치도시souveräne Städte의 존립도 벌써부터 사멸하고 있었다.[182]

이러한 토대상의 변화가 전 영역에 점차 지배적인 것으로 되는 과정 속에서 부르주아혁명도 나타나는 것이고, 이것이 전일적 지배를 확립하게 되는 것, 그리하여 누구도 자본주의사회구성체임을 '인정'할 수밖에 없는 것이 산업혁명 이후인 것이다. 자본주의적 경제제도가 산업혁명 이후 성립한다는 주장은 일본에서의 이행이 고전과는 상이한 유형으로서

---

181) *Das Kapital*, Bd.1, SS.744~745.
182) ibid., S.743.

파악되어야 한다고 주장하는 강좌파적 논리를 내세우기 위한 왜곡에 불과하다.

호시노 등은 이것이 질과 성질에 대한 오해의 소산이라고 할지도 모르겠다.[183] 그러나 호시노가 대단한 것처럼 내세우는 질과 성질의 이론은 이미 변증법의 '크림'이 모두 걷힌 사이비변증법이다. 일단 사회구성체 및 그 이행의 이론을 질과 성질의 변증법 또는 규정성 등의 개념만으로 설명하려는 것 자체가 변증법적 제 개념의 구체적 위상에 대한 무지의 소산이다.

질이나 성질이 문제가 되는 것은 그것이 현존재Dasein : 규정된 존재라는 뜻이다의 규정성Bestimmtheit이 문제가 되는 곳에서였고, 이때 질Qualität은 현존재의 규정Bestimmung과 성질Beschaffenheit의 통일로 파악된다.[184] 그런데 이 전부는 아직 즉자적 상태, 직접적 상태에 머물러 있는 것으로서, 헤겔 논리학의 제1부(객관적 논리학) 제1권(존재론) 중에서도 제1편(규정성, 질)의 2장의 일부이다. 즉 아직 '반성'되기 이전의 상태, 그리하여 대상의 본질이 파악되고 그 **본질과 통일적으로 파악되는 존재의 변화**가 인지되기 이전의 상태이며, 단지 어떤 대상, 즉 규정된 존재Dasein ——그저 '있음'이라는 것으로만 파악되는 공허한 존재Sein, 그리하여 실제로는 무Nichts를 의미하는 공허한 존재에서 바로 한 걸음 더 나아간 위치 ——가 문제될 뿐인 위상에서 파악된 '규정성'일 뿐인 것이다.

이러한 수준에서 머무는 한, 한 사회의 변화를 합법칙적으로 설명할 수 없음은 명확하다. 이는 최소한 변화 속에서도 자기동일성을 잃지 않는 본질(법칙), 그러나 또 스스로 변화됨으로써 전체를 변화시키는 그러한

---

183) 호시노, 앞의 책, 22~25쪽.
184) 헤겔, 『대논리학 I』, 임석진 역, 지학사, 1983, 119~120, 125~129쪽.

본질의 파악을 전제하는 것이고, 그 위에서 변화의 형태나 양식의 구별 또한 요구하는 것이며, 이는 필연적으로 보편과 특수라는 개념의 변증법 도 요구하는 것이다. 이러한 전제적 인식에 '근거할 때에만' 성질의 변화 가 질의 변화(즉 규정성 자체의 변화)를 의미하는 것인지 아니면 단지 외 적인 성질의 변화에 불과한지를 파악할 수 있다. 그리고 이러한 변화가 내용-형식이라는 연관 속에서의 변화인지 질료-형식 또는 본질-형식이 라는 연관 속에서의 변화인지도 구별할 수 있는 것이다.

한마디로 호시노의 '변' 증법에 따르면 본질적인 것과 비본질적인 것 의 구별조차 전혀 이루어질 수 없으며, 모순이 자기동일성을 견지하면서 그 형태를 변화시켜가는 사회구성체적 발전은 전혀 포착될 수 없다.[185] 그 는 오히려 질을 지배적인 규정성, 본질적인 성질로 간주하며,[186] 성질은 그렇지 않은 것으로 파악한다. 그 결과 자본주의사회구성체의 토대(즉 자 본주의적 경제구조)의 **질을 자본주의적 경제제도**라고 하며, **비자본주의적 경제제도를 성질**이라고 하여 질과 성질을 **완전히 분리·대립**시키고 있는 바, 이리하여 사회구성체(이행)론은 '질' 과 '성질' 이라는 두 개의 잠자리 채를 휘둘러 이것저것을 마구 잡아 '접합' 시키는 정태적인 곤충채집 **표본 으로**[187] 되고 마는 것이다. 그것은 발전의 변증법, 즉 가능성에서 현실성 으로, 개별에서 보편으로, 우연에서 필연으로 등등의 합법칙적 발전에 대 한 변증법이 질과 성질이라는 규정성의 **엉터리** '변' 증법의 그물을 통과한 결과물이다.

'토대-상부구조의 조응' 문제와 관련하여 언급할 또 하나의 변형태는 '국가'를 하나의 실체로 간주하여 '국가'가 '계급'에 대해 지배적 규정력을 행사한다는 식의 '신' 이론이다. 더욱이 1945년 이후 한국에서 '국가가' 행사한 막대한 제 영향력에 대해 설명하려는 많은 사람들이 이러한 논지를 빌리고 있음은 주지하는 바일 것이다. 혹자는 이를 위해 '국가 우클라드'를 발명해 냈고,[188] 혹자는 '국가자본주의구성체'와 '국가부르주아지'를 창조했다.[189] 혹은 국가를 관리하며 특혜를 주는 '관료'를 실질적인 지배자로 보기도 한다.[190] 페트라스J. Petras는 "신식민주의(외부지향적 팽창)에서 국가자본주의로의 전환을…… 개시하고 조종하는 핵심 계층은 민간 및 군부출신의 국가관료들이다"라고 한다.[191] 한마디로 '국가가' 제 계급에 대한 규정력을 행사한다는 것이요, 따라서 토대가 상부구조를 규정한다는 원칙은 이제는 더 이상 맞지 않게 된다는 것이다. 정말로 그러한가?

이는 모든 것을 현상 그 자체만으로, **직접적으로** 파악하기 때문에 가능했던 '발견'이었다. 이렇게 파악하게 되면 모든 형태의 국가개입으로부터 국가를 실체로 간주하게 된다. 그것은 어쩌면 당연하다. 정책, 국가개입, 이들은 모두 '직접적으로는' 국가가 행하는 것이니까. 그런데 영국이나 일본, 미국은 그렇지 않은가? 이리하여 '실체로서의 국가'라는 환상에 빠지게 된다. 이제 "그런데 하필이면 왜 그러한 정책 내용을 쥐하는가?"라는 질문이 던져져야 한다.

한 나라의 국가기구의 직접적 관리자가 누구이며 어느 계급에 속하

---

188) 혼다 겐키치(本多健吉), 『제3세계 국가자본주의론』, 조용범 역, 한울, 1984.

189) James Petras, *Critical Perspectives on Imperialism and Social Class in the Third World*, Monthly Review Press, 1979 ; 페트라스, 「국가자본주의와 제3세계」, 김호진 편역, 『제3세계의 정치경제학』, 한울, 1984, 351, 352쪽. 페트라스의 계급 개념 및 분석틀도 베버적임을 확인할 수 있을 것이다.

190) 위의 이론은 대개 이 점을 공유한다. 이외에도 소위 '종속적 관료독점자본주의론'도 이런 입장을 취한다.

191) 페트라스, 『제3세계의 정치경제학』, 338~339쪽.

고 있는가보다도 더 근본적이고 일차적인 의미를 갖는 것은 국가기구를 통한 제 정책이 어떤 계급의 이해에 부합되는 것인가 하는 점이다. 그리고 관료 등이 개인적으로 어느 계급 출신인가는 그 국가기구 전체의 행동 메커니즘이나 정책내용에 별로 영향을 끼치지 못한다(그리고 실제로는 그러한 지배계급이 개인적인 관리자들을 규정하며, 여타 계급 출신의 개인들에 대해 개인적으로 포섭하여 끌어들인다. 예를 들어 국가기구에 들어온 군인들이 대부분 자본가로서 역할을 함은[192] 물론 개인적으로도 부르주아화되는 현상은 이를 잘 보여 준다[193]).

다시 말해 자본주의사회에서 계급과 국가의 관계를 올바로 파악하기 위해서는 직접적인 정책의 입안자나, 개별 자본과 국가 간의 관계 등에 제약되어서는 안 되며, 오히려 총자본의 이해, 또는 전체 자본가의 계급이해라는 수준에서 이해해야 한다(물론 독점자본주의 단계라면 독점자본의 계급이해가 문제가 될 것이다). 예를 들어 5·16쿠데타는 독점자본가가 직접 조종했다고 하지 않더라도 정확하게 독점부르주아지의 이해를 대변했던 것이었다. 그것은 무엇보다도 경제적·정치적 위기 속에서 탈출해 사회를 재편하고자 하는 독점부르주아지의 계급이해를 반영하며, 이것이 보다 명확해지는 것은 1961년 이래의 소위 '경제개발계획'이었다. 경제개발계획이 군부에 의해 또는 국가기구에 의해 수행되었다 해서 그것의 근저에 있는 실체가 군부 또는 국가라고 한다면 그것이 왜 그러한 내용으로 되어야 했는가는 전혀 이해할 수 없게 될 것이다.

따라서 국가와 계급 간의 관계를 옳게 포착하기 위해서는 토대가 상부구조를 규정한다는 원칙을 확고하게 견지해야 하며, 국가의 개입행위

---

192) 이 경우처럼 국가기구 내의 관리자, 고위 군인들도 기능적 자본가로 간주된다. 서관모, 『현대 한국사회의 계급구성과 계급분화』, 한울, 1984, 22~25쪽.
193) 이는 고위 군인들이 예편 후 무엇을 하는가를 보면 쉽게 예증된다.

나 정책 그 자체와 그것의 주체로서 국가라는 **직접적 연관**에서 벗어나 국가의 그것들이 대체 무엇을 매개하는가, 어떤 계급의 이해를 관철시키는가를 이해해야 한다.

두번째로 식민지에 있어서 국가의 존재문제를 고찰해 보자. 이러한 문제에 대해 올바로 파악하기 위해서는 계급사회와 국가존재 및 본질에 대한 정확한 이해에서 출발해야 한다. 또 이에 덧붙여 문제의 혼돈을 피하기 위해서는 두 가지 구별이 필요할 것이다.

그 하나는 '나라'와 '국가'라는 개념이다. '나라'는 무엇보다도 '국경'에 의해 구분되는 사회적·경제적 단위를 의미한다. 반면에 '국가'는 주지하다시피 한 나라의 전체적인 지배기구로서, 기본적으로 그 나라의 지배계급의 이해에 입각해 있다. 물론 국가를 나라와 동일한 '용어'로 사용하는 경우가 많다는 것은 인정하며[194] 그러한 용어적 사용을 굳이 막을 생각은 없다. 그러나 그러한 일상용어 때문에 '개념적 이해' 또는 과학적 분석상에 혼란이 남아 있는 경우가 있기 때문에 이때는 '국가'라는 말을 나라와 구별하여 엄밀하게 규정할 필요가 있다는 것이다. 그리고 그럼으로써 강조되지 않으면 안 될 것은 국가란 무엇보다도 지배계급의 계급지배를 그 본질로 하는 기구이고, 지배계급의 이해를 대변하며 피억압계급을 착취하는 수단이라는 것이다.[195]

---

194) 이처럼 '나라'라는 단위와 '국가'라는 기구가 혼용되어 사용되는 것은 부르주아사회에서 그 객관적 기초를 발견할 수 있다. 부르주아시대에 있어서 부르주아지의 이해에 근거하여 각각의 나라마다 소위 '민족국가'가 건설되고, 이러한 통일화운동이 그 나라 내에서 하나의 국가를 건설하는 것으로 귀결되었음은 주지의 사실이다. 이러한 민족국가형성을 위한 통일운동은 독일과 이탈리아, 일본 등지에서 전형적으로 보인다. 그리하여 하나의 나라를 지칭하는 것이 그 나라의 지배계급의 국가를 지칭하는 것으로 이해되었던 것이다.

195) Lenin, *State and Revolution*, CW, Vol.25, pp.393~398.
이러한 국가론은 소위 '도구주의적 국가론'으로서 비난받아 왔으며, 현대의 유럽에서는 이를 '극복'(?)했다고 자처하는 '매우 다양한'(그렇다 다양하다!) 국가론들이 생산되고 있다. 그런데 한국에서는 현상조차도 '분명한' 사실을 '어려운' 이론으로 치장하고 변형시키려는 시도가 옳은 이론의 일부라고 볼 수 없다. 언제 한국의 국가기구가 ─ 물론 있다고 한다면 ─ 국민의 동의를 얻은 '헤게모니 기능'을 일부라도 행한 적이 있는가? 불행한 것은 한국의 많은 사회과

또 하나의 구별은 '국가'와 '민족국가'간의 구별이다. 이 구별의 근저에는 국가의 본질과 그 기능 간의 구별이 있다. 이 구별은 "어떤 나라에 있어서 국가기구를 지배하는 세력은 누구인가?" 하는 문제와 연관되어 있다. 국가는 그것이 토대로 하고 있는 지배계급의 총체적 이해를 관철시키는 기구라고 할 때, 그것은 그 기능상 두 가지 측면을 갖는 것으로 간주된다. 하나는 대내적으로 계급지배의 제 조건을 만들어 가는 것이고, 다른 하나는 대립하는 여타 나라(또는 공동체, 종족 등일 수도 있다)와의 관계 속에서 대외적으로 지배계급의 이해를 관철시키는 것이다.[196] 자본주의사회에서 이것은 더욱 명확해지며, 그런 의미에서 자본주의사회의 국가는 '민족국가'를 이룬다. 즉 대내적으로는 계급지배와 착취도구라는 **내적 기능**을 수행하면서, 또한 대외적으로는 여타 나라의 지배계급에 대해 자신의 이해를 '민족적 이해'의 형태로 관철시키는 **외적 기능**을 수행해야 하는 것이다. 이러한 양자의 기능을 동시에 수행할 때 이를 '민족국가'라고 한다.

이에 대해 좀더 자세히 논의해 보자.

학도들이 이러한 '상대적 자율성'의 열병을 앓고 있는 것이다.

현실과의 긴장관계 속에서 도출되는 필요불가결한 문제의식 없이 새롭고 '천재적인' 이론이라면 일단 수용해 보려는 자세는, 어려운 것은 모두 아카데미즘으로서 배척하는 것보다도 문제가 더 심각하다. 물론 현상을 현상으로서만 파악하는 것도 올바른 것이 아니지만 있지도 않은 현상을 억지로 발견하여 어려운 이론, 복잡하고 다양한 이론으로써 설명하려는 시도는 현실대상과 인식대상을 양분하여 인식대상의 '복잡한 연구'가 현실대상과 일치할 것이라는 구조주의적 독단론에 힘입어 아직도 득세하고 있다. 이러한 독단론은 현실세계를 인식대상의 복합으로 보려고 한다는 점에서 세계는 감각복합이라고 주장한 극단의 주관적 관념론의 일종임이 명백하다. 그들의 선조는 버클리(Burkley), 마흐(Mach), 아베나리우스(Avenarius) 등은 물론 20세기 초의 마흐주의자들에게서도 발견된다. 단지 이들은 극단의 유아론으로부터 탈출하기 위하여 버클리의 '신'이나 마흐, 아베나리우스의 '원리적 동격' 대신에 '구조의 효과'(effect of structure)를 도입한다는 것뿐이나, '구조의 효과'란 솔직하게 쓰면 '신의 계시'와 별로 다를 것 없다. 이에 대해서는 Lenin, *Materialism and Empirio-Criticism, CW*, Vol.14 참조(알튀세르가 이 저서를 '새로이', '징후발견적으로' 해독한 것은 이 책이 담고 있는 논리가 자신에 대해 무엇을 의미하는가를 알고 의도적으로 행한 것 같다(알튀세르, 「레닌과 철학」, 김학노 편역, 『레닌』, 녹두, 1985). 이 해석이 레닌의 본래의 말을 정신병자의 그것으로 보고 그 이면에 감춰진 무의식을 징후발견적으로 해독한 것임은 말할 것도 없다.

196) 녹두편집부, 『세계철학사 III』, 녹두, 1985, 162~163쪽.

우선 국가의 본질에 대해 좀더 명확하게 해둘 필요가 있다. 그럼으로 써만 **국가의 존재 여부** 문제와 **민족국가의 존재 여부**의 차이가 보다 분명해 질 것이며, 양자의 연관을 구체적으로 이해할 수 있기 때문이다.

국가에 대한 고전적 정의는 다음과 같다.

국가는 외부로부터 한 사회에 강요된 권력이 아니며, 또한 마찬가지로 헤겔이 말하는 바 '인륜성의 이념의 실재' 나 '이성의 상 및 현실태' 도 아니다. 오히려 그것은 특정한 발전단계에 도달한 한 사회의 산물이다. 그것은 이 사회가 스스로는 풀 수 없는 모순에 말려 들어갔음을 보여 주는 것이며, 또한 그것이 〔스스로는〕 일소할 능력이 없는 화해할 수 있 는 적대진영으로 분열되었음을 용인하는 것이다. 그러나 서로 상충하 는 경제적 이해를 갖는 이러한 적대진영, 이들 제 계급은 그들 스스로 및 〔그 사회들이 존재하고 있는〕 사회를 결실할 수 없는 투쟁 속에서 소 비해버릴 수는 없으며, 그에 따라 하나의 권력, 즉 사회의 위에 서 있는 것처럼 보이며, 그 갈등을 약화시키고 그것을 '질서' 의 틀 속에 유지시 킬 수 있는 하나의 권력이 필요해진다. 사회에서 나와서 스스로를 그 사회 위에 정립시키며, 그것으로부터 점점 스스로 외적인 것으로 되어 가는 이러한 권력이 국가이다.[197]

레닌은 이 정의를 인용하면서 국가를 계급대립의 소산이며 지배계 급의 계급지배수단이며 착취기구라고 요약한다.[198] 그리고 이러한 국가의 본질을 역사적 과정 속에서 역사적으로 해명해야 한다고 주장[199]하며, 실

---

197) Der Ursprung der Familie, des Privateigentums und des Staat, MEW, Bd 21, p 266.
198) 이에 대한 구체적 논의는 State and Revolution 1장 참조.
199) 「國家について」, 平野義太郎 編, 『國家, 法律と革命』, 大月書店, 1967, pp. 302~303.

제로 국가론에 대한 고전적 저작은 발생론적이거나 최소한 역사적이다. 레닌이 스베르들로프 대학에서의 강연을 위해 준비했던 「국가에 관하여」 on State는 국가의 발생사와 각 사회구성에 있어서 국가의 기능과 형태에 대해 간략하게 정리하고 있다.

이와 같은 맥락에서 본다면 국가는 분명히 계급지배의 수단으로서 서술되고 있다. 이러한 관점은 『국가와 혁명』의 전체 기조를 정하고 있다. 「국가에 대하여」에서도 다음과 같이 쓰고 있다.

> 국가는 사회가 제 계급으로 분열하는 곳에서, 또 분열이 발생하는 때에, 착취자와 피착취자가 나타나는 때에 출현한다.[200]

이것이 국가의 본질이며, 따라서 계급대립이 소멸함에 따라 국가도 소멸한다는 것이다. 이 말은 거꾸로 계급대립이 존재하는 한, 국가는 존재할 수밖에 없다는 것이 된다. 그리고 국가는 어떤 독자적인 실체일 수 없으며 단지 지배계급에 의해 이용되는 기구이며 수단에 불과하다는 것이다. 그러므로 식민지사회에 국가가 존재하지 않는다는 것은 일단 국가의 본질문제에서 난관에 봉착한다. 국가가 없다면 식민지에는 계급대립이 존재하지 않는다는 말인가? 그렇지 않으면 계급대립이 있어도 국가는 없을 수 있다는 말인가?

여기에서 분명해지는 것은 국가의 개념을 '수정'하지 않는 한, 식민지에 국가가 없다는 명제는 성립하지 않는다는 것이다. 그런데 이상과 같은 문제는 어째서 제기되었는가? 그것은 무엇보다도 식민지 민중의 **주권문제**, 그리하여 민족해방과 민족주권의 문제와 함께 제기되었던 것이다.

200] 같은 책, p.303.

그렇다고 할 때 이제 문제의 혼동이 분명해진다. 즉 **국가의 문제**와 **민족국가의 문제**가 뒤섞인 채 "식민지에는 국가가 존재하는가?"라는 질문으로 던져졌고, 그 논거로 식민지 조선 내지 (신)식민지 한국에 있어서 주권의 부재가 제시되었던 것이다.

앞에서도 언급하였지만 민족국가는 자본주의시대에 그 지배계급인 부르주아지의 이해를 반영하면서 형성되었다. 그리하여 그 이전에 국가는 무엇보다도 내적인 적대의 완화와 계급지배의 유지를 목표로 기능하는 도구였으나(물론 그렇다고 여타 단위의 종족이나 나라와의 관계 속에서 요구되는 대외적 기능이 없었다는 것은 아니다), 자본주의의 발전은 시장의 확대를 위해 봉건제하의 분할된 제 지역을 일국적 단위로 통합시켜 내는 바, 이것이 곧 민족형성의 과정이며 또한 민족국가의 형성과정이었다.[201] 이리하여 국가는 민족이라는 단위와 결합하게 되고 이는 국가의 본질상 필연적인 것이었다.

그런데 자본주의와 함께 민족국가가 성립한 나라에서 부르주아지들은 자국자본을 보호하기 위해 자국의 국경은 높이 쌓고 반대로 시장 및 원료공급지를 찾아 타국의 국경을 넘으려 하게 되는바, 그 결과 나라 간 또는 민족 간의 대립이 생겨나게 된다. 이에 즈음하여 국가는 여타 나라와의 관계 속에서 자국의 지배계급인 부르주아지의 이해를 내외적으로 보호하고 관철시키려 하게 되는데, 이러한 외적 기능을 그 본연의 내적 기능과 함께 통일적으로 수행하는 민족국가가 필연화되는 것이다.

---

201) 배동문, 「민족문제의 올바른 이해를 위하여」, 배동문 편, 『마르크스주의와 민족문제』, 한울, 1986, 13쪽.
　　이 단계에서 민족문제는 이런 의미에서 '민족형성의 문제' 혹은 '민족국가 형성의 문제'였다. 그런데 자본주의발전에 따라, 그리하여 제국주의단계로 넘어감에 따라 민족문제는 억압민족과 피억압민족 간의 문제로 전화되고 그리하여 민족해방의 문제로 된다. 그런데 제국주의단계에 제2인터내셔널에서 논의된 민족문제 ── 특히 아들러(Alder), 바우어(Bauer) 등의 논지 ── 는 '아직까지도' 전자의 영역에 머물러 있었고 이것은 이후 제2인터내셔널이 사회쇼비니즘으로 나아가는 길목이 된(대위의 책 참조).

이에 대해 교과서적 해설서는 다음과 같이 적고 있다.

계급사회에는 내적 관계 ―― 계급 간의 ―― 외에 외적 관계 ―― 국가 간의 ―― 도 또한 존재하고 있다. 이에 대응하여 국가는 두 개의 기능, 즉 내적 기능과 외적 기능을 수행한다. 노예제나 봉건제 및 자본주의사회에서 국가의 내적 기능은 피억압계급을 종속시켜 두고 착취계급의 지배를 보장하는 것이고, 외적 기능은 그 국가의 영토별 이익을 다른 국가로부터 옹호하거나 또는 다른 국민 및 영토를 희생하여 영토를 확장하는 것을 그 사명으로 하고 있다. 이들 기능 중에서 주요하고 결정적인 것은 내적 기능이다. 이는 바로 이 기능에 의해 국가가 생성되기에 이른 것이며, 그것이 사회의 계급적 구조로부터 직접 도출된 것이기 때문이다. 국가의 계급적 본성 및 구체적인 역사적 제 조건에 그 대외정책 또한 의존하고 있다. 경제적 사회구성체의 교체나 사회의 계급구조의 근본적 변화와 함께 국가의 형태도 변화한다.[202]

이런 한에서 민족문제와 민족국가의 문제는 부르주아적인 것이었다. 그런데 자본주의 발전이 단계가 변화하여 제국주의의 시대로 되고 그에 따른 전 세계의 영토적 분할의 결과 발생한 식민지체제는 억압민족과 피억압민족 간의 대립관계를 야기하였으며, 이리하여 민족문제의 위상이 변화하게 된다.

식민지로 전락한 나라에 있어서 국가는 제국주의의 정치적 지배하에 놓이게 됨에 따라 그 외적 기능을 완전히 상실하며, 따라서 민족국가

---

202) 『세계철학사 III』, 녹두, 1985, 162~163쪽. 『封建社會の基本法則』 중 코스민스키의 논문 「封建時代における階級鬪爭の問題 : ベ. エフ. ポルシネフの論文について」도 참조하라.

도 더 이상 존재하지 않게 된다. 그리고 국가기구의 직접적 지배자는 제국주의의 대리인이 되며, 이를 통해 제국주의 나라 지배계급의 이해가 식민지에서 실현되게 된다. 더불어 이전에는 부르주아지 자신의 이해 때문에 보존되던 민족적 이익은 제국주의자의 폭력적 지배에 의해 대체되게 되며, 계급투쟁에 대한 억압은 더욱 배가된다. 국가의 **내적 기능**은 제국주의의 대리인에 의해 행사되는 것이고, 이를 위해 제국주의자들은 식민지 내에서 연합세력을 찾아나서며, 피착취계급의 대립자들의 부분적 이해를 관철시켜 주면서 그들을 자신의 진영에 끌어들인다. 이제는 민족적 억압까지 받게 된 식민지 피착취계급은 스스로를 해방하는 도정에 민족자주권의 전취라는 민족해방의 과제를 민주주의혁명과 함께 설정하고 그를 위해 투쟁하게 된다. 이제 민족문제는 민족해방의 문제로 되며, 그것은 더 이상 부르주아지만의 문제가 아닌 것으로 된다.

　여기서 좀더 구체적인 문제로 들어가 보자. 예컨대 일제하 식민지 조선에 있어서 국가는 부르주아 권력이었는가? 이에 대해 권영욱은 부정적인 결론을 내리고 있다. 그는 경제적 사회구성체라는 개념을 제한된 의미에서 사용함으로써, 사회구성체적 규정에서 상부구조적 규정을 배제시키면서 일제하 조선의 사회를 자본주의적인 경제적 사회구성체라고 한다. 그리고 그 이유에 대해 다음과 같이 쓰고 있다.

　만약 권력문제를 도입한 경우 당연히 조선총독부를 기축으로 하는 일본 제국주의의 독재권력기구의 전면적 해명이 요청되며, 나아가 그것이 본질상 부르주아 권력으로 간주될 수 있는가에 대해 언급해야 한다. 그러나 필자의 현재 연구수준으로는 그 요청에 답할 준비가 되어 있지 않다. 사견으로는 일본 천황제 권력의 일 분지分枝인 조선총독부는 그것이 아무리 부르주아적 특성을 갖고 있다 해도 본국 일본에 있어서보다는 훨씬 노골적인 야만성을 띠고 한국 민중을 대하는 식민지 권력이며, 본질상 부르주아 권력이라고 규정하기는 곤란하다고 생각된다.[203]

여기서는 문제가 좀 겹쳐 있다. 우선 일본 천황제 권력의 문제부터 간략히 보자. 일본 강좌파에서는 일본의 경제적 토대를 '반봉건제'로 보면서 그 상부구조로서 천황제 권력을 절대주의 권력으로 간주했었다. 이러한 이해의 잔재가 아직 남아 있음이 여기서도 확인된다. 반면 그에 대한 비판에 따르면, 당시 일본은 명백히 제국주의 단계인 자본주의적 사회구성체이고 오히려 천황제는 '독점자본의 공공연한 폭력적 독재'로서 파시즘의 일 형태였다. 따라서 그것의 일 분지分枝로서의 총독부 권력이 부르주아적임을 주장하는 데 대해 위의 것이 반론이 될 수는 없다.

두번째로 야만성, 폭력성의 문제이다. 야만성을 공공연히 띤다면 그것은 부르주아 국가가 아닌가? 부르주아 국가는 항상 민주주의적 형태로 나타나는가? 이는 현재 한국의 권력을 (반)봉건적이라고 보는 논리와도 유사한데, 이는 모두 부르주아 민주주의국가의 본질이 계급독재이고 필요하다면 언제 어디서나 폭력성, 야만성을 띠고 나타날 수 있다는 사실——이것이 부르주아 국가의 본질이다——을 망각한 소치이다. 따라서 야만성이라는 현상형태로써 식민지 조선의 총독부의 국가기구적 본질, 즉 계급성을 대체할 수는 없다. 물론 여기서 총독부가 식민지 권력임은

---

203) 권영욱, 「구식민지경제 연구노트」, 장시원 편, 『식민지반봉건사회론』, 422쪽. 이와 관련하여 다음의 견해를 참조하라. "식민지에서 국내 지배집단은 처음부터 끝까지 신식민주의 외세에 의하여 규정되는 것이지 결코 국내적인 물적 기반을 가지는 것은 아니다. 이것을 '토대와 상부구조의 조응'이라는 도식으로만 설명하려는 것이야말로 현실을 무시하는 기계주의적 사고이다."(기획부, 「올바른 변혁이론의 정립을 위하여」, 『한신학보』, 1986년 11월 3일자)
이는 현재 식민지반봉건사회론자 — 소위 '식민지반봉건사회구성체'와 구별하는 — 의 견해의 일반을 보여 주는데, 우리는 여기서 사적 유물론의 대부분의 원칙이 '새로운 도식'으로 대체되고 있음을 본다. 현실을 무시하는 데서 사적 유물론의 제 원칙이 만들어지고 적용된다는 식의 이러한 논리가 유물론 및 변증법 그리고 사적 유물론과는 전혀 거리가 멀다는 것은 이미 앞에서 논의된 바 있다.

이미 언급한 바이다.

　그렇다면 총독부 권력을 부르주아 권력으로, 자본주의사회구성체의 상부구조로 볼 수 있는가? 이것은 식민지 권력이 행하는 제 정책을 그 의도뿐만 아니라 그것에서 야기되는 객관적 결과가 어떠한 계급적 의미를 갖는가라는 측면에서 포착할 것을 요구한다. 예를 들어 토지조사사업 등은 일본 자본의 경제적 침략과 지배를 관철시키기 위해 수행된 것이다. 그런데 이는 조선에서의 생산자의 존재양태를 변환시킴으로써 봉건제를 해체하고 자본주의의 출발점을 이루는 본원적 축적을 수행하는 것으로 될 수밖에 없었다. 이런 의미에서 이는 부르주아 권력으로서 역할한 것임을 뜻한다.[204]

　또 바로 앞에서 말했지만, 어떤 권력의 **직접적** 구성자나 직접적 기반이 그 권력의 계급적 본질을 규정하는 것은 아니다. 예를 들어 봉건귀족이나 황제가 권력을 구성했다고 하여 일본의 천황제를 봉건 권력 또는 절대왕제로 보거나 1914년의 러시아 차르체제를 봉건 권력으로 보는 것은 실제로 그 권력이 무엇을 수행하는가는 보지 못한 것임이 분명하다.[205] 또 1920~30년대 파시즘의 경우 그것이 "주민의 상당 부분(소부르주아지, 계급탈락분자, 나아가 프롤레타리아트의 후진층)에 지반을 갖고 있다"[206]고

---

204) 권영욱은 이것이 일본이 조선의 역사를 진보시켰다는 것으로 되지 않는가고 걱정하고 있다. 우리는 그렇다고 생각하며 이는 제국주의적 자본 수출의 필연적 결과이다(이는 권영욱도 인정한다). 그러나 앞서 '발전'이란 말에 도덕적 가치를 부여하는 것이 그릇된 이해로 귀결되는 경우를 보았던바, 여기서도 그렇게 말할 수 있다.
　만약 자본가들이 "우리가 역사를 진보시켰으며 너희 노동자들을 봉건적 속박에서 해방시켰으니 우리에게 감사하라"라고 말한다면 그것처럼 우스운 것이 또 있을 것인가? 궁극의 해방 이전의 모든 진보는 한 형태에서 다른 형태로 계급대립과 착취가 이전 된 것에 불과한 것이다. 제국주의자들이 식민지 노동자들에게 봉건적 족쇄를 깨준 공치사를 하려 한다면 이는 위의 부르주아지들보다 한층 더 웃음거리가 될 뿐이다.
205) 레닌의 「인민의 벗이란 무엇인가」에서도 러시아의 국가기구가 봉건지주 및 대 부르주아지의 이익을 옹호하고 있음을 지적하고 있다(*PF*, p.259). 그리고 이미 러시아의 부르주아지가 "헤게모니를 장악한"(ibid., p.270) 부르주아 사회임을 보여 준다.
206) 코민테른 집행위원회 3회 총회에서 행한 파시즘에 대한 제트킨의 보고, 『코민테른과 세계혁명 I』, 김성윤 편역, 거름, 1986, 207쪽에서 재인용.

해서 그것을 소부르주아지 등등의 권력으로 간주한다면 그것은 엄청난 오류——사회 파시즘적 오류——를 범하게 됨은 물론이다.

식민지 권력의 계급적 본질 또한 마찬가지이다. 그것이 부르주아 권력인가의 여부 또는 자본주의사회구성체의 상부구조인가의 여부는, 그 권력이 특정 자본가의 이해 또는 '민족' 자본가의 이해를 직접 집행해 주는가의 여부로 결정되는 것이 아니라(물론 그런 일이 있을 수 없다는 것은 아니며 또한 무수히 실재한다), 오히려 **총자본의 이해, 자본 일반의 논리**를 집행하는가의 여부로, 그리하여 무엇보다도 자본관계가 재생산될 수 있도록 하고 있는가의 여부로 규정되는 것이다. 실제로 총독부가 계급지배를 유지하는 자본-임노동관계의 재생산기구였음은 물론이고, 조선에 투하된 일본 자본 및 일부의 조선인 자본[207]의 이해를 대변하고 있었음은 사실이다.

문제는 여기에서 총독부 권력이 갖는 이러한 성격으로써 그것이 부르주아 권력 또는 자본주의사회구성체의 상부구조라고 할 수 있는가 하는 것이다. 이제까지의 논리에 의하면 그렇지 않다고 할 수는 없다. 그것이 식민지 권력이었음에도, 아니 오히려 제국주의의 식민지 권력이었다는 것으로 인해, 계급적으로는 분명히 부르주아 권력이며 자본주의사회구성체의 상부구조라고 할 수 있다. 이런 의미에서 1920년대 이후(본원적 축적 이후) 식민지 조선은 명백히 자본주의사회구성체였다고 말할 수 있다.

---

207) 물론 이렇게 포섭되는 조선인 자본은 최소한의 민족적 성격마저도 팔아넘기는 대가로서 자신의 이해를 어느 정도 보장받게 되는 것이며, 이것은 또한 이들이 주도하던 1930~40년대 민족개량주의운동의 계급적 기반을 의미한다. 이외에도 조선인 지주를 포섭하면서, 그들의 이해의 일부를 '보호' 해 주기도 하나, 이는 자본주의 발전에 따라 그 제약 및 갈등의 정도가 점점 심화되게 된다.

이렇게 본다고 해서 일본 자본과 조선 자본 그리고 지주들 간에 이해의 갈등이 없었다는 것은 절대 아니다. 개별 자본 간의 갈등은 일본 자본 간에서도, 조선 자본 간에서도 있는 것이고 일본 자본(주로 독점자본이었다)과 조선 자본 간의 갈등에 있어서 총독부가 일본 자본에 유리하게 적용하였음은 주지의 사실이다.

현대의 한국에 대해서도 '추상적으로나마' 다음의 것을 확인할 수 있으리라고 본다.

첫째, 현재의 한국을 식민지라고 보든 신식민지라고 보든 간에 한국에는 명백하게 국가가 존재한다는 것, 더욱이 그것은 **계급적으로 보면 독점자본**의 국가라는 것이다.

그리고 두번째로 민족국가는 존재한다고 보기 힘들다는 것인데, 우리는 여기에 대한 명확한 해답을 지금은 내릴 수 없으며, 이는 한국의 경제구조 및 사회구조가 제국주의 세계체제 속에서 올바르게 파악될 때 가능할 것이라고 본다. 그러나 그럼에도 불구하고 위와 같이 말할 수 있었던 것은 제국주의의 이해가 대부분 한국에 관철된다는 사실의 직접적 인식이 있었기 때문이다. 그러나 한국의 부르주아지 또는 독점부르주아지가 '실체가 없다' 든지 제국주의의 '대리세력' 이라고 할 수는 없다. 그것은 모든 현상을 주된 계기로만 돌리는 **환원론적** 방법에 기인하며, 그리하면 실제로 제국주의의 압력이 직접적으로, 그대로 관철되는 것이 아니라 한국의 부르주아지, 특히 독점부르주아지와의 관계 속에서 '변용' 되면서 관철된다는 사실에 대해 전혀 설명할 수 없게 된다.[208] 더욱이 이렇게 되었을 때 민족해방의 과제가 그것 자체만으로 독립될 가능성도 있다. 이러한 예는 찾기가 그리 힘들지 않다. 이란이나(리비아), 가나, 심지어 니카라과에서도 식민지의 독점자본주의는 건재하다는 사실, 분명한 실체라는 사실을 보여 주며, 또한 여기에서 우리는 이러한 환원론의 결과들을 실제 예로서 볼 수 있을 것이다.

---

208) 여기서 또 하나 참고할 것은 군작전권 등이 제국주의에 있다고 해서 국가가 없다거나 식민지라거나 할 수는 없다는 것이다. 현재 군작전권이 미국에 있는 일본이나 서독이 식민지라고 한다거나 국가가 없고 단지 '괴뢰정부' 만 있다고 한다면, 현재 자본주의체제에서 제국주의는 오직 미국만이 있는 것처럼 될 것이며 대부분의 나라에서 우리는 꼭두각시만을 발견하게 될 것이다. 식민지(또는 신식민지)인가의 여부는 총체적으로 논해져야 한다. 따라서 식민지성이 상부구조니 하는 논지는 문제제기방식 자체가 잘못된 것이다.

이상의 사실에 근거하여 식민지 조선 및 한국에서의 국가문제에 대해 내릴 수 있는 '잠정적' 결론은 '제국주의 지배하의 부르주아 국가'라고 할 수 있을 것이다. 이와는 달리 '명확하게' 결론지을 수 있는 것은 식민지에도 국가는 분명히 존재하며, 그 식민지의 내부구성이 자본주의적 생산관계에 기초하고 있다면 그 국가는 부르주아 국가, 또는 자본주의사회구성체의 상부구조로 볼 수 있다는 것이다. 따라서 토대가 상부구조를 규정한다는 원칙은 그 어디에서도 부정될 수 있는 논거를 발견할 수 없다. 결국 '전도된 원칙'(?)이 '전도된' 것임은 분명하다 할 것이다.

V

결론에 대신하여

우리는 이제까지 한국사회의 성격을 나름대로 규정하려는 노력들에 의해 제기되었던 제 논점들에 대해 상당히 장황하게 살펴보았다. 이러한 제 비판들이 그저 '비판'의 영역에 머문다면 그것은 단지 기존의 것에 대한 부정 및 파괴라는 무책임한 소행으로 간주될 수도 있을 것이다. 혹은 무비판적으로 수입한 '원론'을 기준으로 한국적 상황에서 (자생적으로) 성장해온 이론을 재단하는 것이라고 비판할지도 모르는 일이다. 우리가 여기서 대안적 틀을 제시하지 않는 한, 이러한 비판을 허용할 수밖에 없을지도 모른다. 그러나 대안이 제시된다고 그것이 '대안'이 되는 것은 아니다 (물론 여기에 어떤 대안이 없다고는 결코 생각하지 않는다). 사고방식이나 철학적 전제가 상이한 사람들 앞에서 그 대안은 '전혀 생각지도 못한' 뜻밖의 방향에서의 공격에 마주서게 될지도 모르는 일이다. 논쟁이 이런 식으로 된다면 그것은 이제까지 해온 것으로 다시 복귀하는 것을 의미하며, 또 다시 원칙 대 원칙의 충돌로 귀결될 수밖에 없는 공허함을 안게 될 것이다.

혹은 '제 이론의 비판적 수용'이란 기치하에 모든 논점을 '자신의 틀' 내에서 꿰어맞추는 대식가적인 절충주의로 인해, 선명하게 하고자 했던 제 문제가 삼켜지고 요리될지도 모르는 일이다. 이러한 절충의 대식가들은 이제 논의의 발전에 더 이상 도움이 되지 않음을 분명히 해야 한다. 종속이론이 유행할 때는 그 속에 빠져 있다가 그것의 근본적인 틀이 문제가 되자 주변부자본주의론자로 변형되고, 그 뒤 식민지반봉건사회론이 소개되자 이제까지의 자신의 비판자에 대해 '자국의' 경험과 이론에서 출발하지 않는 교조주의자·사대주의자라고 맹렬히 비난하면서[1] 새 음식을 삼켜 버리는 이들, 부지런한 대식가들은 대개 핵심이 되는 원칙에 대해 무정견하며 방법론에 있어서도 비일관성의 난삽함을 자랑하고 있다. 그래서 소위 '주변부자본주의'에서 '식민지반봉건사회'로 전혀 무리 없이 ─ 변화 없이(?) ─ 이행했던 것이고, 그리하여 이제는 '자국의 경험'을 '자기 소유'로 선언해 놓고 여타의 것에 대해서는 마음놓고 '교조주의'니 '사대주의'니 하고 비난하고 있는 것이다. 주인을 잘못 만나면 소유물도 고생한다!

따라서 이러한 카멜레온과 싸우기 위해서는 거듭되는 색깔의 변화에도 불구하고 그것의 본질을 확인할 수 있는 방법적 제 원칙이 필요하며, 그 위에서 이제까지 보호색이 되어 준 제 이론에 대한 검토가 필요했던 것이다. 여기서 무엇보다 문제로 삼은 것은 부분적 제 사실에 대한 이

---

1) 이와 관련해서는 『한신학보』에 연재되었던 기획물의 저자들이 그 전형을 보여 준다. 『한신학보』 1986년 8월 28일자 및 9월 30일자의 조민, 「한국 자본주의의 성격규정」 ; 1986년 11월 3일자의 기획부, 「올바른 변혁이론의 정립을 위하여」. 우리는 잠시 눈을 돌려 게바라의 슬픈 운명에 대해 생각해 본다. 그는 자국(자신)의 경험, 그것도 성공한 경험과 이론으로써 인접한 지역에서 직접 혁명을 만들다가 실패하여 스스로를 '이 세상에서' 해방시켰다. 그도 교조주의자여서 자국의 경험을 무시했기 때문에 그리 되었던 것일까? 그렇다면 모든 이론이나 경험은 그것이 관철되어 온 나라에서만 적용되는 것일까? 교조주의나 사대주의에 대한 비판은 이처럼 자국의 경험이나 이론을 취하라는 구호로는 절대로 수행될 수 없으며, 이는 오히려 자국 이론에 대한 교조라는 경험주의 및 실용주의적인 교조주의에 빠지고 만다. 이는 가장 낙(樂) 없는 교조주의임이 틀림없다. 교조주의나 사대주의에 대한 비판은 당해의 사회적·역사적 제 조건 속에서 원칙과 이론을 통일적으로 관철시키지 못한 채, 그저 이론만이 수입되고 그것의 적용에 있어서 제 원칙이 방기될 때 되어야 하는 것이다. 외국 이론을 공부하고 인용하면 모두 교조로 몰아 버린다면 이는 자칫 자아도취적 환상으로써 현실을 재단하는 결과로 될 것이다. 이를 단적으로 보여 주는 것이 소위 한국의 '반봉건제' 이론이다. 여기서는 이론이 지주-소작관계를 생산하고 있는 것이다. 이로 인해 올바른 문제의식이나 사상조차도 폐기될 수 있는 위험에 처하게 된다.

론이 아니라 그것을 규정하는 사상적 틀이었고, 이것이 올바른 이론적 분석을 위한 방법적 전제라는 것이었다. 이런 이유에서 논의의 거의 대부분이 실제의 사회적·역사적 사실에 대한 검토가 아니라 제 이론이 갖는 원칙적 제 문제, 이론적 제 문제의 검토에 그 초점을 맞추고 진행되었던 것이다. 따라서 본고에서 제시된 제 원칙과 이론이 제시하는 내용에 대한 비판이 없이 공허하게 울리는 '외래사상', '교조주의'라는 비판은 무용無用하다고 보며, 이는 이제까지의 논의의 의미와 내용은 물론 '원칙' 자체에 대한 무지의 소산이라고 생각한다.

또 흔히 원리론을 단계론이나 현상분석 또는 현실과는 다른 어떤 것, 그리하여 단지 추상적인 기조에 지나지 않는 것으로 간주하여 그것에 대해 쉽게 손을 흔들고, 그에 입각하려는 방식에 대해 '교조주의'라는 세례명을 내리는 것은 변증법적 유물론에 대한 몰이해의 소산이며, 유물론적 원칙이 어떻게 도출되며 무엇에 근거하고 있는가에 대해 전혀 이해하지 못하는 주관주의에 다름아니다.

이미 앞에서 우리는 개념이나 법칙 또는 원리 등이 그저 주관적인 구성물이 아니라 실재의 반영임을 보았다. 그렇기 때문에 원칙 또는 원리론의 실재성·객관성을 부정하는 것은 필연적으로 주관주의로 귀결됨을 보았고, 또 그 같은 견해가 실제로 상당히 만연하고 있음도 보았다. 그런데 여기서는 잠시 원리론·단계론·현상분석 등의 본질적인 방식으로 원리론을 고립시키는 방법론적 입장[2]에 변증법적인 방법을 비교해 보는 것이

---

2) 이는 일본의 우노 고조(宇野弘藏)가 제시한 방법론으로서 원리론과 단계론 및 현상분석이 갖는 연관성을 분리시킴으로써 단계론을 원리론에서, 현상분석을 단계론에서 해방시킨다. 그리하여 「제국주의론」은 『자본론』에서 분리되고 이들이 실제로 행하는 현상분석은 케인스적인 방법으로 되고 있다. 이러한 방법의 '수용'은 한국에서도 심심찮게 보이는데, 이는 실제로 반(反)교조주의적인 실용주의자들에 의해 흡수되고 있다. 앞에서의 『한신학보』 인용문에서도 이런 견해가 단적으로 보이며, 장시원식의 실용주의도 이와 동일한 것이다. 이들 모두에게 공통된 것은 추상과 구체를 형이상학적으로 분리시켜 개별자만을 구체적인 것으로 간주하며, 그 결과 형이상학적이고 실증주의적인 사이비구체성을 맹종하고 있다는 것이다.

필요할 것 같다. 여기서 핵심적인 것은 추상과 구체의 통일문제이다.

앞에서도 잠시 언급한 바 있지만 변증법적 추상은 경험적·구체적 현실의 반영이다. 그리고 이러한 추상이 현실에 대한 구체적 인식의 전제이고, 옳은 의미에 있어서 구체성——개념적으로 파악된 현실, 개념과 실재의 통일——은 곧 추상과 구체의 통일이다. 다시 말해 추상적 원칙은 현실 속에서 구체적으로 관철되기 때문에 추상적 '원칙' 인 것이고, 따라서 원리나 원칙 또는 원리론을 단계론이나 현상분석 또는 현실에서 분절시키는 것은 필연코 무이론의 분석이나 무개념적 파악, 그리하여 직접성에의 매몰로 귀결되며, 이것이 사이비구체성으로 나아가는 길임은 분명하다. 개념이나 이론이 없는 현실분석은 현실이 갖는 무한성 속에서 표류하게 되며, 그것이 구체적 현실을 파악한다거나 그것의 발전을 이해한다는 것은 사상 없는 이론이 변혁의 지침이 되는 것보다도 더 가망 없는 일이다.

우리는 여기서 전체로서의 대안적 틀을 성급히 완결지어 제시할 수는 없다. 왜냐하면 아직 제국주의론에 대한 분석이 행해지지도 않았기 때문이다. 이를 위해서는 아직 좀더 차분한 '구체화'의 과정을[3] 거쳐야 할 것 같다. 그럼에도 불구하고 본고에서는 이를 위한 일정한 기초를 마련했다고 생각된다. 그리고 그 위에서 사회구성체론을 올바른 방법론으로 발전시키기 위해 중요한 제 범주를 체계적으로 정리하려고 하였다. 또 그것에 기초하여 사회구성체론, 사적 유물론에서 문제가 되는 근본개념 및 원칙에 대한 고전적인 틀을 제시하려고 했다. 그리고 그러한 원칙에 의해 제반 논의들을 평가하는 가운데에, 이후 한국의 근·현대사 속에서 한국의 사회구성체적 발전을 정리하는 데 필요한 몇 가지 중요한 구체적 논점

3) 이처럼 보다 추상적인 것에서 보다 구체적인 것으로 나아가는 방법을 '상승'(Ansteigung)이라고 한다.

들도 포함되어 있었다. 이제 그것을 다시 요약한다는 것은 무의미한 일로 생각된다. 따라서 그것을 요약하는 대신에 이후 논의를 발전시키기 위한 문제를 좀 구체적으로 제기하는 것이 더욱 유의미한 일로 생각되며, 이로써 결론에 대신하고자 한다.

그것은 식민지반봉건사회론과 민주주의혁명에 대한 문제이다. 그중 본고의 주제와 관련해 분명히 해야 할 것은 식민지반봉건사회구성체론과 식민지반봉건사회론(자본주의사회구성체를 전제로 하는)의 동일성과 차이다. 민주주의혁명의 문제는 본고의 주제상 일단 논외로 해두자.[4]

우리의 관점에서 보면 식민지반봉건사회구성체론은 자본주의사회구성체를 전제로 하는 식민지반봉건사회론과 본질적으로 상이한 것으로 간주된다. 후자는 자본주의사회구성체의 발전과정 속에서 식민지적 상황과 자본주의 초기라는 개별 조건 속에서 보편이 발현되는 "특수성이 집중적으로 표현된 것"이다.[5] 따라서 그것은 역사의 합법칙적 발전과정 속에 분명한 위치를 갖고 있으며, 개념과 보편의 통일로서 특수성을 올바르게 포착하고 있다고 생각된다.[6] 우리는 이제까지 이러한 보편과 개념의 통일

---

4) 이는 "민주주의혁명은 모두 반봉건인가?"라는 문제이다. 민주주의혁명은 모두 반봉건이라는 동일한 전제하에서 많은 경우 1단계론과 2단계론이 대립되어 왔다. 일본에서 강좌파와 노동파 간에 있던 대립은 그 대표적 예일 것이다. 전자는 민주주의혁명단계를 설정하기 위해 일본사회를 '반봉건' 사회라고 규정한다. 반면 후자는 일본이 반(半)봉건사회가 아니라는 것에서 사회주의혁명을 과제로서 제시한다(이와 비슷한 관점이 민족민중혁명론, 소위 '국제독자론'에서도 보인다. 이는 명백한 트로츠키적 편향의 대표적 예일 것이다). 이에 대해 다음의 인용문이 시사하는 바를 참고하도록 제시하고 싶다. "노동과 자본 간의 모순이 심화됨에 따라 부르주아지는 그들의 지배를 유지하기 위하여 도로 인민의 자유와 권리를 점점 박탈하게 된다. 이러한 과정은 독점자본주의로의 이행에 의해 더욱 강화되었다. 이렇게 발생한 제 변화에 대해 레닌은 다음과 같이 쓰고 있다. '이 새로운 경제, 즉 독점자본주의(제국주의는 독점자본주의이다)의 정치적 상부구조는 민주주의에서 정치적 반동(political reaction)으로 전화한다. 민주주의는 자유경쟁에 조응한다. 정치적 반동은 독점에 조응한다.'"(Zagladin, *The World Communist Movement*, Progress Publishers, 1973, p.131)

5) 권영욱, 앞의 책, 417~419쪽.

6) 이러한 '특수성'을 사회구성체론의 한계에 대한 지적 속에서 사회의 '성질'로 간주하며 사회구성체의 '내용'(이란!)이라고 보는 견해는, 그것이 자본주의사회구성체와 식민지반봉건사회론의 결합을 주장한다고 해도 보편과 특수를 분리시키고 사회구성체와 사회성격을 분리시키는 형이상학적 관점이 소산임이 명확하다. 대체 한 사회가 사회구성체적 규정과 그 사회의 '성격'을 분리·독립시키는 발상이 어떻게 대두되게 되었는지 이해할 수 없다(조민, 「한국 자본주의의 성격규정」, 「한신학보」, 1986년 9월 30일자. 박현채 선생은 이와 동일한 말을 너무도 '쉽게' 하고 있다).

로서 특수성의 문제가 '반봉건제'를 어떻게 해석해야 하는가를 보여 주었다고 생각한다. 반면 식민지반봉건사회구성체론은 이미 앞에서 누차 반복하여 지적하였지만 개별적 조건이나 특성을 본질·법칙과의 관련 속에서 포착하지 못하고, 그 자체를 새로이 법칙으로 일반화해 버린 것이며, 따라서 구체적인 역사적 제 법칙에서부터 유리되어 버리거나(그리하여 인류사에서 부차적·종속적 사회구성체라고 일컬어진다), 그렇지 않기 위해서는 새로운 법칙을 창조해 내야 할 수밖에 없었다. 이 결과 서구적 발전법칙에 대비되는 아시아적 혹은 식민지적 신법칙이 나타난다.[7]

이 경우 특징적인 것은 식민성에 의해 반봉건성이 규정되는 것으로 되며, **식민성은 반봉건성을 재생산하고 강화**한다는 주장을 담고 있는바, 이것이 **반봉건이라는 토대와 식민성이라는 상부구조**를 '통일적'(이런!)으로 사회구성체로서 파악하게 하는 논거이다. 이렇게 되면 양자의 사이에서 자본주의사회구성체는 설 땅을 잃게 되고 역사적 발전, 사회구성체적 발전은 증발해 버리게 되며, 그리하여 식민지반봉건사회구성체는 유아독존적 존재로서 항구화하게 된다. 이에 특징적인 또 하나는 반봉건제를 본질적으로 봉건적인 것으로 본다는 것이며, 이는 자본주의와 전혀 별개로 독립되어 취급된다.

이에 반해 자본주의사회구성체와 식민지반봉건사회를 통일적으로 이해하기 위해서는 최소한——이는 자본주의사회구성체 및 식민지반봉건사회 모두를 인정하는 제 논리에 대한 비판도 포함된다——반봉건제가

7] 민정우 씨의 논문도 결론적으로 말해, 서구의 역사법칙과 상이한 식민지 고유의 법칙에 입각해 [그는 '생산양식(자체)'에 대하여 교통양식을 강조하고 그것의 규정선후를 대비함으로써 이러한 구별을 하려 한다. 이는 이론적 오류일 뿐만 아니라 역사적 사실에 대한 편견을 담고 있다. 서구나 식민지나 자본제적 생산양식이 자기 발로 서기 전에 소위 '교통양식'이 선재(先在)했음은 주지의 사실인데] 식민지반봉건사회구성체론을 새로이 주장하고 있다. 그는 식반사회를 "자본제 우클라드와 봉건제 우클라드의 접합[이런]과 이에 조응하는[이런] 상부구조까지 모두 보여 주는 개념이다"라고 본다["식민지사회의 성격규명을 위한 일 시론(I)」, 308쪽). 그리고 반봉건적 계급모순을 "봉건제 생산양식이 변화하면서 취하는 착취[형태]를 표현하는 것"으로 본다(309쪽). 앞의 것은 식반사회가 사회구성체라는 말이고, 뒤의 것은 반봉건제의 본질이 봉건제라는 말이다.

본질적으로 자본주의라는 것을 인정해야 한다.[8] 그리고 그 변화는 자본주의사회구성체적 발전, 특히 자본주의적 제 산업의 발전과의 관계 속에서 포착되어야 하며 식민성과 맞물려서는 안 된다. 식민성과 맞물리면 필연적으로 상호재생산하며 구조화하게 되고 식민성은 반봉건으로, 반봉건은 식민성으로 환원되는 순환논리 속에서 정태화된다. 즉 반봉건제와 식민성은 자본주의사회구성체적 발전과의 연관 속에서 파악되어야 하며, 이 때 이것이 **특수성**의 표현이 되는 것이다. 그리고 또한 '식민지반봉건사회'라는 특수성은 한 사회(예를 들면 한국)의 자본주의사회구성체적 발전과정을 통해 여타의 것으로 변화될 수밖에 없다는 것을 인정해야만 한다. 이상의 것이 부정될 때 그것은 아무리 자본주의사회구성체 및 식민지반봉건사회를 인정한다고 말해도 실제로는 식민지반봉건사회구성체론자들과 별로 다르지 않은 논리로 된다. 그리고 이상과 같은 의미에서만 일제하 식민지 조선은 자본주의사회구성체이면서 동시에 식민지반봉건사회였다는 것이 인정될 수 있다.

한편 현재의 한국사회가 식민지반봉건사회(자본주의사회구성체)인가 하는 문제에 대해서 여기에서 실증적으로 논의할 수는 없다. 왜냐하면 그것은 한국의 객관적 제 조건에 대한 자료에 근거해야만 하기 때문이다. 단지 여기서는 식민지반봉건이라고 규정하는 세 논지에서 보이는 문제점만 간략히 지적하고 넘어가기로 하자.

우선 한국이 식민지(또는 신식민지)라는 사실에는 별로 이론의 여지가 없다. 문제는 반봉건제에서 나타난다. 즉, 반봉건제를 반봉건적 토지소유관계 또는 반봉건적 지주-소작관계라고 볼 때 한국에서 그것의 '발전'(?)을 확인하는 것은 불가능하다는 사실이고, 또한 한국의 전체적인

---

8) 이것이 식반사회를 자본주의적 사회구성체로 본다는 말의 실제 내용이다.

자본주의사회구성체적 발전을 고려할 때, 그리고 농업에 있어서 생산관계의 변화를 고려할 때, 그것에서 도출되는 경자유전의 토지개혁은 올바른 농업강령으로 되기에 곤란하다는 것이다.[9] 이런 난점 —— 이는 실제로 객관적 제 조건의 변화 속에서 특수성 자체의 내용이 변화되었다는 것을 의미한다 —— 에서 벗어나기 위해 반봉건제의 내용으로 '자주적 국민국가 미형성'과 '자립적 국민경제 결여'를 드는 것은[10] 그 자체가 '개념을 옹호'하기 위한 변호론에 불과하며, 이미 고전의 개념으로부터 완전히 '해방'되었음을 의미한다.

"**진리의 피안**彼岸이 사라진 뒤에, **차안**此岸**의 진리**를 확립하는 것"[11]이 과학의 과제이다. 그런데 차안의 세계는 끊임없이 변화하고 있다. 이론은 이러한 차안의 변화, 즉 현실의 변화에 기초할 때 '차안의 진리'일 수 있다. 이러한 변화는 이론에 의해 합법칙적으로 인식될 수 있으며 또한 그래야 한다. 그러나 객관적 변화를 바르게 포착하지 못할 때, 즉 한 사회에 대한 구체적(?) 분석이 현실과 더 이상 일치하지 않게 될 때, 그것은 시대착오적인 '비판의 무기'가 될 뿐이며, 현실은 이 무기를 비웃는 돈키호테 앞의 풍차가 될 것이다. 객관적 현실은 이제 우리의 '무기'를 비판하고 있다. 그리고 올바른 '무기'를 요구하고 있다. 그것은 이론이 물질적 힘으로 전화되기 위한 전제조건인 것이다.

9) 이에 대해서는 김홍상, 「8·15 이후 한국 농업의 전개과정과 소작제」, 서울대 석사학위논문, 1987을 참조하라.
10) 조민, 「한국 자본주의의 성격규정」, 『한신학보』 86호, 1986년 9월 30일자.
11) "Zur Kritik der Hegelschen Rechtsphilosophie. Einleitung", *MEW*, Bd.1, S.379.

보론

『사회구성체론과 사회과학방법론』
그후 20년

보론 1

87년 이후 한국사회와 사상의 변화

1. 기념의 역사, 질문의 역사

우리는 지금 87년 6월항쟁을 기념하며 지나간 20년의 역사에 대해 묻고 있다. 무엇을 묻고 있는가? 지난 20년간 한국사회의 변화에 하나의 문턱이 됐던 6월항쟁의 의의에 대해, 그 항쟁으로 인해 얻은 것과 얻지 못한 것에 대해, 그리고 그 이후 사회의 변화 양상에 대해 묻고 있는 것처럼 보인다. 어떻게 묻고 있는가? 지금 자신의 입장에서 그동안 확보해야 한다고 생각했지만 확보하지 못한 것을, 혹은 다행히도 확보한 것을 문턱이 된 과거에 귀속시키는 방식으로 묻고 있는 것처럼 보인다. 하지만 이렇게 묻는다면, 우리는 이미 갖고 있는 것을 더 갖기 위해 묻게 되는 것은 아닐까? 사실 역사적 기념의 형식으로 무언가의 '의의'를 묻는다는 건 이렇게 되기 십상이다. 어떤 사건에 대해 역사 안에 확고한 하나의 자리를 부여하고, 이후의 사건들에 대해 그것과 계열화하는 것, 이것이 아마도 하나의 사건에 대해 역사적 의의를 묻는 통상적인 방법일 것이다. 이 경우 질문은 이미 대답을 포함한다. 질문에는 언제나 이미 반쯤은 대답이 포함되어 있기 때문이다. 그 사건에 할당된 역사적 자리, 그것은 이미 그것과 연결되는 모든 사건들의 의미를 규정하고 있다. 그리고 대답을 얻으려는 사람들은 흔히 그것에 이미 만족한다. 그것이 얻으려는 것이었기 때문이다.

87년 6월항쟁이라는 역사적 사건을 통해 설정된 지난 20년이란 기간은 그 사건을 통해 이미 '해석의 지평'이 만들어진 기간이고, 그 지평을 통해 다듬어진 시간이며, 그리하여 그 안에 발생하는 사건들이 대개는 그 중심적 사건으로 수렴하게 마련인 시간이다. 그러나 정말 그 20년이 6월항쟁으로 귀속되는 시간이었을까? 그 20년간의 사건들이 어떤 식으로든 그 사건과 계열화될 수밖에 없는 것이었을까? 차라리 그렇게 제시된 생각들에 대해 질문해야 하지 않을까?

87년 6월항쟁 이후 20년간의 사회·사상적 변화에 대해 논의하자는 제안에 대해 나는 그것을 질문의 역사로서 검토하자고 말하고 싶다. 운동의 관점, 아니 좀더 넓게 말해 실천의 관점에서 접근하려는 사람에게 질문이란 사건과 사유가 만나는 접점이고, 사회와 운동이, 사태와 실천이 만나는 교차점이기 때문이다. 이 질문의 역사를 통해 우리는 무엇이 어떻게 사유되었나를, 아니 사유되어야 하는가를 사유할 수 있을 것이다. 비록 그 질문들이 당시에는 알아채기 어려운 것이었지만, 그래서 사태가 좀더 진행된 연후에야 비로소 명료하게 된 것이었다고 해도 말이다. 이럼으로써 우리는 다시금 사회와 운동이 우리에게 던지는 무엇을 대답으로 받아들이고 '따라가며' 사유하기보다는, 그것을 질문으로 받아들이고 그것과 '대결하며' 사유할 수 있으리라고 믿는다.

2. 혁명적 실천은 어떻게 시작하는가?

87년은 두 개의 사건에 의해 과잉결정되었다고 할 수 있지 않을까? 하나는 80년 광주항쟁이다. 그것은 6월항쟁으로 치명상을 입게 되는 군사정권의 행로를 처음부터 결정지은 사건이었고, 그 정권과 대결하는 운동으로 하여금 혁명적 강밀도를 가질 것을 요구했던 사건이었다. 혁명적 봉기, 군사적 폭력과의 대결, 해방구적 상황, 그리고 거대한 패배, 80년 광주항쟁 이후 운동은 좋든 싫든 이 모든 것을 감당할 수 있었어야 했다. 좋든 싫든 이 모든 것을 감당하고자 하지 않고선 어떤 혁명도 불가능하다는 것을 가시적으로 확인해야 했다. 그렇다면 이 모두를 어떻게 감당할 것인가?──그것은 이렇게 묻고 있던 게 아닐까?

다른 하나는 멀리 1970년의 전태일 분신이었다. 그것은 한국에서 노동자의 삶에 대해 생각하지 않고는 어떠한 운동도 삶의 진실성을 담보할 수 없음을 보여 주었고, 그리하여 삶에 진지하거나 운동에 진지한 사람이라면 누구든 노동자에 대해, 노동운동에 대해 눈을 돌리지 않을 수 없게 만든 사건이었다. 오랜 잠행의 시간이 있었다. 하지만 그것은 혁명에 관해 질문하기보다는 삶에 대해, 노동에 대해, 그리고 노동자와 민중들에 대해 질문하게 만들었다고 해야 할 것이다. 진실한 삶이란 대체 어떤 것인가?

아마도 85년 대우어패럴 노조 연대파업과 서노련·인노련의 창립은 이 두 가지 사건의 효과가 응집되며 만들어 낸 사건이었다고 해야 하지 않을까? 노동조합을 넘어서는, 혁명을 꿈꾸는 노동자와 지식인의 연대, 그리고 군사정권의 폭력과 대결하며 존속할 수 있는 조직, 그리고 '부분 운동'을 넘어서 '전체 운동'을 자신의 과제로 삼는 운동. 물론 알다시피 서노련과 인노련은 이러한 질문에 대한 답이 되지 못했다. 그러나 자신이 직접 던진 것이든 아니든, 그들을 통해, 그 사건을 통해 우리가 이러한 질문을 자신의 질문으로 삼게 된 것을 누가 부정할 수 있을까? 노동자계급이 주도하는 사회주의혁명, 그것을 위한 직업적 혁명가의 조직, 아마도 이것이 그 질문을 통해 얻어 낸 대답이었을 것이다. 물론 그것은 종종 비판하기도 하듯이, 질문을 통해 사유된 것이라기보다는 이미 만들어진 형태로 '수입'된 대답인지도 모른다. 적어도 대답이 너무 빠르고 너무 쉽게 도출되었다는 것은 부정하기 어려울 것 같다. 그러나 그것을 '사유 없이 도입된 혁명'이라고 말할 수 있을까? 단순히 배우고 논문을 쓰는 데 원용되는 이론 아닌, 목숨을 걸어야 하는 실천의 이론이 '사유 없이' 도입되는 게 과연 가능할까? 비록 그 사유가 결코 충분하다고 할 수는 없었음이 사실이었다고 해도 말이다.

우연이었을까? 동형적인 이론적 배치가 출현한다. 종속이론이나 세계체제론 등 후진국이라는 특수성을 고려한 이론들에 대비하여, 노동자계급의 사상으로서 맑스주의이론의 보편성을 계급분화 양상을 통해 논증하고 이론적 수용에서 '사상적 원칙'을 수립할 것을 요구한 논문이 제출되면서, 다기한 이론들 사이에 배제와 선별의 선이 그어지기 시작한다. 그리고 혁명적 실천을 위한 혁명적 이론, 혁명전략을 고민하기 위한 이론적 연구가 아카데믹한 공간에서 벗어나 운동의 장을 형성하는 중요한 요소로 자리잡게 된다.

'사회구성체논쟁'은 이러한 조건 속에서 이해되어야 한다. 그것은 한국사회가 어떤 사회인가에 대한 대답의 시도이기 이전에, 맑스-레닌주의적 지반 위에서 혁명의 대상과 주체에 대한 질문이었고, 그 주체들을 하나의 대열로 결집하기 위해 필요한 과제에 대한 질문이었다. 그렇기에 대답은 그토록 많이들 달랐지만, 그 모두가 질문을 공유함으로써 형성되었던 하나의 이론적 장 안에 함께 있을 수 있었던 것일 게다.

87년 6월항쟁은, 물론 그 직접적인 불씨는 고문치사 사건과 호헌선언이었지만, 그것은 점점 가속화되며 진행되던 이러한 사건들이 하나로 응축되며 폭발하게 된 하나의 계기였다고 해야 옳을 것이다.

3. 정치의 새로운 공간

87년 항쟁의 직접적 결과물은 정치의 새로운 공간이 만들어졌다는 것이다. 야당은 물론 운동권의 정치적 활동을 가능하게 하는 합법적 정치 공간이 만들어졌다. 합법정당을 창당하고, 대통령 후보를 내서 공개적인 정치적 장에서 선전활동을 했던 것만을 말하는 것은 아니다. 다양한 종류의 운동단체들이 합법적인 조직으로 활동할 수 있게 되었고, 노동조합의 활동 역시 합법성의 폭이 확대되었다.

어느 정도 시차를 두기는 하지만 그람시의 이론을 비롯해 시민사회와 시민운동의 의의를 강조하는 이론들이 조명을 받게 되고, 그러한 관점에서 한국의 민주주의 내지 한국의 정치 공간을 분석하려는 시도들이 등장하게 되는 것은 이러한 조건의 산물일 것이다. 그것은 그렇게 획득한 것이 어떤 의미가 있는가를 개념적으로 확인하는 것이란 점에서, 6월항쟁이라는 사건의 결과물에서 직접적으로 이어지는 이론적 대답이었던 셈이다. 그것은 새로이 확장된 공간에 대한 사유고, 그것을 이용하는 방법에 대한 사유며, 그것을 통해 얻을 수 있는 것에 대한 사유였다. 아마도 새로운 정치적 공간에 진출하여 그것을 이용해야 했던 한, 필연적으로 거쳐 가야 했고, 따라가야 했던 사유였을 것이다.

그러나 합법 공간에서의 정치는 합법 공간이 요구하는 규칙에 따라, 거기에 적합한 방식으로 행해진다. 가령 합법 공간을 가장 소극적으로 규정하여 합법적인 선전의 장으로 본다고 해도, 거기서 선전하기 위해선 막대한 비용이 요구될 뿐 아니라 다양한 진입장벽과 작동방식으로 인해 항상-이미 부르주아지나 보수층에 유리하게 선규정된 게임의 규칙에 따라야 한다. 그게 아니라면 합법적 공간을 장악한 부르주아적 매체들과 대항해서 값은 싸지만 빈약한 선전물로 대결해야 하는데, 그것은 시작하면서

부터 지는 게임일 게 분명했다. 그렇다면 합법 공간에서의 선전이 취하게 될 경로는 어느 정도 이미 결정된 것이라고 해야 하지 않을까? 그것이 다는 아니라고 해도, 그 경로에서 크게 이탈할 가능성은 처음부터 아주 적었다고 해야 하지 않을까? 맑스의 말을 빌려, "무엇을" 선전하는가보다 차라리 "어떻게" 선전하는가가 더 중요한 문제라고 한다면, 부르주아지와 대결하는 지점에서 "어떻게" 대결해야 하는가의 문제가 근본적인 지점에서 사유되어야 하는 것은 아닐까?

이는 선전만이 아니라 정치활동 자체에 대해서도 마찬가지일 것이다. 민중당을 비롯한 초기의 합법적 정당활동이나 대통령 선거 참여가, 그 성과가 없었다고는 하기 힘들지만, 합법적 공간에서 혁명은 그만두고라도 변혁의 가능성을 확신하게 하기에도 그 성과가 매우 적었음은 길게 말할 필요가 없을 것이다. 요컨대 합법적 정치 공간은 거기에 부합하는 정치활동의 '방식'에 따를 것을 요구하며, 그 방식은 물질적인 면에서나 정치적인 면에서의 기득권이 거대하다는 점은 그만두고라도 기존 정치인들이 훨씬 능숙한 방식이다. 그렇다면 그런 방식으로 싸워서 그들에게 과연 이길 수 있을까? 이길 수 없다면, 그것은 과연 혁명운동의 기회를 확장한 것이라고 할 수 있을까? 그람시의 용어로 말한다면, 부르주아지의 헤게모니에 대항해 합법적 정치 공간에서 벌이는 진지전이 과연 그들과 싸워 이기는 데 적합한 전술 형태일까? 그것은 이기기 위해선 부르주아지보다 좀더 부르주아적이 되어야 하고, 그러지 않는다면 패배할 수밖에 없는 난점을 안고 있는 사태는 아니었을까? 그게 아니라면, 운동을 통해 확보한 합법적 공간을 포기하고 계속 지하로 달리는 노선을 고집해야 할까? 그거야말로 '좌익소아병'이라고 비판받던 사람들의 오류를 답습하는 것은 아닌가?

아마도 합법적 공간과 합법적 활동의 관념을 바꾸지 않고는, 아니 합법과 비합법으로 정치적 공간을 사유하는 지반 자체를 바꾸지 않고는 이 난점을 벗어나기는 어려울 것이다. 이런 점에서 합법 공간의 확장은 보이는 것 이상으로 근본적인 사유를 요구하는 질문을 던지고 있던 것이 분명하다. 그것은 정치에 관한 기존의 관념에서 벗어나 새로운 방식으로 정치를 사유할 것을 요구하고 있었던 게 아닐까?

사실 이러한 질문은, 결코 근본적인 방식은 아니었지만, 많은 사람들이 피할 수 없었던 것으로 보인다. 그리고 그들은 묵시적으로, 그리고 편의적으로 나름의 대답을 한 것 같다. 가령 합법 공간을 적극적으로 받아들여 정치권에 들어가 활동하고자 하는 사람들의 대다수가 민중당이나 새로운 좌파가 아니라 기존 보수정당(심지어 한나라당!)을 선택함으로써, 합법적 공간이 요구하는 바에 충실히 따라갔다. 기존의 모든 비합법 지하조직을 합법화하고자 하면서 실질적으로는 해소의 길을 걸었던 한노당(준비위)의 시도는, 이런 난점에 대해 근본적으로 사유하기는커녕 사태를 통해 질문조차 하지 않은 채 합법정당이 전부라는 부르주아적 대답을 있는 그대로 받아들임으로써 결정적인 와해를 야기했던 극적인 사례였다. 그렇다면 합법적 정당을 단지 지하조직의 분견대로 간주하는 것이 이러한 난점을 피할 수 있을까?

어쨌건 이러한 질문과 근본적으로 대결하지 않는 한, 민주노동당이나 사회당이 앞서 말했던 난점을 넘어설 수 있을지는 의문이다. 유럽이나 일본의 사회당처럼 '성공'했던 경우에조차 게임의 규칙에서 벗어나지 못하는 한 부르주아적 정당의 하나가 되고 만다는 딜레마를 벗어나지 못했기 때문이다. 물론 그들이 정치 공간에 존재한다는 사실이 무의미하다는 게 결코 아님을 전제로 하는 말이지만 말이다.

사실 합법적 공간의 문제는 단지 정당정치만의 문제는 아니다. 노동운동이나 시민운동 또한 합법적 공간의 딜레마를 피할 수 없었던 것 같다. 가령 민주노총은 이와 다른 경로로 합법화가 갖는 난점을 다른 측면에서 잘 보여 준다. 알다시피 1999년까지 불법단체였던 민주노총은 김대중 정부 들어 합법화를 쟁취했고, 민주노조운동은 법적 지위를 확보하게 되었다. 나아가 민주노총은 노사정위원회라는 코포라티즘적 체제의 중심적 한 축이 됨에 따라 정부와 '사용자'의 파트너로서 지위를 얻었다. 그러나 합법적 공간에서의 지위가 확고해짐에 따라 민주노총은 앞서와 어느 정도 유사한 딜레마에 빠지게 된다. 즉 합법적 공간에서의 힘과 지위를 확보하기 위해선 합법 공간의 다른 두 축인 '사용자'와 '정부'의 협조자가 되어야 하는데, 그렇다고 그 협조자의 입장에서 벗어나려면 합법적 공간이 제공하는 대부분의 이점을 포기해야 한다는 것이다. 여기서도 합법적 공간은 그 공간이 요구하는 게임의 규칙, 게임의 방식을 제시하고 그에 따를 것을 요구하고 있는 것이다.

이러한 딜레마는 민주노총이 노사정위원회에 가입과 탈퇴를 반복하는 방식으로 드러난 바 있다. 이런 점에서 본다면 노동운동은 명료하다곤 할 수 없지만 이러한 상황이 던지는 질문을 어느 정도 감지하고 있는 것인지도 모른다. 그 질문과 대결하고 있다고 하긴 어렵다 해도 말이다. 이 질문과 대결하지 않고서 당면한 딜레마를 빠져나가기는 어려울 것이다. 그리고 그것은 아마도 합법적 활동의 개념을 바꾸는 것 이상으로, 민주노총이라는 조직의 형태 자체, 그리고 그것의 활동 방식 자체를, 아니 노동운동의 위상이나 의미 자체를 근본에서 다시 사유할 것을 요구하고 있는 게 아닐까?

시민운동의 경우에는 이런 동요가 별로 나타나지 않는 것 같다. 87년 이후 시민운동의 발전은 매우 급속하게 이루어졌고, 특히 '민주정부'나 '참여정부' 이후에는 시민운동이 정부의 정책이나 재벌의 활동 등에 대한 비판적 견제세력이 되었고, 비정부조직으로서 거버넌스의 한 요소로 확고하게 자리잡았으며, 그 결과 시민운동 단체는 '운동권'에서 정부나 정계로 진출하는 중요한 통로가 되었다. 총리나 장관은 물론 심지어 국정원 내부에까지 소위 '운동권' 인사들이 진출하게 되었다.

이와 나란히 시민운동은 '공익소송'처럼 법에 근거하여 정부나 재벌의 불법 행위를 따지고 비판 내지 '고발'하는 방식을 취하게 되었다. 혹은 문제가 많은 법에 대해 법의 정당성을 따지고 개정하려는 운동을 벌이기도 했지만, 그것 역시 헌법재판소의 판결이라는 또 다른 법적 소송에 기대는 방식으로 행해졌다. 이 모든 과정은 합법적 공간이 확대되고 법이 정권의 직접적 도구로부터 일정 정도 거리를 두게 되면서 가능했던 것이었지만, 거꾸로 그것은 시민운동이 법에 기초한 운동이지 그것을 전복하는 운동이기를 그쳤음을 뜻하는 것이었다.

이런 근본적 ─ 시민운동가들에 의해 통상 '비현실적'이라는 말과 동일시되는 ─ 문제와 다른 차원에서 좀더 현실적이고 심각한 문제는, 운동이 법을 기반으로 삼고 법적 고발의 형식을 반복하게 됨에 따라, 법적 판결을 최종적 판단으로 삼는 경향이 광범위하게 확산되게 되었다는 사실이다. 대통령 탄핵, 행정수도 이전, 국가보안법 개폐 등이 모두 헌법재판소의 판결로 귀착되었을 뿐 아니라, 이라크 파병 문제, 양심적 병역거부 문제 등 운동에 의해 해결되어야 할 사안이 거꾸로 법적 판결에 의해 운동 자체가 해소되는 것으로 귀결되었다. 이러한 양상의 가장 극적 형태는 새만금 사업에 대한 투쟁이었을 것이다. 오랜 기간을 많은 사람들이 혼신을 다해 싸웠고 그 성과 또한 환경과 생태 문제에 대한 국민적 인식을 전환시킬 정도로 성공적이었던 운동이, 대법원의 어이없는 판결 하나로 해소되고 중단되어 버렸던 것이다.

법이 운동의 상위에서 운동에 대해 판단하고 운동은 그것을 존중하고 그 판결에 따르는 현상, 이것만큼 합법적 운동의 아이러니를 잘 보여 주는 것은 없는 것 같다. 법관들은 고시 공부만으로 세상을 만났기에 법 바깥을 잘 모르는 사람들이지만, 좋든 싫든 법의 경계를 침범하고 위반하는 운동들을 통해 법 바깥을 고려하고 생각하게 되는 것인데, 운동이 역으로 법 안에 안주하게 됨에 따라 법적 통치의 게임이 현실이나 운동을 지배하게 되었다는 점에서, 법적 관점에서 보아도 사태는 매우 비관적인 결과로 귀결되고 있는 것 같다. 법정 드라마가 TV 시청자의 관심마저 끌게 되고, 모든 문제가 법적 소송의 문제, 유능한 변호사를 고용하는 문제로 귀착되는 미국의 상황이 이러한 사태의 멀지 않은 미래라고 하면 과장일까?

이런 점에서 시민운동은 합법적 공간이 제공하는 대답, 즉 합법적 공간을 최대한 이용하여 운동의 목표를 달성하고 시민의 정당한 권리를 확보한다는 대답에 충실했지만, 그것이 던지는 질문을 듣지 못했고 그것이 야기하는 딜레마조차 아직 보지 못하고 있는 것은 아닐까?

4. 사회주의의 붕괴 이후 좌익적 사유는 가능한가?

운동과 사유의 지반을 가장 심층적인 층위에서 뒤흔들고 뒤바꿔 버린 사건은 87년 6월항쟁과 전혀 다른 외부에서 왔다. 90~91년의 사회주의의 붕괴가 그것이다. 단절된 운동의 역사 속에서 사회주의 혁명을 꿈꾸며 레닌의 『무엇을 할 것인가?』를 읽고 전국적 전위정당의 건설을 시도하기 시작하던 바로 그 시기에, 마치 놀리기라도 하듯이 그 모든 꿈과 희망을 와해시키며 사회주의체제가 붕괴되었던 것이다.

이러한 사태에서도 스스로 던진 적이 없던 질문에 대한 확고한 대답을 찾아내고 발빠르게 그 대답을 받아들이는 사람들이 있게 마련이다. 그들에게 그것은 사회주의혁명의 불가능성, 혹은 맑스주의적 사상의 무모성, 혹은 혁명의 꿈 자체의 불가능성을 뜻하는 것이었을 게다. 자본주의가 문제가 많지만, 그래도 저 꼴 난 사회주의보다는 나으며 그나마 덜 나쁜 체제라는 식의 생각, 혹은 자본주의의 문제를 사회주의적 방식으로 해결하려고 했던 사회민주주의가 그나마 적절한 대안이라는 생각이 거기 포함된 또 다른 대답이었을 것이다.

그러나 일전에 『맑스주의와 근대성』 서론에서 개인적인 상황과 체험의 형식으로 쓴 적이 있는 것이지만, 사회주의 붕괴는 무언가를 확고히 하고 확신하게 해주는 대답이 아니라 여러 가지 근본적인 질문들을 동시에 던지는 사건이었다.

다들 알다시피 한국에서 혁명운동 내지 변혁운동은 사회주의혁명의 이념, 맑스주의라는 사상에 의해 시작된 게 아니었다. 그것은 이념 아닌 삶의 문제였기에, 그래서 이념도 사상도 없이 운동했기에, '자생성'과 '아마추어주의', '자족성' 등으로 비판되었던 것이 아닌가? 삶 전체를 걸게 만들었던 현실과 사태가 달라지지 않았는데, 그 삶을 걸고 가려던 길이 갑자기 끊어지고 깎아지른 절벽이 나타난 것이다. 손쉬운 대답이나 발빠른 대안을 찾는 사람이라면 덜 나쁜 길을 찾아갈 수 있겠지만, 미련하게 거기에 삶 전체를 걸었던 사람, 항상 근본적으로 사유하려는 사람이라면 차라리 나아갈 수도 없고 돌아설 수도 없는, 그 자리에 주저앉고 마는 것이 더 쉬웠을 것이다. 발빠른 변신을 시도한 사람들과 달리 '붕괴'에도 불구하고 지금까지 가던 길을 의연히 계속하려는 사람들이 오히려 사태에 대해 좀더 진지했었다고 믿는 것은, 흔히들 말하는 것과 반대로 그들이 '이념에 집착'했기 때문이라기보다는 삶에 진지했기 때문이라고 믿는 것은, 이런 이유에서다.

그러나 맑스주의와 스탈린주의를 대비시키고, '진정한 사회주의'와 '잘못된 사회주의'를 대비시키는 방식으로 이 사태가 해결될 수 있을 거라고 믿어도 좋을까? 스탈린에 의해 폐기된 사회주의이론으로 회귀하는 것으로, 사회주의 없는 노동운동으로 우회하는 것으로 이 사태가 해결될 수 있을 거라고 믿을 수 있을까? 그것은 오히려 저 사태가 강력한 당혹의 힘으로 힘껏 던지고 있는 질문에 귀 막는 것은 아니었을까?

좋든 싫든 사회주의의 붕괴는 혁명이나 사회주의라는 이름으로 사유되던 삶의 문제, 새로운 삶의 방식의 문제가 근본에서 다시 사유되어야 하는 지점이었다. '사유되지 않은 채' 혹은 충분히 사유할 여지 없이 받아들여야 했던 혁명이 근본적으로 다시 사유되어야 함을 요구하는 사태였다. "사회주의 붕괴 이후에 혁명이란 대체 무엇인가? 그것은 어떻게 가능한가?"

그것은 한편으론 맑스주의사상 자체에 대해 근본에서 다시 사유할 것을 요구하는 사태였다. 왜냐하면 사회주의혁명, 사회주의의 역사란 어떻게 말을 하더라도 맑스주의의 이름으로 진행되어 온 것인데, 맑스주의는 그 붕괴한 역사의 이유조차 이해할 수 없었기 때문이다. '돌아올 수 없는 다리'를 지났다는 사회주의가 어째서 붕괴했고 자본주의로 되돌아가고 있는 것인가? 대체 맑스주의는 자신의 이름과 결부된 이 역사를 어째서 이해할 수조차 없는가? 그것은 맑스주의 자체를 사유의 대상으로 삼아야 한다는 것을 뜻했다. 그렇다면 사회주의 붕괴 이후 맑스주의는 무엇이며 무엇이어야 하는가? 사회주의 붕괴 이후 자본주의의 극복을 위해 맑스주의자는 맑스주의에 대해 어떻게 사유해야 하는가? 자본주의와 사회주의, 공산주의의 선형적 배열을 넘어서, 역사철학적 종말/목적으로서 공산주의의 관념을 넘어서 자본주의와 다른 종류의 관계를 긍정적인 방식으로 구성하는 것, 그리하여 언젠가 다가올 미래의 형태로 현재로부터 분리되고 유예되는 공산주의가 아니라, 맑스 말대로 현재시제의 "현실적인 이행운동 그 자체"로서 코뮨주의를 다시 사유하는 것, 아마도 이런 과제가 이러한 질문들로부터 나온다고 해도 좋지 않을까? 코뮨적 관계, 코뮨적 구성체를 공산주의 내지 사회주의라는 이전의 개념으로부터 분리하여 다시 정의하고 다시 사유하는 것.

다른 한편, 그것은 자본주의와 외연을 달리하는 것으로서 '근대' 내지 '근대성'에 대해 다시 사유할 것을 요구하는 사태기도 했다. 왜냐하면 사회주의는 자본주의가 아님이 분명한데도, 자본주의와 마찬가지의 근대적 인간들, 근대적 통제체제, 근대적 관리체제들이 그대로, 혹은 좀더 거대하게 확대된 형태로 작동하고 있는 사회였기 때문이다. 그렇다면 자본주의로 환원될 수 없는 '근대성'이란 대체 무엇이며, 어떻게 작동하는가? 근대사회에 대한 푸코의 연구가 이 시기 맑스주의자에게 특별히 중요한 의미를 가질 수 있었다면, 그것은 이런 이유에서였을 것이다. 그리고 아마도 이런 문제의식이 한국사회에서 근대성의 형성과 결부된 많은 연구들과 어떤 식으로든 결부되어 있었다고 말할 수 있지 않을까? 그렇다면 푸코의 그것을 포함하여, 이러한 연구들은 경제적 관점에 입각한 전통적인 사회구성체론과 다른 측면에서 '근대'라고 불리는 사회구성체에 대한 연구였다고 말해도 좋지 않을까?

이 두 가지 문제는 서로 상관적이며 서로를 규정한다. 한편으로 사회주의가 근대적이었다면, 그것을 방향 짓고 그것을 인도하던 이념인 맑스주의 역시 근대적이었을 것이라고 해야 하지 않을까? 그렇다면 맑스주의 안에서 근대적 요소들, 혹은 맑스주의의 근대적 지반은 대체 어떤 것이었던가? 그리고 그 근대적 지반을 넘어서는 사유는 어떤 방식으로 펼쳐질 수 있을 것인가? 전통적 맑스주의의 사상적 지반이었던 노동의 인간학 내지 휴머니즘, 그것의 경제학적 형태인 노동가치론, 계산 가능성의 사회적 전제로서 화폐적 형식, 그리고 생산성으로 생산력을 대체하고 그런 의미의 생산성 발전을 진보로 정의하는 공리주의적이고 개발주의적인 진보

관념, 그리고 생산의 사회화를 계산 능력의 사회화로 치환하고는 계산과 계획을 통해 정의하는 사회주의의 관념 등 모든 것들이 근본에서 다시 검토되어야 하는 게 아닐까?

다른 한편 맑스주의를 통해 근대성의 경계를 다시 사유하고 그것을 넘어서는 새로운 긍정적 관계를 구성하는 것, 근대적 삶의 방식, 근대적 주체 형태를 넘어선 새로운 삶의 방식, 새로운 주체 형태를 근대와의 대결 지점에서 사유하고 창안하는 것이 또 하나 모색되어야 할 과제가 아니었을까? 종종 포스트모더니즘의 그것으로 대체되어 이해되는 '근대의 종언' 내지 '탈근대사회'의 도래를 맑스주의적 관점에서 재정의하고, 그것을 통해 근대 이후 세계의 요소를 발견하고 확장하며 현재화하는 것이 필요한 게 아니었을까? 근대 내지 자본주의 안에 존재하는 그것의 외부들을 창안하고 구성하려는 시도로서 코뮨주의를 이런 맥락에서 이해하고 싶다.

이러한 질문들과 대결함으로써 우리는 사회주의 붕괴 이후에도 좌익적 사유가 가능하리라고 믿는다. 아니 이러한 대결을 통해 새로운 이론적 사유를 밀고 나갈 수 있다면, 사회주의 붕괴야말로 거꾸로 진정 좌익적 사유를 가능하게 하리라고 믿는다. 기성의 것들을 유지하고 보존하는 것으로서 보수주의와 반대로, 사회적 상황 내지 사태들과의 관계 속에서 이미 확보된 안정적 요소들에 대해서조차 전복의 힘을 작용시키는 것으로서 좌익적 사유를 정의한다면 말이다. 이전의 사회주의가 결코 사유되지 않은 혁명이 아니었다고 해도, 그것이 충분히 사유되지 않은 것은 사실이라고 할 때, 비로소 혁명에 대해 충분하게 사유하고 혁명을 향해 전위 —— '아방가르드'라는 의미에서 ——적인 실험과 실천을 시작할 수 있게 되었다는 의미에서 말이다.

5. 문화주의의 시대?

사회주의 붕괴 이후 '문화'에 관한 관심이 부상하고, 문화이론이 이전의 '경제이론'을 대신할 듯한 이론적 구도가 만들어진 바 있다. 포스트모더니즘의 이론이 유행하기 시작했고, 더불어 라캉이나 푸코 등의 포스트구조주의이론이 읽히기 시작했으며, 그에 이어 페미니즘, 탈식민주의이론이 널리 영향력을 미치기 시작했다. 사회주의 붕괴 이후 최소한 외환위기 사태가 발생했던 1997년까지 이는 이론적 영역에서 지배적인 경향이었던 것으로 기억한다. 사회주의의 붕괴에 따라 맑스주의의 영향력이 감소하고, 그 공백을 문화이론이 차지하게 되는 것으로 이해되면서, 많은 사람들이 '문화주의의 시대'가 시작된 거라고 간주했던 것 같다. 혹자는 긍정적으로, 혹자는 부정적 내지 냉소적으로.

일단 현상적인 측면에서 볼 때 사태가 그러했다는 것은 분명했던 것 같다. 그리고 거기에 긍정적인 면이 있었음 또한 사실인 것 같다. '세상의 모든 것'에 대한 이론을 갖춘 통일적 세계관으로서의 맑스주의에 의해 다른 이론적 사유의 가능성이 닫혀 있던 상황이 해소되고, 전혀 다른 방식으로 세계를 보는 이론적 사유의 가능성이 열렸음을 뜻하는 것이기 때문이다.

반면 그러한 대립적 지점이 있었기 때문일 테지만, 그러한 사유의 개방은 자본주의 내지 근대에 대한 맑스적 사유 전체를 부정하는 것으로 간주되었다. 보드리야르나 리오타르가 프랑스 공산당을 왼쪽에서 비판하던 '좌파'였으며 그들의 이론 역시 그런 좌익적 문제설정에서 시작된 것이었음은 잊혀진 채, 모든 '거대이론의 종말'이란 형태로 사소한 것에 집중하게 된 시대의 선언으로 읽히거나, 시뮬라시옹이라는 과잉실재의 세계에 대한 묘사를 통해 문화가 지배하게 된 시대에 대한 선언으로 읽혔던

게 아닐까? 매체나 문화의 강력한 힘에 도취된 '날라리' 이론. 이는 심지어 포스트모더니즘에 대해 비판적이었던 푸코에 대해서도 유사하게 적용되었던 것 같다. 자본주의와 친화성을 갖지만 그것으로 환원되지 않는 근대사회에 대한 근본적 비판은 잊혀진 채, 경제를 담론이 대신하고 국가권력을 미시권력이 대신하는 문화이론으로 간주되었던 게 아닐까?

명시적으로 맑스주의자임을 자처하며 68혁명을 이론화한 것으로 간주되는 들뢰즈·가타리의 이론 역시 마찬가지로 맑스주의에 반하는 날라리 문화이론의 하나로 간주되었던 것은, 이 시기 이론적 지형의 형상을 잘 보여 주는 사례일 것이다. 거기에는 이전의 맑스주의와 다른 모든 이론을 맑스주의에 반하는 이론으로, 그것을 대체하는 어떤 '대답'으로 간주하려는 의지가 일종의 헤게모니를 행사하고 있었던 셈이다. '문화이론' 내지 '문화주의'란 말이 이러한 의지와 나란히 가고 있었던 것은, 그것이 경제이론 내지 경제주의로 간주되었던 유물론과 대비되는 명칭이었다는 점에도 적지 않게 기인하는 듯하다. 새로운 형태의 페미니즘이나 탈식민주의이론 역시 이와 유사하게 어떤 근본적 질문보다는 이전의 이론을 대신할 대답으로 받아들여진 게 아니었을까? 그리고 그것은 어쩌면 프롤레타리아트 없는 운동의 가능성, 혁명 없는 운동의 불가피성을 뜻하는 것으로 받아들여진 것은 아니었을까?

1997년 이른바 IMF 사태가 또 하나의 변곡점으로 간주되었던 것은 정확하게 이런 이유에서였을 것이다. 왜냐하면 이러한 구도 속에서 그것은 잘나가던 '문화'의 화려함을 밀치고 '경제'가 다시 삶의 일차적 지점으로 되돌아오는 것을 뜻했기 때문이다. 가령 1998년 『진보평론』이 적어도 그 창간의 시점에서는 '신/구'를 가리지 않고 대부분의 맑스주의자들을 모을 수 있었던 것이나, 2003년 개최된 제1회 맑스코뮤날레가 백화점식 나열이란 비판을 들을 정도로 넓은 편폭의 대다수 맑스주의자들을 모을 수 있었던 것도 이와 무관하지 않을 것이다.

그러나 그렇다고 이전의 이론적 지형으로 돌아갈 수는 없었다. 맑스주의는 여전히 이전과 같은 헤게모니를 얻을 수 없었고, '정통'이란 이름의 분할과 배제의 이론적 메커니즘 역시 되살아날 수 없었다. '문화이론'이란 이름의 이론들 또한 앞선 시기와 같은 주도권을 유지할 순 없었지만, 그것은 그 나름대로 확보한 영향력을 유지할 수는 있었다. 어느 하나가 헤게모니를 확보하지 못한 채 대립의 강도가 완화되며 만들어진 이 거리 속에서 경제주의와 문화주의, 맑스주의와 '문화이론'을 가르던 경계는 와해되었고, 새로운 이론적 사유의 공간이 만들어진 게 아니었을까? 이론이 대답 아닌 질문으로 이해되기 시작한 게 아니었을까? 적어도 맑스주의 진영 안에서는 그랬던 것 같다. 비록 모두가 그랬다고는 할 수 없다고 해도 말이다.

사회주의 붕괴 이후의 혁명에 대해, 혹은 사회주의 붕괴 이후의 세계에 대해, 그리고 맑스주의 붕괴 이후의 좌익적 사유에 대해 질문들이 시작되었고, 이런 의미에서 맑스주의 안에서 새로운 분화와 분기의 지점들이 만들어지기 시작했던 게 아닐까? 정보가치를 둘러싸고 노동가치론 자체에 대해 논쟁을 하기도 하고, 맑스주의에서 노동의 인간학이 논란의 대상이 되었으며, 제국주의를 대신한 제국의 개념에 대한 논쟁이 진행되었고, 레닌주의적 당조직을 대신하는 네트워크식의 조직이, 혹은 평의회식 사회주의가, 신자유주의적 세계화를 대신하는 사회주의적 세계화가 새로운 토론의 대상들로 떠올랐다는 것을, 나는 이런 맥락에서 이해하고 있다. 자율주의나 아나키즘, 푸코나 들뢰즈·가타리의 사상이 단순한 거부나 지지의 방식을 넘어서 이론적으로 검토되기 시작했다는 것 또한 나는 이런 맥락에서 이해하고 싶다. 그렇다면 '문화주의'는? 잘 모르겠다.

6. 전선의 이동, 혹은 소수자의 정치학

박정희체제 이래 한국의 다양한 정치적 세력들을 분할하고 결집시키던 적대의 구도는 이른바 '민주/반민주'의 대립이었다. 상이한 이해, 상이한 입장을 갖고 있어도, 독재정권에 대해 반대하며 투쟁할 의사가 있다면, 모두가 민주/반민주를 가르는 전선에서 민주의 편에 선 것을 뜻했다. 그러나 이러한 '민주/반민주'의 대립구도는 87년 이후, 혹은 더 뒤로 잡아도 양 김씨의 집권 이후에는 유효성이 소실되었다. 그렇다면 그 이후의 정치적 대립을 전체화하는 전선의 양상은 어떻게 달라졌는가?

그 이후의 정치 전반을 규정하는 새로운 전선의 형태는 오랫동안 가시화되지 않았다. 정치투쟁 혹은 계급투쟁이 새로운 양상으로 펼쳐지고 있음이 분명했지만, 그래서 가령 이전에는 관제동원에 지나지 않아 거의 무의미하던 우익단체의 행동이 새로이 '자발적' 운동의 형태를 취하고 기독교단체들의 우경화가 아주 뚜렷이 진행되는 한편, 대중운동 역시 이전과 다른 양상으로 진행되고 있음에도 불구하고, 그것을 하나로 모아 주고 집약해 주는 대립의 형태는 뚜렷하지 않았다. 즉 '민주 대 반민주'의 전선을 대체한 다른 전선의 형태가 명료하게 드러나지 않고 있는 것이다.

투쟁은 빈발하고 다양한 형태의 운동과 대결이 존재하지만, 그것이 하나의 전선으로 결집되지 않고 직접적으로 대립하는 세력들 간의 대결 이상으로 확장되지 않는 상태, 그래서 지원과 지지의 형태가 존재함에도 불구하고 대립하는 세력 전체가 하나의 장으로, 하나의 전선으로 응집되지는 않는 상황, 그것이 우리가 87년 이후 통과한 시기를 특징지어 준다. 다양한 투쟁들은 있지만 그 투쟁들이 응축되어 하나의 전선, 하나의 '주요모순'으로 응축되지 않는 상황, 그래서 각각의 투쟁들은 각각의 해당 지점에서 각개약진하는 방식으로 진행되는 상황, 아마 알튀세르라면 이를 '과소결정'underdetermination이라 불렀을 것이다.

'응축'이란 '주요모순'으로 다양한 운동이 집결되며 하나의 목표를 겨냥할 때를 뜻하는 것이기에, 하나의 전선으로 운동이 대치하고 있는 상황 이상의 의미를 갖는다. 즉 응축이 발생하는 것은 하나의 전선이 존재한다는 사태, 혹은 어떤 모순이 주요모순으로 부상한다는 사태에서 더 나아가 혁명적 정세까지는 아니어도 투쟁이 실질적으로 결집되며 하나의 돌파지점이 가시화되는 경우를 뜻한다고 하겠다. 다시 말하면, 응축이 발생하지 않았다고 해서 하나의 단일한 전선이 존재하지 않는다거나 주요모순이 존재하지 않는다고 해선 안 된다는 것이다. 사실은 강한 의미에서 응축이 발생하지 않는 그러한 상황이 좀더 일반적이라고 해야 한다. 가령 박정희 정권이나 전두환 정권 시절 내내 민주/반민주의 전선은 언제나 가시적으로 존재했지만, 언제나 응축이 발생했다고는 할 수 없는 것이다. 요컨대 응축이란 전선에서의 적대가 정세적으로 현행화actualization된 상태를 뜻한다면, 전선이란 하나의 주요모순에 의해 상이한 모순들, 운동들이 잠재적으로 결합된 상태를 뜻한다.

물론 미군반대운동과 대통령 선거로 대중운동이 강력하게 집중되었던 2002년이나, 탄핵을 둘러싸고 국민 전체가 양분되어 대결하던 시기를 들어 응축이 발생하지 않았던가라고 반문할 수도 있을 것이다. 그러나 가령 2002년의 사태는 대중의 흐름이 강력하게 형성되어 가시화되었음에도 불구하고 그것이 월드컵과 반미운동, 대통령 선거라는 전혀 다른 성격의 투쟁, 전혀 다른 대립의 지점으로 이동하며 진행되었다는 사실이야말로, 응축이 수반되는 과잉결정이 아니라 응축이 없이 다양한 투쟁이 상이한 지점에서 진행되는 과소결정의 상태를 보여 주는 사례라고 할 것이다. 거기서 하나로 결집된 것은 모순이나 전선이 아니라 대중이라는 흐름 자체였다. 그것은 다양한 세력이나 투쟁을 응집하는 단일한 전선이 가시화된 게 아니라, 다양한 종류의 사람들이 인터넷이라는 새로운 흐름의 공간을 통해 단일한 대중으로 형성되기 시작했음을 보여 주는 것이었다. 그것은 새로운 전선, 새로운 대결의 지점을 보여 주는 것이 아니라, 대중이 움직이는 새로운 방식, 새로운 대결의 방식을 보여 주는 것이었다. 그것은 우리가 대결해야 할 하나의 중심적인 적을 보여 주는 게 아니라, 이런저런 종류의 적들과 대결하는 새로운 종류의 대중을, 새로운 종류의 운동 방식을 보여 주는 것이었다.

그렇다면 우리는 아직도 전선이 해소된 상황, 다른 전선이 그것을 대체하지 않은 채 각자 자신의 자리에서 자신만의 투쟁을 하는 그런 정세 속에 있다고 해야 할까? 그렇지는 않다. 응축이 발생하진 않았다고 해도, 이질적인 모순들을 관통하며 그것들을 하나로 연결하는 또 다른 주요모순이 형성되었고, 그것이 점차 가시화되고 있다고 보인다. 그러나 그것은 그저 객관적으로 주어지는 것은 아닐 것이다. 아마도 적극적으로 정세 속에서 그것을 읽어 내고 결합하려는 시도를 통해서만 주요모순은 주요모순이 되고, 잠재적 적대는 전선으로 가시화될 수 있을 것이다.

새로운 대결의 지점은 다른 곳에서, 그리고 서서히 형성되고 있었던 것 같다. 그것은 여러 영역에서 진행되고 있는 이른바 '양극화'와 결부되어 있다. 이는 특히 IMF사태 이후 본격화되기 시작했는데, 이전과 다른 점은 양극화가 부르주아지와 프롤레타리아트 두 계급으로의 분해가 아니라, 각각의 내부에서조차 진행되고 있다는 사실이다. 가령 대기업과 중소기업의 영업이익률은 1998년 각각 6.5%와 5.2%였던 것이 2004년에는 9.4%와 4.1%로 벌어졌다. 이러한 양상은 노동이나 일자리와 관련해서 더욱 현저하다. 1998년 중소기업이 고용한 인력은 전 산업 고용인구의 75.3%였고 그 사람들에게 지불된 임금은 전체 임금의 76.2%였던 반면, 2003년에는 고용 비중이 87%로 늘어났지만 그들에게 지불된 임금은 전체 임금의 65.8%로 줄어들었다. 이는 중소기업에 고용된 사람들의 임금이 급격한 속도로 줄어들고 있으며, 반대로 대기업 고용인력의 임금이 그만큼 빠르게 늘어나고 있음을 의미한다. 전체 일자리 역시 상위 수준의 일자리와 하위 수준의 일자리가 모두 급격히 늘어나고 있는 반면, 중간 수준의 일자리는 급격히 감소하고 있다.

좀더 분명한 것은 전체 고용인구 가운데 비정규직 노동자가 매우 급속한 속도로 증가하고 있다는 사실이다. 2004년 8월 전체 노동자의 반이 넘는 56%가 비정규직 형태의 일자리에 고용되어 있다. 노동자계급이 정규직과 비정규직이라는 두 개의 층으로 급속하게 분화 내지 분해되고 있는 것이다. 더욱이 여성의 경우 비정규직의 비율은 70%에 이른다. 비정규직 노동자의 임금은 정규직 노동자 임금의 60% 정도에 머물고 있으며, 4대보험, 퇴직금, 상여금, 유급휴가 등 다른 급여적 요소들 역시 정규직에 비해 형편없이 열악한 조건에 처해 있다.[1]

이러한 양극화는 맑스주의자라면 자본주의사회 어디서나 발견하던 것 아닌가? 그러나 지금 진행되는 양극화가 고전적인 맑스주의 계급이론에서 말하는 양극화와 크게 다르다는 점은 특별히 강조될 필요가 있다. 고전적인 계급이론에서 그것은 중간계급인 프티부르주아지가 일부 소수는 부르주아계급으로, 대다수는 프롤레타리아계급으로 분해되는 것을 시칭한다. 반면 지금의 양극화는 노동자계급 내부에서 정규직과 비정규직, 대기업 노동자와 중소기업 노동자 간의 실질적인 격차를 만들면서 진행되고 있다는 점에서 이전의 그것과 다르다. 중간계급만 분해되는 게 아니라 노동자계급 자신도 두 층으로 분할──아직은 분해라고 해야 할지, 분

1] 고병권, 「한미FTA와 한국사회의 양극화」, 한미FTA저지 범국민운동본부 정책기획연구단 엮음, 『한미FTA 국민보고서』, 그린비, 2006.

화라고 해야 할지 모르겠지만──되고 있는 것이다. 그리고 부르주아지나 중간층 역시 유사하게 양극화되고 있다는 점이 여기에 추가되어야 할 것이다.

이러한 분할은 단지 경제적이고 객관적인 현상만이 아니다. 잘 알다시피 2000년 한국통신 비정규직 노조의 파업은 비정규직 노동자에 대한 정규직 노동자의 배타적인 태도로 아주 유명하다. 이는 현대자동차 등의 대기업에서 비정규직 노동자, 특히 비정규직 여성노동자들에 대해 보여준 배타적인 태도와 더불어 2000년대 노동운동의 지형을 규정하는 아주 근본적인 요인으로 자리잡았다. 노동운동 자체도 경제적 양극화의 선을 따라 분할되며 양극화되고 있는 것이다! 더욱이 기아자동차 노동조합 간부나 민주노총 간부의 '비리' 사건은 노동조합이나 노동운동이 이젠 이익을 확보하고 따로 챙기는 자본주의의 고질적 병폐에서 자유롭지 못함을 보여 준 상징적 사건이었다 하겠다. 덧붙이자면, 서구 노동조합운동이 걸어간 길이 이와 무관하지 않을 것이다.

이처럼 노동자 내부에서 정규적인 일자리를 갖고 높은 임금을 받아 안정적인 생활을 확보한 주류적인major 노동자와 비정규적이고 낮은 임금, 불안정한 생활을 감수해야 하는 소수적인minor 노동자로의 분할이 아주 빠른 속도로 진행되고 있다. 그런데 소수적인 노동자의 문제는 단지 노동자 내부에서의 분할에 그치는 것은 아니다. 힘들고 위험한데 임금마저 낮아 한국인들이 피하는 최하위층 일자리를 담당하는, 이미 40만을 넘어선 이주노동자들 역시 한국에서 소수적인 노동자층의 핵심적인 요소다. 여기에 태생적으로 시장에 취약한 농산물을 생산하고 판매해야 하는 농민들, 남성들에 비해 어디서나 2차적이고 저급한 대우를 감수해야 하는 여성 등등의 수많은 소수적인 층, 소수적인 집단들이 여러 영역에서 만들어지고 있다. 그 수가 많다는 의미에서가 아니라 확보한 이권이나 이득이 많다는 의미에서 '다수적인' major 층과, 수는 많지만 이권이나 이득이 적다는 의미에서 '소수적인' 층의 대립이 점점 더 많은 영역으로 확대되고 있으며, 그 대립의 양상 역시 본격화되고 있다.

　이상의 사태를 요약하면, 여러 영역에서 다수자(이른바 '주류')와 소수자 간의 분할과 대립이 가시화되고 있다는 것인데, 결국 다수자와 소수자의 대립이 현재 한국사회를 양분하는 주요모순이 되고 있다고 해야 하지 않을까? '민주/반민주의 전선'이 '다수자/소수자의 전선'으로 대체되고 있는 것이라고 해야 하지 않을까? 비록 아직은 다양한 영역에서의 대립이 하나의 전선으로 응축되는 과잉결정의 상황이 발생한 것은 아니라고 해도 말이다. 하지만 이미 급속도로 진행되고 있는 한미FTA는 이러한 상황을 빠르게 가속화하게 되지 않을까? IMF 이후의 구조조정이 비정규직이나 소수자를 급격하게 양산하기 시작했음을 안다면, 그보다 훨씬 강도 높은 신자유주의적 '구조조정'이 수반될 한미FTA가 이러한 사태를 매우 강하게 밀어붙이며 다양한 소수자들을 하나로 응집시키리라고 추측할 수 있지 않을까?

　나는 노무현 정권이 보여 주는 아이러니의 이유를 이러한 전선의 변화를 통해 이해할 수 있다고 믿는다. 대중들의 강력한 지지와 투쟁을 통해 집권했을 뿐 아니라 탄핵 사태라는 위기에서 승리할 수 있었던 노무현 정부가 집권 기간 내내 진보적이라고 할 만한 어떤 개혁도 이루어 낸 것이 없으면서도 자신은 '진보'라고 믿고 있으며, 자신이 하는 일은 모두 진보적이라고 믿고 있다는 아이러니가 그것이다. 실제로 노무현 정부에 들어와 유효하게 실행된 정책은 모두 진보진영에 반하는 '보수적' 정책 일색이었다. 새만금이나 천성산 문제처럼 자신이 공약으로 내걸었던 것도 모두 뒤집었고, 언론개혁처럼 자신이 원했던 것을 하지 못했으며, 국가보안법처럼 거의 다 죽은 악법조차 의회에 과반수 의석을 갖고서도 폐지하지 못했다. 그린벨트를 과감하게 풀어 개발주의를 가속화했고, 스스로 공언하던 아파트 원가 공개조차 포기했고 거꾸로 부동산 가격을 이전 어느 정권보다 급속하게 올려놓았다. 미국과 거리를 두던 초기의 입장은 어느새 사라지고 미군기지의 확장을 비롯한 미군의 새로운 세계전략에 파트너가 되어 주었고, 진보운동진영의 반대에도 불구하고 전세계에 몇 안 되는 이라크 파병국이 되었다. 그리고 급기야 모든 진보진영이 일치하여 반대하는 한미FTA를 미친 '곤조' 하나로 밀어붙였고, 덕분에 견원지간이던 보수언론이나 보수정치인들에게 '위대한 지도자'로 칭송받기도 했다. 그런데도 그는 자신이 '진보적'이라고 믿고 있으며, 이 믿음 자체는 거짓이라고 보이지 않는다. 왜 노무현은 자신이 선택한 정책이 그렇지 않은데도 자신이 진보라고 믿고 있는 것일까?

그것은 그가 자신이 서 있는 곳이 예전과 같은 곳 그대로라고 믿고 있기 때문이다. 즉 독재정권과 투쟁하던 민주진영의 일원으로서 자신이 싸우던 곳에 그대로 서 있다고 믿고 있기 때문이다. 그가 걸핏하면 내세우는 '도덕적 정당성'은 단지 선거에 의해 선출되었다는 사실보다는 이러한 전선상의 위치에 대한 자평이라고 해야 할 것이다. 그 점에서 그가 민주진영 사람들의 열광적 지지를 얻을 만큼 훌륭한 일원이었음은 사실이다. 그런데 문제는 무엇보다도 그는 그 자리에 그대로 서 있었다고 해도(그게 사실인지도 지금은 의문이지만), 사회적 대결의 양상을 규정하는, 즉 진보와 보수를 가르는 전선이 이동해 버렸다는 것이다. 지금은 군부독재에 반대하는 민주인사라는 것이 '진보적'이라고 말할 어떤 이유도 제공하지 않게 된 것이다. 양 김씨 주변에 있었기에 자동으로 '반독재' 진영에 속했던 사람들이 지금은 대개 보수파임이 분명해졌으며, 과거 운동권에 속했던 사람들이 보수파 정객이 된 경우가 얼마나 많은가! 이처럼 전선이 이동하는 경우, 민주/반민주의 이편에 있다고 해도, 다수자에 속하는 경우 전선의 저편에 있다고 해야 한다. 민주노동운동의 중요한 일부였지만 소수자들의 적대세력이 된 한국통신 노조의 경우처럼 말이다. 하지만 자신이 무언가 의도적으로 이동한 것은 아니기에, 그는 여전히 자신이 진보적이라고 믿고 있는 것이다. 민주노조운동의 많은 노조들, 특히 대기업노조들이 그러하듯이.

여기서 정말 웃기는 코미디는 전선이 이동한 것을 이해하지 못하고, 그대로 있어도 보수파가 될 일군의 사람들이, 이제는 진보를 그만두고 보수가 되겠다고 전선 저편 멀리 훌쩍 이동한 것이다. 그들은 새로이 보수파가 되려는 의도를 갖고 이동했기에 자신이 '뉴라이트'라고 믿지만, 그들이 옮겨 간 곳은 민주/반민주 전선의 저편, 즉 '올드라이트'가 서 있던 곳이다. 그들이 하는 말이나 행동, 그들이 제시하는 역사 해석 등이 한결같이 낡은 올드라이트의 그것에서 한 치도 벗어나지 못하는 것은 정확하게 이런 이유에서다. 이런 점에서 본다면 한국사회에서 '뉴라이트'는 그들이 아니라, 자신이 진보라고 믿으면서 그 자리에 선 채 전선의 저편으로 이동한 사람들, 즉 노무현이나 안정적인 주류가 된 노동조합이다.

여기서 진보적이 되기 위해 '소수자'를 선택한다면, 그것은 너무 쉽게 대답을 구하는 것이다. 현재의 상황이 새로이 던지고 있는 질문을 듣지 못하고, 그것을 사유하지 못한다면, 그 대답은 상황이 조금 달라지면 또 금방 잘못된 대답이 되고 말 것이 분명하기 때문이다. 이 상황이 던지는 질문은 사실 보기보다 훨씬 근본적이다. 두 계급으로의 분해가 아니라 노동자계급 자신이 다수자와 소수자로 분할되고 있다면, 그리하여 전투적인 역사를 갖는 민주노조조차 가던 길을 그대로 가는 한 다수자가 되고 만다면, 노동운동이 진보적이기 위해선, 즉 노동운동이 '소수적'(이는 숫자의 문제가 아니다!)이기 위해선 어떻게 해야 하는 것일까? 민주/반민주가 정권이라는 근대적 총체성의 담지장치를 통해 작동하기에 반독재세력의 결집과 응집이 자연스럽고 용이했지만, 소수화는 여러 영역으로 분할되어 진행될 뿐 아니라 시장의 힘이라는 분산적 권력에 의해 진행되기에 응집과 결집이 어렵다면, 다수자에 대한 소수자의 투쟁은 언제나 과소결정 상태에서 진행되어야 하는 것일까? 그렇다면 전통적 의미에서 권력의 전복을 뜻하는 혁명이란 불가능하게 되는 것은 아닐까? 연대나 동맹의 관념이 이제는 계급이란 개념을 통해서가 아니라 그것을 가로질러 작동해야 하는 것이 아닐까? 등등.

그렇다면 6월항쟁이라는 미완의 혁명, 미완의 민주주의를 완성하는 방식으로는 혁명적이기는 물론 진보적이기도 어렵다는 걸 굳이 따로 지적할 필요가 없지 않을까? '20주년 기념'의 형식으로 현재를 어떤 식으로든 6월항쟁과 연속적인 지점에 두고 연결하기보다는, 차라리 6월항쟁과 현재 사이에 존재하는 단절과 변환을 포착하는 것이 정작 필요한 게 아닐까? 그것이 6월항쟁의 정신에 더 충실한 것이라고 해야 하지 않을까?

7. 추기: 두 전선의 사이에서

이 글은 2007년 6월, '6월민주항쟁 20주년사업추진위원회'에서 주최한 토론회를 위해 쓰여진 것이다. 그런데 그 뒤 그리 긴 시간이 지난 것은 아니지만, 잘 알다시피 대통령 선거가 있었고, 그 많은 스캔들에도 불구하고 이명박 씨가 대통령에 당선되었다. 따라서 한국사회에서 '주요모순'의 변화와 관련해 노무현 정권의 아이러니에 대해 쓰고 있는 부분은 이미 때 지난 것이 되고 말았다. 그러나 새로 변화된 사태에 대해 말해야 함은 분명하지만, 그렇다고 여기 쓰인 내용이 무효화되었다고는 생각하지 않는다. 지금의 상황은 87년 이후 여러 가지 변곡점을 거치면서 진행되어 온 사건의 흐름 속에 있지만, 이전 사건의 의미를 뒤집거나 무효화하는 어떤 근본적 변위가 있었다고 보이지 않기 때문이다.

과거는 변하지 않으며, 다만 현재시제로 발생하는 사건들이 이미 있는 그 과거들에 추가된다는 믿음은 아주 소박한 선형적 역사관에 갇혀 있는 것이다. 이미 지나간 '솔'음 다음에 어떤 음이 오는가에 따라 그 '솔'음은 I도 화음이 될 수도 있고, IV도 화음이 될 수도 있다. 긴 글 마지막에 어떤 문장을 덧붙이는가에 따라 앞의 글 전체의 의미가 달라질 수 있음 또한 마찬가지다. 사건도 그와 같아서 계열화되는 과거의 사건들의 집합 전체는 현재 거기 추가되는 사건에 따라 이전의 의미와 전혀 다른 게 될 수 있다.

그러나 지금, 어찌 보면 정권이 바뀌는 사건, 그것도 대중들의 고집스런 선택에 의해 이전의 '진보적' 정권을 부정하고 보수적 인사를 선택한 사건이 발생했음에도 이전의 정치적 지형이 근본적으로 달라지지 않는 것은, 이전의 정치적 지형이 현재의 보수적 정권과 근본적으로 연속성을 갖는다는 점에 기인한다. 김대중 정부가 들어서면서 처리해야 했던 가장 중요한 일은 소위 IMF 사태로 인한 경제위기를 해결하는 것이었고, 이를 위해 그는 IMF를 필두로 한 미국 및 국제 금융자본의 요구에 따라 구조조정 프로그램을 받아들여 시행했다. 그 내용이 국제 금융자본의 자유로운 투자와 이득을 보장하기 위한 일련의 소치들이었고, 이를 통해 동상 '신자유주의'라고 불리는 체제가 자리 잡게 되었음은 잘 알려진 사실이다. 노무현 정권의 경제정책 역시 이를 그대로 이어받고 있었을 뿐 아니라, 한미FTA를 통해 전지구적 금융자본이나 투기적 외국자본의 자유로운 흐름을 보장하는 경제적 통합을 한층 더 심화시키고자 했음 또한 잘 알려진 사실이다. 보수언론은 물론이고 한나라당의 다른 보수적 정치인들 역시, 노무현에 대해 그토록 강한 거부감을 갖고 있으면서도, 그를 '위대한 지도자'라고 추켜세웠던 것은 양자 사이에 입장의 연속성을 보여 주는 단적인 징표일 것이다.

　북한에 대한 입장 차이 정도를 제외한다면, 이들의 차이는 기대성장률의 차이처럼 사소한 것이거나 사립학교법처럼 사적인 이해관계에 물린 것이다. 재벌이나 부자들 중심의 경제정책이 예전과 달라진 것도 아니요, 비정규직을 양산하면서 진행되는 '사회적 양극화' 또한 이미 김대중 정부(IMF 사태) 이후 시작된 것이며, 노동운동에 대한 예상되는 탄압이 김대중·노무현 정권 시절이라고 느슨했다고는 결코 말할 수 없을 것이다. 물론 금산분리 규제의 해제처럼 결코 같지 않다고 할 것도 있겠지만, 이미 그것은 고삐 풀린 말을 꼬리라도 붙잡고 있을 것인가 그냥 놓아줄 것인가 하는 정도의 차이 이상은 아닐 것이다. 가령 한미FTA안이 통과된다면 외국자본들에 대해서는 가해지지 않는 그러한 규제 조치가 한국의 재벌들에게만 가해지는 일이 일어날 거라고 생각할 순 없을 것이다.

　그렇기에 대통령 선거 전에 보수주의자들이 빈번하게 말하던 '잃어버린 10년'은 매우 아이러니하게도 실질적으로는 우파 아닌 좌파들이 잃어버린 시간을 뜻하는 것이었다. 좌파정권이 들어선 10년 동안 좌파정권의 이름으로 행해진 것들이 대개는 보수적이고 우파적인 것이었고, 이런 조치들에 대해 좌파들은 이른바 '좌파정권'이라는 이유로 비판의 칼날을 내려놓은 채 오른쪽으로 오른쪽으로 밀려가면서, 그들의 실패로 인한 비난은 모두 짐 져야 하는 곤혹스런 사태에 처해 있었다. 반면 우파들은 아무것도 책임지지 않은 채, 그저 비난하는 것이면 충분한 자리에서, 사실상 자신들이 하고자 하는 것을 대개 얻었기 때문이다. 아마도 이후에 달라질 게 있다면, 이전이라면 노골적으로 내놓고 하기 힘들었던 것들을 이제는 훨씬 쉽게 할 수 있게 되거나, 사적 이해에 얽힌 일들이 공적 이름으로 공식화되는 정도가 아닐까?

　따라서 이명박 정부가 들어서는 것으로 이전의 정치적 지형이 근본적으로 달라질 것은 별로 없어 보인다. 북한 문제 또한 미국 및 인접국과의 관계 속에서 진행되는 것이기에, 현재의 지형을 크게 바꾸며 진행될 가능성은 적어 보인다. 그리고 이 점에서는 이명박 정부가, 이회창을 지지하며 '정통보수세력'을 자처하던 층들처럼 '반북'의 이념에 충실하다고 보기는 어렵다. 다시 말해 미국이나 인접국과의 관계를 틀면서까지 북한에 대한 입장을 반북의 방향으로 밀고 나갈 가능성은 별로 없을 것 같다. 다른 한편 미국의 군사전략이, 대북 방어 기능에 제한되어 있던 한반도 미군을 대북 전선에서 빼내 중국이나 다른 지역적 문제들을 '해결'하기 위해 파견할 수 있는 것으로 전화하였다는 사실은, 미국의 관점에서도 한반도에서 북한 문제의 위상이 이전과 같지 않음을 보여 준다고 하겠다. 따라서 북한 문제에 대한 입장의 차이가 한반도의 정치지형을 크게 바꾸어 놓을 가능성은 별로 없어 보인다.

그렇다면 대통령 선거와 집권세력의 변화로 인해 달라지는 것이 아무것도 없단 말인가? 그렇지는 않을 것이다. 먼저 집권세력이 이전의 보수파라는 점에서, 이제는 정부의 정책이나 성격이, 그게 성공하든 실패하든, 이전처럼 '진보세력'들의 명시적 내지 암묵적 지지하에 이루어지기는 힘들게 될 것이다. 가령 새만금 개발 문제나 한미FTA에 대해서 환경운동단체나 시민운동단체가 확고하게 싸우기보다는 어설픈 타협이나 비판적 지지를 보이며 어중간한 입장에 섰던 사태가 예전과 동일한 양상으로 반복될 거라곤 생각되지 않는다. 지금은 더구나 이명박 정부나 보수파들이 이전의 '진보세력'들에 대해 확실한 분리의 선을 그으려고 하는 상황이기에, 이런 모호한 절충의 지대, 타협의 지대는 확실하게 축소될 것으로 보인다. 더욱이 '승리감'에 취한 보수세력——정권에 직접 들어가 있든 그렇지 않든 간에——은 최근 전교조 소속 교사들의 '귀양' 사태에서처럼 좌파들에 대한, 특히 이전 정권에 인접성을 갖던 좌파들에 대한 공격을 가할 것이며, 이로 인해 대립의 범위는 확대될 것이고 그들이 포섭할 수 있는 세력의 범위는 축소될 것이다(물론 그렇다고 '진보단체'들이 확고하게 단호하게 싸울 것이라고 낙관할 순 없을 것이고, 정규직 노동자들의 노동조합이 이를 계기로 이주노동자나 비정규직 노동자와 적극적으로 연대하며 노동운동이 새로이 활성화될 것이라고 낙관하기는 쉽지 않겠지만 말이다).

이런 이유로 인해 필경 민주/반민주의 전선과 다수자/소수자의 전선 사이에 약간의 변화와 교착이 발생할 것이 분명하다. 물론 이전의 정권과 이명박 정부가 근본적으로 동일한 지형을 공유하고 있다는 점에서, 전선의 축을 형성하는 다수자/소수자의 모순은 여전히 달라지지 않을 것이다. 가령 '통합신당'이나 새로운 '야당'이 한미FTA 문제나 비정규직 문제, 이주노동자 문제 등에 대해 태도를 달리할 가능성은 없다. 노동조합운동이나 노동자 대중 역시 이주노동자나 비정규직 노동자의 투쟁에 대해 공식적으로는 지지한다고 하지만, 실질적으로는 외면하거나 소극적 지지 이상을 하지 않는 사태 역시 근본적으로 달라질 것 같지 않다. 그러나 승리감에 취해 성급하게 진행되는 우파들의 공세는 민주/반민주와 다수자/소수자의 두 전선 사이에 끼인 여러 세력들의 입지점을 축소시킬 것은 분명하다. 아마도 환경, 여성, 문화, 교육 등의 영역에서 이미 집권 이전부터 진행되고 있는 것처럼 이전 정권에 인접한 층들을 적극적으로 밀어낼 것이다. 두 개의 전선 사이에서 부동하며 벌어지는 권력투쟁이 두 전선 사이에 있는 층들로 하여금 현재의 자리에서 이탈하여 이동하게 만들 것이다. 적어도 현재의 양상은 빼앗겼던 자리를 되찾으려는 욕망과 그것을 뒷받침해 주는 승리감으로 인해, 그리고 거기에 노무현 정권 이상의 미숙함이 더해지면서, 그 동요하는 층들을 강하게 밀쳐 낼 것으로 보인다. 아마도 다수자와 소수자를 분할하는 전선은 좀더 '위'로 이동할 것이고, 그

대립의 양상은 정권을 배경으로 삼는 보수파의 공격으로 인해 강화될 것이고, 그로 인해 소수자 사이에서 응집의 요소들은 확대될 것이다. 이전에 두 전선 사이에서, 의도와 무관하게 '뉴라이트'(실질적으로는 올드라이트인 자칭 '뉴라이트'가 아니라, 스스로 진보 내지 좌파로 믿지만 우파로 거듭난 이들)를 형성했던 층들은 분해되어 전선의 이편으로 이동하는 적극적인 층과 여전히 자신이 진보라고 믿으면서 주류적인 입장에서 자신의 이익을 지키려는 층으로 분할될 것이다. 이전 시기에 비해 잠재적 '뉴라이트'의 층은 얇아지고 약해질 것이다.

그러나 동시에 현재의 전선 이편으로 이동하지 않으면서도, 정권을 장악한 층과 대립하고 투쟁한다는 이유로 자신이 진보임을 믿는 '뉴라이트'들의 확신 역시 강화될 것이고, 그들이 자신의 동지라고 믿는 소수자 대중 역시 늘어날 것이다. 전선의 이편으로 이동한 층은 말할 것도 없지만, 그 전선의 저편 중간지대에서 '올드라이트'와 싸우는 '뉴라이트'의 대립이나 투쟁 역시 연대의 확장이란 관점에서 보자면 결코 무의미하다고 할 수 없다. 그러나 그들은 자신의 적들과 투쟁하기 위해 손을 내밀면서도, 소수자의 입장에 서거나 그들의 입장을 적극적으로 옹호하여 활동할 가능성은 별로 없어 보인다. 이를 오해한다면, 그래서 그들을 전선의 이편으로 이동한 '진보적 세력'이라고 착각한다면, 두 선선 사이에서 이전의 그들이 그랬듯이, 그것은 현재의 전선에서 벌어지는 투쟁을 교란시키고 무마시키는 요인이 될 것이 분명하다. 정권과 대립한다는 이유로, 혹은 '올드라이트'와 대립한다는 이유로 그들이 서 있는 곳이 '진보적'이라고 믿는다면, 이미 노무현 정권 시절에 보았던 착각이 다시 회귀할 것이고, 그 시기에 범했던 오류들이 다시 반복될 것이다.

자본주의와 흐름의 경제

1. 사회적 기계와 사회구성체

화폐는 부富의 일반적 형식을 제공한다. 화폐를 통해 생산물들은 각각을 가두고 있는 개체의 경계를 넘어서 하나의 '부'로서 더해지고 집적될 수 있게 된다. 이러한 부가 교환이나 생산을 통해 자신을 증식시킬 수 있게 될 때, 그것은 자본이 된다. 자본이 이처럼 증식되는 것은 교환이나 생산과 맞물려 순환하고 운동함으로써다. 자본은 일정 규모 이상으로 집적된 화폐로 표상되지만, 사실은 상품과 화폐의 형태를 바꾸어 가며 운동하고 순환하는 부고, 그 순환 내지 운동을 통해 스스로 하나의 흐름이 되는 부다. 자본주의는 이러한 부의 흐름이 생산자들의 생산능력과 만남으로써, 노동력의 흐름과 접속됨으로써 시작된다. 자본주의가 개별적인 자본들의 단순한 집합이 아니라, 사회 전체를 지칭하는 하나의 이름으로 확립되는 것은 그 사회를 관통하는 생산능력의 흐름을 절단하고 채취하는 '기계'가 됨으로써다.

이처럼 어떤 사회 내부를 관통하는 흐름들을 절단하고 채취하며 작동하면서 그 사회 전체를 하나의 거대한 기계로 구성할 때, '사회적 기계'로서 자본주의를 정의할 수 있다. 자본주의가 하나의 사회구성체가 된다는 것은, 어떤 사회를 관통하는 자본의 흐름이 생산능력의 흐름을 절단하고 채취하는 하나의 거대기계로 자신을 정립하고, 사회의 다양한 부분들을 그 기계의 작동과정 속으로 끌어들이며 하나의 전체로 구성해 가는 과정이 정립됨을 뜻한다.

이런 점에서 자본은 화폐와 마찬가지로 아주 다양한 시대에 존재했지만, 그것이 존재한다는 사실만으로 사회구성체로서의 자본주의가 존재함을 뜻하진 않는다. 자본이 생산자들의 흐름을, 생산능력의 흐름을 포섭하여 자신의 일부로 변형시키는 과정이 사회 전체에 어떤 '구성적인' 영향력을 행사할 때, 그리고 그러한 영향력 아래에서 다양한 생산물이 자본의 형태로 변형되고 집적되며 재생산되는 과정이 진행될 때, 그리고 이를 통해 사회적 활동이나 생산물을 자본화하는 권력이 작동하게 될 때 비로소 자본은 하나의 사회를 단일한 '구성체'로 만드는 지위를 획득한다. 이러한 자본의 권력을 통해 자본이 아닌 것, 심지어 자본에 반하는 것들이 해체되거나 자본화되는 일반화된 과정이 자본주의사회구성체를 특징짓는다.

자본주의 기계가 생산자들의 활동의 흐름을 절단하고 채취하는 방식의 차이에 따라 자본주의사회구성체 안에서 상이한 형태의 경세유형이 형성된다. 생산자들의 활동의 흐름은 한편으로는 고용되거나 포섭되어 노동하는 노동력의 흐름을, 다른 한편으로는 그러한 포섭의 외부에서 진행되는 활동 내지 삶의 흐름으로서 대중의 흐름을 형성한다. 이것이 자본주의사회의 일차적 과정을 형성한다. 자본이 노동력의 흐름과 대중의 흐름을 절단하고 채취하는 방식의 차이에 의해 상이한 유형의 경제가 성립된다. 물론 대개 그것은 사회 전체를 포섭하면서 자본주의적 구성체로 만들어 가는 방향을 취하지만, 초기에는 자본의 증식을 위해 자본화의 범위를 국지적인 범위로 제한하면서 진행된 바 있다. 이를 포함하여 자본주의 사회구성체와 관련해 세 가지 형태의 경제유형이 구별될 수 있다. 코드의 경제, 공간의 경제, 흐름의 경제가 그것이다. 여기에서는 먼저 이러한 경제 유형의 차이를 분명히 한 위에서, 흐름의 경제를 구성하는 오늘날의 자본주의가 어떤 양상으로 작동하고 있는지를 살펴볼 것이다.

2. 코드의 경제

1) 코드변환의 잉여가치

자본주의의 발생에 대한 오래된 논쟁에서 한편의 사람들이 중세 도시에서 원격지 교역 등을 통해 부를 축적한 상인자본을 자본주의의 모태로 생각했다면, 다른 한편의 사람들이 중세 도시의 독립자영농이나 수공업자를 모태로 생각했다는 것은 잘 알려져 있다. 그리고 논쟁은 전체적으로 상인자본보다는 수공업자 등에게 자본주의의 발생지를 넘겨준 것으로 끝났음 또한 잘 알려져 있다.[1] 여기서 이를 다시 재론할 생각은 없다. 다만 두 입장 모두 중세 도시가 자본주의의 발생지였다는 것은 인정하고 있다는 점으로 인해, 사회구성체로서 자본주의에 대해 말하려는 지금 중세 도시에서의 자본주의에 대해 말하지 않을 수 없을 것 같다.

　중세 도시의 상인들이 자본의 흐름을 장악했다는 것은 분명하다. 그 자본의 흐름은 주로 도시와 도시를 잇는 상인들의 교역망을 통과하고 있었고, 멀리 떨어진 도시들을 연결하며 하나의 네트워크로 잇는 이 도시들의 교역망은 한자동맹과 같은 거대한 도시동맹체를 형성하기도 했다. 생산물이나 물건이 상품화되는 것은 상인들이 만들어 내는 이 자본의 흐름

1] 돕/스위지 외, 『자본주의 이행논쟁』, 김대환 역, 동녘, 1997.

과 접속되는 한에서만 가능했다. 수공업자나 독립자영농의 생산물 역시 이 점에선 다르지 않았다.

흔히 '원격지 교역'이라고 불리는 이러한 도시들의 네트워크를 통해 이루어진 교역에서 자본이 잉여가치를 얻는 가장 일반적인 방법은 지역마다 상이한 상품들의 가치 차이를 이용하는 것이었다. 가령 암스테르담에서는 쉽게 구할 수 있기에 100이면 살 수 있는 모직 한 필이 노브고로트나 모스크바에서는 귀하기 때문에 300은 줘야 한다면, 이를 들고 가 판매한 상인은 모직 한 필당 200의 판매이득을 얻을 수 있다. 이는 누구를 속이거나 한 것은 아니다. 암스테르담에서의 시장가격과 모스크바에서의 시장가격이 다르기에 얻은 '정상이윤'인 것이다. 그것은 지역에 따른 가치의 차이가 이윤으로 전환된 것이다.

이는 단지 고립된 도시 간에만 해당되는 것은 아니다. 좀더 가까운 예를 들자면, 가령 캐나다에선 별다른 가치가 없어 잘라 버리는 사슴뿔이 한국에 들어오면 '녹용'이 되어 아주 비싼 값의 상품이 된다. 혹은 유럽에선 먹지 않기에 팔리지 않고 버려지는 소뼈가 한국에 들어오면 상당히 비싼 값에 팔리게 된다.[2] 아마도 한의학이 일반화된다면 두 지역 모두에서 녹용 값은 오를 것이고, 결국 그 가치 차이는 사라지겠지만, 그렇지 않다면 그 차이는 지속될 것이다. 소뼈의 경우에도 음식문화의 차이, 고기를 먹는 방식의 차이로 인해 가치의 차이가 만들어지고 지속된다. 이를 다른 식으로 표현하면, 어떤 물건이나 생산물을 이용하는 사회적 코드체계의 차이가 지역에 따라 같은 물건이나 상품이 다른 가치를 갖도록 만드는 것이다.

2] 가라타니의 경우 이를 잉여가치의 일반적 형태로 이해한다. 즉 이를 통해 자본주의에서의 잉여가치 일반을 정의하고자 한다(가라타니 고진, 『마르크스, 그 가능성의 중심』, 김경원 역, 이산, 1999). 그러나 이는 뒤에 보듯이 잉여가치의 특정한 형태에 불과하며, 흐름의 잉여가치와 근본적으로 구별되는 것이다.

원격지 교역을 해서 얻는 이득, 혹은 좀더 일반화해서 도시 간 교역을 통해 얻는 이윤은 이런 방식으로 얻어진다. 그것은 상품의 가치를 규정하는 하나의 코드체계에서 다른 코드체계로 상품을 이전시켜 그 코드를 바꿈으로써 얻는 잉여가치다. 즉 코드변환을 통해 얻어지는 잉여가치다. 이를 '**코드변환의 잉여가치**'라고 부르자. 이것이 도시 간 교역을 통해 상인들이 거대한 이윤을 얻어 부를 집적할 수 있었던 원천이었다.

코드변환의 잉여가치는, 주어진 코드체계 내에서 상품 각각에 부여되는 코드들이 변하지 않고 고정되어 있는 것을 전제로 한다. 이런 점에서 코드변환의 잉여가치는 본질적으로 **코드의 잉여가치**[3]에 속하며, 그것의 변형된 형태에 지나지 않는다. 상품들을 이용하는 코드들이 탈코드화되는 순간 코드변환의 잉여가치는 소멸하게 된다. 요컨대 도시 간의 교역은 코드의 잉여가치를 영유하는 체제고, 이런 의미에서 **코드의 경제**에 속한다고 할 수 있다.

이러한 이윤이 '원격지' 교역을 통해서 얻어졌던 것은, 가까운 곳의 경우에는 상품의 가치를 규정하는 코드들이 쉽게 침투하여 코드체계 간의 차이가 줄어들거나 경쟁적인 거래로 인해 코드변환에 따른 이득의 폭이 감소하기 때문이다. 멀면 멀수록 한쪽의 코드체계에서 비싸고 귀한 것은 계속해서 비싸고 귀한 것으로 남을 수 있게 된다. 그리고 도시가 인근 농촌지역에 대해 그랬듯이, 인근 지역의 경우에는 교환이나 매매를 금지함으로써 코드변환의 이득이 감소하는 것을 저지하려 하게 된다. 이런 점에서 이들 중세 도시는 운명적으로 인근의 농촌지역으로부터 고립되어야 했고, 자본이나 교역의 흐름이 인근 지역으로 확대되는 것을 저지해야 했

---

3) 코드의 잉여가치란 개념을 처음 사용한 것은 들뢰즈·가타리였다(G. Deleuze & F. Guattari, *Anti-Oedipus:Capitalism and Schizophrenia*, tr. by Robert Hurley et al., University of Minnesota Press, 1983, pp.150~151). 그러나 그들은 이를 원시사회에서 증여를 통해 발생한 권위를 설명하기 위해 사용하기에, 지금 여기서 사용한 것과는 다른 의미를 갖는다.

다. 자본주의의 발생지인 중세 도시가 자본주의의 확산을 저지하는 역할을 했던 것은 바로 이런 이유에서였다.[4]

따라서 중세 도시의 자본은 도시를 제외한 다른 지역이나 영역에 대해서 자본의 권력 아래 포섭하려 하지 않으며, 자본 아닌 것들을 자본화하는 힘을 가지면서도 그것들을 아주 제한된 영역 안으로 제한한다. 다시 말해 자본은 자기-증식하는 부의 흐름을 형성하지만, 그것을 통해 사회의 다양한 영역을 자본화하는 '구성적' 역할을 하지 않으며, 역으로 그것을 저지하기도 한다. 이런 점에서 중세 도시의 자본은, 그것이 상인들의 것이든 수공업자의 것이든 자신이 장악한 농촌지역에 대해서도 자본주의적 구성체를 형성하지 않는다. 굳이 이 시기 자본주의를 하나의 사회구성체로 보고자 한다면, 도시적 구성체 내지 도시 간 구성체의 차원에서 보아야 한다.

2) 코드의 잉여가치

코드의 경제는 단지 상인들의 교역에 한정되지 않는다. 중세 이래 장인적인 방식으로 이루어지던 수공업 역시 코드의 잉여가치를 영유하는 체제였다. 장인적인 작업이란 오랜 기간의 숙련을 통해서 얻어지는 기술적인 능력뿐만 아니라, 다른 이들에게 알려 주지 않는 비선秘傳 내지 비기秘技들을 이용하여 남들이 넘볼 수 없는 영역을 확보하고 특별한 종류의 잉여가치를 획득한다. 이는 기술적인 코드, 기능적인 코드들을 이용하고 영유하는 잉여가치란 점에서 '코드의 잉여가치'라고 말할 수 있다. 코드의 잉여가치는 남들이 알지 못하는 비기나 익히지 못한 기술, 혹은 남들이 넘

---

4) 이런 이유에서 들뢰즈·가타리는 도시는 자본주의를 앞서 만들어 갔지만 동시에 그것이 확산을 저지하는 '예겨·저지 메커니즘'이 작동하고 있었다고 말한다(들뢰즈·가타리, 『천의 고원』, 2권, 이진경 외 역, 222쪽 ; 이진경, 『노마디즘』, 2권, 휴머니스트, 2002, 498쪽 이하 참조).

볼 수 없는 지위 등으로 인해 평균화되지 않는 일종의 '특별잉여가치'라고 할 수 있을 것이다. 이런 점에서 이러한 코드의 경제는 넓게 보면 신분적인 코드나 법적인 코드를 통해서 농민 등 생산자의 노동을 착취하고 영유하는 봉건적인 생산양식과 지극히 친연親緣적이라고 할 수 있다. 영국의 경우, 최소한 7년 동안의 도제생활을 의무로 규정했던 도제법이 폐지되는 산업혁명 이전까지 수공업은 물론 매뉴팩처조차 이러한 코드의 잉여가치에 기초하고 있었다는 점에서 코드의 경제에 속한다고 할 수 있을 것이다.

코드의 경제에서 자본은 코드의 잉여가치를 영유한다. 노동력 내지 생산능력 역시 특별한 종류의 기술이나 '비전' 같은 형태로 코드화되어 있고, 생산자들은 대개의 경우 신분적이고 법적인 코드에 의해 코드화되어 있다. 코드의 경제 속에서 생산된 것들은 자본의 탈영토화된 흐름을 따라 이동한다. 코드변환의 잉여가치가, 다시 말해 지역마다 다른 코드의 체계가 생산물의 이동 내지 탈영토화의 이유를 제공한다. 전체적으로 탈영토화된 흐름은 봉건적 체제는 물론 도시의 상업적 체제를 위협하기에 엄격하게 금지되거나 제한되고 처벌된다. 도시 외부에서 시장이나 교환의 금지, 혹은 도시 간 교역도 허용된 관계와 경로 안으로 제한된다.

도시 사이를 이동하는 자본의 흐름은 유럽 대륙은 물론 멀리 중국이나 일본에서 아메리카 대륙까지 연결하는 세계체제적 규모로 확대된다. 암스테르담이 주도했던 초기 세계체제가 이러한 자본의 탈영토화된 흐름에 의해 형성되었음은 잘 알려진 사실이다. 물론 이러한 탈영토화가 도시의 교역망만을 연결하고 인근의 농촌지역으로는 확대되지 않았다는 점에서 제한적이었지만, 이는 가까이 있지만 넘지 못하는 벽을 만드는 것이었다는 점에서 차라리 코드화에 속하는 양상이라고 해야 할 것이다. 즉 농업적 생산과 통분될 수 없는 어떤 코드의 체계로 도시적 생산이나 교역을 제한하는 방법이었다는 점에서 코드화에 속한다는 것이다.

요컨대 코드의 경제는 코드화/코드변환을 통해 작동하고, 코드화/코드변환을 통해 발생하는 잉여가치를 통해 작동한다. 탈영토화를 제한하는 것조차 법이나 규칙 같은 코드적 규칙에 따라 이루어졌으며, 코드화의 범위 안에 제약되어 있었다. 따라서 대중들이 탈코드화되는 것은 '도망'이라는 형식으로만 가능했고, 대중들이 탈영토화되는 것은 전쟁이나 순례라는 재영토화의 형식으로만 가능했다.

물론 그럼에도 불구하고 대중의 탈영토화를 저지할 순 없었지만, 그것은 주로 걸식이나 부랑이라는 '비정상적'이고 '범죄적인' 형태로만 진행된다. 통제되고 제한되지 않은 형태로는 어떤 탈코드화된 흐름이나 탈영토화된 흐름을 허용할 수 없는 것, 그것이 코드의 경제가 갖는 또 다른 특징이다. 그리고 그러한 탈영토화된 흐름이 발생할 경우, 그것은 정상적인 사회의 외부에 속하는 것으로 밀쳐낸다. 16세기 이후 인클로저 등의 요인으로 인해 걸인이나 부랑자 등의 탈영토화된 대중이 대대적으로 하나의 흐름을 형성하게 되었을 때, 이를 저지하기 위해 끔찍한 처벌을 동원한 영국식 '빈민법'이 만들어지고[5] 유럽 전반에 걸쳐 거대한 수용소가 만들어지게 되었던 것은[6] 코드의 경제가 갖는 이러한 특징과 무관하지 않을 것이다. 흐름의 범람 혹은 가속화로 인해 선년적인 탈코드화가 진행되는 것을 막기 위해, 혹은 코드변환의 잉여가치를 위협하는 탈코드화의 지대를 제한하기 위해 흐름을 가로막고 제한하는 방식의 통제체제가 수립되어 작동한다.

---

5) 맑스, 『자본론』, 1권 (하), 김수행 역, 비봉출판사, 2001, 1009~1019쪽.
6) 푸코, 『광기의 역사』, 이규현 역, 나남출판, 2003, 113~164쪽.

3. 공간의 경제

1) 자본주의와 영토국가

자본주의가 사회 전반을 관통하는 하나의 원리가 되고 그것을 통해 사회의 다양한 부분들을 장악하여 자본의 색으로 물들이며 하나의 전체로 구성해가는 것은 지역이나 영역 간에 넘을 수 없는 벽을 만드는 코드의 경제와는 다른 경제를 통해서였다. 그것은 코드화와 코드변환이 아니라 탈영토화/재영토화를 기본적인 작동원리로 하여, 자신의 작용범위를 하나의 배타적 영토로 영토화하고 그 영토 내부에 존재하는 벽이나 이동의 장애물을 제거하여 하나의 동질적 공간으로 만들어 가는 '공간의 경제'가 성립됨으로써였다. 이는 코드의 경제가 지배적인 시기에, 그것과는 다른 경로로 만들어졌다.

공간의 경제의 초기조건을 형성한 것은 일차적으로 영토국가였다. 17세기를 전후해 영국, 프랑스, 스페인의 왕정은 다른 나라와의 전쟁을 통해 자국의 영토적 경계를 확장하고 확립하려 하면서, 다른 한편 자국의 봉건영주들에 의해 분할되어 있고 도시들의 네트워크에 의해 국지적으로 점거되어 있는 자국에 대해 통일적인 지배를 수립하고자 하게 된다. 이를 위해 도시적 교역의 네트워크에 주어졌던 면세조치를 철회하고 자국 내부의 상인들을 보호하고 타국의 상인들을 배제하면서 도시 간의 '국제적' 네트워크를 절단하려 하는 한편, 전국적 범위에서 시장이나 교역을 만들어 내기 위해 도로 등을 비롯한 교통 및 유통의 체계를 수립했다. 중상주의란 국가적 영토성을 만들어 내고 유지하기 위한 절대왕정의 통치술의 총칭이다.[7]

---

7) 폴라니, 『거대한 변환』, 박현수 역, 민음사, 1997, 88쪽.

절대왕정은 이러한 작업에 소요되는 거대한 비용을 충당하기 위해 도시 간 교역을 통해 거대한 부를 집적한 자본가들을 끌어들인다. 역으로 새로운 세력자로 등장한 영토국가의 힘을 감지하고 그것을 새로운 축적과 집적의 계기로 삼고자 했던 자본가들 또한 있었다. 영토국가와 자본의 연합에 가장 먼저 나섰던 것은 제노바의 자본가들이었다. 국가의 보호가 필요한 시점에 국가의 보호를 얻을 수 없었던 그들은 지중해와 아메리카를 잇는 스페인 왕조에 자금을 제공함으로써 유럽의 화폐질서를 자신에게 유리하게 재편할 수 있었고, 스페인 왕조는 네덜란드와의 오랜 전쟁과 내부 통치에 필요한 자금을 그들로부터 얻을 수 있었다. 이러한 대부의 담보는 국가의 조세권이었다.[8]

영국과 프랑스는 자본이 영토국가와 연합하는 좀더 일반적인 방식을 보여 준다. 조세권을 담보로, 화폐발행권이나 대외무역을 독점할 권리와 같은 어떤 특권을 얻으면서 국가의 채무를 덜어 주거나 자금을 제공하는 것이 그것이다. 중앙은행은 이러한 관계를 매개하는 새로운 중심의 역할을 하게 된다. 단일한 국정 화폐에 의해 영토국가는 다양한 주체가 발행하는 다양한 종류의 화폐를 대신함으로써 이제 하나의 단일한 화폐가 배타적으로 통용되는 경제적 단위가 된다. 이는 전국의 각 지역을 연결하는 교통·통신수단에 의해 뒷받침되는 전국시장과 더불어 국민국가를 배타적인 경제적 영토로 만든다.

이러한 체제가 수립된 곳에 관한 한 도시들의 네트워크는 절단되고 무력화되며, 자본이나 상품의 흐름은 영토적인 방식의 새로운 회로를 구성하게 된다. 그리고 자본의 흐름에서 배제되어 있던 도시 외부의 지역들은 구석진 외지까지 포함하여 이 전국적 범위의 경제권 안에 포함되게 되

8| 고병권, 『화폐, 마법의 4중주』, 그린비, 2005, 77쪽 이하.

고 자본의 운동에 포섭되게 된다. 18세기 말엽에 새로이 출현한 기술이나 생산체제는 이런 전국적 시장, 전국적 경제권을 조건으로 하여 비로소 '산업혁명'이 될 수 있었다.[9] 물론 역으로 산업혁명은 이렇게 만들어진 경제권에 실질적인 활력을 불어넣을 수 있었던 조건이기도 했다. 이로써 국민국가의 영토에 속하는 범위 전체가 자본의 힘에 의해 통합되어 가는 하나의 사회적 '구성체'를 이루게 된다. 자본의 흐름에 직접적으로 결부된 국지적 지역으로 제한되어 있던 이전 시기와 달리 자본은 전국적 범위의 경제 전반을 하나의 사회구성체로 전환시킨다.

자본이 자신의 직접적 관할 범위를 넘어서 사회 전반에 규정적인 영향력을 행사하게 된 것은, 그리하여 '자본주의'라고 불리는 하나의 사회구성체가 된 것은 국민적 범위의 영토국가와 자본의 결합을 통해서였다. 자본주의가 하나의 사회구성체가 된 것은 국민국가의 탄생과 나란히 이루어졌다. 자본에는 국경이 없음에도 불구하고, 이전에 자본은 오히려 '국경'을 사이에 두고 멀리 떨어진 지역을 연결하는 방식으로 축적하고 집적할 수 있었음에도 불구하고, 자본주의와 국민국가가 마치 하나의 실체를 이루는 것으로 표상하게 된 것은 이러한 조건에 기인한다고 하겠다. 그러나 이것은 자본이 특정한 역사적 조건 속에서 자신의 증식을 위해 선택한 하나의 방향이었음을, 따라서 다른 종류의 방향이 있을 수 있음을 잊어선 안 될 것이다.

이러한 변화를 우리는 코드의 경제에서 공간의 경제로의 전환으로 이해할 수 있을 것이다. 자본의 흐름이나 교역의 흐름은 코드를 달리하는 상이한 두 지역을 연결하여 그 코드체계의 차이를 이용하는 것이 아니라 전국적 시장이라는 국민적 공간으로 이동하며 국민국가가 제공하는 보호

9) 브로델, 『물질문명과 자본주의 III』 상/하, 주경철 역, 까치, 1997, 413쪽.

막을 이용하여 다른 국적의 자본가들에 대해 특권적인 지위를 확보하는 방식으로 이루어진다. 공간의 내부와 외부를 강력하게 분절하여 보호벽 내지 장애물을 만들고, 자국 영토 내부에 대해서는 봉건적인 형태든 도시적 형태든 특권적 구획을 제거하고 전국적인 교통·통신망을 만들어 이동을 가로막는 장애물을 제거하는 것을 통해 국민국가 내지 영토국가는 자본의 흐름은 물론 경제적 활동 전반을 분절하는 공간적 단위가 된다. '국민경제', '민족자본'이라는 관념이 탄생하는 것은 이러한 사태를 단적으로 보여 준다. 자본에 국적이 생긴 것이고, 국적 내지 국경을 이용하여 증식하는 체제가 성립된 것이다.

2) 공간의 경제에서의 노동력의 흐름과 대중의 흐름

공간의 경제에서 자본은 나라간·지역간 코드체계의 차이를 이용하여 증식하는 게 아니라, 국지적인 코드의 차이가 소멸되거나 '평균화'되는 전국화된 공간이란 조건 속에서 새로운 잉여가치의 원천을 찾아내야 한다. 이를 위해선 맑스가 말했듯이 가치대로 구매하지만 그것을 사용함으로써 구매한 것 이상의 가치를 획득할 수 있는 특별한 종류의 상품을 일반화된 형태로 발견해야 했다. '노동력'이라는 상품이 그것이었다.

그러나 여기에 또 다른 코드의 장애물이 있었나. 물론 인클로저 등의 '본원적 축적'은 토지로부터 탈영토화되고 신분으로부터 탈코드화된 대대적인 대중의 흐름을, 대개는 부랑과 걸식의 형태로 만들어 냈고, 따라서 먹고 살 수 없기에 일할 의사를 가진 사람들은 많았다. 그렇지만 장인적인 방식의 생산이나 수공업적 생산방식, 혹은 매뉴팩처적인 방식의 생산에서 요구되는 노동자는 대개 숙련된 노동자들이었다. 숙련된 노동자가 되기 위해선 영국의 경우 7년 이상 도제생활을 해야 했다. 따라서 유용한 노동력은 귀했고, 그런 만큼 노동자들을 구해서 한곳에 모아 놓는다고 해도 자본가의 뜻대로 통제하고 생산하게 하는 것은 어려웠다. 이는 생산 자체가, 노동 자체가 코드화된 활동이었기 때문이다.

노동 내지 생산에서 이러한 코드의 장벽이 결정적으로 제거되는 것은 산업혁명을 통해서였다. 산업혁명은 인간의 노동을 기계로 대체했을 뿐만 아니라 인간의 노동 자체를 기계적인 동작들의 집합으로 분해하여 탈코드화했다. 이제 새로운 노동자를 고용하기 위해 7년 이상의 도제 기간이 소요되는 숙련공을 찾을 필요가 없게 되었다. 일을 시키기 위해선 7년이 아니라 7일, 아니 7시간이면 충분했기 때문이다. 이제 일하던 누군가가 일하다 그만두어도 그를 대신해서 일할 사람을 구하는 것은 아주 손쉬운 일이 되었다. 거대한 노동력의 흐름이 언제나 이용가능한 형태로 자본가 앞에 존재하게 된 것이다. 이런 의미에서 노동력은 개별적인 노동자가 아니라 언제든지 다른 사람으로 대체가능한 하나의 흐름이 되었다고 할 수 있다. 노동의 탈코드화가 노동력을 하나의 흐름으로 만든 것이다.

자본은 이제 개별 노동자를 착취하는 게 아니라 노동력의 흐름 그 자체를 착취하게 된다. 즉 코드의 경제와 달리 공간의 경제에서는 흐름의 잉여가치가 코드의 잉여가치를 대신하게 된다. 코드화된 노동의 산물을 판매해 잉여가치를 획득하는 게 아니라, 흐름으로서의 노동력이란 상품을 구매해 생산하는 것으로 잉여가치를 획득하게 된다. 얼마든지 대체가 능한 노동력이 있기에 임금을 낮추거나 노동시간을 늘리는 것이 생물학적 한계치까지 가능하게 되었고, 노동과정의 주도권이 기계를 장악한 자본가의 손에 넘어갔기 때문에 노동방식에 대한 통제, 생산의 통제권을 자본가가 장악하게 된다. 맑스가 '자본에 의한 노동의 실질적 포섭'이라 명명한 사태는 이러한 일련의 사건들의 결과다. 산업혁명 이후 노동시간이 전례 없이 늘어나고 노동강도가 증가한 것은 이를 단적으로 보여 준다.

노동력의 흐름과 구별되는 대중의 흐름이 범죄나 도망의 추방적 형태가 아니라 정치적 행위의 주체를 만들어 내는 긍정적 형태로 형성된 것은 공간의 경제라고 명명된 이 시기의 또 하나의 중요한 사실이다. 코드의 경제에서 농민은 토지에 긴박되어 있었고, 신분에 의해 코드화되어 있었으며, 도시는 농촌으로부터의 인민의 진입을 벽으로 차단하고 있었다. 소위 '본원적 축적'을 통해 토지를 상실한 대량의 인민들이 창출되었고 이는 필경 탈영토화된 흐름을 형성하게 되지만, 코드의 경제는 기본적으로 이러한 자유로운 흐름을 감당할 수 없었고, 이동이나 부랑은 금지되거나 감금되었다. 그럼에도 불구하고 이동하고 부랑하는 '사회적 해충'들은 있었고, 이들에 대한 불안과 공포가 프랑스혁명 직전의 '대공포' 상태를 야기했음은 유명한 사실이다.

프랑스혁명은 이러한 대중의 흐름이 전면화된 계기였을 뿐 아니라, 그것이 정치적인 힘으로 이어지게 되는 계기기도 했다. 비릴리오P. Virilio는 프랑스혁명이 이동의 권리를 위한 투쟁이라고 한 바 있지만,[10] 그것이 영토국가 내부의 다양한 벽과 장애들을 넘어서 인민들이 이동하고 범람하면서 코드의 장벽, 영토의 장벽을 혁파하여 '대중'이라는 하나의 흐름이 형성되는 결정적 사건이었음은 누구도 부정할 수 없을 것이다. 산업혁명 이후 형성되면서 농촌에서 도시로, 이 지역에서 저 지역으로, 이 부문에서 저 부문으로 이동하는 대대적인 노농력의 흐름은 대중의 흐름이 형성되는 데 또 다른 계기를 제공한다. 역으로 대중의 흐름을 저지하려 하는 한 노동력의 흐름 역시 또 다시 코드의 경제에 갇히게 되는 딜레마가 발생한다. 따라서 노동력의 흐름을 영유하고자 하는 부르주아지로선 대중의 흐름을 받아들이지 않을 수 없었고, 아마도 이것이 부르주아지가 혁명에 대해 동요하면서도 지지하는 입장을 보였던 이유라고 할 것이다.

---

10) 비릴리오, 『속도와 정치』, 이재원 역, 그린비, 2004, 91~92쪽.

이후 국가는 이 대중의 흐름을 '국민'이라는 영토적 주체로 변환시키고, 대중의 힘을 국민의 권리라는 법적 형태로 제도화하는 방식으로 이 탈영토화된 흐름을 공간적으로 재영토화한다. 19세기 국가의 중요한 역할이 '주민/인구' population를 관리하는 것이고,[11] 이들을 하나의 국민으로 만드는 것이었으며, 이를 위해 지역마다 다른 언어, 기억을 갖는 사람들을 단일한 '국민'으로 만들기 위해 '국어'와 '국사'를 만들고 '국민학교'를 만들어 이를 의무적으로 배우도록 했다는 사실은 이와 무관하지 않을 것이다.[12] 다른 한편 자본가들은 대중의 흐름과 인접하고 중첩되기에 위험한 노동력의 흐름을 통제하기 위해 '공장'이라는 새로운 공간적 통제의 방식을 만들고 그 안에서 거대한 훈육의 체계를 만들어 낸다.[13] 그리고 대개 취업/실업의 형태로 분할되는 노동력 흐름의 분절도, 실업화 압력의 형태로 작동하는 그 '경계효과'도 공장이라는 공간적 단위를 중심으로 이루어진다. '국민'과 '공장'은 공간의 경제가 대중의 흐름을 통제하기 위해 재영토화하는 주된 공간적 형식이었던 것이다.

요컨대 자본의 흐름이 절대왕권과 결합하면서 영토국가 범위의 자본주의사회가 구성되기 시작했다면, 산업혁명은 그 영토적 공간 안에서 자유로이 이동할 수 있는 노동력의 흐름을 창출하면서 흐름의 잉여가치를 영유할 수 있게 했고, 프랑스혁명은 동일한 영토적 공간 안에서 자유로이 이동할 수 있는 대중의 흐름을 형성하여 정치적 세력으로 부상하는 계기를 제공했다. 영토적 성격을 갖게 된 자본의 흐름과 더불어 노동력의 흐름, 그리고 대중의 흐름이 공간의 경제가 작동하는 '일차과정'을 형성한다.

---

11) Michel Foucault, *Security, Territory, Population*, tr. Graham Burchell, Palgrave Macmillan, 2007, p. 69 이하.
12) 홉스봄, 『자본의 시대』, 정도영 역, 한길사, 1983, 137쪽.
13) 맑스, 『자본론』, 1권(하), 김수행 역, 비봉출판사, 2001, 562~573쪽.

3) 착취·수탈의 공간화

공간의 경제란 공간의 분절과 획정이 경제의 경계를 구성하고 경제적 영유의 전제조건이 되는 경제유형이라고 할 수 있다. 이는 자본과 국가가 하나의 동일한 공간적 영토를 통해 결합하여 작동하는 체제다. 전국적 국정 화폐와 전국적 시장, 그리고 국적 단위로 분절되는 노동력의 흐름은 국가와 자본이 결합되는 고리들이다. 국가와 자본은 이러한 공간적 경계 내지 공간적 장치를 통해 탈영토화되고 탈코드화된 흐름을 통제하고 영유한다.

그러나 당장 의문이 제기될 수 있다. 가령 흐름의 잉여가치라고 했지만, 그것이 착취되는 형식은 노동시간의 길이와 관련된 것이라는 점에서 공간적이라기보다는 시간적인 것이 아닌가? 그렇다면, 혹은 그게 아니어도 '공간의 경제'가 아니라 '시간의 경제'라고 해야 하지 않을까? 확실히 그렇다. 국민국가나 공장이라는 공간적 구획을 통해, 흐름의 공간적 분절을 통해 작동하는 경제라고 해도, 잉여가치의 착취는 맑스가 보여 준 것처럼 노동시간의 분할을 통해 작동함은 분명하다. 그러나 베르그손을 굳이 인용하지 않더라도, 여기서 노동시간, 혹은 필요노동시간/잉여노동시간이란 정확하게 길이 내지 연장으로서의 시간, 다시 말해 공간화된 시간임을 이해하는 것은 그리 어려운 일이 아니다. 지속으로서의 시간이 간격이나 길이로 측정되고 계산되는 시계적인 시간 개념이, 노동시간의 계산은 물론 공장에서의 분업에 따른 노동의 공시화synchronization, 출퇴근 시간을 비롯한 시간표에 따른 노동의 통제 모두에서 결정적인 요소로 부상하고 중심적인 지위를 차지하게 되는 것은[14] 정확하게 공간의 경제에서다. 또한 국민국가 단위의 표준시간을 정하고 그것을 기준으로 각 지역의

---

14) 이진경, 『근대적 시·공간의 탄생』, 푸른숲, 1997, 111쪽 이하.

시간에 통일성을 부여하게 되는 것은 철도라는 공간적 교통망을 통해서였다. 이런 점에서 공간의 경제란 시간조차 공간적인 형태로 변형시켜 이용하고 공간화된 시간의 형식으로 노동을 착취하는 경제라고 해도 좋을 것이다.

또 하나, 국민국가적 범위를 넘어서는 정치적·경제적 확장에서도 우리는 공간의 경제에 고유한 양상을 볼 수 있다. 제국주의가 바로 그것이다. 자본이 국민국가적 범위에 멈추지 않고 '자본수출'의 형태로 자신의 착취의 범위를 확장해 가는 것이 19~20세기 제국주의의 중요한 특징이다. 이 단계에서는 자본이 애초부터 국민적 성격을 갖지 않았던 도시자본의 세계적 팽창, 혹은 코드의 경제에서의 자본의 '세계화'와 달리, 세계적 확장조차 국민적 영토의 확장이라는 공간적 형식으로 진행된다. 물론 국민국가 형태의 식민주의가 진행되었던 스페인이나 영국 등의 초기 식민주의 역시 이러한 영토적·공간적 형식을 취하며, 이것이 이후 국민적 형태의 제국주의의 원형을 제공했음은 분명하다. 그러나 국민국가적 자본주의의 선행조건이 되었던 이러한 제국주의가 절대왕정의 영토적-국민적 형식과 결부된 것이었다면, 20세기 제국주의는 자본의 집적·집중이 국민국가의 범위를 넘어서 생산과 착취의 범위를 확장해 가는 것이었다는 점에서 다르다고 할 것이다. 그런데 절대왕정의 식민주의야 그것이 갖는 영토적 성격에 따른 것이라고 하겠지만, 자본의 과잉으로, 국민적 경계를 범람하는 자본의 흐름에 의해 이루어진 식민주의마저 국민적 영토의 '확장'이라는 형태로 진행된 것은, 이 시기 자본주의가 공간적 형식으로 작동하는 것이었음을 보여 준다고 할 것이다. 즉 20세기 제국주의는 국민국가가 자신의 공간적 외연을 확장해 가는, 공간적 포섭을 통해 작동하는 공간적 제국주의라고 할 것이고, 제국주의 전쟁이란 이 경우 공간적 포섭의 양상을 둘러싼 국민국가 간 전쟁이었다고 할 것이다.

4. 흐름의 경제

1) 정보통신혁명과 생산의 탈영토화

1970년대를 지나면서 자본주의는 또 하나의 새로운 단계로 접어드는 것 같다. 1960년대까지의 자본의 벨 에포크가 끝나고, 대량생산·대량소비의 포드주의적 축적체제와 복지국가 체제가 계급투쟁이나 브레턴우즈 체제의 해체, 석유위기를 계기로 가시화된 자본 축적 위기 등 여러 요인들이 중첩되면서, 그리고 80년대 들어 새로운 자본의 활동조건이 만들어짐에 따라 자본주의는 새로운 방향으로 나아가기 시작한다.

맑스가 명확히 갈파했듯이, 자본에는 본래 국경이 없다. 다만 근대국가의 탄생과 더불어 자본은 국민국가적 영토성과 결합하여 새로운 생산과 증식의 조건을 만들었고, 이로 인해 이 시기 자본은 국민적 성격을 갖는 것처럼 보였던 것이다. 공간의 경제 아래서 자본의 대외적 확장조차 국민적 외연을 확대하는 방식으로 진행되었지만, 70년대를 거치면서 새로이 주어진 생산의 기술적·금융적 조건은 자본을 국민국가 외부로 탈영토화한다. '전지구적' global 범위에서 생산하고 투자하고 착취하는 시대가 시작된다.

물론 국가가 국민국가적 형태로 존속하는 한, 그리고 축적을 위해 국가장치나 국가적 제도를 이용해야 하는 한, 국민적 성격을 쉽사리 탈각할 수는 없다고 해도, 오히려 증식에 필요하다면 어떤 국적도 가질 수 있는 것이다. 개별 기업 형태의 자본이 국가적 범위를 넘어서 '초국적' 형태로 존재하게 된 조건에서, 국적이란 필요와 기능에 따라 이용할 수 있는 것이 되었고, 많은 경우에는 여러 국가의 국적을 갖고 이용한다는 점에서 '다국적' 형태를 취하게 된다. 자본의 태생적 영토성은 급격히 약화되고 기능적 영토성이 새로이 중요하게 부각된다. 자본과 국민국가가 하나의 결합된 구성체를 형성하던 시기가 끝나고, 서로 교차하고 어긋나면서 자신의 권력이 작동하는 새로운 지대를 만들어 가고 있는 것이다.

흔히 말하는 '전지구적 자본주의'란 자본이 국민국가로부터 탈영토화되어 전지구적 범위로 확장되어 운동하게 된 시대다. 이러한 탈영토화 운동에 기본적인 조건을 제공한 것은 생산과 결합된 새로운 과학·기술적 조건이다. 잘 알다시피 '정보통신혁명' 등으로 불리는 새로운 기술의 흐름이 그것이다. 자동화와 정보화가 이 새로운 산업혁명의 두 축을 이룬다. 이전의 산업혁명에서 기계적 기술이 인간의 육체노동을 기계화했다면, 사이버네틱스와 반도체 집적기술, 컴퓨터의 발전을 통해 급속히 진전된 자동화는 인간의 정신노동을 기계화했다. 다른 한편 디지털화를 비롯한 정보처리기술의 발달은 다양한 노동을 하나의 공통형식으로 변형시켜 전송하고 결합할 수 있는 조건을 제공했고, 뒤이어 인터넷을 필두로 한 전지구적 정보망의 발전은 그러한 결합노동의 범위를 전지구적 규모로 확장했다.

이로써 여러 나라나 멀리 떨어진 지역에서 행해지는 작업이 하나의 프로세스로 연결될 수 있는 가능성이 확대된다. 가령 도요타 자동차의 경우 태국에서 디젤엔진이나 전기장치를 만들고 필리핀에서 트랜스미션을 생산하며 말레이시아에서 조향장치 부품을 만들고 인도네시아에서 가솔린엔진과 금형부품을 만들어 각각에게 공급하여 자동차를 만들어 낸다.[15] 우리가 사용하는 IBM 노트북 컴퓨터의 경우 메인보드는 일본에서 만들고 하드디스크는 인도네시아에서, CD롬은 말레이시아에서, 키보드는 중국에서 만들어 조립하여 판매한다. 생산된 것이 전지구적 규모에서 판매되는 게 아니라 생산 자체가 전지구적 규모에서 진행되고 있는 것이다.

---

15) 세네, 『자본의 세계화』, 서익진 역, 한울, 2003, 147쪽.

이 경우 도요타는 일본 자본이고, IBM은 미국 자본이라고 말하는 것은 그것의 태생적 영토성을 말해 주긴 하지만(약간 다르지만, 일본의 기술과 설비로 한국에서 설립해 프랑스로 넘어간 삼성-르노자동차는 한국 자본일까 프랑스 자본일까?), 이러한 방식으로 생산하고 활동하는 자본을 이해하는 데 얼마나 중요한지는 의문이다. 물론 아직도 설계나 R&D 등은 '본국'에서 주로 진행된다고 하지만, 그것이 언제까지나 그럴 것이라고 믿어도 좋을까? 그보다는 도요타가 미국에 진출하는 데 필요하다면 미국에 공장을 짓고 미국에서 요구하는 조건에 맞추어 활동할 것이며, 중국에 진출하는 데 필요하다면 마찬가지로 중국에 맞추어 그리 할 것이라고 해야 할 것이며, 이런 점에서 이제 자본은 "많은 국적을 갖게 되었다"고 해야 할 것이다.

자본의 흐름은 이처럼 국민적 영토에서 벗어나 전지구적 범위에서 탈영토화/재영토화 운동을 하게 되었다. 공간의 경제에서 노동력과 대중, 부의 흐름을 절단하던 국민국가라는 공간적 형식이 새로운 탈영토화 운동에 의해 해체되고 있는 것이다. 물론 국가라는 장치 자체가 국민이라는 주민의 영토적 형식에서 벗어나지 못하는 한, 이러한 탈영토화 운동에도 불구하고 국민국가라는 공간적 형식은 사라지지 않을 것이고, 전지구화라는 탈영토화 운동에 국지적 변형을 가하는 요소로 작용하리라는 것은 분명하다고 해도 말이다.

2) 생산, 노동 및 잉여가치의 형태 변화

새로운 기술적 흐름은 가령 매장에서 판매되는 상품들에 관한 정보가 판매와 동시에 입력·전송되고 생산을 규제하는 기초자료가 되어 생산과정에 편입되게 한다. 생산과 소비의 경계는 사라지고, 소비자들의 취향조차 자동으로 입력되어 설계와 생산 등으로 피드백된다. 현금인출기를 사용하는 행위가 임금의 지불 없이 은행창구에서 일하는 노동을 대체하듯이 정보망에 접속되어 활동하는 활동은 임금의 지불 없이 자본에 의해 영유되고 착취되게 된다. 공간의 경제에서처럼 생산과 착취가 단지 공장이라는 공간 안에 국한되어 진행되는 것이 아니라, 공장의 벽을 넘어 사회적 영역 전반으로 확장된다. 이것이 가능하게 된 것은 정신노동의 기계화와 결합노동의 기계화를 통해 진행된 '정보화'를 통해서였다. 이처럼 자본에 의한 노동의 포섭이 공장이란 영역을 넘어 사회적 활동 전반을 포섭하게 되는 것을 우리는 '노동의 형식적 포섭'이나 '실질적 포섭'과 구별하여 '노동의 사회적 포섭'이라고 명명할 수 있을 것이다. 이러한 방식으로 자본에 의해 착취되는 잉여가치를 '사회적 잉여가치'라고 부르자.

다른 한편 기계화된 동작에 사이버네틱 프로세스를 결합해 '노동자 없는 노동'을 기계로 하여금 수행하게 하는 것을 통해 '자동화'가 진행된다. 산업혁명에서 기계화가 인간의 노동을 노동자로부터 분리하여 기계화하려는 것이었다면, 지금의 새로운 '산업혁명'에서 자동화는 육체노동은 물론 정신노동까지 기계화하려는 시도의 산물이다. 이로써 탈인간화된 형태로 인간의 활동능력 자체를 착취한다. 노동 자체를 기계화함으로써 노동자 없이 노동을 착취하는 이러한 종류의 포섭을 이전의 것과 구별하여 '노동의 기계적 포섭'이라고 명명할 수 있을 것이다. 이를 통해 자본이 착취하는 잉여가치를 '기계적 잉여가치'라고 부르자.[16]

노동의 기계적 포섭과 사회적 포섭은, 노동이 공장이라는 공간에서 탈영토화된 새로운 생산 및 착취의 방식이 출현했음을 보여 준다. 공간의 경제에서 지배적인 것으로 자리 잡았던 흐름의 잉여가치의 자리를 점차 기계적 잉여가치나 사회적 잉여가치가 대신하고 있는 것이다. 이는 자본

---

16) 자세한 것은 이진경, 「노동의 기계적 포섭과 기계적 잉여가치 개념에 관하여」, 『미-래의 맑스주의』, 그린비, 2006 참조.

에 의해 구매되는 직접적인 노동력이 이전에 비해 그 비중이나 중요성이 감소하고 있음을 뜻하는 것처럼 보인다. 나아가 고용 없는 착취가 확대되고 있음을 뜻하지만, 역으로 고용 없이 살아갈 가능성이, 다시 말해 노동 없이 살아갈 가능성이 확대되고 있음을 뜻하는 것이기도 하다.

노동과 생산의 이러한 변화는 또한 노동력의 흐름이 약화되거나 해체될 가능성을 시사하는 것처럼 보인다. 노동력의 흐름 자체가 비정규적이고 단속적인 것으로 변형되고 있는 것은, 물론 생산의 유연화를 위한 고용 유연화의 직접적 결과지만, 생산과 착취에서 발생한 이러한 변화와 무관하다고 할 수 있을까? 이로써 이전에 취업자/실업자 사이에서 작동하던 경계효과가 지금처럼 정규직/비정규직의 형태로 노동 안으로 이행한 것이라고 해야 할 것이다. 노동자의 통일성이 약화되는 것은 노동력의 흐름의 단일성이 약화되는 이러한 사태와 무관하지 않을 것이다. 그러나 이는 또한 동시에 공장이나 고용 외부로까지 영유가능한 활동능력의 흐름이 광범위하게 확장되었음을 뜻한다. 노동력의 흐름과 노동이 아닌 생산능력의 흐름이 모호한 경계를 이루며 혼합되고, 이전보다 더욱 거대한 양상으로 자본의 착취대상이 되고 있는 것이다. 공장이라는 공간에서 탈영토화된 사회적 생산능력의 흐름이 노동력의 흐름을 대체하고 있는 것이다.

따라서 노동의 착취를 이전처럼 공간화된 시간의 길이 안에 존재하는 외연적 분할(잉여노동시간과 필요노동시간)로서 정의하는 것은 부적절하다. 특정한 공간 안에 붙잡아 두고 노동하게 하는 시간의 길이가 아니라, 그 공간 밖에서 흘러가는 활동능력의 단속적인 포획이, 혹은 '비물질 노동'이나 '감응적 노동'처럼 주어진 공간 안에서조차 시간을 채우는 것이 아니라 집중의 강도를 포획하는 것이 중요해지기 때문이다. 미적 감각의 포획이나 지적 능력, 심지어 생물학적 능력(생명력)의 포획 역시 노동시간의 외연과 다른 차원에서 이루어진다. 이렇게 포획된 잉여가치가 평균화되면서 무화되는 것을 막는 것이 중요해지고, 그에 따라 지적 소유권의 범위가 급격히 확대되고 그것의 비중이 점점 증가하고 있는 것은 이런 이유에서다. 소프트웨어나 정보 내지 콘텐츠 상품, 상표권 등이 공간화된 시간 개념에 기초한 노동가치론을 궁지에 빠뜨리고 있다는 사실은 이러한 사태의 단적인 징표라고 할 것이다. 공간의 경제에서 자본이 공간화된 시간의 연장적 길이를 착취했다면, 흐름의 경제에서는 흐름으로서의 시간을 착취하게 된 것이라고, 다시 말해 흐름 속에서 활동이나 능력을 단속적으로 포획하고 착취하게 된 것이라고 말해야 하지 않을까?

3) 흐름의 공간

요약하자면, 국민국가나 공장이라는 공간적 구획을 통해 경제적으로 작동하던 자본은 이 시기에 들어오면서 한편으로는 국민국가로부터 탈영토화되어 전지구적 범위에서 투자하고 생산하며 판매하는 좀더 가속화된 흐름이 되고, 다른 한편으로는 공장으로부터 탈영토화되어 공장 내부는 물론 그 바깥에서 고용과 무관하게 이루어지는 활동능력을 영유하게 된다. 나아가 1979~80년을 기점으로 본격화된 자본의 금융화에 따라 자본은 전지구적 범위를 네트워크를 통해 빛의 속도로 이동하며 들어가고 빠지는 순수한 금융적 흐름 그 자체로 변화되었다. 노동력의 흐름 역시 기계적 포섭 내지 사회적 포섭으로 인해 공장이라는 공간으로 한정되지 않는 범위에서 활동능력 내지 생산능력의 흐름으로 확장된다. 공장의 내외를 구획하는 경계는 약화되고 고용의 내외 경계 역시 약화된 상태에서 자본의 착취가 행해진다. 공간의 구획을 넘어서 확장된 자본의 흐름이 역시 공간의 구획을 넘어선 생산능력의 흐름을 영유하는 이러한 경제를 공간의 경제와 구별하여 '흐름의 경제'라고 정의해도 좋을 것이다.

국민국가로부터 탈영토화된 생산이, 공간적 제약에서 탈영토화된 금융의 흐름이, 그리고 공장과 고용의 제약을 넘어서 탈영토화된 생산의 흐름이 가능하게 된 것은 잘 알다시피 자본이나 노동, 활동은 물론 지식이나 정보 등의 흐름이 흘러다니며 다양한 지점에서 결합될 수 있게 만드는 전지구적 통신망과 정보혁명 때문이었다. 인터넷으로 표상되는 이러한 통신망과 지극히 이질적인 요소들로 하여금 하나의 흐름으로 통접 conjunction할 수 있게 해주는 디지털이라는 공통의 표현형식이 그것이다. 일방적 전달의 미디어가 아닌 쌍방적 소통의 미디어, 정보나 지식을 몰적인molar 방식으로 전달하는 표상적 미디어가 다양한 종류의 분자적 molecular 활동이 결합되며 새로운 생산물과 활동을 생산하는 생성의 미디어로 대체되고 있는 것이다. '미디어'는 이제 분리된 지점을 연결하는 '매개' media가 아니라 다양한 지점에서 발생하는 생산이나 활동의 직접적인 일부가 되었고 생산 및 활동의 직접적인 조건이 되어 버렸다. 또한 그러한 생산이나 활동이 흘러다니는 통로가 아니라 생산이나 활동을 흐름으로 변환시키는 직접적 조건이 되었다. 어떤 활동도 이 새로운 네트워크와 접속하여 진행되는 한 항상-이미 흐름이 된다. 따라서 다양한 요소들의 이러한 흐름 그 자체가 흐름의 경제를 구성하는 일차적 성분이 된다.

전지구적인 스케일의 모든 지점들을 하나로 연결하여 활동이나 생산, 지식이나 감각을 높은 변환계수를 갖는 하나의 흐름으로 통접하는 이 새로운 네트워크를 우리는 가장 일반적이고 가장 추상적인 의미에서 '흐름의 공간'이라고 정의할 수 있을 것이다. 여기서 '추상적인 의미에서'라고 한 것은, 추상적인 층위에서 이러한 공간은 전지구상의 모든 범위에 걸쳐 있다고 해야 하지만, 사실은 구체적으로 보자면 나중에 보듯이 자본과 권력의 작용에 의해 자본의 흐름이 이어지는 특정한 지대로 한정된다는 점에서 그렇다. 또 하나, 여기서 '공간'이란 말은, 공간적 구획을 통해 내부와 외부를 확고하게 가르며 작동하는 '공간의 경제'에서 공간과 달리 어디든지 접속가능하게 전지구적으로 확장되면서 내부와 외부를 가르는 경계를 흘러넘치는 통로란 점을 유념해야 한다.

흐름의 경제는 흐름의 공간을 통해 작동한다. 흐름의 공간은 원리상 네트워크로 연결가능한 모든 지역을 통합하여 작동할 수 있으며 또 그래야 하지만, 실질적으로 그것은 자본의 흐름과 결부된 한에서만 만들어진다(산업혁명 이후 기계화가 임금보다 비용이 적을 때에만 도입되듯이). 그리고 자본은 금융적 흐름이 되어 전지구상의 모든 곳으로 이동하는 경우에조차도 물질적인 설비와 인프라를 필요로 하고, 고용되어 활동하는 노동자나 관리자를 필요로 하기에, 그에 유리한 특정한 공간에 '고정'되고 집중된다. 사센S. Sassen이 자세하게 분석해 보여 준 것처럼,[17] 정보화로 인한 경제활동의 탈영토화에도 불구하고 최고관리계층이나 조정·통제기능 등은 소위 '전지구적 도시'global city라고 불리는 몇몇 지역에 집중되는 경향이 있으며, 이들이 전지구적인 흐름의 경제에 결절점 내지 허브로 작용한다. 이 '전지구적 도시' 현상은 "전지구적 네트워크 안에 있는 고차서비스, 생산중심지, 시장을 전지구적 네트워크에 상이한 밀도와 규모로 연결시켜 주는 하나의 과정이라고 할 수 있다."[18] 이 거대도시들을 결절점과 허브로 하여 만들어진 네트워크가 흐름의 공간을 실질적으로 구성한다. 이것이 전지구적 규모의 경제를 구성하는 신경망이다. 추상적 의미의 흐름의 공간은 이 구체적 조건의 규정 속에서 그 실제적 형상을 획득한다.

이러한 흐름의 공간을 통해 자본주의는 이제 전지구적 규모에 흩어져 있는 여러 지역들을 하나로 연결한다. 여기서 배제되는 지역, 혹은 외

---

17) 사센, 『경제의 세계화와 도시의 위기』, 남기범 외 역, 푸른길, 1998, 18~19쪽 ; Saskia Sassen, *Global City*, Princeton University Press, 1991, p. 126.
18) 카스텔, 『네트워크 사회의 도래』, 김묵한 외 역, 한울, 2003, 499~500쪽.

면되는 지역이 훨씬 광범위하게 존재한다는 것은 분명하다. 따라서 흐름의 경제 또한 공간적 이원화를 동반한다는 점을 지적해야 한다. 가령 1980년대 이후 국제적인 규모에서 자본의 직접투자는 미국, 유럽연합, 일본의 소위 '3두체'와 새로이 부상한 아시아 지역 간에 교차적인 형태로 진행되고 있으며, 그에 따라 이외의 지역은 자본의 흐름에서 배제되고 있다. 이는 기술의 흐름에 대해서도 마찬가지다.[19] 하지만 이 새로운 '주변부'는 이전에 공간의 경제에서 국경이나 공장의 벽처럼 뚜렷한 절단기계를 통해 분리되어 있다기보다는 '원리상' 얼마든지 통합가능하며 이익이 된다면 언제든지 연결되고 통합될 것이란 점에서 공간의 경제에서의 공간적 분리와는 다르다고 해야 할 것이다. 흐름의 경제가 공간의 경제와 구별되는 것은 이처럼 흐름의 경제가 만들어 내는 고유한 공간조차, 그리고 그 공간이 작동하는 양상 자체가 공간적 구획과 분리, 절단과 분절을 전제하지 않는다는 사실이다.

그렇다면 자본주의는 이제 국민국가적 형태에서 다시 국제적인 도시적 네트워크로 변환된 것이라고 해야 할까? 일단 그렇다고 말해야 할 듯하다. 도쿄와 상하이, 혹은 런던처럼 흐름의 공간 안에 있는 도시들의 차이에 비해 한 국가 안에서 그 도시와 다른 지역 간의 차이가 훨씬 더 크다는 것을 부정하기 어렵기 때문이다. 그러나 이전의 도시적 네트워크의 부활이라고 할 수 없다는 것 또한 분명하다. 왜냐하면 네트워크로 연결된 도시들과 다른 지역 간에 넘을 수 없는 장벽을 설치한 코드의 경제를 지금 흐름의 공간에서 다시 발견하긴 어렵기 때문이고, 국민국가와 대립하기보다는 그것을 통합하여 새로운 국가적 연대를 구성하기 때문이고, 따라서 자본주의가 도시의 외부로 확대되는 것을 저지하기보다는 전지구적

---

19) 세네, 『자본의 세계화』, 서익진 역, 한울, 2003, 90~91쪽.

차원으로 확대하는 체제이기 때문이다.

　다른 한편 이윤율의 저하로 형성되는 과잉자본은 외국으로 수출되지만, 이제는 식민주의시대처럼 진출하는 지역을 자국의 식민지로 배타적으로 영유할 수 없기에, 국민적 영토의 확장이라는 공간적 형식을 취하지 않는다. 오히려 다른 나라에서 수출된 자본들과 뒤섞여 경쟁하는 경쟁적 공존의 형태로 진행된다. 나아가 생산 자체부터 여러 나라에 자리 잡은 지사들의 결합활동에 의해 진행되기에, 자본의 국민적 영토성은 더욱더 희석화된다. 국민적 영토를 벗어난 기술의 흐름, 생산의 흐름이 있고, 그에 기초하여 국민적 영토에서 벗어난 자본의 흐름이 있는 것이다. 공간의 구획과 배타적 영유가 경제적 영유 내지 착취의 전제 조건이 되는 공간의 경제가 이러한 탈영토화 운동에 의해 해체되고 있는 것이다.

　'제국주의'라는 개념이 여전히 유의미하다고 믿지만, 공간의 경제에서 국민적 공간의 확장이란 형태로 작동하던 공간적 제국주의가 그대로 지속되고 있다고 할 수는 없다. 이제 흐름의 경제에서 제국주의는 공간의 외연을 배타적으로 독점하기를 포기하고, 대신 자본의 흐름을 가로막는 장벽을 제거하여 다국적화된 자본의 흐름, 금융의 흐름이 자유로이 드나들며 착취하는 새로운 형태로 대체되었다고 말해야 한다. 자본의 진입과 철수를 제한하는 국민적 장벽을 전지구적 범위에서 대대적으로 제거하며 시작된 1980년대 이후 신자유주의란 제국주의의 이러한 양상을 보여 주는 징표라고 말해야 한다. 그렇다면 이전의 '공간적 제국주의'가 새로이 '흐름의 제국주의'의 형태로 변환되었다고 말해도 좋지 않을까?

4) 흐름의 경제에서의 노동력의 흐름과 대중의 흐름

흐름의 경제가 모든 종류의 흐름을 개방하고 그것에 편승하여 그것을 영유한다고 해도, 모든 것이 전지구적 범위로 동일하게 확산되고 흘러가는 것은 아니다. 자본이나 그들이 필요로 하는 기술, 그리고 그것을 다루는 소위 '고급' 노동력은 전지구적 중심거점들로 연결된 지대를 자유롭게 흘러 다니는 데 반해, 대부분의 노동력은 여전히 국민적 형태로 절단되어 채취된다. 전지구화 과정 속에서 일반적인 이주노동자들의 흐름은 점차 증가하고 있지만, '고급 노동력'과 달리 이들의 경우 이동은 제한되고 선별된다. 국적의 차이가 노동력의 흐름을 분할하는 하나의 중요한 지표를 제공하며, 이는 이주노동자들을 초과착취하는 조건이 되고 있다. 그러나 이는 국민이라는 공간적 구획 안에서 노동력을 절단하는 것이라기보다는 노동자들의 이동가능성과 국적의 차이를 초과착취를 위해 이용하려는 것이란 점에서 이전과 다르다는 점 역시 지적되어야 한다.

가령 한국의 경우 1987년 이후 노동운동의 급성장에 의해 임금이 증가하게 됨에 따라, 이 부담을 전가하기 위해 외국인 노동자의 수입을 본격적으로 진행시켰다. '산업연수생'이란 이름의 일종의 '인턴사원' 형태로 수입하여 임금을 극도로 낮추어 놓았을 뿐 아니라 사업장 이동을 불가능하게 하여 임금체불을 비롯한 모든 종류의 부당노동행위에 대해 아무런 방어도 할 수 없는 조건으로 노동력을 수입했다. 나중에 '고용허가제'로 바뀌면서 이동은 가능해졌지만, 이동 횟수를 3회로 제한함으로써 자본주의적이라고도 할 수 없는 근본적인 제약을 강제하여, 체류기간의 세한과 더불어 '불법적인' 행동을 유발하는 조건을 제도적으로 만들어 놓았다. 그 결과 이른바 '불법체류자'라고 불리는 미등록 이주노동자의 수가 몇 번의 정리조치에도 불구하고 20여만 명을 넘게 되었고, 역으로 미등록자라는 신분을 이용하여 임금을 낮추고 더욱 열악한 고용조건을 강요하는 극단적인 초과착취가 이루어지고 있다. 노동력의 흐름이 국적을 통해 분할되면서 내국인 노동자와 외국인 노동자가 별도의 흐름으로 분리되어 착취되고 있는 것이다. 일종의 양극화가 내국인과 외국인을 분할

하는 국적의 선을 사이에 두고 진행되고 있는 것이다. 이주노동자들에 대한 이러한 초과착취가 보여 주는 것은 흐름의 경제에 포섭된 영역이라고 해도 그것의 첨단적 외양과는 정반대로 새로운 주변성의 지대가 창출되고 있다는 사실이다.

또 하나의 중요한 주변적 지대는 자국인 내부에서 창출된다. 고용 없는 착취 가능성의 증대, 자동화와 정보화 등에 의한 생산 및 고용의 유연화 등으로 인해 실업이나 비정규직 노동이 증가하고 고용된 노동자 자체도 끊임없는 불안정성에 시달리게 되면서, 새로운 주변성의 지대가 확대된다. 흐름의 경제를 통해 전지구적 수준에서 이동하며 '잘 나가는' 고용의 흐름과 더불어 노동력의 '저급화'가 수반된다. 미국이나 유럽을 포함한 모든 나라들 내부에 새로운 주변성의 지대가 창출되고, 정규적이고 안정적인 노동자와 비정규적이고 불안정한 노동자 사이에 새로운 양극화가 출현한다. 전지구화의 속도가 가속될수록 이러한 양극화의 속도 또한 더욱 강화되고 빨라진다. 한 나라 안에서 지배층이나 상위계층이 자본의 탈국민화나 FTA 같은 경제통합에 대해 적극적인 반면, 피지배층이나 하위계층이 그것에 대해 부정적인 태도를 갖는 것이 이와 무관하다고 할 수 있을까? 요컨대 국적을 사이에 두고, 그리고 국적 내부에서 노동력의 흐름이 이중적 차원에서 이원화되고 있는 것이다. 그처럼 분할되고 이중으로 이원화된 체제 속에서 전체적으로 노동력의 흐름이 이전의 공간의 경제에서보다 완화되고 약화되는 것처럼 보인다.

이와 반대로 흐름의 경제에서 대중의 흐름은 전에 비해 더 강화되고, 이전보다 훨씬 더 넓은 영역으로 확대되며, 훨씬 더 쉽게 형성될 수 있게 되는 것 같다. 먼저 사람들의 일상생활이나 일상활동과 결합해 작동하게 된 흐름의 공간은 그것과 결부된 활동 전반으로 대중의 접속가능성을 확장한다. 인터넷을 비롯한 정보망이 일상의 삶 내부로 깊숙이 침투함에 따라 대중의 개별적 활동이 쉽사리 다른 사람들과 접속하여 대중적 흐름을 형성하기 쉽게 된다. 음악을 나누고 남들이 볼 수 있게 영화에 자막을 다는 것에서부터 개별적인 질문에 대해 대답이나 해결책을 알려 주는 것, 그리고 최근 쇠고기 문제에 대한 전문가를 능가하는 정보와 지식의 공유, 촛불시위에서의 구체적 행동방침에 이르기까지 집합적 판단·집합적 활동의 가능성이 전례없이 증가하고, 그것을 통해 사고나 행동이 결합되며 대중을 형성할 가능성이 비약적으로 증가한다. 대중의 흐름이 일상화되고 전에 없이 가속화된다. 한국에서라면 이미 2002년 이래 반복적으로 드러나고 있는 것처럼 대중의 투쟁이 점차 공장이나 생산의 장에서 벗어나 다른 장소로 이동하고, 지위나 소속의 동질성으로 통합할 수 없는 사람들의 이질적 복합체가 투쟁의 주력이 되는 현상을 이런 맥락에서 이해해야 하지 않을까?(따라서 2008년 촛불시위의 중심이 어떤 계급, 어떤 계층인가를 묻는 것은, 그 중심이 중산층이라고 말하는 것만큼이나 부적절하다.)

다른 한편 전지구적 범위에서 다양한 활동을 접속가능하게 해주는 네트워크의 발전은 그것을 통해 접속가능한 범위로 대중의 범위를 확장한다. 서울에서 벌어지는 사안이나 시위에 부산이나 광주에 사는 사람이 참여하고, 쇠고기 문제의 경우에 그랬듯이 한국의 광우병 쇠고기 문제에 미국의 동물보호단체나 재미교포 주부가 식섭 결합하여 개입한다. 대중의 흐름이 흐름의 공간을 통해 전지구화되고 있는 것이다. 시애틀 투쟁을 통해서 명확하게 가시화된 전지구적 대중의 흐름은 이제 대중의 외연이 국민이라는 공간에 한정되지 않게 되었음을 보여 준다. 멕시코 치아파스 정글에서 벌어지는 사파티스타의 투쟁에 전세계의 대중들이 동조하고 지지하며, 그들의 투쟁에 동참하기 위해 대륙간 연대회의를 개최하는 상황, 그리고 가령 다보스 포럼이나 G8 등 자본가나 국가의 전지구적 연합에 대항하여 벌어지는 전지구적 시위와 투쟁이 예외 아닌 정상이 된 상황은 이러한 사태가 미래 아닌 현재의 시제를 갖고 있음을 보여 준다. 국민적 영토로부터 탈영토화된 대중의 흐름이 만들어진 것이다.

정보적 네트워크는 생산이나 착취를 위한 네크워크를 제공할 뿐 아니라 대중의 활동을 위한 네트워크를 제공한다. 이는 대중의 욕망이 다양한 방향으로, 다양한 가치를 갖고 흘러갈 가능성을 확대한다. 원래 대중이란 진보적인 것도 보수적인 것도 아니었지만, 이제는 더욱더 쉽사리 정반대 방향으로 바꾸어 가며 흘러가게 된다. 가령 2002년 3월에는 월드컵에 쏠린 대중이 몇 달 뒤에는 미군 장갑차에 깔려 죽은 여중생들을 향해 옮겨 가고, 또 몇 달 뒤에는 대통령 선거에서 노무현에게 쏠리면서 통계학의 법칙마저 뒤엎게 된다. 혹은 2008년의 촛불시위에서 보이듯이, 중고등학생이 심각하다고 느끼는 문제에 다른 세대의 사람들이 공감하면서 하나의 흐름으로 합류하게 되기도 하고, 반대로 공포를 잊고 강렬하게 쏠려가던 투쟁의 흐름이 '비폭력'이라는 슬로건 아래 모든 종류의 충돌을 회피하는 무력한 행진으로 돌아서기도 한다. 흐름의 가변성이 극대화된 것이다. 대중의 욕망이 노동이나 생산에서 탈영토화되고, 민족주의나 사회주의로부터 더욱 탈영토화되리라는 것은 긴 설명을 요하지 않는다.

노동력의 흐름이 분할되고 약화되는 것과 반대로 대중의 흐름이 강화되고 일상화됨에 따라 대중이 노동력을 초과하고, 대중이 생산상의 지위를 초과하며 정치화될 가능성이 점차 증대하고 있는 것처럼 보인다. 그것은 노동력은 그것이 흐름이 된 이후에도 공장이라는 장소적 고정성에 귀착되는 경향을 갖는 반면, 대중은 주어진 자리, 주어진 지위나 소속에서 이탈하여 하나의 흐름으로 변환되는 존재라는 사실에 기인하는 것일게다. 노동력은 흐름이 된 이후에도 개별적인 방식으로 채취되고 개별적인 방식으로 어떤 자리에 소속되지만, 대중은 어떤 방향으로 향하든 흐름 그 자체를 형성하는 방식으로만 존재할 수 있다는 사실에 기인하는 것일

게다. 따라서 흐름의 공간을 통해 작동하는 흐름의 경제에 흐름 그 자체로서 대중이 새로이 중심적인 지위를 갖게 되는 것은 어쩌면 자연스러운 현상인지도 모른다. 그런 만큼 대중을 흐름으로서 사유하는 것, 대중의 활동이나 대중정치를 흐름을 형성하고 흐름의 양상에 개입하는 문제로 사유하는 것이 더욱더 중요하게 되었다고 해야 하지 않을까?

역으로, 아마도 자본이나 국가라면 이제 대중에 대한 새로운 통제방식을 수립하고자 할 것이 분명하다. 대중 자체가 정치의 새로운 중심으로 부상하며 자본과 국가의 통제에서 벗어나는 문제에 대해 어떻게 대처할 것인가? 그런데 이미 충분히 말했듯이 흐름의 경제는 탈영토화된 흐름을 공간적으로 가두고 저지하기보다는 자본이 그것을 따라가거나 가속화시켜 잉여가치를 영유하는 경제유형이다. 또한 노동력의 흐름과 대중의 흐름의 구별이 모호해지면서 활동능력의 흐름 내지 생산능력의 흐름으로 합류하는 체제다. 이를 영유하려 하는 한 통제하기 어려운 대중의 흐름이 아무리 부담스럽다고 해도 그것의 흐름을 개방하고 가속화할 수밖에 없는 체제다. 사실상 자본은 자발적으로 생성되는 대중의 활동능력을 영유하고 착취하는 것이라고 해야 한다. 따라서 대중의 탈영토화된 흐름을 공간적 장벽을 통해 저지할 수는 없다. 그렇다면 이전의 공간적 장벽을 대신하여 대중의 흐름을 통제할 수 있는 것은 어떻게 가능할 것인가?

결코 의식된 형태로 제기하고 찾아낸 것은 아니겠지만, 지금 어느 정도 가시화된 새로운 통제방식을 이러한 암묵적 질문 속에서 이해할 수 있다고 믿는다. 단순화시켜 말하자면, 이전의 공간적 분할과 그에 수반되는 훈육적 체제를 대신해, 흐름을 관리하는 다양한 문gate들을 설치하고 그것을 통과할 수 있는 요소와 그렇지 못한 요소를 선별하여 분절하는 새로운 통제의 방식이 그것이다. 가령 건축물에 이미 널리 장착되기 시작한 장치가 보여 주듯이 동선의 흐름을 아이디 카드에 표시된 통과자격에 의해 자동으로 절단하는 기계적 메커니즘이 그러한 경우의 한 가지 예일 것이다. 신용의 흐름을 '자격요건'에 의해 선별하거나 자격상실자를 배제하는 금융적 메커니즘 또한 그러한 것에 속한다고 할 것이다.

이제 개인은 자신의 활동의 흐름을 지속하기 위하여 자신의 '자격'을 관리하고 자신의 활동을 알아서 통제해야 한다. 취업에 필요한 능력을 자격이 대신해 주는 것처럼 작동하는 메커니즘 역시 이런 맥락에서 이해할 수 있을 것이다. '자신에 대한 관리'를 '자격에 대한 관리'로 대체함으로써 작동하는 이러한 통제체제를 '자격의 관리체제'라고 부르자. 그러나 이러한 통제의 메커니즘이 전염과 증폭의 형태로 확장되는 대중의 흐름을 통제하기에 결코 충분하지 않다는 것은 분명하다. 예컨대 인터넷에서 실명을 사용하게 하고 그 '자격'을 스스로 관리하게 하려는 시도가 인터넷에서 형성되는 대중의 흐름을 통제하기에 전혀 충분하지 않다는 것을 길게 설명할 필요는 없을 것이다.

5. 자본주의의 외부

지금까지 우리는 자본주의라는 사회적 기계가 작동하는 세 가지 상이한 방식에 대해 살펴보았다. 코드의 경제와 공간의 경제, 흐름의 경제는 자본주의의 역사 속에서 출현했던 경제적 작동방식이며, 잘 알다시피 분명 역사적인 순서로 배열될 수 있는 경제의 역사적 형태이기도 하다. 그러나 이는 하나의 역사적 논리나 법칙에 따라 필연적으로 전개되는 통시적 단계들이라기보다는, 기계적 작동방식으로 포착된 공시적인 경제유형이다. 각각의 유형들은 나름의 작동방식을 가지며, 그렇기에 일단 작동하기 시작하면, 자신의 논리를 사회의 다른 영역으로 확장해 가리라는 것은 분명하다. 그 가운데 어떤 작동방식이 지배적인가에 따라 자본주의가 사회를 구성해 가는 양상이 규정될 것이다.

　하지만 하나의 유형은 다른 유형이나 다른 사회적 관계를 완전히 포섭하지 못하며, 따라서 다른 종류의 관계들과 공존한다. 가령 코드의 경제는 봉건적인 경제나 독립적인 소생산과 공존했으며, 농촌에서의 소생산을 초과착취하기 위해 그런 영역으로 자본주의적 관계가 확장되지 않도록 통제했다. 공간의 경제는 영토국가가 도시국가를 와해시키고 다양한 종류의 코드의 경제를 파괴하는 것을 통해 성립되지만, 가령 기술적 발명에 대해 특허권의 형태로 비용을 지불하게 하는 방식으로 부분적으로 코드적 요소를 인정하고 허용한다. 흐름의 경제 또한 공간의 경제를 범람하는 탈영토화 운동으로 진행되지만, 그리하여 영토국가가 갖는 국민적-공간적 성격을 완화하기는 하지만 결코 제거하지는 못한다. 그래서 노동력의 흐름에 대해서도 부분적으로는 국가적 장벽을 완화하지만 다른 부분에서는 오히려 적극적으로 이용한다. 이런 점에서 우리가 사는 사회구성체는 이 상이한 유형의 경제들이 혼합되어 작동하고 있다고 해야 할 것이다. 그 가운데 특정한 유형이 지배적인 위상을 갖고 전반적인 작동양상을 지배하고 있다는 것이 사실이라고 해도 말이다.

　이보다 좀더 근본적인 차원에서 우리는 자본주의사회에 존재하는 이질성에 대해, 자본으로 환원불가능한 지대의 존재에 대해 보아야 한다. 자본이 사회를 통합하고 동질화하는 힘이 아무리 강력하다고 해도, 자본주의라는 사회적 기계가 자신의 논리를 확장하며 사회 전반을 포섭하고 통합하는 힘이 아무리 강력하다고 해도, 사회 전체가 하나의 논리에 의해 단일화되고 동질화되는 일은 발생하기 어렵다. 왜냐하면 자본이란 무엇보다 결코 자본주의적이지 않은 어떤 활동을 가치화Verwertung함으로써 증식할 수 있기 때문에, 자본으로 환원되지 않는 어떤 외부를 항상-이미 전제하고 있기 때문이다. 가령 자본에 의해 구매되어 사용되는 노동이란,

가치로 환원되지 않는 활동이나 능력을 가치화하는 것이기에 자본과는 무관한 활동의 발생적 지대를 항상 남겨 두어야 하며, 그렇게 발생된 활동을 따라가며 가치화하고 영유한다. 최근의 생명산업이 잘 보여 주듯이, 자본은 복수의 개체들의 순환적 공동체가 창출하는 '순환의 이득'을 영유하고 착취한다.[20] 자본의 손이 닿자마자 그 순환계는 와해되어 자본이 요구하는 특정한 형태의 생산을 과잉증식하는 기형적 관계로 변환되지만, 자본이 착취하기 위해서는 아무리 기형적이어도 그것이 존속하도록 해야 한다. 노동자의 착취도 마찬가지다. 그것은 노동자의 활동능력을 포섭하고 영유하는 것이지만, 노동자의 생명이 존속하지 않고선 착취할 수 없다는 점에서 이윤의 논리에 반하는 생명의 논리, 생활의 논리를 허용할 수밖에 없는 것이다.

이런 점에서 자본주의에는 항상–이미 자본의 외부가 존재하며, 그런 한에서만 자본은 증식하고 착취할 수 있다. 다양한 형태로 나타나는 운동과 저항, 투쟁은 일차적으로 이를 보여 준다고 하겠다. 계급투쟁 역시 이런 관점에서 이해해야 한다. 그것은 자본가계급의 이익과 대립하여 노동자계급의 이익을 위해 싸우는 투쟁이기 이전에, 이익과 이해관계에 의해 행동하는 것에 반하여, 이익과 이해관계에 의해 파괴되는 어떤 것에 의해 야기되는 것이다. 심지어 노동조합운동조차, 그것이 금지되어 있던 초기에는 경제적 이익을 위해서라기보다는 함께 사는 사람들의 삶이 피폐화되는 것에 대한 분노와 저항으로 시작된다는 것을 우리는 잘 알고 있다. 각자가 그럼으로써 얻는 손익을 계산한다면 결코 할 수 없을 일들이 가능한 것은 바로 이 때문이다.

---

20) 이진경, 「생명의 권리, 자본의 권리」, 맑스코뮤날레 조직위원회 편, 『21세기 자본주의와 대안적 세계화』, 문화과학사, 2007 참조.

노동자들이 자신들의 임금이나 이익을 위해 투쟁하게 되는 것은 그렇게 만들어진 노동조합이 조직적 안정성을 갖게 되고 자본가들로부터 협상자로서 위치를 인정받게 된 연후다. 노동운동이 소속 노동자들의 이익을 위한 운동으로 제도화되는 시점은 바로 노동운동이 자본주의사회 안에 안주하게 되는 시점이기도 하다. 그것은 일찍이 엥겔스나 레닌이 지적했듯이 '부르주아적 권리'를 위해 싸우게 되는 시점이고, 자본의 외부를 통해 자본과 대결하는 지점이 아니라 자본의 내부에서 자신들의 몸값을 관리하기 위해 협상하는 지점이다. 계급투쟁이 자본주의의 외부를 만들고 확장해 가는 투쟁이 아니라 자본주의 안에서 이해관계를 위한 투쟁이 되는 지점. 우리가 자본이나 자본주의에 대해, 혹은 그 대립자로서 노동이나 노동운동에 대해 사유할 때에, 심지어 자본에 의해 동질화되어 가는 사회에 대해 사유할 때조차 자본의 외부, 자본주의의 외부에서 시작하고 그것을 통해 사유하는 게 중요한 것은 이런 이유에서다.

보론 3

'제국주의'와 '제국' 사이

나는 자본주의 세계체제가 국민국가 단위의 제국주의체제와 다른 새로운 단계로 넘어갔다는 네그리와 하트의 주장을 인정한다. 자본이 국민국가적 경계를 넘어 생산하고 축적하는 새로운 단계로 이행했다는 주장 역시 인정한다.

그러나 미국이라는 하나의 중심에 의해 통합되고, G8을 비롯한 몇몇 선진국들에 의해 구성되는 귀족정을 통해 경제적으로 관리되는 하나의 단일한 '제국'을 형성했다는 말은 인정하기 어렵다. 미국의 경제적 약화가 군사적 지배를 확보하기 위한 것이라곤 하지만, 약해진 경제적 능력이 언제까지 군사적 지배력을 떠받쳐 줄 것인지도 의문이다. 사회주의와의 대결구도가 일국적 권력을 넘어서는 '제국적' 권력을 촉발했음은 사실이지만, 그렇다면 사회주의 붕괴는 그러한 통합요인의 소멸 내지 약화를 뜻하는 것이라고 해야 한다. 특히 이라크전쟁에서 미국의 지도력이 별로 먹히지 않았던 것은 미국의 군사적 지배력이 단일한 중심이라는 말을 믿기 어렵게 한다. 반면 국가연합으로서 유럽연합의 출현은 아메리카-연합(미국)의 지배로부터 이탈하여 독자적 중심을 확보하려는 시도라고 본다. 그리고 이란이나 베네수엘라에서 달러 아닌 유로로 결제되는 석유

시장의 출현 조짐은, 유럽연합의 경제력이 약해진 미국 경제력과 보완관계가 아니라 대체·경쟁관계에 있음을 보여 주는 징표로 보인다.

그리고 또 하나, 제국이 전지구적 권력 네트워크라는 점에서 제국의 권력은 어디에도 없지만 어디에나 있고, 따라서 제국의 외부는 존재하지 않는다는 주장은 더더욱 인정하기 어렵다. 반대로 제국의 권력은 어디에나 있는 것처럼 보이지만, 사실은 어디든 그것이 작동하지 않은 구멍들, 외부들이 광범하게 존재한다고 믿는다. 그런 외부가 없다면, 네그리가 그토록 강조하는 다중이나 저항적 대중의 형성은 불가능한 게 아닐까? 역으로 그 모든 저항의 지점들, 저항이 발생하는 모든 지점들이 제국적 권력의 외부라고 해야 하지 않을까?

이와는 유사한 이유에서, 제국 안에서 국민국가를 저항의 거점으로 삼는 것이 무익할 뿐 아니라 유해하다고 하는 주장 역시 받아들이기 힘들다. 물론 국민적 차원에서 권력의 장악을 목표로 삼는 것이 혁명의 핵심 고리라고는 생각하지 않는다. 그러나 가령 베네수엘라의 차베스 정권의 존재가 제국체제 안에서 제국과 대결하는 데 별다른 의미가 없다고는 생각하지 않는다. 심지어 중국이나 쿠바 같은 사회주의 국가나, 이란 같은 반미국가의 존재 또한, 제국적 체제 안에서 의미 없는 존재라고는 생각하지 않는다. 제국주의와 다른 단계의 현 세계체제를 일난 네그리처럼 '세국적 체제'라고 본다고 해도, 그 체제는 미국과 그 '귀족'들과는 다른, 쉽게 통제되지 않고 종종 적대적이기도 한 국가들, 그리고 러시아나 중국처럼 많은 경우 협조자로 행동하지만 언제나 그런 것만은 아닌 국가들이 공존하는 체제다. 그 국가들은 제국적 국가들과는 다른 특이점을 형성하고 있는 것이다(이런 점에서 이들 국가는 제국적 체제 안에 포함되는 경우에도 제국의 '내부'라고 할 수 없다). 따라서 혁명을 통해서든 선거를 통해서든 제국적 체제 안에 제국적 국가와 다른 종류의 특이점들이 만들어지는 것은, 제국적 체제를 약화 내지 교란시키고 그것에 대한 저항의 전선을 형성하는 데 결코 적다고 할 수 없는 의미를 갖는다.

확실히 일국적 국가 간의 경쟁이나 적대로 세계체제에서 국가들의 움직임을 설명할 순 없다. 그런 점에서 지금의 전지구적 자본주의는 자본주의 세계체제의 또 하나의 새로운 단계다. 이전의 세계체제가 제국주의적 '탈영토화' 조차 국민국가적 영토성의 확장이라는 형태로 진행되었다면, 지금은 국민국가적 영토성이 여전히 잔존하고 있음에도 불구하고 자본의 영토화가 국민국가로부터 탈영토화되는 방식으로 진행되고 있다는 점에서 그렇다. 이는 내적으로는 자본의 이윤율 저하가 일국 내에서는 극복될 수 없게 되었다는 점에, 외적으로는 이를 이런저런 식민주의적 방식으로 넘어서는 것이 불가능하게 되었다는 점에 기인한다.

이러한 한계지점을 넘어서기 위해서 자본은 국민적 영토성을 넘어선 새로운 생산 및 착취형태를 창안한다. 거기서 일차적인 기초가 되었던 것은 컴퓨터와 디지털화, 그리고 인터넷을 비롯한 전지구적 소통수단의 창안이었다. 인터넷과 통신수단의 발전은 대중들의 활동범위는 물론 자본의 활동범위를 전지구적 스케일로 확대했다. 하나의 독립적 네트워크로서 존재하는 자본은 이제 국민국가의 경계를 넘어 탈국민화된 형태로 존재한다. 삼성이 한국 자본이고, 도요타는 일본 자본이라는 관념은 이러한 변화의 실상을 보지 못하게 한다. 물론 초국적 자본도 국적을 갖는다. 그러나 증식에 유리한 국적을 갖는다. 따라서 자본은 많은 국적을 갖는다. 자본에게는 원래 국적이 없기 때문이다.

그러나 국민국가의 경우는 이와 나란히 가기 어렵다. 자본은 이윤을 일차적 관리대상으로 하지만, 국민국가는 '국민'이란 범위의 '인구/주민'을 관리대상으로 하기 때문이다. 자본이 탈국민화되는 만큼 노동력의 이동도 커졌지만, 그것은 여전히 국가장치에 의해 절단되고 국적을 이용해 과잉착취된다. 이주자, 그것은 국경을 이용해 과잉착취되는 노동자들의 이름이다. 또한 국민의 '생존'을 관리해야 하는 책임 역시 국민국가가 여전히 벗어날 수 없는 항목이다. 예컨대 '생존'의 문제를 경제적 발전의 문제로 이해하기에, 경제성장을 위해 자본을 끌어들이는 게 국가로선 주민의 생존을 위해 필요하다고 보아, 일부 주민(가령 농민)의 희생을 감수하고라도 투자에 유리한 조건을 조성한다. 즉 여전히 국민국가는 전략적 판단의 주체로 존속하고 있다. 주민의 관리, 주권의 관리 문제는 국민국가의 독자성에 더 강하게 연루되어 있다.

요컨대 국민국가는 자본의 탈국민화와 나란히 탈국민화되지 않으며, 자본의 운동과 리듬을 맞추려 하지만 그것과 함께 움직이지는 않는다. 따라서 자본 운동의 전지구화가 국민국가의 전지구화로 이어지지는 않는다. 사실 자본 또한 국가적 경계를 이용하여 착취하며, 필요에 따라 국가들을 선택한다. 따라서 국민적 경계로부터 탈영토화된 경제적 및 정치적 권력–네트워크가 전지구적 통합체로 나아간다는 것은 성급한 추상적 추론이다.

그렇지만 복수의 국가들 간에 새로운 통합이나 연합, 연결의 필요성이 증대한 것은 분명하다. 즉 초국민적 연합의 정치·경제적 형태가 출현할 가능성은 매우 커졌음이 분명하다. 유럽연합의 출현이 갖는 의미를 이런 맥락에서 이해할 수 있을 것이다. 비록 성공 가능성은 아주 미약하지만, 남미의 몇몇 좌익적 성향의 국가들에서 제기되고 있는 연대의 제안들 또한 미국과 거리를 둔 국가적 연합의 시도라고 볼 수 있을 것이다. 미국이 중국의 성장에 대해 경계를 높이며 견제하려는 것 역시 자국의 지배로부터 이탈하는 또 하나의 거점의 가능성 때문이라고 해야 할 것이다. 복수의 국가적 연합들이 경쟁하기도 하고 적대하기도 하며 때로는 협조하기도 하는 체제. 이를 일단 '과잉제국주의'overimperialism라고 부르자. 무엇보다, 이질적인 위상을 갖는 복수의 국가들이 결합하여 하나의 제국주의적 연합체로 응축되어 성립되는 체제라는 의미에서. 그것은 이전보다 훨씬 확장된 스케일의 제국주의 간의 관계체계일 것이고, 제국주의를 넘어선 단계의 제국주의체제일 것이다.

보론 4

촛불시위와 대중의 흐름

이명박 정부 출범 2개월 만에 시작된 촛불시위가 새로운 양상으로 '번져가고' 있다. 비판의 대상은 쇠고기 문제에서 모든 문제로 확대되었고, 시위대중 또한 모든 세대로 확대되었다. 시위의 양상 또한 가두시위가 시작되며 크게 바뀌었다. 이런 면에서 보자면 점차 전통적인 시위형태로 변해가는 것처럼 보일지도 모른다. 그러나 여전히 시위대의 움직임은 이전의 양상과 많이 다르다. 집회는 시종일관 밝고 즐거운 분위기여서 전투적인 치열함과는 거리가 멀다. 사람들은 분노하지만 그 분노는 결코 비장하지 않으며, 정권에 대한 비판은 가볍고 유쾌하다. 중고생에서부터 소위 '386세대', 직장인들, 심지어 그토록 무관심하던 대학생들까지 포함하여 서로 섞이며 하나의 흐름을 형성하고 있다. 가두시위의 양상조차 이전과 아주 다르다. 경찰과 전투적으로 대결하기보다는 경찰 앞에서 돌아서 버리고, 경찰 없는 곳으로 우회하며 행진한다. 행진하는 사람 자신도 어디로 어떻게 갈지 예측할 수 없기에 전체 흐름은 전혀 예측불가능한 흐름이 되었다. 나아가 카메라를 손에 든 대중들이 무선전화와 인터넷으로 연결되어 자신이 있는 상황을 다른 곳에 전달하고 다른 곳의 상황에 대한 정보를 끊임없이 주고받으며 움직이고 있다. 또 하나, 대중들이 경찰이나 체포에 대한 공포를 가볍게 넘어 버렸다는 점이 두드러진다. 주동자를 조사하겠다고 하면, 경찰서 홈페이지로 달려가 '내가 주동했으니 나도 구속하라'고 대들고, 현장에서 연행하려 하면 자진해서 잡혀간다는 것이다.

공포를 '상실' 한 채 신경망과 같은 네트워크로 연결되어 유연하게 움직이는 대중, 특정한 지도부가 없고 모두가 '지도자' 가 되어 버린 대중, 이질적인 요소들로 구성되지만 그 이질성이 충돌하며 방해하는 게 아니라 서로 결합하며 예측불가능한 움직임을 창안하는 대중, 그리고 가볍고 즐겁게 싸우는 대중, 이 새로운 양상의 대중이 박정희를 모델로 하고 있으며 그 시대의 감각으로 기업운영하듯 작동하는 정부를 겨냥하여 싸우고 있는 것이다.

이 새로운 양상의 대중을 네그리와 하트가 말하는 '다중' 이라고 불러야 할까? 그러나 그들이 말하는 '다중' 은 한편으로는 모든 성분이 뒤섞여 회색의 무차별적 집단이 되는 대중과 대비되는 개념이면서도, 또한 다양한 생산의 주체를 포함하는 개방성을 갖고 있다는 점에서 계급과 대비되는 개념이고, 무수한 내적 차이로 구성되어 있다는 점에서 하나의 통일성을 갖는 민중과 대비되는 개념이다. 그리고 무엇보다도 '제국' 이라고 불리는 주권 아래 생존하고 있는 '시민' 전체를 지칭하는 개념이다. 즉 일상적인 상태에서 정치적·경제적으로 조직되어 살아가는 '제국의 주민' 전체를 지칭하는 일반적 개념이다. 따라서 결코 일상적이라고 할 수 없는 지금의 시위대중을 이해하는 데는 그다지 적절해 보이지 않는다.

대중이란 모든 차이가 지워진 무차별적 집합체라는 생각만 버린다면, 오히려 '흐름으로서의 대중' 이란 개념이 지금의 상황을 이해하는 데 더욱 적절해 보인다. 대중이 무차별적으로 보이는 것은 대중이란 주어진 일상적 지위나 소속, 신원이나 이름에서 이탈하며 만들어지는 하나의 흐름이기 때문이다. 머물 광장이 있으면 머물고, 길이 있으면 흘러가고 벽

(경찰!)이 있으면 우회하거나 흘러넘치고, 거스르며 덤비면 싸우며 돌파하는 흐름, 그것이 대중이다. 따라서 이는 지위와 소속에 의해 정의되는 계급이나 '신분'(학생, 직장인, 주부…)과 다르다. 개인은 자신이 속한 지위나 소속에서 벗어나는 방식으로 대중이 된다.

지위나 이름을 지우면서 이들을 하나로 연결해 주는 것은 어떤 감응의 전염이다. 때로는 분노가 전염되기도 하고 때론 기쁨이, 때론 애도가, 때로는 격정이 사람에서 사람으로 분자적으로 전염되면서 참여하는 사람들을 '하나로 묶는다'. 그러나 지위나 소속이 지워지고 하나의 감응에 의해 하나로 묶인다고 해서, 그들이 갖는 차이가 지워져 '무차별한 집단'이 되는 것은 아니다. 오히려 이름이나 지위, 소속에 묶여 드러나지 못하던 개인들의 능력이 특정한 상황마다 새로이 솟아나며 대중의 움직임을 규정하고 인도한다. 그렇기에 지위나 명망과 상관없이 누구나 능력과 활동에 따라 지도자가 될 수 있고, 그렇기에 누구나 "내가 주동자다"라고 나설 수 있는 것이다.

따라서 '대중'이라는 하나의 이름으로 불리지만, 어떤 사건을 계기로 어떤 종류의 사람들에 의해 형성되었는가 하는 것이 대중의 흐름의 양상을 크게 규정한다. 그리고 어떤 사건이 발생하는가에 따라 전혀 예측하지 못한 방향으로 움직인다. 카오스이론의 어법을 빌려 말하면, 대중이란 '초기조건에 민감한' 흐름이다. 80년의 광주항쟁처럼 폭력적 권력과의 전투적 충돌로 형성되기 시작했다면 대중은 격렬한 전투적 파도가 될 것이고, 지금처럼 중고생의 집회로 시작되었다면 유쾌하고 가벼운 물결이 될 것이다. 소위 '386세대'가 끼어들었지만 돌을 들고 경찰과 충돌하는 예전의 시위형태를 반복하지 않는 것은 이런 초기조건 때문이다. 그렇지만 그간의 흐름과 다른 이 이질적 요소의 새로운 참여는 그간의 흐름에 적지 않은 변화를 만들어 낼 것이다. 추가되는 요소들의 이질성이 흐름에 미세한 혹은 작지 않은 변화를 만들어 낸다. 여기에 어떤 사건, 가령 누군가 강경진압으로 크게 다치거나 하는 사건이 하나 끼어들게 되면, 캘리포니아에 폭풍을 만들어 낸다는 그 유명한 '북경의 나비'처럼 전혀 예측할 수 없는 거대한 전변을 만들어 낼 것이다.

더욱이 경찰에 대한 두려움을 잃어버린 대중, 정권을 두려워하는 게 아니라 경멸하고 웃음거리로 삼는 대중의 힘이란 정말 예측할 수 없는 것이다. 개인을 대중에서 분리시키는 두려움이 사라졌을 때, 대중은 어떤 벽도 넘을 수 있는 힘을 갖게 되기 때문이다. 여기에 네트워크와 분자적 미디어의 신경망으로 연결되었을 때, 대중은 집합적 지성에 의해 움직이는 거대한 집합적 신체가 된다. 흐름을 대중 자신이 조절할 가능성이 생기고 상황에 대처하는 유연성이 더욱 커지기 때문이다.

웃자고 하는 말이지만, 아마도 레닌이라면 지금 혁명적 상황이 다가오고 있음을 예감할지도 모른다. 이미 미국에서 시작된 경제적 위기가 한국의 경제를 위기로 몰아가고 있고, 대중은 공포마저 잃은 채 복종을 거부하며 싸우고 있고, 여기에 지배계급의 동요가 더해진다면, 그가 제시한 세 가지 기준에 딱 들어맞기 때문이다. 사실 우리도 현재의 상황을 실제보다 과소평가하고 있는 건지도 모른다. 대중의 흐름이 전투적이라기보다는 가볍고 즐겁기 때문이다. 그리고 그것이 이 정부로 하여금 대중을 격발하는 발언과 조치를 계속하게 하고 있다. 이는 이후 정말 예측하지 못한 사태로 귀결될지도 모른다. 나는 얼마 전 "이젠 이명박 정부 이후를 고민해야 할 때가 된 거 아닌가?" 농담을 한 적이 있었다. 이게 농담인 것은 내가 그런 문제를 고민할 생각이 전혀 없기 때문이지만, 누군가는 어쩌면 그런 고민을 진지하게 시작해야 할 때가 된 건지도 모른다.

찾아보기